中国电子信息产业统计年鉴
（软件篇）
2018

工业和信息化部运行监测协调局

电子工业出版社

Publishing House of Electronics Industry

北京·BEIJING

未经许可，不得以任何方式复制或抄袭本书之部分或全部内容。
版权所有，侵权必究。

图书在版编目（CIP）数据

中国电子信息产业统计年鉴. 2018. 软件篇 / 工业和信息化部运行监测协调局编. —北京：电子工业出版社，2019.12
ISBN 978-7-121-33424-5

Ⅰ. ①中… Ⅱ. ①工… Ⅲ. ①电子信息产业－统计资料－中国－2018－年鉴②软件－电子计算机工业－统计资料－中国－2018－年鉴 Ⅳ. ①F49-66②F426.67-66

中国版本图书馆 CIP 数据核字（2020）第 010814 号

责任编辑：徐蔷薇
印　　刷：天津画中画印刷有限公司
装　　订：天津画中画印刷有限公司
出版发行：电子工业出版社
　　　　　北京市海淀区万寿路 173 信箱　　邮编：100036
开　　本：787×1 092　1/16　印张：21.25　字数：571 千字　彩插：4
版　　次：2019 年 12 月第 1 版
印　　次：2019 年 12 月第 1 次印刷
定　　价：368.00 元

凡所购买电子工业出版社图书有缺损问题，请向购买书店调换。若书店售缺，请与本社发行部联系，联系及邮购电话：(010) 88254888，88258888。

质量投诉请发邮件至 zlts@phei.com.cn，盗版侵权举报请发邮件至 dbqq@phei.com.cn。

本书咨询联系方式：xuqw@phei.com.cn。

编辑委员会

主　　　任：黄利斌
副　主　任：解三明
编委会成员：孟　燕　　王宝艳　　郝文山
特 约 编 辑：（按姓氏笔画排序）

于卓昇	王　红	王天烨	王宇霞	艾九江
叶月明	史开元	朱　莉	乔亚倩	刘　权
刘　婷	刘宗伟	刘宗媛	刘洪玉	孙　沛
寿伟帅	李　瑛	李　锐	李元广	李财莲
李姣姣	李梦珠	杨　帅	杨　屹	杨秋福
肖　静	何致君	张　戈	张　乾	张禹衡
张彬兵	阿布都艾尼·阿布都米吉提		瓮红利	
周　莹	段炎斐	洪国珲	秦浩腾	夏　阳
徐　蘅	徐蔷薇	高建光	喇淑玲	蔡俊杰
樊晋飞				

编 辑 说 明

（1）《中国电子信息产业统计年鉴（软件篇）2018》（以下简称《年鉴》）是全面记载2018年度中国软件和信息技术服务业发展的综合统计资料，汇集了全国各地区软件和信息技术服务业发展情况及对产业发展细分领域的分析论述，系统反映了中国软件和信息技术服务业在2018年取得的成就、存在的问题和发展趋势。

（2）《年鉴》共分综述、综合统计、三资企业统计、内资企业统计4个部分。

（3）"综述"部分的主要内容：一是2019年中国软件和信息技术服务业综合发展指数报告；二是世界软件产业、软件上市企业、新兴领域等方面的发展情况；三是主要省、直辖市、自治区等2018年软件和信息技术服务业发展概况。

（4）《年鉴》统计范围：一是在我国境内注册（中国港、澳、台地区除外），主要从事软件研发、系统集成及相关信息技术服务等业务，且主营业务年收入500万元以上，具有独立法人资格的软件企业；二是在我国境内注册，主营业务年收入1000万元以上，并有软件研发、系统集成服务及相关信息技术服务收入，且该收入占本企业主营业务30%以上的独立法人单位；三是在我国境内注册，主要从事集成电路设计的企业或其集成电路设计和测试的收入占本企业主营业务60%以上，且主营业务年收入500万元以上的独立法人单位。

（5）《年鉴》统计数据来源于工业和信息化部统计年报，其中分省数据暂未包括西藏地区。

（6）《年鉴》统计数据不包括中国港、澳、台地区。

（7）《年鉴》中涉及的部分行业内企业名称，采用企业简称。

（8）《年鉴》由工业和信息化部运行监测协调局组织编写，并得到部内有关司局、省（直辖市、自治区）工业和信息化主管部门、部直属单位、有关协会、企业及专家的大力支持，在此谨表谢意。

目 录

I 综 述

2018年我国软件和信息技术服务业主要指标完成情况··2
2018年我国软件和信息技术服务业统计概况图表··3
2019年中国软件和信息技术服务业综合发展指数报告··11
2019年（第18届）中国软件业务收入前百家企业发展报告··22
2018年世界软件产业发展情况··27
2018年软件上市企业发展情况··36
2018年我国大数据领域发展情况··42
2018年我国区块链领域发展情况··50
2018年北京市软件和信息技术服务业发展概况··67
2018年天津市软件和信息技术服务业发展概况··71
2018年河北省软件和信息技术服务业发展概况··74
2018年山西省软件和信息技术服务业发展概况··77
2018年内蒙古自治区软件和信息技术服务业发展概况··81
2018年辽宁省软件和信息技术服务业发展概况··85
2018年吉林省软件和信息技术服务业发展概况··89
2018年上海市软件和信息技术服务业发展概况··96
2018年江苏省软件和信息技术服务业发展概况··101
2018年浙江省软件和信息技术服务业发展概况··108
2018年安徽省软件和信息技术服务业发展概况··113
2018年福建省软件和信息技术服务业发展概况··117
2018年江西省软件和信息技术服务业发展概况··119
2018年山东省软件和信息技术服务业发展概况··123
2018年河南省软件和信息技术服务业发展概况··127
2018年湖北省软件和信息技术服务业发展概况··130
2018年湖南省软件和信息技术服务业发展概况··134
2018年广东省软件和信息技术服务业发展概况··137
2018年广西壮族自治区软件和信息技术服务业发展概况··144
2018年海南省软件和信息技术服务业发展概况··148
2018年重庆市软件和信息技术服务业发展概况··152
2018年四川省软件和信息技术服务业发展概况··157
2018年贵州省软件和信息技术服务业发展概况··160

2018年陕西省软件和信息技术服务业发展概况	165
2018年甘肃省软件和信息技术服务业发展概况	170
2018年青海省软件和信息技术服务业发展概况	175
2018年新疆生产建设兵团软件和信息技术服务业发展概况	180
2018年大连市软件和信息技术服务业发展概况	183
2018年深圳市软件和信息技术服务业发展概况	187
2018年沈阳市软件和信息技术服务业发展概况	191
2018年哈尔滨市软件和信息技术服务业发展概况	195
2018年杭州市软件和信息技术服务业发展概况	198
2018年济南市软件和信息技术服务业发展概况	203
2018年西安市软件和信息技术服务业发展概况	208

II 综合统计

2018年软件和信息技术服务业主要指标汇总表（一）	216
2018年软件和信息技术服务业主要指标汇总表（二）	222
2018年软件和信息技术服务业主要指标汇总表（三）	224
2018年软件和信息技术服务业主要指标汇总表（四）	226
2018年软件和信息技术服务业主要指标汇总表（五）	228
2018年软件和信息技术服务业主要指标汇总表（六）	230
2018年软件和信息技术服务业主要指标汇总表（七）	232
2018年软件和信息技术服务业分产品完成情况	236
2018年软件和信息技术服务业出口国家和地区表（一）	240
2018年软件和信息技术服务业出口国家和地区表（二）	242
2018年各省市软件和信息技术服务业主要指标汇总表（一）	244
2018年各省市软件和信息技术服务业主要指标汇总表（二）	250
2018年各省市软件和信息技术服务业主要指标汇总表（三）	252
2018年各省市软件和信息技术服务业主要指标汇总表（四）	254
2018年各省市软件和信息技术服务业主要指标汇总表（五）	256
2018年各省市软件和信息技术服务业主要指标汇总表（六）	258
2018年各省市软件和信息技术服务业主要指标汇总表（七）	260
2018年各省市软件和信息技术服务业分产品收入汇总表（一）	266
2018年各省市软件和信息技术服务业分产品收入汇总表（二）	268
2018年各省市软件和信息技术服务业分产品收入汇总表（三）	270

III 三资企业统计

2018年三资企业主要指标汇总表（一）	274
2018年三资企业主要指标汇总表（二）	280

2018年三资企业主要指标汇总表（三）	284
2018年三资企业主要指标汇总表（四）	287
2018年三资企业主要指标汇总表（五）	290
2018年三资企业主要指标汇总表（六）	293
2018年三资企业主要指标汇总表（七）	296
2018年三资企业软件和信息技术服务业分产品完成情况	302

IV 内资企业统计

2018年内资企业主要指标汇总表（一）	308
2018年内资企业主要指标汇总表（二）	314
2018年内资企业主要指标汇总表（三）	317
2018年内资企业主要指标汇总表（四）	320
2018年内资企业主要指标汇总表（五）	323
2018年内资企业主要指标汇总表（六）	326
2018年内资企业主要指标汇总表（七）	329
2018年内资企业软件和信息技术服务业分产品完成情况	332

Ⅰ 综　　述

2018年我国软件和信息技术服务业主要指标完成情况

指标名称	单位	本年完成	指标名称	单位	本年完成
企业数量	家	36331	应付账款	亿元	13254
软件业务收入	亿元	61909	年末所有者权益	亿元	51048
其中：1. 软件产品收入	亿元	17379	年初所有者权益	亿元	39435
2. 信息技术服务收入	亿元	37563	应交所得税	亿元	1154
3. 嵌入式系统软件收入	亿元	5804	应交增值税	亿元	1745
4. 信息安全收入	亿元	1163	出口已退税额	亿元	245
软件业务出口额	亿美元	511	研发经费	亿元	6267
其中：软件外包服务出口额	亿美元	122	固定资产投资额	亿元	2795
嵌入式系统软件出口额	亿美元	153	本年折旧	亿元	1873
主营业务成本	亿元	52238	从业人员年末人数	万人	644.5
主营业务税金及附加	亿元	747	其中：软件研发人员	万人	273.8
利润总额	亿元	8962	其他软件技术人员	万人	105.2
流动资产平均余额	亿元	67752	其中：硕士及以上	万人	66.8
资产合计	亿元	110405	大专及大本	万人	406.8
应收账款	亿元	16770	从业人员年平均人数	万人	652.4
负债合计	亿元	59334	本年应付职工薪酬	亿元	9478

2018 年我国软件和信息技术服务业统计概况图表

软件和信息技术服务业完成收入情况

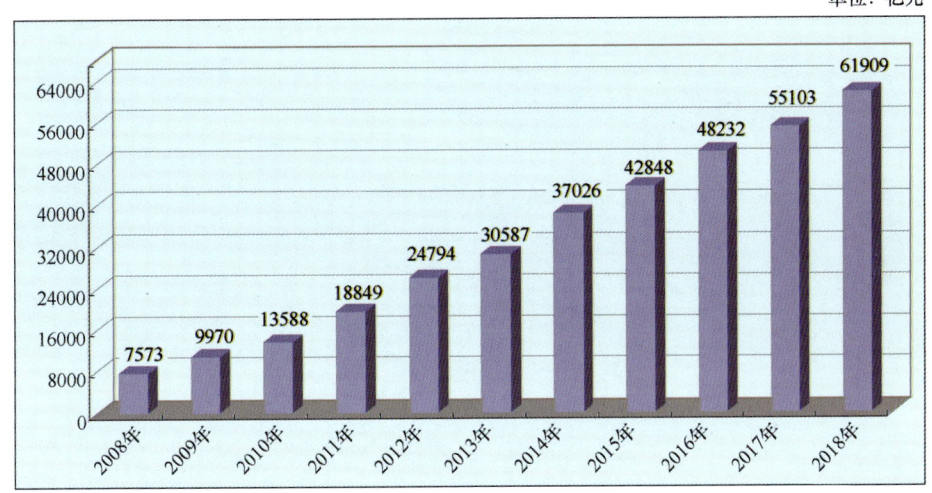

软件和信息技术服务业实现利润情况

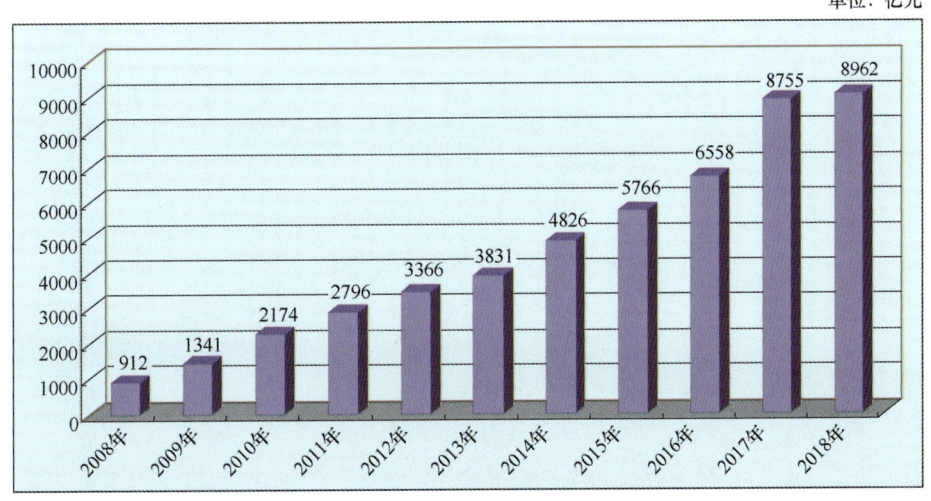

软件收入构成变化情况

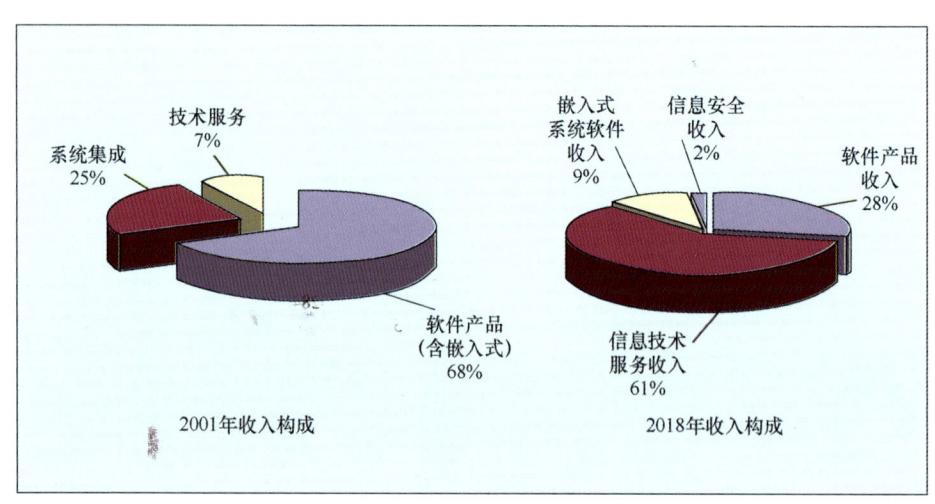

软件和信息技术服务业实现销售利润率、人均利税情况

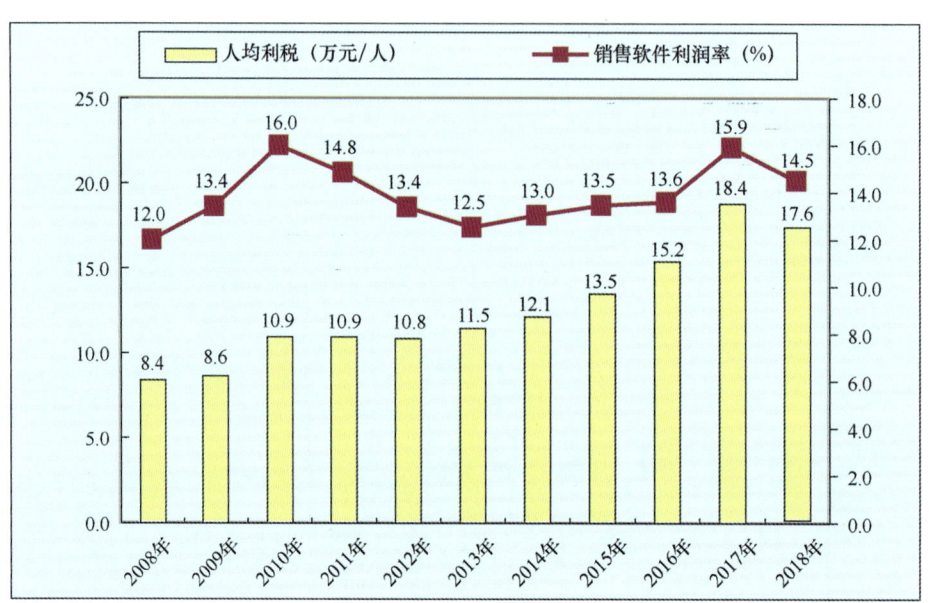

软件出口情况

单位：亿美元

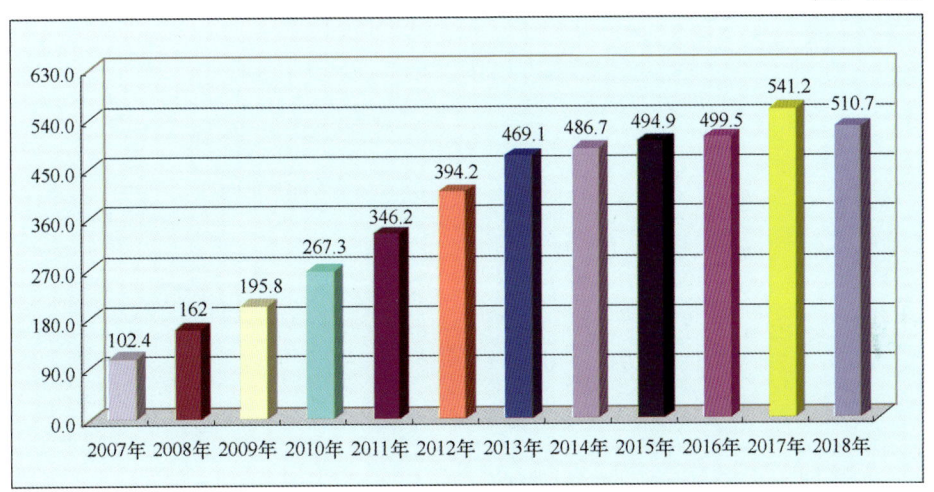

软件出口主要国家(地区)情况(不含嵌入式)

单位：亿美元

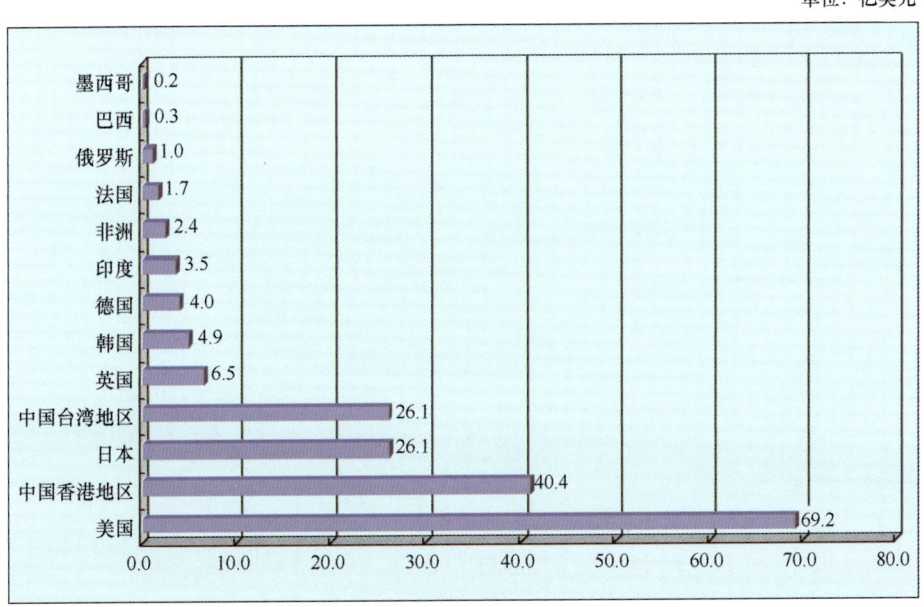

软件和信息技术服务企业规模构成情况

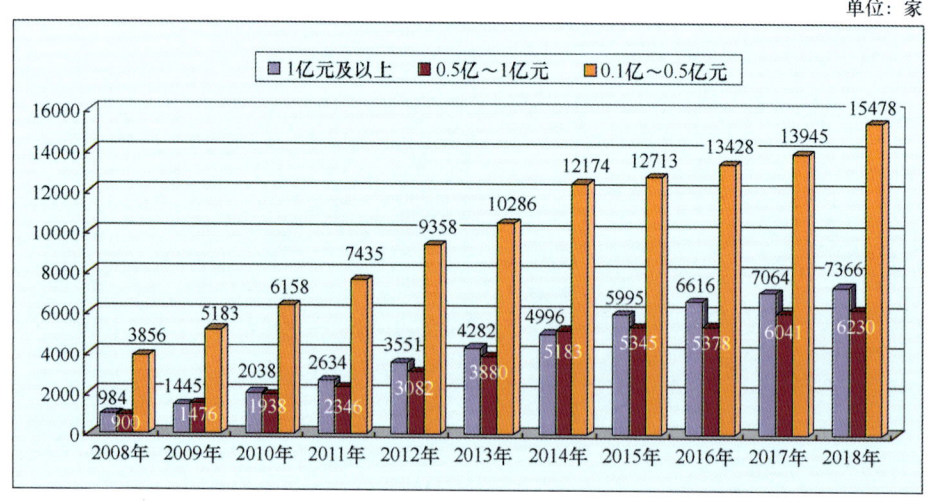

软件和信息技术服务企业按规模分布情况

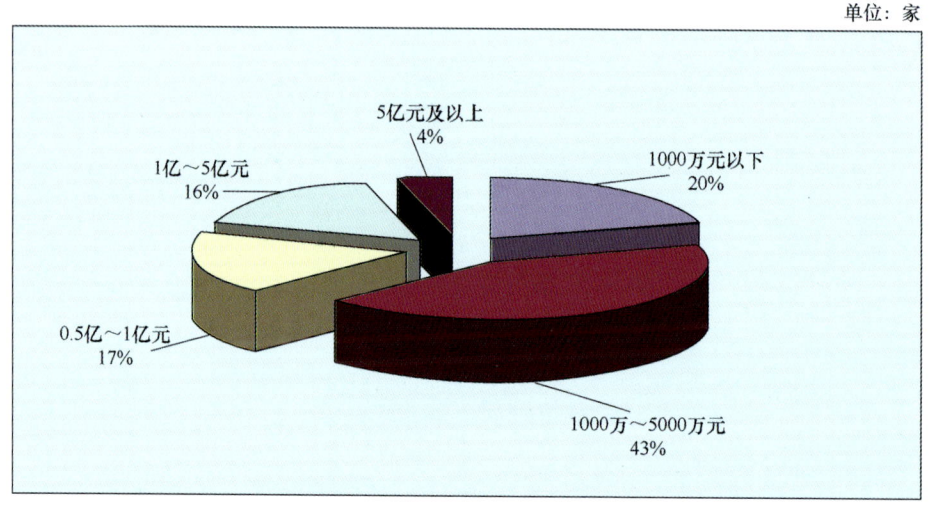

（注：分组中上组限不在内，下组限在内）

软件产品收入构成情况

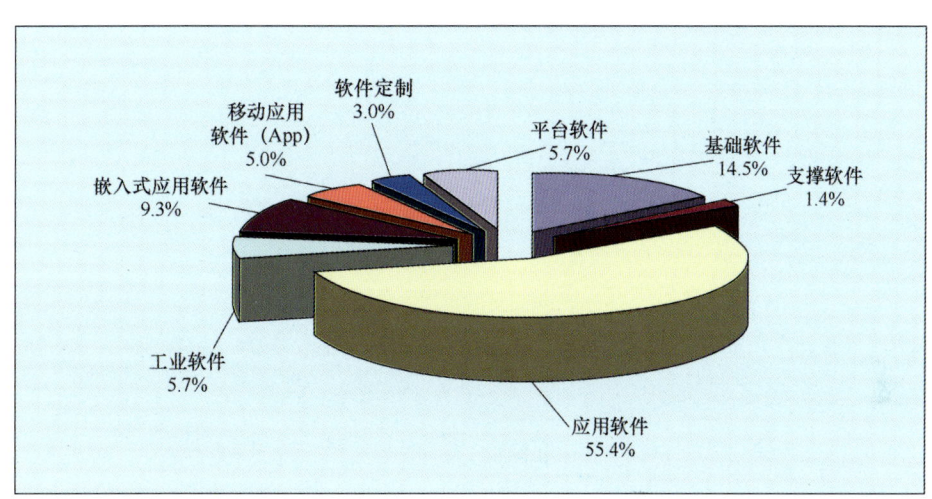

各控股类型软件和信息技术服务企业收入构成情况

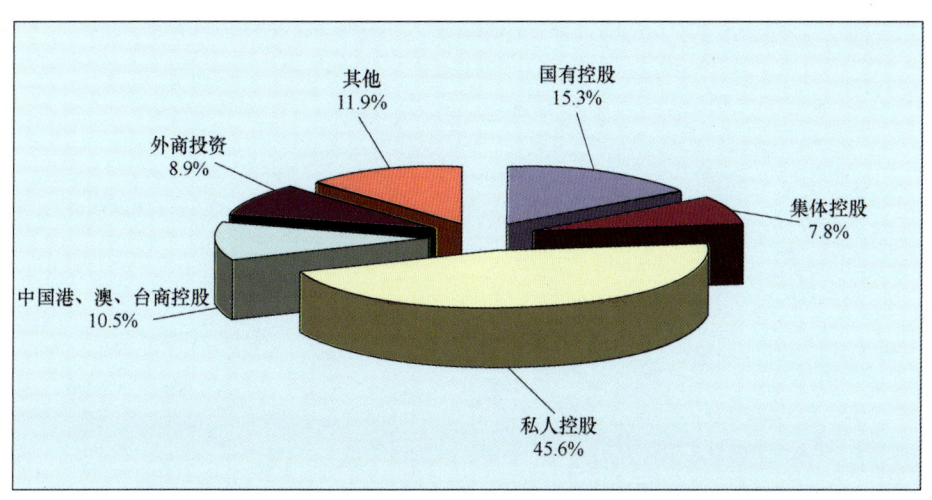

不同规模软件和信息技术服务企业收入构成情况

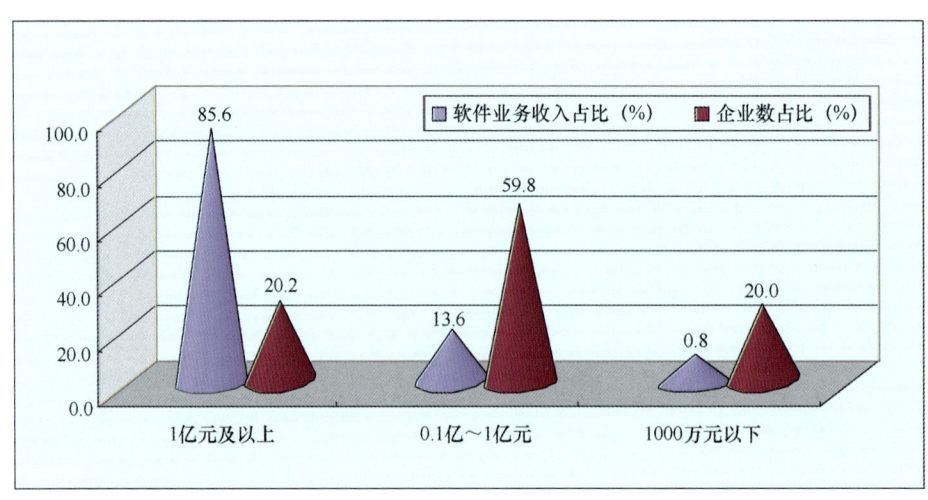

软件收入前十名省市情况

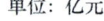

单位：亿元

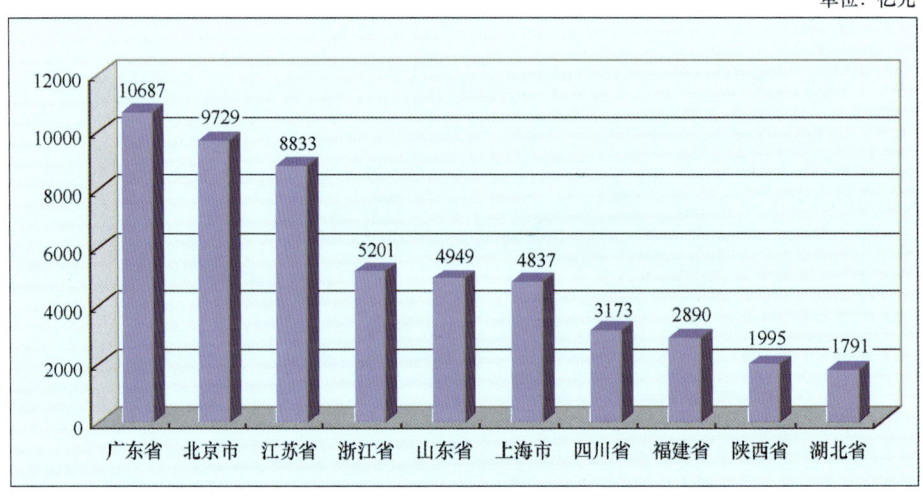

软件和信息技术服务业从业人员构成情况

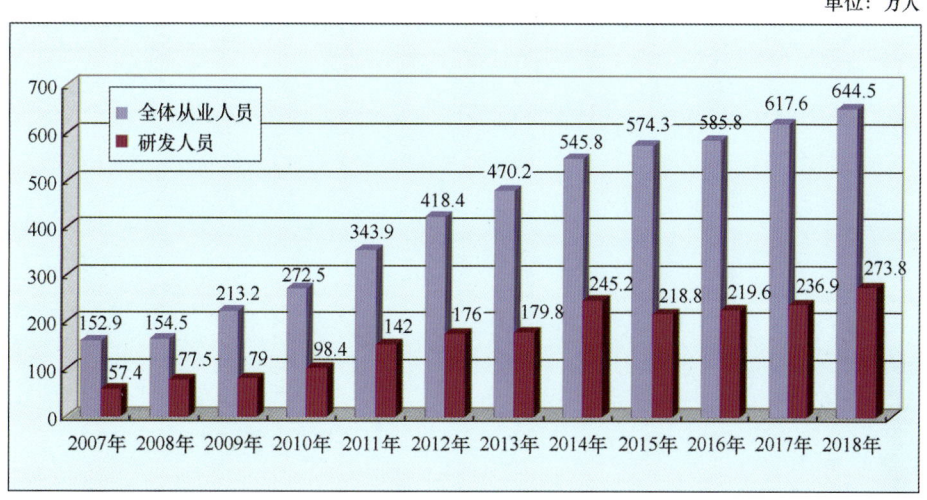

软件和信息技术服务业从业人员学历构成情况

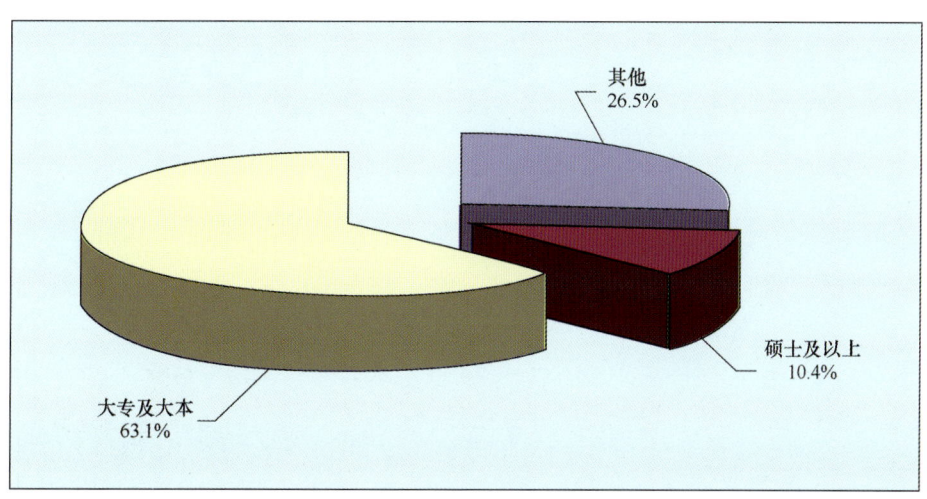

2019 年中国软件和信息技术服务业综合发展指数报告

我国软件和信息技术服务业(以下简称软件业)总体保持良好发展态势,高质量发展成效初显,2019 年全国软件业综合发展指数(以下简称 2019 年综合发展指数)为 128.9,比上届上升 8.6 个分值,高出近四年平均上升幅度 1.4 个分值。其中,技术创新指数与发展环境指数提升显著,对指数拉动作用突出,显示软件业正在转向依靠技术创新驱动的新阶段,关键软件供给不断实现新突破;人才吸引力不断增强,产业发展环境优化;软件融合应用持续深化,服务化、平台化趋势明显,是引领和推动经济社会高质量发展的重要力量。

一、软件和信息技术服务业综合发展指数概述

(一)调整综合发展指数指标体系的原则

为全面贯彻落实新时代高质量发展要求,加速我国软件业向"增量"与"质量"同时发力,提高综合发展指数反映新时代产业发展特征、未来趋势的能力,2019 年综合发展指数指标体系遵循以下原则进行调整:

一是引导软件业高质量发展。软件业高质量发展是当前国民经济高质量发展的重要组成部分和支撑力量。设置指标体系以新发展理念为指引,从关注规模总量转向规模扩张与质量效益同步推进,从关注增长速度转向技术创新驱动与结构调整优化,牢牢把握创新是第一动力,突出技术创新的作用。

二是体现软件业发展特色。软件业是建设制造强国、网络强国的关键支撑,是引领国家科技创新、经济社会转型发展的重要力量。指标体系体现数字化、智能化,设置人才环境、安全保障等指标,充分反映软件业对国民经济的支撑服务作用。

三是科学规范设置指标。指标体系增加结构和效率指标、兼顾长短板因素、引入外部影响因素,对产业发展评价更全面、系统,更直观地表征评价目的。

2019 年综合发展指数指标体系设置 5 个一级指标、13 个二级指标(见图 1),数据基础以工业和信息化部统计的 2018 年软件和信息技术服务业统计年报数据为主。

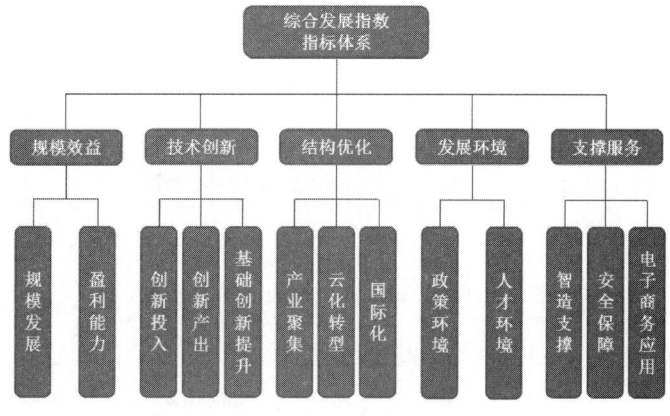

图 1 2019 年综合发展指数指标体系

（二）指数计算方法的调整

本届指数从全国、分地区两个方面评价软件业综合发展水平，并对分地区指数计算方法进行了调整。我国软件业发展区域差异较大，各省（直辖市、自治区）产业发展所处阶段不同，且各有侧重、各具特色。为更科学、合理地引导各省（直辖市、自治区）软件业高质量发展，2019年不再按照统一的指标权重对各省（直辖市、自治区）进行评价，而是遵循梯队设置、分类指导的原则，对各省（直辖市、自治区）进行梯队划分并赋予不同的指标权重进行计算分析。具体如下：

一是将各省（直辖市、自治区）划分为3个发展梯队。综合软件业各项发展数据省（直辖市、自治区）间产业规模的梯次分布明显，不同规模量级的省（直辖市、自治区）软件业发展的阶段性差异显著，因此按照规模所表现出的梯次情况，将软件业务收入在2000亿元以上的省（直辖市、自治区）划为领先省份，将软件业务收入在100亿~2000亿元之间的省（直辖市、自治区）划为中间省份，将软件业务收入在100亿元以下的省（直辖市、自治区）划为潜力省份。

二是对不同的梯队设置不同的评价侧重方向。领先省份已具有一定的发展规模，发展环境亦相对完善，需要在技术创新和结构优化两方面着重引导软件业高质量发展，推动软件业向国际化、高端化迈进，指数体系中增加技术创新和结构优化指标权重。中间省份产业发展规模不断壮大，产业竞争力持续提升，但仍需要在规模效益和发展环境两方面着重引导软件业高速发展，不断优化软件业发展环境，指数体系中增加规模效益和发展环境指标权重。潜力省份产业起步较晚，具备结合自身优势从无到有发展大数据、云计算等新兴信息技术服务业的潜力，有望实现跨越式发展，需要从规模效益、技术创新、结构优化、发展环境、支撑服务全方位综合引导。

二、全国软件和信息技术服务业综合发展指数表现

全国综合发展指数采用定基法，选取2014年为基期，设定2014年综合发展指数为100，通过纵向比较，反映全国软件业年度综合变化情况与发展趋势。

2018年全国综合发展指数值达到128.9，比2017年上升8.6个分值。近四年来，总指数呈现稳步提升趋势，年均上升幅度为7.2个分值，近两年增长速度明显快于前两年（见图2）。

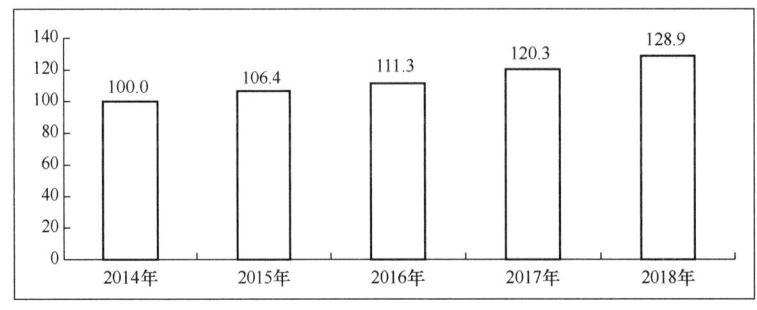

图2　2014—2018年全国综合发展指数值

其中，一级指标中技术创新指数与发展环境指数提升最快，分别达到152.2和104.3，上升幅度分别为17.9个和16.5个分值，对全国综合发展指数上升的贡献率分别达52.6%和23.3%，拉动作用突出，其他3个指标也实现稳步提升（见表1和图3）。

表1 5个一级指标变化情况

	本届指数	比上届上升幅度	贡献率
规模效益	128.1	2.1	6.2%
技术创新	152.2	17.9	52.6%
结构优化	109.6	2.2	5.9%
发展环境	104.3	16.5	23.3%
支撑服务	140.5	6.8	12.0%

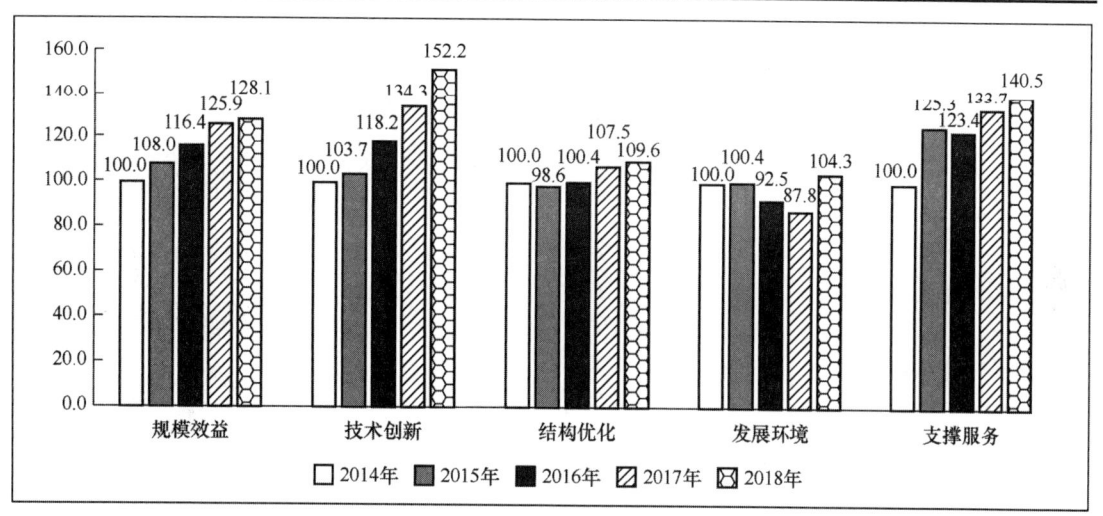

图3 2014—2018年分项指数情况

2018年，我国软件业发展呈现以下特点：

一是规模效益稳步提高，产业引领带动作用突出。规模效益指数为128.1，比2017年上升2.1个分值，其中规模发展指标增幅最大，比2017年上升8.0个分值。随着新一代信息技术应用的不断推进，软件业内需潜能持续释放，2018年我国软件业实现软件业务收入6.2万亿元，同比增长12.4%，产业规模不断扩大（见图4）；行业内实现人均软件业务收入94.9万元，同比增长6%，增幅比2017年扩大2.3个百分点，云化、平台化等新技术、新模式大大促进了产业效率提升；软件主营业务利润率为11.4%（见图5），居近年来高位，高出规模以上服务业利润率4.9个百分点。

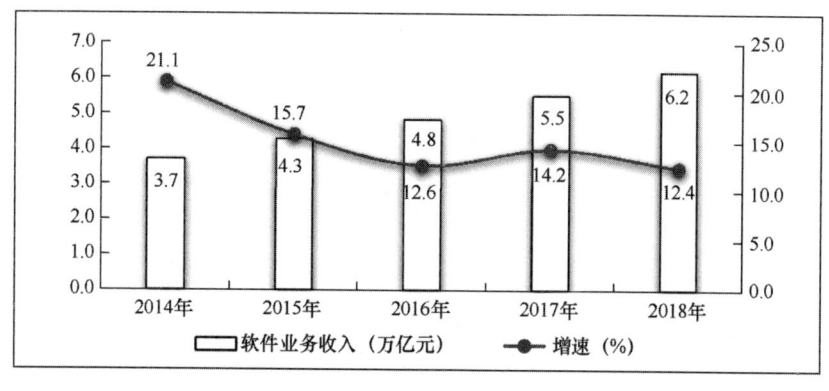

图4 2014—2018年我国软件业务收入情况

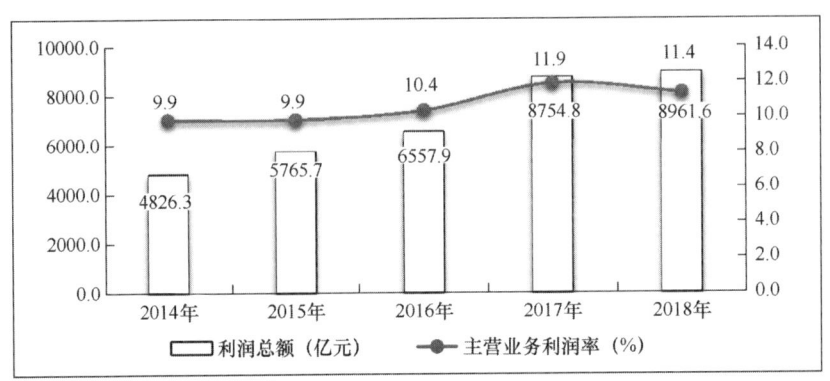

图 5 2014—2018 年软件业效益情况

二是技术创新成效显著,关键软件供给实现新突破。技术创新指数为 152.2,得分居一级指标之首,比上届上升 17.9 个分值,对总指数上升的贡献率为 52.6%,显示出软件业鲜明的技术驱动特征,其中创新产出指标上升幅度最大,比上届上升 60.8 个分值。得益于较高的研发投入水平,软件业自主创新发展成效显著。2018 年软件研发投入强度为 7.9%,高于工业 6.8 个百分点,高于全国平均水平 5.7 个百分点;企业平均软件著作权 14.4 件,比 2017 年增加 3.4 件(见图 6);发明专利拥有量为 12.4 万件,占行业全部专利拥有量的 43.2%,高于全国平均水平 25 个百分点。在操作系统、数据库、工业软件等关键领域,我国基于开源的 Linux 自主操作系统在软、硬件适配性及应用范围上不断突破,掌握了自主流数据库技术与库内人工智能技术;主导了《SQL9075 2018 流数据库》国际标准的制定,打破了欧美国家对数据库技术的垄断;自主研发的 POLARDB 云原生数据库当选世界互联网大会领先科技成果,能够满足大规模业务场景上云需求。

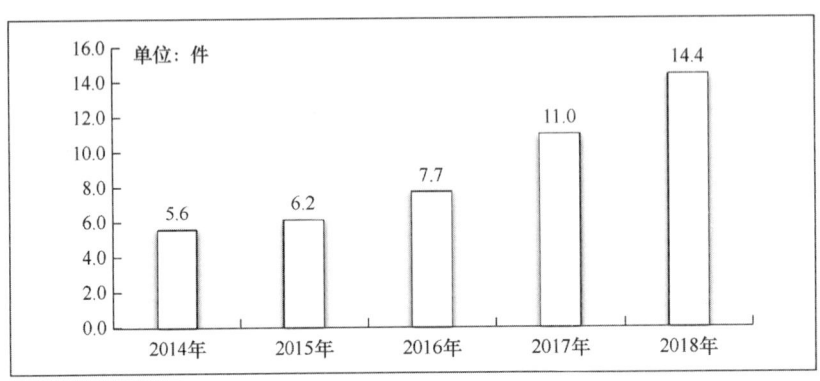

图 6 2014—2018 年我国企业平均软件著作权数量

三是云化转型加速,企业总体向平台化迈进。结构优化指数为 109.6,比上届上升 2.2 个分值,其中云化转型指标比上届上升 13.3 个分值。软件企业通过云服务、平台运营等实现的业务收入占软件业务收入的比重接近 20%,促进商业模式从"一次性付费,终身使用"到"按需付费,阶段性使用"转变,产品形态从"仅支持单机使用"到"联网使用享受数据、协同、交易等增值服务"转变,服务能力从"以销售为目的的服务模式"到"以客户留存为目的的服务伙伴型模式"转变。以大型平台企业为核心的软件业生态逐步显现,知识型劳动者、应用软件服务商、数据价值增值服务商等加速向平台企业汇聚,更好地促进了软件业用户协同、供应链协同和创新协同。

四是各项政策细化落实，人才吸引力保持高位。发展环境指数为 104.3，比上届上升 16.5 个分值，对总指数上升的贡献率为 23.3%，其中政策环境指标增幅最大，比上届上升 28.9 个分值。国家不断加强政策引导，相继出台了《国家网络安全产业发展规划》《工业互联网发展行动计划（2018—2020 年）》等软件相关领域专项文件，持续推进集成电路和软件企业所得税优惠政策落地，2018 年软件企业享受优惠政策已退税额占应交税额比重为 18%，比 2017 年提高 4.9 个百分点（见图 7）。同时，软件业保持了较好的人才环境，电子信息和计算机类本科毕业生人数居各专业领域首位，信息传输、软件和信息技术服务业年平均工资 14.8 万元，是全国平均工资①水平的 1.79 倍，促使人才资源进一步向软件业集聚，产业发展的内生动力不断增强。

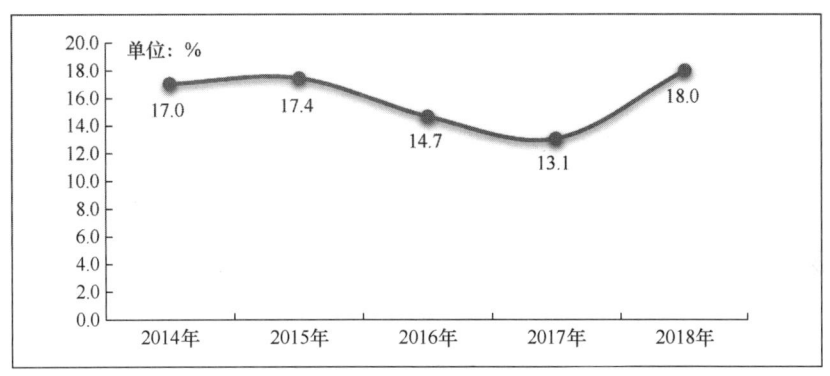

图 7　2014—2018 年软件企业已退税额占应交税额比重

五是支撑服务能力凸显，在各领域渗透不断深化。支撑服务指数为 140.5，比 2017 年上升 6.8 个分值，对全国发展指数上升的贡献率为 12.0%，其中电子商务应用指标增幅最大，比 2017 年上升 50.2 个分值。电子商务渗透率不断提升，电子商务平台服务传统产业转型升级的能力进一步增强，2018 年电子商务网络零售额占社会消费品零售额的比重为 23.6%，比 2017 年提高 4 个百分点（见图 8）。软件业也成为推动制造业数字化、网络化、智能化转型的重要力量，工业控制系统、工业软件、智能制造装备等集成解决方案成熟度进一步提升，工业云平台、先进过程控制系统、调度优化系统等增长迅速。信息安全的基础保障作用日益突出，面向商业层面（to B）的信息安全越发重要，2018 年信息安全收入增速比 2017 年提高了 8.0 个百分点，信息安全领域投融资金额和事件数量均大幅增长。

图 8　2014—2018 年我国电子商务应用发展情况

---

① 指全国城镇非私营单位就业人员年平均工资，数据来源于国家统计局。

三、分地区软件和信息技术服务业综合发展指数表现

与全国综合发展指数（以 2014 年 100 为基期纵向比较）不同，分地区综合发展指数采用灰色关联评价方法，通过与目标最优值（100）进行比较，重在对比分析地区间的差异。按分类指导原则，将全国各省（直辖市、自治区）分为领先省份、中间省份、潜力省份 3 个梯队（见表 2），并以 15 个副省级城市为主体单独建立重点城市综合发展指数，不同的梯队赋予不同权重数值测算。

表 2 省（直辖市、自治区）梯队分布及指数均值[①]

类型	省份	区域指数均值
领先省份	广东省、北京市、江苏省、浙江省、山东省、上海市、四川省、福建省	73.8
中间省份	陕西省、湖北省、天津市、辽宁省、重庆市、吉林省、湖南省、安徽省、河南省、河北省、海南省、贵州省、江西省、广西壮族自治区	73.5
潜力省份	云南省、新疆维吾尔自治区、甘肃省、黑龙江省、山西省、宁夏回族自治区、内蒙古自治区、青海省	65.0

2019 年领先省份综合发展指数均值为 73.8，比上届上升 2.5 个分值，技术创新指数增长突出，广东省综合得分最高；中间省份综合发展指数均值为 73.5，比上届上升 3.4 个分值，规模效益指数增长较快，安徽省综合得分最高；潜力省份综合发展指数均值为 65.0，发展环境指数增幅相对较快，山西省综合得分最高；重点城市综合发展指数均值为 69.0，比上届提高 0.8 个分值，支撑服务指数增幅突出，深圳市综合得分最高。

根据分地区综合发展指数计算结果，2018 年分地区软件业发展呈现以下特点：

一是领先省份自主创新活跃，产业结构持续优化。领先省份综合发展指数均值为 73.8，其中技术创新指数增长突出，软件业发展的内生动力强劲。2018 年领先省份平均研发投入强度达 8.3%，比 2017 年提高 0.6 个百分点，高于全行业平均水平 0.4 个百分点。北京市、广东省自主创新最为活跃，研发投入强度分别为 12.2%和 10.8%，软件著作权登记量位居全国前两位。北京市着力建设人工智能等产业领域创新中心，推动产业创新发展；广东省积极突破产业核心技术短板，涌现出了一批优秀工业软件企业。广东省综合发展指数最高，指数得分 79.4，其中结构优化指数稳居首位，比领先省份平均水平高 14.3 个分值，产业云化转型进程加快，大企业示范作用显著，2018 年云化运营收入占比达 18.9%，比领先省份平均水平高 1 个百分点。浙江省规模效益指数突出，比领先省份平均水平高 10.0 个分值，2018 年主营业务利润率为 23.0%，比全国平均水平高 11.6 个百分点。上海市支撑服务指数居于首位，比领先省份平均水平高 2.4 个分值，电子商务平台对传统行业的支撑服务能力显著，2018 年网络零售额占社会消费品零售额的比重超过 60.0%，比全国平均水平高 30 多个百分点，比领先省份平均水平高约 20 个百分点。

2019 年领先省份综合发展指数排名情况如图 9 所示，2019 年排名前四领先省份雷达图如图 10 所示。

---

① 西藏暂未开展软件业统计，不纳入本报告分析。

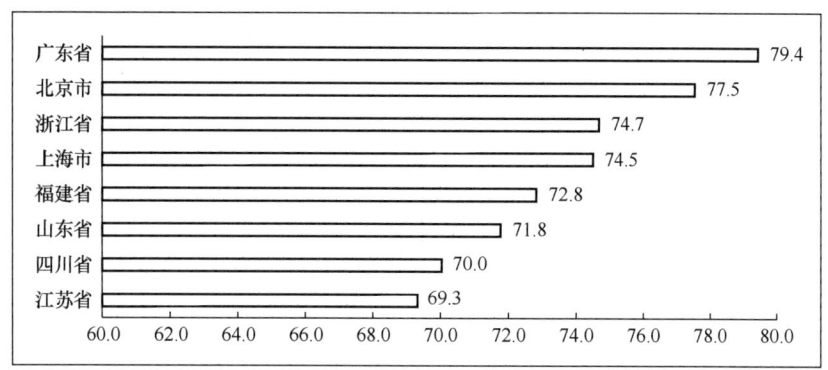

图 9 2019 年领先省份综合发展指数排名情况

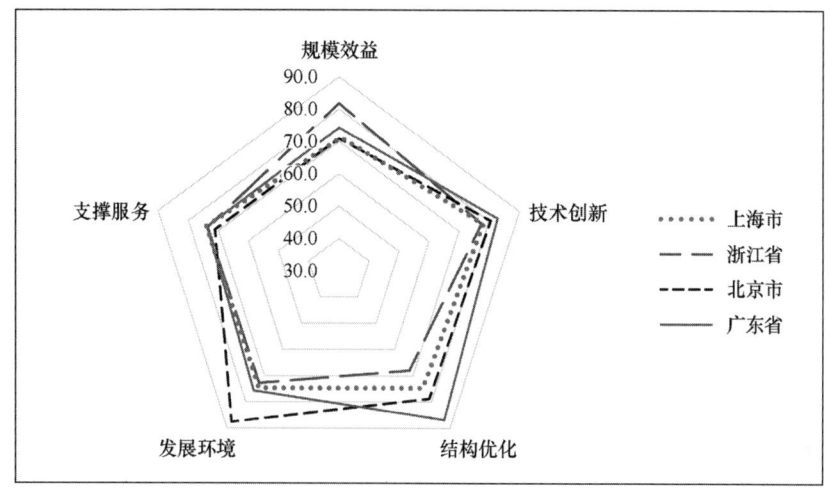

图 10 2019 年排名前四领先省份雷达图

二是中间省份发展规模逐步扩大，产业融合不断深入。中间省份综合发展指数均值为 73.5，其中规模发展指数增长较快，产业发展的规模效应初步显现。2018 年中间省份实现软件业务收入超过 1.1 万亿元，增速高于全国平均水平的省市有 10 个，占中间省份数量的 71.4%。海南省在建设自由贸易区（港）的背景下，吸引了一批行业内龙头企业入驻，软件业规模快速跃升，2018 年实现软件业务收入 253.3 亿元，同比增长 36.5%，增速居全国前列。安徽省综合发展指数最高，为 76.7，其中发展环境指数优势突出，安徽省在加快推进"中国声谷"建设的同时，持续完善落实产业促进政策，软件企业享受优惠政策已退税额同比增长 102.8%。湖北省支撑服务指数位居前列，国家网络安全人才与创新基地建设取得积极成效，吸引了一批网络安全领域的知名企业入驻，安全保障能力不断提升。重庆市技术创新指数最高，比中间省份平均水平高 5.7 个分值，2018 年研发投入强度达 11.4%，高于全国平均水平 3.5 个百分点；规模以上企业获专利授权总量比 2017 年增长 23.5%，高出全国平均水平 5.9 个百分点。天津市结构优化指数居首位，比中间省份平均水平高 8.5 个分值，大企业培育成果显著，产业云化转型进程加快，云化运营收入比 2017 年增长 48.0%，占软件业务收入的比重高达 45.8%，比 2017 年提高 8.2 个百分点。2019 年中间省份综合发展指数排名情况如图 11 所示，2019 排名前四中间省份雷达图如图 12 所示。

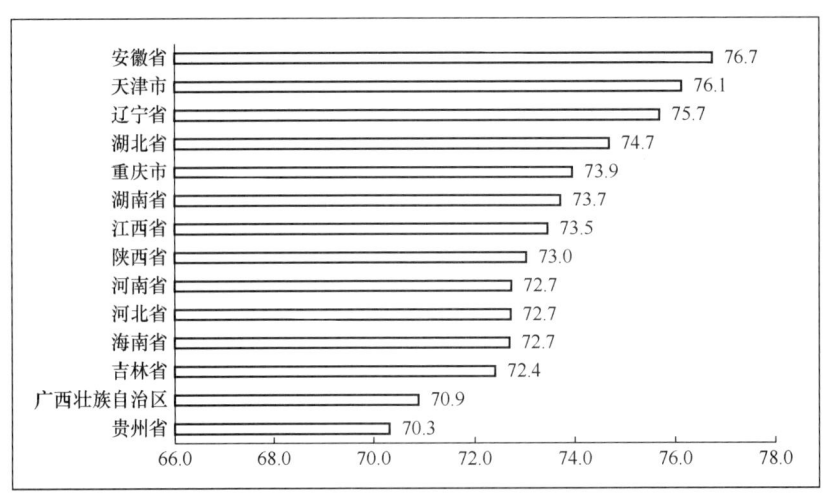

图11 2019年中间省份综合发展指数排名情况

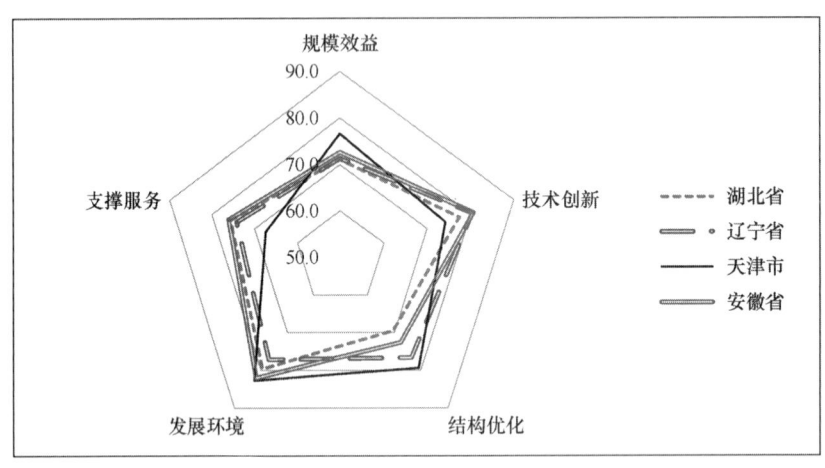

图12 2019年排名前四中间省份雷达图

三是潜力省份产业发展环境持续优化，跨越式发展进程加快。潜力省份综合发展指数均值为65.0，其中发展环境指数增幅相对较快，比2017年提高0.7个分值。黑龙江省发展环境指数居潜力省份首位，比潜力省份平均水平高5.6个分值，黑龙江省陆续出台产业促进政策，持续推进落实鼓励软件业发展的相关政策，2018年软件企业享受优惠政策已退税额占应交税额比重为22.4%，比2017年提高6.1个百分点，高于潜力省份平均水平13.3个百分点。山西省综合发展指数最高，为67.6，其中技术创新指数优势突出，高出潜力省份平均水平8.5个分值，2018年研发投入强度达9.7%，比2017年提高0.5个百分点，企业平均软件著作权数量居潜力省份首位。云南省、宁夏回族自治区结构优化指数位居前列，云南省作为潜力省份中唯一有中国软件业务收入前百家企业（以下简称软件百家企业）的省市，大企业带动作用凸显，软件百家企业收入占比高达22.0%；宁夏回族自治区紧抓"一带一路"发展机遇，加快推动中卫云基地建设进程，促进产业转型升级，2018年云化运营收入占比高达21.4%，比潜力省份平均水平高15.6个百分点。

2019年潜力省份综合发展指数排名情况如图13所示，2019年排名前四潜力省份雷达图如图14所示。

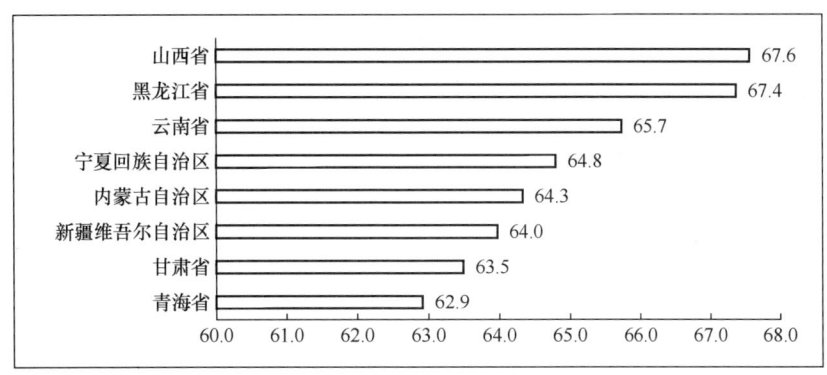

图 13　2019 年潜力省份综合发展指数排名情况

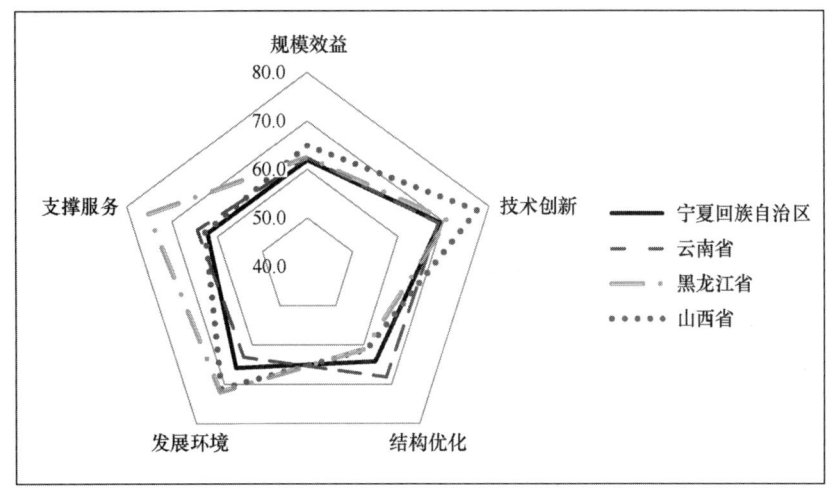

图 14　2019 年排名前四潜力省份雷达图

四是重点城市产业支撑服务作用显著，发展各具特色。重点城市综合发展指数均值为 69.0，其中排首位的是深圳市，综合发展指数为 77.8，高出重点城市均值 8.8 个分值，其结构优化指数稳居首位，高于重点城市平均水平 16.8 个分值，以云服务为代表的信息技术服务形式演变加快，2018 年云化运营收入达 1438 亿元，同比增长 10.7%，云化平台快速发展成熟，在安全、金融财务等领域增势突出。杭州市支撑服务指数最高，软件业对智能制造的支撑能力较强，建有国家级物联网产业示范基地，实施工厂物联网项目 236 个，企业上云 4 万家，工业互联网平台在助力企业生产效率提升方面示范作用突出。济南市发展环境指数位居前列，高出重点城市平均水平 4.6 个分值，支持软件业发展的政策体系不断完善，把《济南市促进先进制造业和数字经济发展若干政策措施》作为 2019 年 1 号文件进行发布，同时出台《大数据与新一代信息技术产业发展规划》《济南市新型智慧城市建设行动计划（2018—2020 年）》《济南市关于促进工业互联网发展的指导意见》等专项文件。2019 年 15 个副省级城市软件业综合发展指数如图 15 所示，2019 年排名前四重点城市雷达图如图 15 所示。

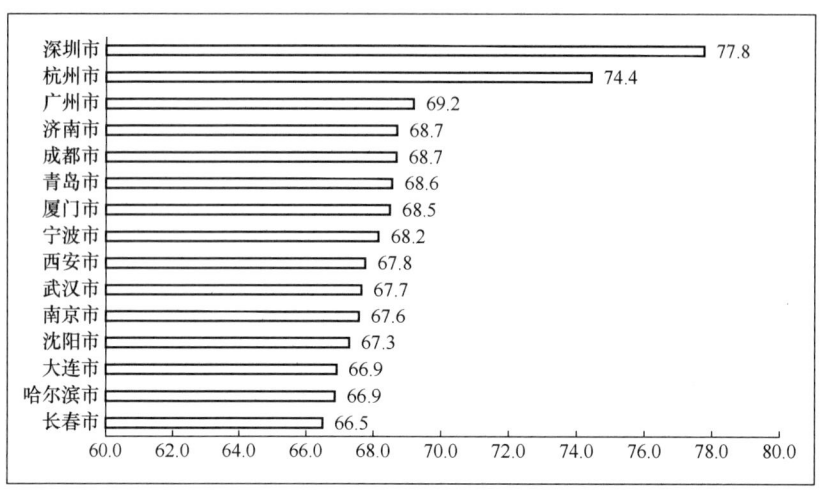

图 15 2019 年 15 个副省级城市软件业综合发展指数

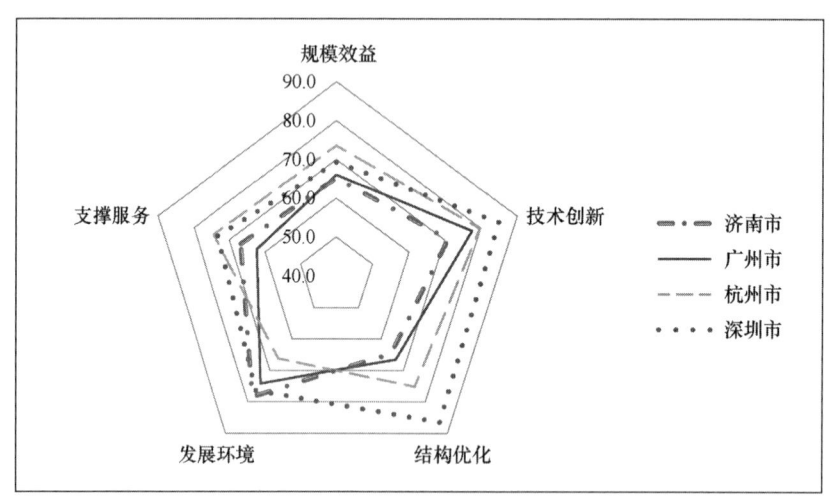

图 16 2019 年排名前四重点城市雷达图

四、机遇和挑战

总体来看，经济高质量发展及新技术的突破给软件业发展带来了重要机遇。我国经济当前正处于转变发展方式、优化经济结构、转换增长动力的攻关期，用更高效率提供更高附加值的生产和服务是各行业努力的方向。信息技术是经济转型和产业升级中不可或缺的支柱和先导力量，随着 5G 商用落地，区块链、人工智能等前沿技术与传统产业融合加速，以及政策支持力度加大，将促进更多综合性新应用的演变，赋予软件业发展更多动能，也将为软件业带来更广阔的市场空间。

同时，我们也要看到，世界经济发展的不确定性增加，国内经济下行压力仍然存在，软件业自身发展面临一些迫切需要解决的突出问题：一是核心关键技术缺乏，操作系统等技术长期受制于人，工业基础软件和工业设计软件几乎被国外产品垄断，基础创新提升指数近年来有所下滑；二是缺乏有国际竞争力的龙头企业，国际市场占有率较低，随着中美贸易摩擦持续，进一步阻碍了我国软件企业的国际化发展步伐，国际化指数降幅扩大；三是人才结构性短缺问题突出，高端人才、专业复合型人才紧缺。

针对上述存在的问题，要始终坚持以新发展理念指导产业发展，以深化供给侧结构性改革提升产业竞争力，抓重点、补短板、强弱项，着力增强产业基础能力和产业链建设水平，持续从以下方面推动软件业高质量发展：

一是坚持创新驱动发展，加快关键核心技术突破。扎实推动软件业的重大工程和行动计划落地，鼓励软件企业加大在基础软件、工业软件等关键、核心技术领域的研发投入力度，大力支持企业参与国际标准的制定，尽快破解我国关键、核心技术贸易壁垒，解决软件业发展对外依存度过高的问题。

二是推动产业国际合作，提高国际化水平。抓住"一带一路"倡议的机遇，尤其是数字丝绸之路建设机遇，充分发挥行业协会、学会的桥梁、纽带作用，进一步加强与国际组织、标准机构和跨国企业之间在软件业技术、标准、人才等方面的高质量合作，培育一批创新能力突出、国际化水平较高的龙头企业，提高我国软件业的国际化水平。

三是精准对接产业需求，完善人才培养机制。精准对接我国软件业发展的人才需求，加强高等院校、科研院所和软件企业产、学、研、用对接与合作，加大对高端软件人才、融合型软件人才、工业互联网平台架构师等的培养，促进教育链、人才链与产业链、创新链的有机衔接，突破产业发展高端人才、专业复合型人才紧缺的瓶颈。

四是完善相关法律法规，加大知识产权保护力度。加快对数据安全标准、数据使用权、所有权的立法，消除企业对上云和大数据服务安全的顾虑。健全软件业知识产权保护相关法律法规，加强软件业知识产权保护政策和措施的执行力度，为软件企业营造更好的发展环境。

2019年（第18届）中国软件业务收入前百家企业发展报告

一、本届软件百家企业基本情况

面对复杂多变的国内外环境和不断加大的经济下行压力，中国软件业务收入前百家企业积极应对风险挑战，坚持推进转型升级，不断拓展融合应用，在整体保持稳步增长态势的同时，研发创新动能持续迸发，主动加强产业链协作，整合上下游和跨领域资源，持续提升盈利能力和增强核心竞争力，高质量发展势头更加明显。

企业由量增向质优阶段迈进，呈现"高毛利、高研发"的双高特征。第18届中国软件业务收入前百家企业（以下简称本届软件百家企业）2018年共完成软件业务收入8212亿元，比上届增长6.5%，收入增长超过20%的企业达到30%以上；共创造利润总额1963亿元，比上届增长14.6%，平均主营利润率为11.3%，在行业内保持领先水平；共投入研发经费1746亿元，比上届增长12.6%，平均研发强度为10.1%，高出行业平均水平2.2个百分点。与5年前相比，本届软件百家企业主营业务收入利润率提高2.6个百分点，研发强度提高3.1个百分点。

企业稳定性与活跃性并存，新兴领域支撑力量显著增强。本届软件百家企业排首位的企业是华为技术有限公司（以下简称华为），该公司已连续十八年蝉联软件百家企业之首；与上届相比，阿里云计算有限公司、北京小米移动软件有限公司、北京京东尚科信息技术有限公司3家企业首次进入前十位，其业务以云计算、移动互联网领域为主；前十位的企业还包括：海尔集团公司、浪潮集团有限公司、海信集团有限公司、杭州海康威视数字技术股份有限公司、中国银联股份有限公司、南瑞集团有限公司6家公司，已持续5年在榜。与上届相比，本届软件百家企业换榜率增加7%，有14家企业因收入下降、业务转型、亏损或并购等原因退出本届软件百家企业名单；有10家涉及信息安全、物流智能化、云服务等领域的企业首次进入名单，另有4家企业重新进入名单。

集聚效应和示范作用突出。在国家政策支持和各级政府的共同推动下，软件百家企业示范引领效应不断显现，区域布局呈现分布广泛但集聚明显的特点。本届软件百家企业分布在全国17个省市范围内，有89家企业集中在东部省市，具体地区分布为：北京32家，广东18家，上海10家，浙江9家，江苏9家，山东5家，福建4家，四川3家，天津、辽宁、吉林、湖北、湖南、安徽、江西、重庆、云南等省市1~2家不等。与5年前相比，北京的企业数继续保持全国领先，广东、上海、江苏、天津、四川的企业数均有增加。

二、本届软件百家企业的特点

软件百家企业作为产业的头部企业，是产业发展趋势的"风向标"，本届企业呈现如下发展特点。

（一）业务收入稳步增长，两类企业表现突出

本届软件百家企业的软件业务收入保持增长态势，2018 年共完成软件业务收入 8212 亿元，比上届增长 6.5%，占全行业收入的比重为 13.3%。其中，软件业务收入超过 100 亿元的企业有 14 家，比上届增加 1 家；软件业务收入超过 30 亿元的企业有 59 家，比上届增加 2 家。

本届软件百家企业中，部分企业增势突出，收入同比增速超过 20% 的企业有 34 家；收入同比增速超过 50% 的企业达到 9 家；两年持续在榜企业中，排名提升超过 10 位的企业达到 16 家，比上届增加 1 家。从增长较快的企业来看，两类企业表现抢眼：一是在云计算、大数据和人工智能领域布局较早的企业，注重技术创新，积累了一定的核心技术和领先优势，持续保持强劲发展势头；二是随着我国智能金融、智能交通和智能安全市场的全面启动，部分企业抓住发展机遇，以应用为导向，以新兴技术为传统行业赋能升级，收入实现快速增长。

（二）企业效益效率持续向好，为健康发展积蓄力量

本届软件百家企业积极调整战略，突出效益效率优先，加强成本费用管控，2018 年实现利润总额 1963 亿元，比上届增长 14.6%，增幅高出收入 8.1 个百分点，占全行业利润比重为 21.9%。本届软件百家企业平均主营利润率为 11.3%，平均总资产利润率为 8.8%，分别高出上届 0.6 个和 0.3 个百分点；其中主营利润率超过 20% 的企业有 22 家，比上届增加 6 家。

从经营效率来看，本届软件百家企业人均软件业务收入为 86.6 万元，比上届增加 8.3 万元；人均利润为 20.7 万元，比上届提高 3.3 万元。同时，本届软件百家企业中上市公司达到一半，比上届增加 2 家，企业综合实力和融资能力不断提升，为未来成长奠定了较好的基础。

（三）企业研发投入力度持续增强，创新成果不断涌现

本届软件百家企业共投入研发经费 1746 亿元，比上届增长 12.6%，占全行业研发投入的 27.9%，远超过收入和利润在全行业的比重，是软件行业研发投入的骨干力量。企业平均研发强度为 10.1%（研发经费占主营业务收入的比例），比上届提高 0.4 个百分点，高于全行业平均水平 2.2 个百分点；研发强度超过 15% 的企业有 20 家，比上届增加 5 家；参与软件研发的人数达 37.5 万人，占软件百家企业总从业人员数量的 39.5%。

本届软件百家企业的软件著作权登记量超过 3 万件，拥有的获授权专利数量超过 13 万件，其中发明专利占全部专利的比重达 40%，创新成果量质齐升；据国家知识产权局公布的 2018 年国内企业专利授权量排名，华为和广东欧珀专利授权量分列第 1 和第 3 位。经过持续研发积累，软件百家企业不断迎来新收获，如华为于 2019 年正式发布自主知识产权操作系统鸿蒙 OS，可供多个智能终端设备使用，为构建面向未来的新型生态体系奠定了基础；同时，在数据库、工业软件、国产办公软件等领域都有新的突破和进展。

（四）产业结构不断调整优化，供给质量持续提升

本届软件百家企业在软件产品、信息技术服务、信息安全和嵌入式系统软件 4 个领域的收入占比分别为 28.6%、50%、3.6% 和 17.8%，与上届相比，信息技术服务领域收入占比继续提升 5 个百分点，软件百家企业服务化转型持续推进；与全行业收入结构相比，软件百家企业的信息安全收入占比高出 1.7 个百分点，是构筑我国信息安全的重要骨干力量，嵌入式系统软件收入占比高出 8.4 个百分点，软件百家企业对智能制造的支撑力度进一步加大。

软件百家企业积极探索新经济及智能制造领域的各类场景应用，深耕金融、交通、物流、医疗、旅游、政务、电子商务等多个行业，产业链得以不断延伸；以赋能者角色，与其他行业客户展开深度合作，合作伙伴不断增加，良性产业生态逐步形成；以人工智能、大数据和云计算技术为核心驱动，在合作中沉淀行业数据，打通数据孤岛，积极尝试各类增值服务与创新业务，继而颠覆传统、加速创新、实现数字化转型；海尔、阿里、浪潮、用友等企业纷纷投身工业互联网平台建设，使我国工业互联网生态不断完善，驱动制造业向高质量发展。

（五）积极参与国际竞争，国际化经营能力不断提升

面对复杂的国际贸易环境，本届软件百家企业坚持推进国际化经营，积极巩固和拓展国际市场。本届软件百家企业 2018 年实现软件出口 201 亿美元，占本届软件百家企业业务收入的 16%，占全行业软件出口的比重为 39.3%；围绕"一带一路"建设，本届软件百家企业加快在软件技术、标准和人才等方面的合作，出口市场不断向新兴市场拓展，对东南亚等国家的软件出口持续扩大，比上届增长 172%，对非洲的软件出口保持较快增长，对南美洲的软件出口有所起步；传统的主要出口和外包服务市场发展分化，对欧洲国家出口稳步上升，对美、日出口下滑较大。本届软件百家企业坚持开展跨国经营活动，推进在海外的本地化经营，有 31 家企业在境外设立了分支机构、分公司或研发中心。

（六）助力实体经济转型，促进经济社会发展

在云计算、大数据、人工智能等新技术的推动下，软件在促进实体经济数字化、网络化、智能化转型过程中的核心地位更加突出，对经济社会发展的支撑作用更加显著。软件百家企业作为行业领军企业，在各自领域发挥长项，经济社会价值愈加凸显。一是为稳增长、稳就业做出贡献，在经济整体下行压力增大的情况下，本届软件百家企业以占全行业 0.3% 的企业数量，创造出全行业 13.3% 的收入，上缴了全行业 28% 的税收，提供了全行业 15% 的就业机会，其中合计上缴税金超过 1000 亿元，比 5 年前翻了一番；吸纳就业人数 94.9 万人，比 5 年前增加了 15.9 万人。二是发展成果惠及社会群众，在社会发展和改善民生方面发挥了重要作用，如软件百家企业不断升级智慧城市建设，致力于提供"城市大脑"，用新的方式解决城市交通问题；推进智慧医疗各种应用落地，为医疗行业带来了全新的可能性，有力地推进了医疗资源均衡化和便利化。三是助推实体经济转型升级，软件百家企业深化融合应用，由基础较好的电信、金融等领域，逐步向工业、物流等领域拓展，以平台为依托，通过大数据、人工智能等技术手段，重塑实体经济业态结构和生态圈，对上下游产业的改造升级和带动作用明显，在工业互联网领域，通过推动工业企业接入工业互联网平台，丰富工业 App 应用，有力地激发了企业活力，促进了新型工业生产模式和新生态的培育。

三、引领软件产业高质量发展

当前，随着我国 5G 全面商用进程加速，万物互联时代离我们越来越近，软件作为"人、机、物"融合互联的技术基础，其"软件定义"价值正在向各领域延伸，软件企业面向的应用场景将会得到更大范围的拓展，在工业互联网、人工智能、智能网联汽车等新兴领域即将迎来空前的发展机遇期。

但我们也要清醒地认识到，与国际大企业相比，我国软件百家企业"不大不强"的问题仍未从根本上改观。本届软件百家企业也出现了一些值得注意的问题：一是收入增速有所放缓，传统业务收入下降明显，系统集成业务是很多软件企业收入的重要来源，但受客户需求层次提高、交付难度加大，以及资金占用和人力成本上升等因素影响，这部分业务利润下降明显，部分企业开始收缩系统集成业务；二是基础技术研发和原创性应用研发等科技创新成果相对缺乏，科研成果转化为核心产品、孵化出新兴业务的能力较弱，新动能对企业发展的引领支撑作用仍不足；三是产业链协同创新不足，联合研发攻关的合作模式缺乏，单个企业的创新成本居高不下；四是高端人才储备不足，人才不足和人才能力不足已经成为制约企业高质量发展的"瓶颈"；五是国际市场开拓困难和风险并存，国内外环境变化较快，企业走出去难度进一步加大。

新形势下，需要我国软件企业坚定发展信心，持续创新升级，加快走高质量发展之路。软件百家企业作为行业领头兵，在下一步发展中：一是要继续苦练"内功"，提高效率，让创新成为驱动企业持续成长的动力，经济下行压力越大越能成就优质企业。二是要积极参与国际竞争，对标国际先进企业，在竞争中锻炼团队的领先意识和竞争力，保持与国际先进理念、技术同步，逐步培育和形成自有竞争优势。三是要积极参与国际标准的制定，争取更大的国际话语权。四是要抓住5G、人工智能的新发展机遇，真正摆脱跟随和模仿，积极在前沿领域进行率先探索，迈向价值链中高端。下一步将继续优化营商环境，加强知识产权保护，加快研究完善促进软件产业向更高层次发展的政策措施，助力企业成长壮大，推动软件产业可持续发展，为制造强国和网络强国建设做出更大贡献。

2019年（第18届）中国软件业务收入前百家企业名单如表1所示。

表1 2019年（第18届）中国软件业务收入前百家企业名单

序号	企业名称	序号	企业名称
1	华为技术有限公司	19	软通动力信息技术（集团）有限公司
2	海尔集团公司	20	东华软件股份公司
3	阿里云计算有限公司	21	亚信科技（中国）有限公司
4	浪潮集团有限公司	22	科大讯飞股份有限公司
5	海信集团有限公司	23	株洲中车时代电气股份有限公司
6	杭州海康威视数字技术股份有限公司	24	北京千方科技股份有限公司
7	北京小米移动软件有限公司	25	上海华东电脑股份有限公司
8	中国银联股份有限公司	26	福建星网锐捷通讯股份有限公司
9	南瑞集团有限公司	27	新华三技术有限公司
10	北京京东尚科信息技术有限公司	28	文思海辉技术有限公司
11	航天信息股份有限公司	29	熊猫电子集团有限公司
12	国网信息通信产业集团有限公司	30	江苏省通信服务有限公司
13	广东省通信产业服务有限公司	31	用友网络科技股份有限公司
14	北京中软国际信息技术有限公司	32	上海宝信软件股份有限公司
15	大族激光科技产业集团股份有限公司	33	上海华讯网络系统有限公司
16	浙江大华技术股份有限公司	34	网宿科技股份有限公司
17	深圳市云中飞网络科技有限公司	35	广州广电运通金融电子股份有限公司
18	武汉邮电科学研究院	36	平安科技（深圳）有限公司

续表

序号	企业名称	序号	企业名称
37	中科软科技股份有限公司	69	深信服科技股份有限公司
38	太极计算机股份有限公司	70	北京华宇软件股份有限公司
39	福州福大自动化科技有限公司	71	广州海格通信集团股份有限公司
40	新大陆科技集团有限公司	72	江苏润和科技投资集团有限公司
41	中国软件与技术服务股份有限公司	73	四川九洲电器集团有限责任公司
42	神州数码信息服务股份有限公司	74	天地伟业技术有限公司
43	北明软件有限公司	75	上海汉得信息技术股份有限公司
44	北京全路通信信号研究设计院集团有限公司	76	广州品唯软件有限公司
45	上海中通吉网络技术有限公司	77	启明星辰信息技术集团股份有限公司
46	中国民航信息网络股份有限公司	78	信雅达系统工程股份有限公司
47	中国电子科技网络信息安全有限公司	79	维沃移动通信（深圳）有限公司
48	四川省通信产业服务有限公司	80	北京易华录信息技术股份有限公司
49	广州佳都集团有限公司	81	万达信息股份有限公司
50	深圳市大疆创新科技有限公司	82	大连华信计算机技术股份有限公司
51	深圳天源迪科信息技术股份有限公司	83	北京宇信科技集团股份有限公司
52	国电南京自动化股份有限公司	84	北京四维图新科技股份有限公司
53	曙光信息产业股份有限公司	85	先锋软件股份有限公司
54	中控科技集团有限公司	86	银江股份有限公司
55	高德信息技术有限公司	87	杭州士兰微电子股份有限公司
56	卡斯柯信号有限公司	88	深圳怡化电脑股份有限公司
57	深圳创维数字技术有限公司	89	浩鲸云计算科技股份有限公司
58	中冶赛迪集团有限公司	90	北京神州泰岳软件股份有限公司
59	东方电子集团有限公司	91	山东中创软件工程股份有限公司
60	南京联创科技集团股份有限公司	92	大唐电信科技股份有限公司
61	广联达科技股份有限公司	93	网神信息技术（北京）股份有限公司
62	石化盈科信息技术有限责任公司	94	北京天融信科技有限公司
63	博彦科技股份有限公司	95	无锡华云数据技术服务有限公司
64	江苏金智集团有限公司	96	携程旅游网络技术（上海）有限公司
65	北京和利时系统工程有限公司	97	北京科东电力控制系统有限责任公司
66	金蝶软件（中国）有限公司	98	蓝盾信息安全技术股份有限公司
67	云南南天电子信息产业股份有限公司	99	厦门市美亚柏科信息股份有限公司
68	恒生电子股份有限公司	100	启明信息技术股份有限公司

2018年世界软件产业发展情况

一、世界软件产业发展基本情况

随着全球经济和社会发展需求的变化,信息产业的全球性结构调整日益明显,逐步由硬件主导型向软件和服务主导型发展。软件产业已经成为现代高科技竞争的焦点领域之一,是当前经济全球化的重要推动力。

根据 Software500 统计,2018 年世界软件企业 500 强排名中美国占据绝对领先优势,前 10 名中有 6 家企业来自美国,前 50 名中有 34 家企业来自美国,前 250 名中有 183 家企业来自美国,前 500 名中有 340 家企业来自美国。IBM、微软和埃森哲公司排名前三,收入分别达到 727 亿美元、578 亿美元和 348 亿美元。排名在前的大型软件企业收入保持高速增长态势,微软公司收入同比增长 12.33%,苹果公司收入同比增长 23.13%,SAP 收入同比增长高达 30.53%。

根据 2012—2018 年世界软件产业 500 强企业的数据对比(见表 1),从 2012 年到 2018 年,收入超过 10 亿美元的大型和超过 100 亿美元的超大型软件企业数量呈现逐步增长的趋势。但是排名第 10 名的企业收入从 2012 年到 2018 年并没有出现大的变化,除 2014 年软件收入前 10 名均超过 150 亿美元外,其他均在 140 亿美元左右。排名第 50 名和第 100 名的企业收入稳定小幅增长,排名第 500 名的企业收入近年来有所下降。说明软件产业已经进入稳定发展期,增长速度逐渐放缓,市场竞争日益激烈。

表1 2012—2018年世界软件产业500强企业的数据对比

年份	超过100亿美元收入的企业数量(家)	超过10亿美元收入的企业数量(家)	第10名收入(百万美元)	第50名收入(百万美元)	第100名收入(百万美元)	第500名收入(百万美元)
2018	22	117	14590	3580	1332.15	0.09
2017	18	110	14500	3215	1015	0.08
2016	17	101	14590	3015	1005	0.07
2015	18	103	14055	3050	1016	2.74
2014	17	95	15754	2738	945	1.00
2013	15	86	14905	2541	798	1.51
2012	14	79	14916	2206	766	4.36

数据来源:Software500。

(一)软件产业热点子领域发展情况

1. 云计算

近年来,云计算成为当前全球互联网企业大力关注和投入的重要领域,全球云计算市场呈现高速发展态势,2018 年全球公共云计算市场规模达 3058 亿美元,同比增长 17.5%。云计算呈现的这种强劲发展势头有望在未来 5～7 年内仍然保持下去,预计到 2020 年,全球云计算市场的规模将达到 4114 亿美元(见图 1)。

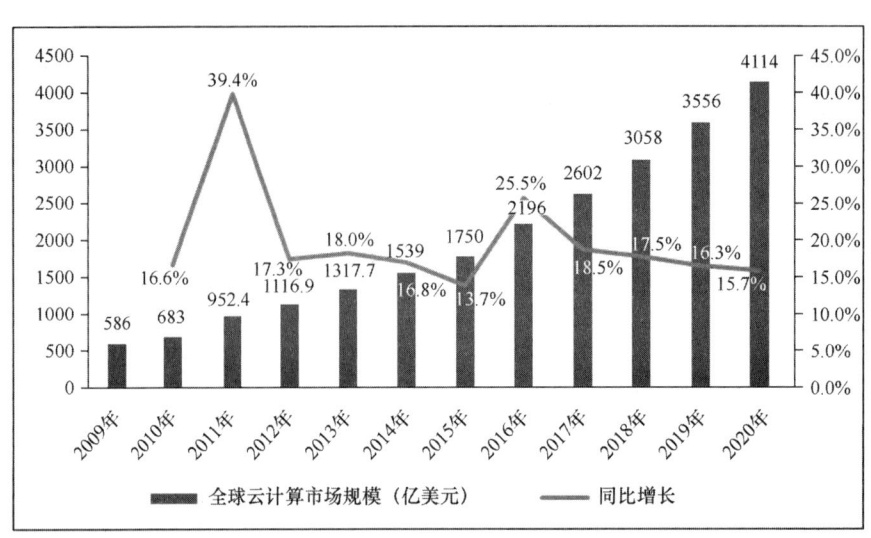

图 1　全球云计算市场规模及增速

数据来源：前瞻经济学。

从市场发展阶段来看，美国市场起步最早，发展最快，占据市场主导地位。2017 年，美国云计算市场占据全球一半以上的市场份额，增速达 20%，预计未来几年仍将高速增长。以英国、德国、法国等为代表的欧洲占据了 18.1% 的市场份额。虽然中国市场所占份额仅为 6%，但近几年一直呈上升之势。由于云计算市场发展受到国家信息化水平、经济发展水平、ICT 产业发展程度等条件的制约，未来几年全球市场格局不会有显著变化（见图 2）。

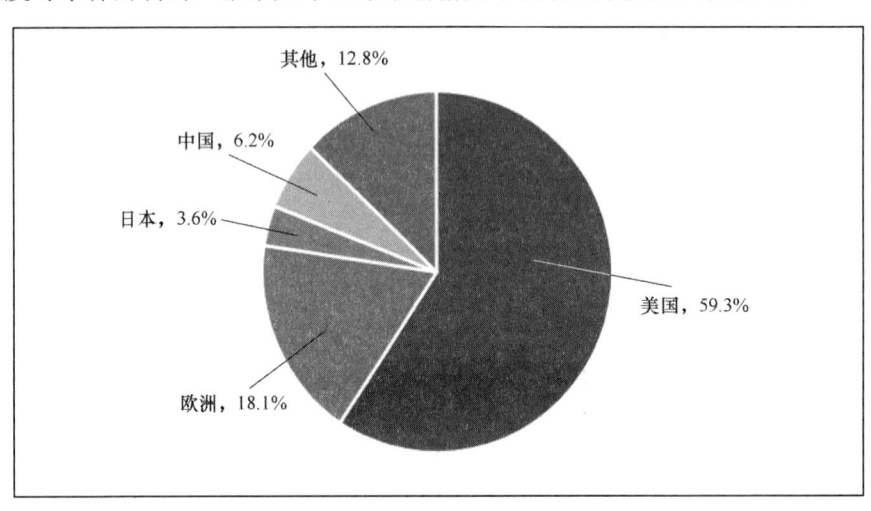

图 2　2017 年各国家和地区云计算市场占比

数据来源：前瞻经济学。

从云计算各细分领域来看，基础设施即服务（IaaS）增长速度最快，亚马逊和微软处于领先位置。软件即服务（SaaS）近年来增速较低，但规模仍占总体云计算市场规模的一半以上。Gartner 预计 2020 年 IaaS 将保持 25% 以上的增速。

2. 大数据

随着信息技术和人类生产生活交汇融合，互联网快速普及，全球数据呈现爆发增长、海量集聚。数据已成为继土地、劳动力、资本、技术之后最活跃的关键生产要素，对经济发展、社会进步、民生改善和国家治理产生着深刻影响。世界主要国家不断加大对大数据的投入，在技术研发、数据开放、安全保护等方面加快布局。研究表明，2018 年全球大数据市场规模达到 765 亿美元，同比增长 29.8%，到 2020 年，全球大数据市场规模将达到 1214 亿美元（见图3）。

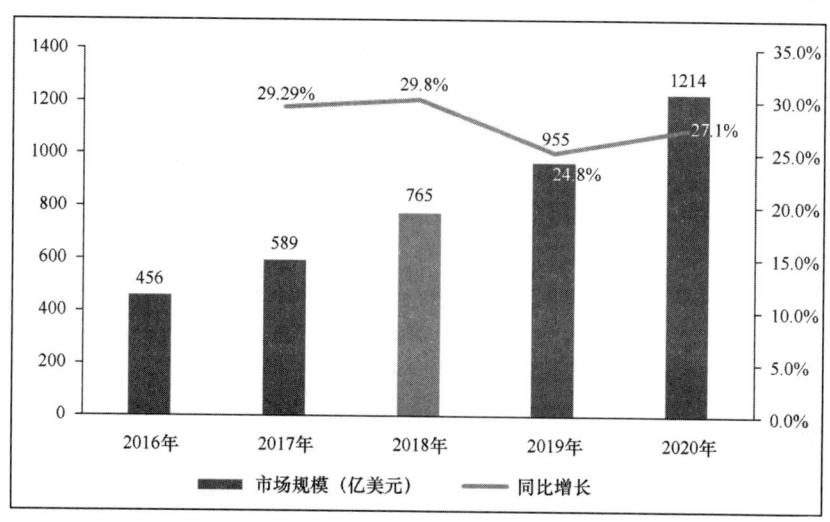

图3　2016—2020 年全球大数据市场规模预测图

数据来源：PAISI。

目前，全球大数据市场细分领域中，行业解决方案、计算分析服务、存储服务、数据库服务和大数据应用为市场份额排名最靠前的细分市场，分别占据 33%、15%、17%、15%和 7%的市场份额（见图4）。受智能制造产业快速发展影响，大数据产业中软件得以快速发展，特别是企业生产管理类软件、客户管理类软件得以爆发式增长。预计到 2020 年大数据软件市场规模将达到 400 亿美元，年均保持 20%以上的增长率。

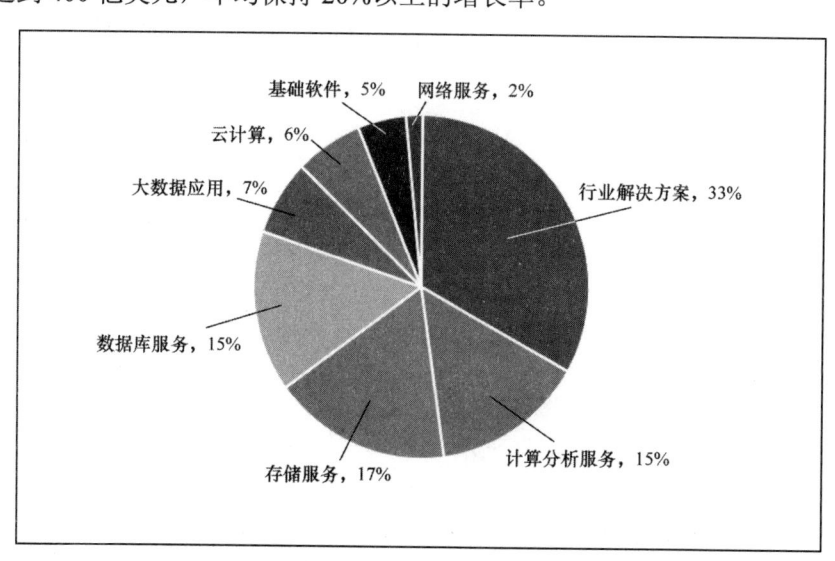

图4　2017 全球大数据市场结构占比分析

数据来源：前瞻经济学。

3. 人工智能

由于数据量不断增长，处理速度加快，算法越来越强大，人工智能（AI）技术和部署正变得更加普遍。随着 AI 技术扩展到各行各业，使机器能够以前所未有的方式说话、倾听、移动和做出决策，各类使用场景正展示出潜在的商机，吸引新的投资并推动现有业务流程的变革。开源框架的出现，为 AI 的快速发展创造了有利条件。一方面，开源框架降低了 AI 的准入门槛。另一方面，开源框架满足了从探索新颖想法到生产部署的各种需求，不同的软件堆栈也在刺激的竞争氛围下得到了有力的行业玩家的支持。以 2015 年 Google 开源 TensorFlow 机器学习库为开端，现在 AI 的开源框架已经形成百花齐放的局面，包含 Facebook 的 PyTorch、特利尔学习算法研究所（MILA）的 Theano、Keras、Microsoft Cognitive Toolkit 及 Apache MXNet 等。

根据 Tractica 的报告，2018 年，全球 AI 软件市场价值达 81 亿美元，到 2025 年，全球 AI 软件市场价值将增至 1058 亿美元。目前，AI 部署的 258 个使用场景中，电信、大众、广告、商业服务、医疗保健、零售、汽车、法律、公共部门、保险等领域的 AI 采用率将领先。

4. 网络安全

信息技术出现后，对应的网络安全问题频出，网络安全产业的范畴也随着信息安全保障需求的不断延伸而扩展。图 5 所示为 Gartner 预测的 2015—2021 年全球网络安全产业规模和增速，从图 5 中可以看出，2018 年全球网络安全产业规模达到 1060 亿美元，较 2017 年增长 7.1%，2019 年将增长至 1144.5 亿美元。从增速来看，全球网络安全产业增速在 2015 年达到历史高位 17.3%，到 2021 年预计将回落至 7.8%的增长水平。

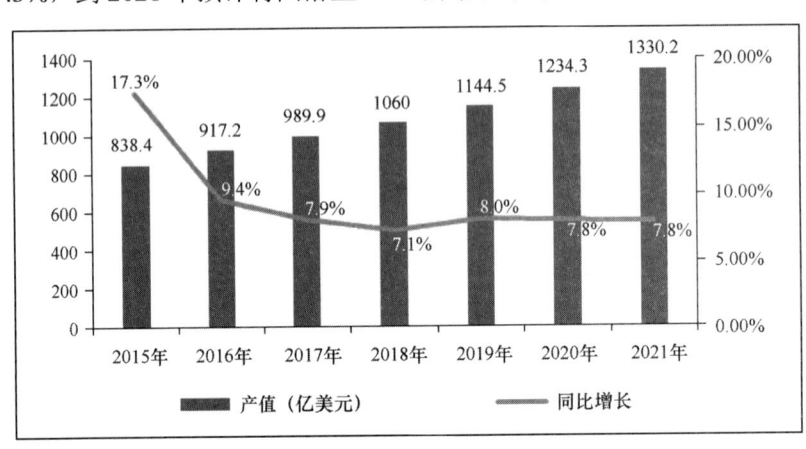

图 5　2015—2021 年全球网络安全产业规模和增速

数据来源：Gartner。

当前，全球网络安全市场细分领域中，防火墙、安全检测工具和身份识别与访问控制产品 3 个领域增速占据前三位。其中，防火墙 2017 年市场增速达到 15.8%，主要是受益于数据中心等大规模网络的部署、大型企业集中化管理及传统产品升级均涉及防火墙功能。安全检测工具 2017 年市场增速为 13.9%，主要是基于内部风险的安全事件频发，引发了各企业网络安全隐患排查的需求，因此企业纷纷通过安全检测工具和手段，来识别、评估内部风险和脆弱性。此外，移动办公的快速普及与云应用技术的快速增长，均促使用户对于身份识别与访问控制产品的需求进一步提高。

5. 工业软件

工业软件是指应用于工业领域，提高工业研发、制造、生产管理水平和工业管理性能的软件。工业软件广泛应用于工业领域各个环节，与业务流程、工业产品、工业装备密切结合，全面支撑企业研发设计、生产制造、经营管理等各项活动，是信息化与工业化相融合的重要推动力。数据显示，自2011年以来全球工业软件市场规模以每年5%～6%的速度增长，2017年全球企业级软件市场规模为3750亿美元，同比增长6.2%（见图6）。目前，发达国家率先在全球建立了高度发达的现代工业体系，拥有了工业软件领域几乎所有的核心技术和行业标准，孕育出了西门子、SAP等多家国际知名工业软件企业。无论是在产品研发领域，还是在生产过程管理和控制领域，先进的软件产品和技术均来自工业体系完善的发达国家。生产管理软件基本被美国、德国、英国等美欧国家垄断，亚洲企业在其中占据极少的市场，而生产控制类企业在全球的分布相对其他业务门类较为分散，但主要位于美国、欧盟等经济发达的国家和地区。具体来看，全球范围内，研发设计类代表企业有西门子、欧特克和达索系统，生产调度和过程控制类代表企业有西门子、通用电气和ABB，业务管理类代表企业有SAP和甲骨文（见表2）。

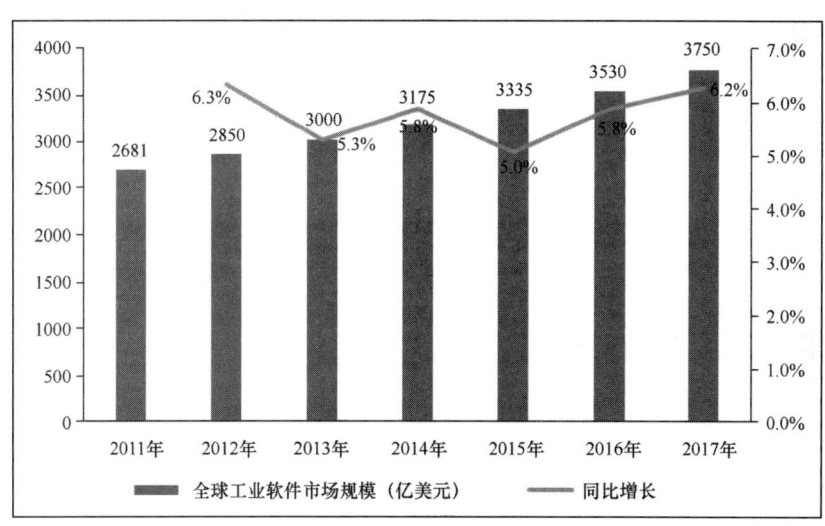

图6　2011—2017年全球工业软件市场规模变化情况

资料来源：前瞻产业研究院。

表2　全球工业软件各领域代表企业

类别	代表企业	发展特点
研发设计	西门子	通过并购实现全功能集成和整合，深耕行业定制化解决方案
	欧特克	业务线从设计到制造延伸，布局制造业新需求
	达索系统	增强CAD、CAE集成业务能力
生产调度和过程控制	西门子	启动业务重组和架构调整，向工业业务领域集中优势资源，布局"工业4.0"时代
	通用电气	启动业务重组，强化全球工业基础设施供应商的角色，并大力推动工业互联网应用
	ABB	重点布局机器人等智能装备业务
业务管理	SAP	全面向云计算推进，并发展行业解决方案
	甲骨文	业务重心向云计算转移

资料来源：前瞻产业研究院。

（二）分国家情况

美国是世界软件强国，掌握着全球软件产业的核心技术、标准体系、游戏规则及产品市场。其软件产品占有全球60%以上的市场份额，占据着世界软件产业链的上游，如操作系统、数据库等基础平台软件，控制着软件开发平台和软件生产的核心环节。目前，美国软件产业呈现两个方面的显著变化：第一，软件服务增长快于软件产品增长，软件业呈现服务化的趋势。第二，在软件业的高速增长和成本竞争的压力下，美国将不具有核心竞争力的软件生产环节外包给人力资源成本相对较低的其他国家，成为全球最大的软件外包来源国。

根据Software500发布的2018年全球软件企业排名，居第1位的是国际商业机器公司（IBM）。IBM的成功得益于它顺应时代的三次战略转型。IBM成立于1911年，最初是一家信息产业硬件公司。1993年IBM开始了第一次战略转型，从信息产业硬件巨头转型向客户提供产品和服务的整体解决方案提供商，并提出了"电子商务"的战略理念，包含硬件、软件的信息架构构建和企业流程改造，它的目标是替客户进行信息架构、企业流程的重新改造。这一理念的提出驱使IBM实现了从硬件厂商到"软件+硬件"的转型。2002年，IBM适时提出了"随需应变"的战略，开始收购普华永道的咨询业务、剥离PC业务，同时收购多家软件公司，全面转向服务，力求通过打包齐全的软件产品，向客户提供从战略咨询到解决方案的一体化服务。此外，IBM在全球范围内重新设计和分配自己的资源和运营体系，降低运营成本，优化资源分配。到2009年，IBM公司42%的利润来自软件，42%的利润来自全球业务咨询和全球技术咨询。2012年，IBM再次提出"智慧地球"的概念，将基于云计算的智能化综合管理服务作为IBM公司战略转型的重中之重。"智慧地球"将新一代IT技术充分运用到各行各业之中，即把感应器嵌入和装备到电网、铁路、桥梁、隧道、公路、建筑、供水系统、大坝、油气管道等各种物体中，并且被普遍连接，形成所谓的"物联网"。通过超级计算机和云计算将"物联网"整合起来，实现人类社会与物理系统的整合。在此基础上，人类可以更加精细和动态的方式管理生产和生活，从而达到"智慧"状态。这次转型被业界认为是IBM具有颠覆性的一次产业转型。

以爱尔兰、德国、英国为代表的欧洲软件行业在应用软件方面，尤其在通信软件和企业管理软件方面，具有很强的开发能力，其产品在国际市场有较高的占有率。爱尔兰被誉为"欧洲软件之都""欧洲硅谷"。

爱尔兰依靠产业集群优势、高度发达的电信设施、充沛的高端知识型人才及成果转化能力，具备了在软件开发、生物工程和通信技术方面的一流水准，逐渐发展成为世界大型软件公司进入欧洲市场的门户和集散地。同时，爱尔兰也具有较强的软件综合研发能力，特别是在客户管理系统、无线通信、多媒体网络教学培训、网络安全、金融银行软件、软件工具、网络工具及应用、嵌入式实时系统软件等领域。据统计，有73%的德国软件企业自主开发应用软件。全球最大的企业管理软件供应商SAP的总部就设在德国沃尔多夫市。德国也是世界软件行业传统的出口大国，出口市场主要是欧盟国家，其次是北美和部分亚洲国家，近年来开始向印度、东欧、中国、以色列等国家和地区进行转移。英国软件产业的优势领域有数据库、支撑软件包、虚拟现实、WAF技术、基于神经系统的多媒体应用、对实时性和安全性要求较高的软件、金融财务软件和娱乐软件等。

印度大力发展软件外包服务和离岸开发业务，以出口为导向的发展模式成就了其软件外包霸主的地位。目前，印度的软件出口额占全球市场份额的20%，是仅次于美国的第二大软件出口国；在美国的软件外包市场中，印度已经占据了60%的份额，已成为美国最大的软件外包服务提供国。印度的成功主要基于三个方面：第一，印度软件公司具有较强的项目管理能力。印度的几家大型软件公司，其软件项目按合同完成率高达96%以上，对时间、质量、成本、过程控制的能力非常强。第二，印度成长了一批较大规模的企业，可以承接大型软件项目的全系列外包服务，例如，TCS、Infosys和Wipro都是万人以上的大型软件公司。第三，印度软件从业人员的分析能力、营销意识、质量保证能力在国际上拥有良好的口碑。

中国软件产业自20世纪80年代步入起步期，经历了90年代的成长期，21世纪开始进入快速发展阶段。"十二五"期间，中国软件和信息技术服务业规模快速壮大，产业结构不断优化，业务收入年均增长率高达27%。其中，信息技术服务收入在"十二五"期末占到软件和信息技术服务业总收入的51%，信息技术服务占比已超过软件产品，产业结构有所优化。中国软件产业的发展一方面是国内自身市场需求比较大，在信息化推动工业化，工业化促进信息化的政策指导下，信息产业的一大支柱——软件产业被列为国家重点产业。另一方面，积极发展外向型软件产业成为振兴中国软件的战略之一。面对全球软件产业的又一次大规模变迁的机遇，中国找到了切入市场的最佳时机，积极参与全球软件外包的竞争。作为全球软件产业的新兴力量，在日本和美国市场的突破，促进了中国软件外包产业的崛起。

二、世界软件产业发展特点

近几年，在新一代信息技术的不断推动下，软件产业一直保持高速增长，并逐渐呈现一些新的发展特点。

（一）基础软件格局固化

当前，PC领域Windows一家独大，占据88%以上的份额。手机领域由安卓和iOS双垄断，分别占据86%和14%的市场，其他操作系统的市场份额几乎为零。随着硬件创新趋缓，操作系统技术创新亦随之放缓。微软Windows团队在2018年3月的研发团队重组中被拆解。苹果笔记本电脑操作系统MacOS在2014年之后的更新速度几乎停滞；手机操作系统的更新也多集中于功能迭代和细节优化，鲜有重大功能创新。

（二）新兴领域快速崛起

互联网领域，2018年全球移动应用收入约700亿美元，占据全球移动互联网产值的70%以上。大数据领域，核心是通过分布式数据库、大规模并行处理、分布式数据挖掘、机器学习等软件系统，实现海量数据的存储、清洗、分析和可视化。人工智能领域，深度学习软件算法、开源框架是当前驱动人工智能技术创新和产业发展的主导力量，尤其是语音识别、图像识别等人工智能先行技术在全球已形成超过200亿美元的市场规模。移动应用领域，微信、支付宝等头部App集成了丰富功能，涵盖游戏、网络购物、餐饮、社交、旅游、出行服务等大部分日常生活场景，拥有十亿级用户量，成为移动互联网的新入口。小程序集成于这些头部App内部，经过一年多的发展，数量已超过100万个，汇集开发者已超过150万个，第三方平台5000个，人均每日打开小程序次数为4次，累计用户超过4.5亿人，日活跃用户突破2亿人，对传统移动应用商店模式形成了颠覆效应。这些头部App在一定程度上替代了部分终端操作系统的核心功能，呈现"架空"终端操作系统的势头，为突破国外操作系统生态锁定提供了新思路。

（三）开源技术重塑产业格局

开源正逐步成为全球信息技术创新和软件产品创新的重要模式，在市场竞争中的价值不断提升，从既往来看，Linux 作为最为成功的开源操作系统内核，深刻影响着全球信息技术的演进。新兴开源软件正逐渐成为信息技术领域创新的主力军，代表着最为前沿的技术方向：在云计算领域，OpenStack 已经成为全球最受欢迎的云计算架构，Docker 等印证着微服务的创新和发展；在大数据领域，MapReduce、Hadoop、Spark 等开源软件极大地推动了大数据技术创新和产业发展；在人工智能领域，出现了 TensorFlow、Caffe 等开源框架。国际开源社区、开源平台的影响力和价值不断提升，以 Linux 基金会、Apache 基金会为代表的国际开源组织扮演着越来越重要的角色。

（四）软件服务外包成为新兴产业形态

软件服务外包是指一些发达国家的软件公司将部分非核心软件项目，通过外包的形式交给人力资源成本相对较低国家的公司开发，以达到降低软件开发成本的目的。众所周知，软件服务外包已经成为发达国家的软件公司降低成本的一种重要手段。由于软件开发成本中 70%是人力资源成本，降低人力资源成本将有效降低软件开发成本。软件与信息服务外包产业是软件和信息技术服务的重要组成部分，近年来新一代信息技术在政府、金融、通信、交通、贸易、物流、能源等领域的广泛运用，为产业发展注入了新的动力。在信息技术领域新技术、新应用和模式以及外包服务供应链全球化不断深入的推动下，全球软件与信息服务外包产业将持续增长。

三、中国软件产业发展建议

（一）突破核心关键技术，构建自主替代能力

目前，我国国产基础软件的国内市场份额仅为 5%，国产操作系统的国内市场占有率仅为 4%，核心工业软件对外依存度大，国内 80%的设计软件、50%的制造软件和 95%的服务软件市场均由国外企业主导。针对这一情况，我们应积极推进嵌入式实时操作系统、分布式数据库、高端研发设计软件、生产控制软件等产品的技术攻关，在金融、电力、交通、电信等关系国计民生的重点领域，形成一定的自主可替代能力。

（二）加快产业前瞻布局，着力培育新兴领域

顺应技术发展趋势，聚焦云计算、物联网、大数据等快速发展领域，加快技术研发布局和生态能力构筑，重点突破云计算操作系统、大数据分析平台、深度学习训练平台、物联网软件平台等具备硬件管理与资源调度能力的泛操作系统。抢抓智能硬件、智能网联汽车、机器人等新型终端设备发展机遇，发展具备端云互联、智能感知、智能控制等特点的先进操作系统。

（三）加大产业扶持力度，培育壮大主体

从财政补贴、税收优惠、人才培养等多个角度出台政策，持续扶持软件产业发展，降低企业经营成本，促进企业加大研发投入。鼓励企业兼并重组，通过产业基金等方式支持企业加快面向国外优质产业资源的收购，加快培育一批市场竞争力强的龙头企业和名牌产品。

（四）加强打击盗版力度，规范市场发展环境

严格落实软件知识产权保护制度，加大对网络环境下软件著作权的保护力度，加大对软件平台、网络商店等盗版软件的打击力度。加强对新技术、新业态、新兴领域的软件知识产权保护，研究数据资产、云化服务等知识产权保护新方法。严格执行《反不正当竞争法》，打击市场上恶意攻击竞争对手、低价倾销等不正当竞争行为。

（本稿件由国家工业信息安全发展研究中心提供）

2018年软件上市企业发展情况

一、基本情况

软件产业是国家战略性新兴产业，是国民经济和社会信息化的重要基础。随着新一代信息技术加速渗透到经济和社会生活的各个领域，软件产业呈现出网络化、服务化、平台化、融合化新趋势。目前，新一代信息技术正在转向软件主导，软件在信息产业中的贡献不断增加。《积极推进"互联网+"行动的指导意见》《加快推进网络信息技术自主创新》等的深入推进和落实，将会对产业变革产生深远影响，国民经济各个领域对软件产业的需求将更加强劲，尤其会对操作系统、数据库等基础软件、行业应用软件、大数据软件产生更高、更广泛的需求。"互联网+"所形成的大众创业、万众创新以及国民经济各个领域对大数据、云计算、物联网和数据传输、获取、存储、信息安全的巨大需求都建立在强大的基础信息平台之上，拥有强大的基础信息平台，"互联网+"的能量才能充分发挥出来。

我国上市软件企业主要包括软件外包上市企业、管理软件上市企业（包括ERP上市软件企业、财务上市软件企业）、电力行业上市软件企业、金融行业上市软件企业、医疗行业上市软件企业、电信行业上市软件企业、物联网应用上市软件企业、智能交通上市软件企业、安全上市软件企业及其他行业上市软件企业。

中商情报网统计显示，截至2018年12月28日，2018年中国软件开发及服务行业上市企业总市值排名前十的企业有：三六零、科大讯飞、航天信息、用友网络、深信服、恒生电子、石基信息、广联达、东华软件、同花顺。值得关注的是，2018年中国软件开发及服务行业上市企业总市值排行榜主要统计了166家沪深上市企业的市值排名，市值超过100亿元的仅28家。其中，2018年中国软件开发及服务行业上市企业市值排名前10的企业如表1所示。

表1 2018年中国软件开发及服务行业上市企业市值排名前10的企业

排名	股票代码	企业名称	市值（亿元）	省份
1	601360.SH	三六零	1377.84	江苏省
2	002230.SZ	科大讯飞	515.60	安徽省
3	600271.SH	航天信息	426.33	北京市
4	600588.SH	用友网络	408.09	北京市
5	300454.SZ	深信服	361.21	广东省
6	600570.SH	恒生电子	321.14	浙江省
7	002153.SZ	石基信息	276.94	北京市
8	002410.SZ	广联达	234.44	北京市
9	002065.SZ	东华软件	216.53	北京市
10	300033.SZ	同花顺	205.36	浙江省

这10家软件上市企业发展迅速，财务状况良好，能体现我国软件行业上市企业的整体发展水平，因此选取这10家软件上市企业作为我国软件类上市行业的代表，并分析其财务状

况，其营业收入和股票盈利情况分别如图 1 和图 2 所示。

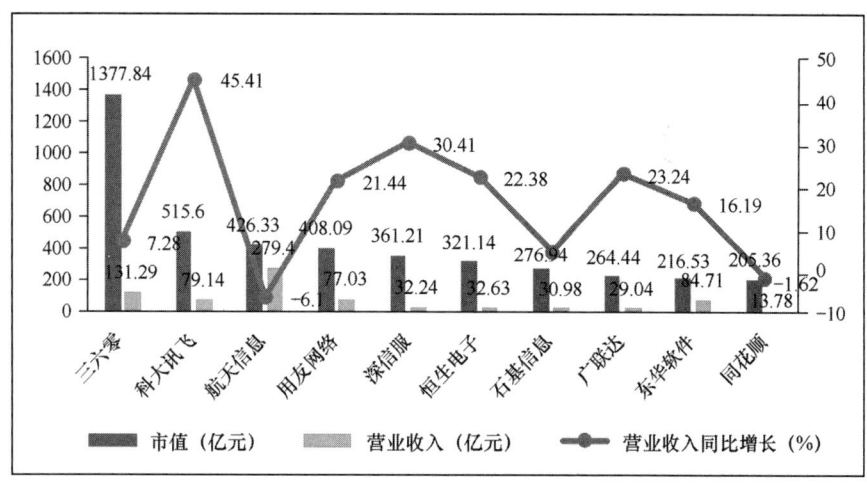

图 1　2018 年各企业营业收入情况

数据来源：同花顺。

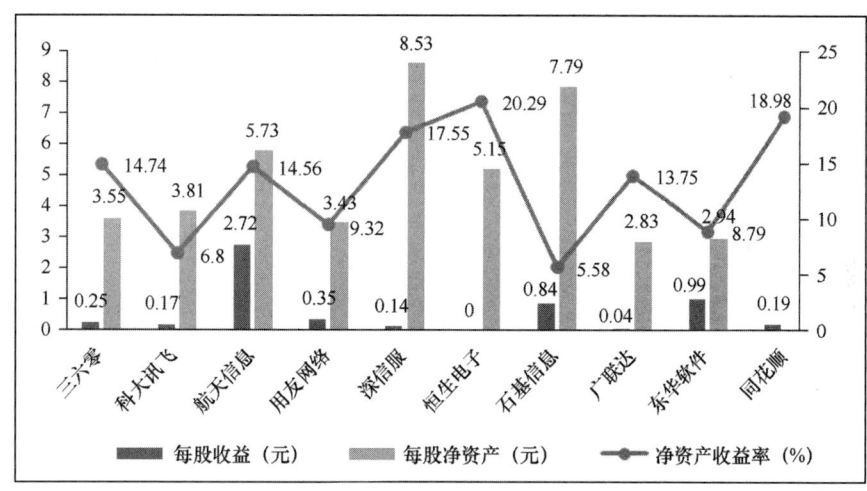

图 2　2018 年各企业股票盈利情况

数据来源：同花顺。

从图 1 中可以看出，市值排名前 10 的企业中营业收入有着明显的差异，且市值高的企业不一定营业收入也高。10 家企业中只有航天信息和三六零的营业收入超过 100 亿元，营业收入最高的是航天信息，达到了 279.4 亿元，三六零以 131.29 亿元居第 2 位，其他 8 家企业的营业收入相对较低，同花顺的营业收入最低（13.78 亿元），不足航天信息的 1/12。10 家上市企业的平均营业收入为 79.03 亿元。

另外，从营业收入同比增长情况来看，科大讯飞的营业收入同比增长速度最快，达到 45.41%，而航天信息和同花顺的营业收入出现了负增长，其他企业的营业收入都有一定程度的增长，10 家企业的平均营业收入同比增长率为 16.32%。

从图 2 中可以看出，各企业中航天信息以每股 2.72 元的价格居首位，东华软件和石基信息分别以每股 0.99 元和 0.84 元的价格紧随其后，其余企业的每股收益较低。10 家企业平均每股收益为 0.57 元，平均每股净资产约为 5 元，平均净资产收益率为 13.04%，可见这 10 家企业运用自有资本的效率较高，企业发展潜力大。从总体上说，10 家代表性企业的发展水平良好，发展潜力大，运用资本水平、效率高，由此可见我国软件上市企业整体的发展水平较高，投资价值大，处于高速发展的成长期。

二、主要特点

（一）软件行业发展态势良好

2018 年，我国软件和信息技术服务业运行态势良好，收入和效益保持较快增长，吸纳就业人数稳步增加；产业向高质量方向发展的步伐加快，结构持续调整优化，新的增长点不断涌现，服务和支撑两个强国建设能力显著增强，正在成为数字经济发展、智慧社会演进的重要驱动力量。从现有数据来看，软件业务收入、从业人数等经济指标都在合理运行区间内，盈利能力强，发展势头好。

（二）软件行业上市企业处于利好政策环境

软件和信息技术服务业是引领科技创新、驱动经济社会转型发展的核心力量，是建设制造强国和网络强国的核心支撑。新一轮科技革命和产业变革持续深入，国内经济发展方式加快转变，软件和信息技术服务业迎来更大发展机遇。随着《国务院关于积极推进"互联网+"行动的指导意见》《国务院关于深化制造业与互联网融合发展的指导意见》《促进大数据发展行动纲要》《国家信息化发展战略纲要》等一系列文件的相继出台，中国软件行业迎来了难得的历史发展新机遇。

（三）软件行业上市企业具有更大的发展潜力

通过对具有代表性的 10 家软件上市企业进行财务状况的分析可以发现，我国软件上市企业发展快，营业收入高，加之这些企业发展水平不均衡，因此上市企业仍然有很大的发展空间，应充分利用利好的政策大环境，合理利用自有资本，发挥好市场推动的作用，从而带动软件上市企业实现更深层次的发展，早日与世界发展水平接轨。

（四）互联网+软件成为新趋势

迄今为止，中国软件产业已实现了长足发展，中国是世界 IT 产业大国，也是最重要的 IT 市场之一。"智能制造"是制造业转型升级的重要突破口和抓手，软件是其中的核心。我国软件企业应以此为契机，充分发挥行业引领带动作用，进一步推动信息技术和工业技术的协同创新与融合发展，全力支撑"互联网+"行动计划，推动智能制造发展，为实现经济高速发展贡献力量。

三、存在的问题

（一）整体基础薄弱，核心技术受制于人

我国软件企业整体偏小偏弱，核心技术、产品成熟度、创新能力与国际大企业存在较大

差距，基础软件、系统软件仍非常薄弱，还需要长期努力。经过 30 多年的发展，我国软件和信息技术服务业发展成效突出，初步形成了以企业为主体、"走出去"与"引进来"相结合的国际化发展战略框架。但与国际先进国家相比，我国产业国际化整体水平不高，产业仍处在全球价值链低端环节，距离构建软件强国的要求还有相当大的差距。我国软件市场规模可与美国等其他软件强国相比，但在企业的技术创新能力、产品质量和解决方案成熟度、国际市场占有率等方面差距依然十分明显。美国几乎主宰系统软件等基础平台的开发研制和软件标准的制定，90%以上的操作系统、数据库管理软件等基础软件和大部分通用套装软件均被美国所垄断，绝大部分产品特别是工业软件技术标准的控制权也都掌握在美国企业手中。中国软件企业大多从事一般应用软件开发，极少数企业从事高级应用类软件开发。据商务部统计，我国近几年信息技术外包占中国软件出口的比重一直维持在 95%以上，且大部分是需要大量人工投入、附加值较低的一般应用软件和信息技术外包服务。

（二）软件行业上市企业整体发展水平不均衡

从同花顺提供的软件上市企业市值排名前 10 的数据可以看出，这些上市企业发展水平不均衡，每股净资产收益高低不一，且差距明显，而每股净资产能反映上市企业的投资价值，可见我国软件上市企业整体发展水平存在差异和分化特点，技术掌握不全面仍然是发展中的难题和关键。软件上市企业中一部分有较高的投资价值和投资水平，而有的上市企业却没有太大的投资吸引力，导致企业发展停滞不前。另外，从市值排名前 10 的上市企业来看，排名第 1 的三六零和排名第 10 的同花顺市值分别为 1377.84 亿元和 205.36 亿元，差距较大，也体现了上市企业发展水平不均衡的现象。

（三）软件上市企业产权保护意识薄弱

我国软件企业发展迅速，上市企业质量和研发状况良莠不齐，竞争压力大，因此会存在很多不法分子抄袭、窃取他人成果来牟取暴利的现象，造成了市场不正当竞争，也使很多企业遭受了巨大的损失。众所周知，软件的开发需要投入大量的精力和时间，是一个企业科技实力的体现，因此软件上市企业要更加注重保护自己的知识产权，防止不法分子窃取研究成果，造成企业利益受损。

（四）软件上市企业创新态势疲软

大多数软件企业在上市以后会降低创新要求，一些大企业由于得到了充足的发展资金转而在其他方面谋求生存和发展；而一些小的企业靠资金继续软件的开发之后，短期内不能得到有效的报酬，最终也会将创新搁浅，导致软件行业创新驱动力不足，创新的人力和物力难以为继，无法满足市场不断发展变化的新需求，这也是我国软件行业长期发展停滞不前的一个因素。

四、展望与目标

《软件和信息技术服务业发展规划（2016—2020 年）》（以下简称《规划》）的出台为我国软件和信息技术服务业明确了发展目标。《规划》提出，到 2020 年，软件行业业务收入将突破 8 万亿元，年均增长 13%以上，占信息产业的比重超过 30%。另外，到 2020 年，产业规模进一步扩大，技术创新体系更加完备，产业有效供给能力大幅提升，融合支撑进一步凸显。

技术创新上，软件业务收入前百家企业研发投入持续加大，在重点领域形成创新引领能力和明显竞争优势。基础软件协同创新取得突破，形成若干具有竞争力的平台解决方案并实现规模应用。人工智能、虚拟现实、区块链等领域创新到国际先进水平。云计算、大数据、移动互联网、物联网、信息安全等领域的创新发展向更高层次跃升。

企业方面，培育一批国际影响力大、竞争力强的龙头企业，上市企业市值超过100亿元的数量增长10%左右，产生5~8家收入千亿元级企业。扶持一批创新活跃、发展潜力大的中小企业。

五、发展建议

坚持创新、协调、绿色、开放、共享的发展理念，顺应新一轮科技革命和产业革命变革趋势，充分发挥市场配置资源的决定性作用，更好地发挥政府作用，以产业由大变强和支撑国家战略为出发点，以创新发展和融合发展为主线，着力突破核心技术，积极培育新兴业态，持续深化融合应用，加快构建具有国际竞争优势的产业生态体系，加速催生和释放创新红利、数据红利和模式红利，实现产业发展新跨越，全力支撑制造强国和网络强国建设。

全面提升产业国际化水平和层次。我国软件企业应当充分抓住"一带一路"、国际产能合作所带来的历史机遇，以技术为先导、以市场为依托、以要素为支撑，多方联动，加强合作，强化服务，统筹利用国内外有利资源，深度融入全球产业生态圈，全面提升产业国际化水平和层次。实施品牌战略，加大品牌建设投入，努力打造国际知名软件品牌，积极履行企业责任，尤其是要处理好与东道国社区、居民等利益相关者的关系，在全球范围内塑造负责任的企业形象，提升企业国际软实力。

通过创新促进软件和信息技术服务业的发展。通过软件技术创新和服务模式创新，提高中国软件产品和服务出口的质量、标准和品牌影响力，适应国际市场需求，提升出口竞争力，着力加大软件研发收入，重点加强核心关键技术、基础性研发的投入。着力提升软件创新设计能力，加强绿色设计、智能设计、网络设计的软件开发能力，力争在医疗健康、金融、电子商务、消费电子、智能交通等重点产业领域，以及国家安全、公共服务、民生服务等领域的软件研发和出口能力有较大提升。鼓励软件企业与农业、工业等企业跨界融合、协同创新，推动传统产业转型升级。鼓励传统产业加快转型调整，加大资源整合力度，培育一体化、集成化创新能力，向产业链价值中高端转移。

完善人才培养机制。提高高等院校和中高职学校的教学水平，科学设置教学课程，注意理论与实践相结合。鼓励产、学、研相结合，推动高校、企业合作，通过项目实施进行人才培养，促进产教融合，协同创新。建立与国际接轨的教学科研体系，重点从个人能力、团队能力、交流能力、工程能力等多个层面培养复合型人才。注意人才培养的层次化，促使软件人才结构趋向平衡。鼓励岗位培训，根据企业不同层次需求，制定长期性、实用性、前瞻性的培训计划，利用远程教育、线上线下相结合的模式扩大培训教育规模。

完善信息安全法规和制度，加大信息安全防护力度。一是加快健全和完善信息安全相关政策法规体系和管理机制。明确建立信息安全相关产品的审查制度，实行分类分级管理。完善数据、软件等托管，个人隐私保护及安全管理等方面的政策措施与标准规范。二是继续贯彻实施相关发展规划，加强技术积累和人才培养；通过电子信息产业发展基金等支持和鼓励信息安全企业在新的安全形势下，研发面向移动互联网、云计算、物联网、大数据等新一代信息技术的信息安全产品，并做好项目的验收、应用推广工作。

建立和健全软件产业相关管理体系。一是加强落实《消费者权益保护法》《反垄断法》《规范互联网信息服务市场秩序若干规定》等法律法规在行业监管中的主导地位，并且不断探索新的行业管理法律法规，实现有法可依、依法监管。二是建立跨领域、跨业务部门的行业管理体制，发挥软件与信息服务、知识产权管理、产品与服务质量监督等主管部门的作用，加强企业管理。三是依托国家和行业权威评测机构、科研机构，重点围绕软件质量、服务质量等制定专业的评测标准，加强检验检测，在事件发生时提供准确、可靠的专业技术参考。四是跟踪和研究国外经验，吸收相关经验教训，形成相关案例库。

进一步深入推进软件名城和示范基地建设。一是继续在现有信息服务业示范基地的基础上，继续推进中国软件名城、软件和信息技术服务业示范基地建设，积极发挥中国软件园区发展联盟等行业组织的作用。二是充分发挥地方优势，指导各地方将软件名城和示范基地建设与智慧城市、数字城市建设紧密结合，与地方未来经济社会发展相结合，精准定位，实现产业发展与城市发展的共进共赢。三是结合产业发展需求，在政策、体制、机制等方面结合产业发展新形势、新需求进行创新突破，从多方面为产业发展提供良好环境，实现区域软件产业竞争力的全面提升。

（本稿件由国家工业信息安全发展研究中心提供）

2018 年我国大数据领域发展情况

一、基本运行情况

（一）顶层设计不断加强，政策机制日益健全

2018 年，推动大数据发展已成为各级政府主管部门的共识。随着《促进大数据发展行动纲要》《大数据产业发展规划（2016—2020 年）》等一系列政策进入落地实施阶段，政策环境迎来了加速优化期，据研究机构统计，全国 30 多个省（直辖市、自治区）制定并实施了大数据相关政策。

同时，在机构改革中，"大数据"成为一大亮点。山东、福建、浙江、广西等省（直辖市、自治区）新成立了省级大数据管理局；广东在原有大数据管理局的基础上，新组建省政务服务数据管理局；此外，贵州大数据管理局等已存在机构，也被明确提升至省政府直属机构级别。据不完全统计，截至 2019 年 6 月，全国 22 个地方已设置大数据管理机构，超过 79 个地市成立了大数据管理机构（见图 1）。

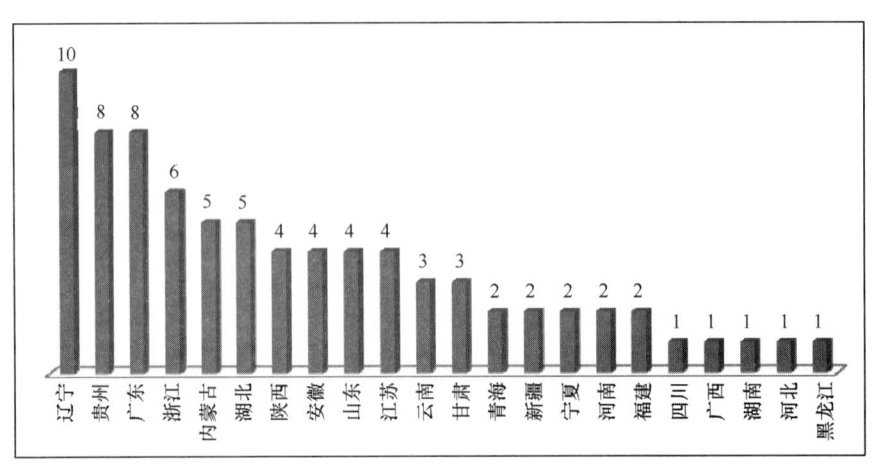

图 1 各省（直辖市、自治区）大数据管理机构数量

数据来源：中国行政管理。

（二）信息化水平日益提高，数据资源不断丰富

我国信息化基础设施建设加快推进，互联网普及和应用水平不断提升，信息化程度显著提高。据 CNNIC 统计，截至 2018 年年底，我国网民规模达到约 8.29 亿人，互联网普及率达到 59.6%，网站数量达到 523 万个（见图 2 和图 3）。

我国数据量持续快速增长，据研究机构统计，我国数据总量正在以年均 50% 的速度增长，预计到 2020 年有望达到 8000EB，占全球数据总量的 21%，成为世界第一数据资源大国和全球数据中心。我国数据资源体系建设加快推进，已建成国家人口、企业法人、自然资源等基

础数据库,行业领域数据库建设也不断推进。同时,在《政务信息系统整合共享实施方案》《政府信息系统整合共享任务落实方案》《进一步加快推进政府信息系统整合共享工作》等国家政策文件的推动和引导下,政务信息共享取得积极进展。截至 2018 年 3 月 30 日,国家数据共享交换平台已联通 71 个部门和单位、31 个省(直辖市、自治区)和新疆生产建设兵团,打通了 42 个垂直信息系统、694 个数据项,形成了共享"大通道"。此外,公共数据资源开放稳步推进,截至 2018 年年底,全国有 50 多个地方建设了数据开放共享平台,涉及超过 15 个行业领域。

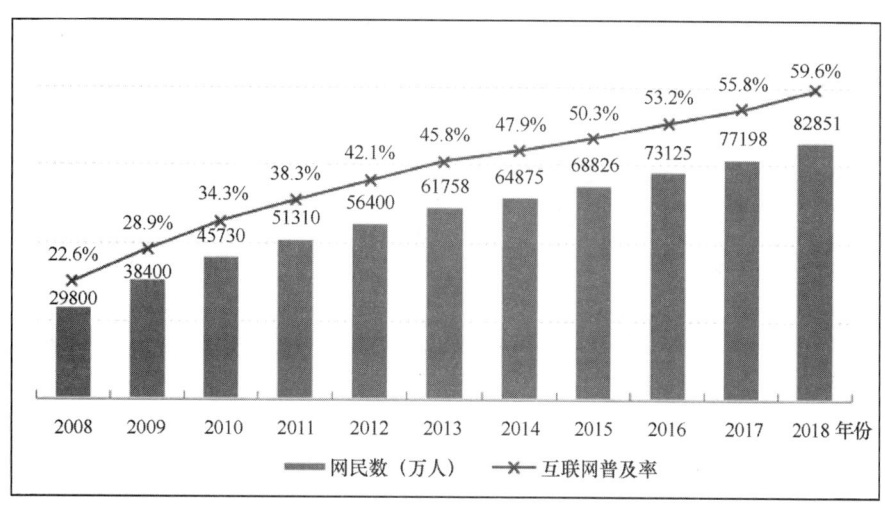

图 2　2008—2018 年网民规模和互联网普及率

数据来源:CNNIC。

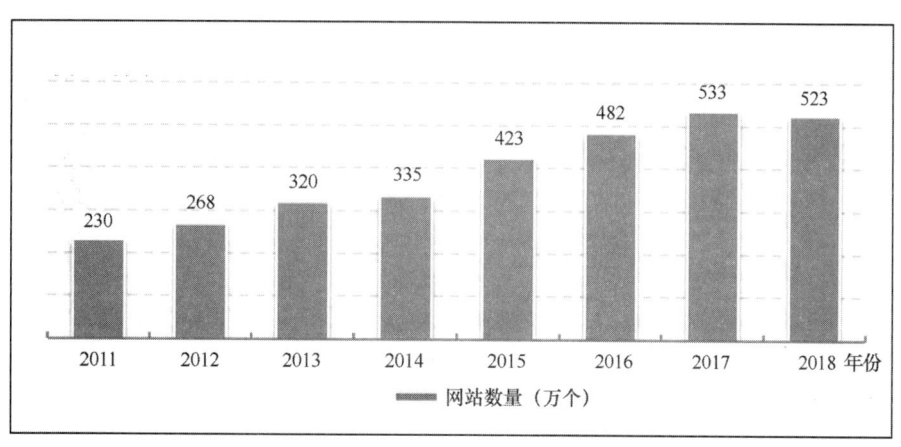

图 3　2011—2018 年网站数量

数据来源:CNNIC。

(三)产业规模持续增长,产业机构加速优化

2018 年,随着国家和地方产业政策的发布与落地实施,我国大数据产业保持快速发展态势,产业规模持续扩大,产业链条加速完善,包括大数据硬件、大数据软件、大数据服务等在内的大数据核心产业环节产业规模达到 5700 亿元,将在 2020 年达到 1.2 万亿元(见图 4)。

从大数据核心产业结构来看，基于大数据的服务仍是核心产业的主体，其规模约占大数据核心产业规模的 90%。随着大数据在各行业领域的不断深入应用，大数据融合应用产业将迎来巨大发展空间，其增速将远超大数据核心产业本身。此外，2019 年上半年，互联网大数据服务、大数据服务（纳入软件产业统计部分）增速突出，均高于全行业平均增长水平。

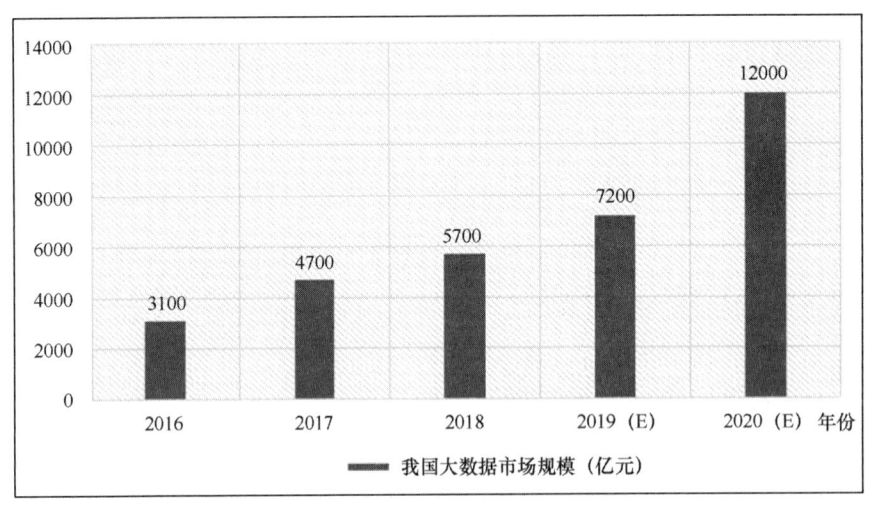

图 4　2016—2020 年我国大数据市场规模

数据来源：赛迪研究院，2018.12。

（四）集聚示范工作不断推进，区域布局持续优化

2018 年，以八大国家大数据综合试验区为引领的大数据发展态势已基本形成。京津冀地区着力打造大数据走廊格局，已初步形成大数据协同发展体系；以上海为核心的长三角地区，持续推进大数据与当地智慧城市建设，以及云计算、人工智能等其他新一代信息技术发展深度结合；珠三角地区在大数据应用创新、产品研发及产业管理方面率先垂范、具有成效；贵州、重庆、河南、沈阳 4 个试验区近年来大数据产业发展势头迅猛，有望成为我国大数据发展的新增长极；而位于内蒙古自治区的基础设施类综合试验区，则充分发挥其在气候、资源、地形上的优势，不断加大资源整合力度，与东部、中西部地区的产业合作不断增强，在绿色集约的原则下逐步开始了跨越式发展。此外，工业和信息化部还加快推进贵阳贵安大数据产业集聚区建设，推进上海静安区、内蒙古和林格尔新区等 5 个地区建设大数据国家新型工业化产业示范基地。

（五）融合应用不断深化，应用场景不断丰富

2018 年，随着《关于深化制造业与互联网融合发展的指导意见》等一系列政策文件的出台实施和深入贯彻，我国制造业加速进行全方位、多层次的数字化转型，发展基础日渐夯实，数字化渗透率不断提升，企业数字化水平大幅提高，新模式、新业态蓬勃兴起，总体规模快速增长。据统计，截至 2017 年年底，制造业数字化渗透率达到 17.2%。截至 2018 年年底，我国两化融合指数达到 53.9，较 2017 年同期提升 1.2，工业企业数字化研发设计工具普及率和关键工序数控化率分别达到 68.6% 和 48.5%。例如，中联重科 3200 吨履带吊，具备 116 个嵌入式传感器，基于自动感知数据，自动调整作业参数、自动适应作业工况，用智能化技术实现了吊装的"稳"和"准"。同时，制造业数字化新模式、新业态蓬勃兴起，涌现出一批企业级工业大数据平台和工业互联网平台，部分平台工业设备连接数量超过 10 万台套。例如，百度的工业大数据监测平台已逐渐延伸到汽车、日化等行业；三一重工利用大数据分析技术为智能工程机械物联网提供有效决策支持。此外，大数据在农业生产、经营流通、物流运输、产品溯源等领域的应用不断深化，涌现出猪联网等典型平台企业；大数据在电子商务领域的深入应用，助力网络零售和电子商务规模持续扩大；大数据在医疗健康、交通出行、精准营销、物流等领域的应用，大幅促进公共服务高效化、均等化。

（六）生态体系加速完善，支撑能力日益增强

我国不断加强大数据标准体系、数据管理体系、公共服务体系和人才培养体系建设，推动大数据产业生态体系日益完善，支撑能力显著增强。在大数据标准化方面，2018 年共开展大数据国家标准研制 29 项，发布 9 项；贵州省获批建设国家技术标准（贵州大数据）创新基地，用以加快建立大数据关键共性标准，并引导国内外企业加强大数据关键技术、产品的研发合作。在人才培养方面，2018 年教育部在全国范围内新批准 248 所高校开设大数据专业；同时，成立了如达摩院、北京大学健康医疗大数据国家研究院、重庆邮电大学科大讯飞人工智能学院等大数据研究培训机构，不断加强大数据人才培养力度。在公共服务方面，围绕大数据的咨询服务、知识产权保护、产权交易、品牌推广、投融资服务等服务机构也逐渐发展成熟。此外，工业和信息化部不断推进《数据管理能力成熟度评估模型》（GB/T 36073—2018，简称 DCMM）推广应用，开展了近百家企业的评估工作，以提升企业的数据管理能力。

二、主要发展特点

（一）大数据与新兴技术交叉融合态势日趋增强

大数据通过与人工智能、云计算、物联网、边缘计算等新兴技术渗透融合，在智能制造、绿色低碳、共享经济、现代供应链、中高端消费等领域培育形成了新的增长点，成为创新发展的重要驱动力。大数据于 1999 年被提出，经历了技术上升期、广泛应用期之后，大数据在 Gartner 新兴技术成熟度曲线中也逐步从期望膨胀爬升期逐步过渡到期望膨胀巅峰期，最后到泡沫破裂低谷期。自此，大数据不再作为热点出现在 Gartner 的新兴技术成熟度曲线图上，大数据发展回归理性。而继续深入研究 Gartner 新兴技术成熟度曲线可以看出，2015 年智能顾问、微数据中心、数字化办公成为新热点；2016 年智能机器人、机器学习成为新热点；2017 年深度学习、自动驾驶、边缘计算、认知计算进入期望膨胀巅峰期；2018 年边缘人工智能、智能机器人、深度神经网络、数字孪生成为新热点。对这些新兴技术进行深入分析，所有技术都离不开大数据的支持，标志着大数据进入融合发展时期，大数据技术不再独立成为热点，而是融合渗透到人工智能、云计算、边缘计算等新兴信息技术之中，并通过紧密相关的新兴技术发展体现价值。

（二）开源技术仍是大数据技术创新的重要模式

开源是大数据技术创新的主要模式，开源大数据软件是推动大数据技术发展和服务创新的重要基础。根据初步统计，开源软件和开源工具包括计算软件、存储软件、查询软件、基础平台、平台管理、系统工具、数据应用等多个类型，覆盖了大数据服务产业发展的各个环节，基于开源软件企业可以快速地构建大数据应用平台，提供多种多样的大数据服务。根据开源中国的统计，截至 2018 年 1 月，数据库、平台管理等大数据领域的开源软件超过 2000 个。大数据领域开源软件的丰富和不断创新为大数据服务企业提供了必要的技术支持，是推动大数据服务产业发展的重要力量。

（三）工业大数据成为行业应用的重要方向

当前，我国正处于加快建设现代化经济体系的关键阶段，现代化经济体系建设的着力点主要是实体经济，而我国作为制造大国，加快发展先进制造业，成为当前我国经济建设的重要任务。大数据作为对数量巨大、来源分散、格式多样的数据进行采集、存储和关联分析，从中发现新知识、创造新价值、提升新能力的新一代信息技术和服务业态，发展工业大数据，对推动大数据与实体经济深度融合，推动制造业数字化、网络化和智能化意义重大。同时，发展工业大数据也是深入贯彻国家大数据、数字经济、工业互联网创新发展战略的重要抓手。随着各项政策红利的相继释放，工业大数据将迎来重要机遇期，在工业产品创新、工业物联网、工业供应链等方面将不断创造价值，持续推动我国工业高质量发展。随着各地工业大数据试点示范工作的全面开展，工业大数据骨干企业和创新型企业的服务供给能力将不断提升，工业大数据在加速产品创新设计、产品故障诊断与预测、供应链的分析和优化等具体生产场景中的引领作用将不断强化。

（四）龙头企业积极构建数据服务生态

随着数据的基础性、战略性资源作用日益凸显，全球龙头企业正加快构建以云平台为载体、以端到端的行业数据服务为核心、以业务深度融合为特征的产业生态。国际上，Saleforce 以 157 亿美元收购商业智能和分析软件 Tableau，在产品中集成数据分析功能，提升客户关系管理、营销等业务环节的智能化水平。国内，BAT 和华为等巨头公司更多地基于平台技术优势抢占基础支撑市场，并进一步与垂直行业数据企业合作，在大金融、大健康、大安全、融媒体、智慧政府等领域构建产业生态。在这一趋势下，将出现更多企业依托自身数据能力，"嫁接"行业优势资源，积极打造大数据时代产业竞争新优势。

三、面临的问题和主要矛盾

我国的大数据产业已具备良好的基础条件，并取得了初步成果。然而，同党的十九大报告提出的建设"数字中国"的目标相比，还存在一些问题和不足。

（一）核心技术基础薄弱

近年来，我国大数据技术领域取得的主要突破集中在应用技术层面，在新型计算平台、分布式计算架构、大数据处理、分析和呈现等基础理论与核心算法层面的技术水平与国外仍存在较大差距，在前瞻性技术研发方面仍处于跟随状态，技术创新对于大数据产业的引领作用仍然不强。同时，由于我国对国际开源社区没有主导权，导致对大数据技术生态缺乏自主可控能力，成为制约我国大数据产业发展和国际化运营的巨大隐患。此外，大多数大数据企业的创新仍以模仿性、渐进性创新为主，突破性、颠覆性创新偏少，自主研发具有国际影响力的先进技术较少。

（二）大数据应用不平衡、不充分

一方面，互联网企业应用程度高，但对制造等实体经济的支撑应用效能尚未凸显。在电子商务、社交媒体、搜索引擎等互联网领域，大数据应用规模发展迅速，积累了丰富的数据资源，商品推荐、精准广告等商业化应用程度较高。相比较而言，我国大数据行业应用广度和深度都远远落后于发达国家，特别是在制造业领域，我国制造业企业数字化水平普遍偏低，数据采集、处理、加工能力弱，企业数字化转型能力不足，大数据应用严重不足。另一方面，大数据区域发展不平衡，根据赛迪智库《中国大数据产业发展水平评估报告》，我国东部地区大数据发展水平最高，西部地区紧随其后，中部地区和东北地区明显滞后；各省市发展水平差距也较大，广东、北京、江苏、浙江、山东、上海等省市处于前列，云南等省市指数值较低。

（三）数据资源开放共享水平有待提升

政府机构、公共部门和企业对数据资源"不愿共享开放""不敢共享开放""不会共享开放"，交易流通不畅，数据价值难以被有效挖掘和利用。"不愿共享开放"有些是尚未意识到数据开放和共享的价值，有些则是出于利益考虑，把掌握和获取的数据作为自己利益和权力的一部分，甚至看成私有财产；"不敢共享开放"是因为当前我国数据资源开放共享的规则、制度不健全，政府机构、公共部门和企业担心数据资源开放共享会引起信息泄密等安全问题；"不会共享开放"则是由于缺乏数据格式、质量标准、互操作性等方面的规范，导致政府部门、公共机构等数据共享开放水平不高。复旦大学数字与移动治理实验室的数据显示，截至2019年上半年，我国已有82个省级、副省级和地级政府上线了数据开放平台，但从全国总体情况来看，省级行政区建设平台比例为41.93%，副省级行政区建设平台比例为66.67%，而地级市建设平台比例仅为18.55%。同时，各政府数据开放平台开放数据的数量和质量也参差不齐，我国数据开放共享的水平仍然不高。

（四）法律法规体系不健全

数据资源确权制度缺失，缺乏对数据权属的清晰界定，公共数据、企业数据、个人数据等到底属于谁、谁有权使用等问题不明确，可能引发各方对数据资源的争夺纠纷，如华为和腾讯的数据之争，主要源于双方对数据的所有权和使用权存在不同认识。数据开放共享、流通交易等制度不完善，哪些数据可以开放共享、各方在开放共享中的权利和义务、数据流通交易规则等都没有明确规定。数据安全保障制度和标准规范不完善，数据收集、存储、处理等全生命周期中如何管理、需要采取哪些信息安全保障措施、政府的数据安全监管职责和手段等，都还缺乏明确规定。

（五）产业标准体系急需构建

虽然我国早在2014年12月就成立了全国信息技术标准化技术委员会大数据标准工作组，大数据标准化工作也取得了诸多进展，但由于大数据发展速度快、涉及面广、技术复杂，当前大数据标准化工作仍然面临诸多挑战，大数据标准化工作仍需加强。

四、2019 年形势展望

（一）各地大数据管理机构积极完善推进机制，区域大数据特色化发展路径加快形成

随着大数据爆发式发展，有力推动大数据产业发展、高效开展大数据管理成为各地政府的共同需求，在这一背景下，全国各地纷纷建立大数据管理部门，截至 2019 年 6 月，我国已有 17 个地方成立了独立省（直辖市、自治区）级大数据主管机构，也有地方在工信系统下设立了大数据处。各地大数据管理机构立足本地禀赋与发展需求，明晰职责定位，积极完善工作推进机制，加快探索特色化的发展路径。贵州省作为大数据的策源地，以建设国家大数据综合试验区为抓手，聚力推动产业发展和企业引进培养。福建省以"数字福建"战略为引领，以政务数据资源整合共享为突破口，大力推动大数据行业应用深化。在福建省、贵州省等地的引领下，各地将重点聚焦数据资源管理、产业生态建设、数据治理等重点领域，积极探索适合本地特色的大数据发展路径。

（二）工业互联网平台发展势头强劲，带动工业大数据应用价值持续深化

随着工业互联网创新发展战略的深入实施，我国工业互联网平台建设步伐加快，航天云网 INDICS、海尔 COSMO、三一重工根云、阿里云 ET 等工业互联网平台不断完善，和利时、用友、东方国信等企业的工业互联网平台不断推出。工业大数据作为工业互联网平台的核心部分和价值出口，伴随着各类工业互联网专项启动实施和工业互联网平台应用的深化，工业大数据实时采集、跨界流动、动态分析、敏捷响应的能力将不断增强，数据驱动的创新应用在设备、企业和产业链等不同层级上将得到广泛、深入地拓展，数据应用将不断深化，数据价值和数据效能将加速释放，从而催生出更多基于数据驱动的制造业新模式、新业态。

（三）产业大数据平台建设提速，数据驱动精准施策加快普及

随着政府大数据应用进入深化期，以监测产业发展现状、评估诊断产业发展问题和预警预判产业发展趋势为目标的产业大数据平台建设提速，通过打通政府各部门业务系统，构建逻辑集中、物理分散的数据中心，系统梳理数据资源目录体系，合理规划应用场景，实现以大数据为支撑的政策科学制定、行业有效监管和社会高效服务。苏州市相城区建立了"工业云图"，实现了工业用地和企业的全覆盖，通过综合评价对企业实行差别化资源要素价格和管理服务，为扶优扶强和淘汰落后提供了重要依据。在制造强国加快建设的背景下，苏州之外将有更多产业大数据平台加快建设，为政府、企业等不同主体科学决策提供有力支持。

（四）数字化转型需求旺盛，大数据应用由政府应用领域向商业应用领域拓展

随着大数据工具的门槛降低及企业数据意识的不断提升，与大数据结合紧密的行业正在从传统的政务服务、电信业、金融业扩展到健康医疗、工业、交通物流等领域。以健康医疗领域为例，基于大数据分析的肝癌影像辅助诊断系统可以帮助医生更加高效地对肝癌患者进行筛选。此外，大数据与行业的融合程度也将不断向深层次拓展，从系统融合、数据融合逐步过渡到技术融合、业务融合，再到行业融合，这将有力地推动大数据行业应用"脱虚向实"，与实体经济的融合更加深入。

（五）关联产业政策红利释放，融合创新推动大数据实现新增长

随着科技和产业革命不断推进，大数据也进入了融合发展期，加速与人工智能、云计算、物联网、边缘计算等新兴技术产业渗透融合。近年来，与大数据紧密相关的云计算、5G产业迎来新的政策机遇，工业互联网、工业大数据、制造业数字化转型等政策措施也正在加紧研制或推进，这将极大地激发数据驱动的云计算、数字化转型等服务需求，融合创新新模式、新业态不断涌现，从而拉动大数据产业实现新发展。

五、2019年工作措施及主要工作思路

主动适应制造业高质量发展新要求，坚持以供给侧结构性改革为主线，着力推进大数据技术产业的创新发展，深化大数据与实体经济的融合，强化数据治理和国际合作，更好地服务和支撑制造强国和网络强国建设。

（一）增强创新能力，夯实产业发展基础

加强大数据产业的核心关键技术研发，推进云计算、大数据、人工智能、区块链等技术的融合创新。深入开展大数据产业的试点示范，推广大数据优秀产品和解决方案，加速产业化步伐。积极培育大数据领军企业，打造一支高水平的大数据人才队伍和创新团队，构建完善的大数据产业链、价值链和生态系统。

（二）聚焦实体经济，推进深度融合

深入实施工业互联网创新发展战略，推进网络体系、平台体系、安全体系三大体系的建设，加强对工业大数据发展的政策引导，加快建设国家工业大数据中心，培育基于数据驱动的制造业新模式、新业态。积极推进数据资源的高效汇聚、协同开发和融合应用，引导各领域深化大数据的应用，充分释放数字经济的发展潜能。

（三）加强数据治理，持续优化环境

推动建立、完善数据安全相关法规、制度和技术体系，提升关键信息基础设施、网络数据、个人信息等方面的安全保障能力。推广《数据管理能力成熟度评估模型》国家标准，建立企业数据治理能力的评估体系，引导行业、企业加强数据治理。深化"放管服"改革，按照包容审慎的原则，推进跨部门、跨行业、跨地域的数据流动，营造规范有序、开放共享的发展环境，激发市场的创新活力。

（四）深化开放合作，实现互利共赢

鼓励龙头企业建设大数据平台，开放数据、技术能力等基础资源，引导中小微企业深耕细分市场，构建开放的产业生态。深化大数据领域的国际合作，积极参与数据安全、数据流动等国际规则的制定，为发展数字经济贡献中国智慧和中国方案。

（本稿件由中国电子信息产业发展研究院提供）

2018 年我国区块链领域发展情况

一、基本运行情况

2018 年以来，我国区块链产业进入快速发展阶段，总体而言，我国区块链产业发展仍处于初级阶段，但市场规模潜力巨大。随着产业链不断完善，社会认知逐步提高，场景日益丰富，区块链应用效果将逐步显现，通过区块链赋能传统行业将为我国区块链产业发展带来崭新机遇。

（一）产业链条基本形成，产业规模快速增长

2018 年，我国区块链产业发展进入快车道，区块链产业生态逐渐完善，已经形成了上游为硬件基础设施（基础层）和底层技术（平台层），中游为区块链通用应用（呈现层）及技术扩展平台（外部交互层和接口层），下游为服务最终的用户（个人、企业、政府）的区块链产业链条。区块链产业链分布如图 1 所示。

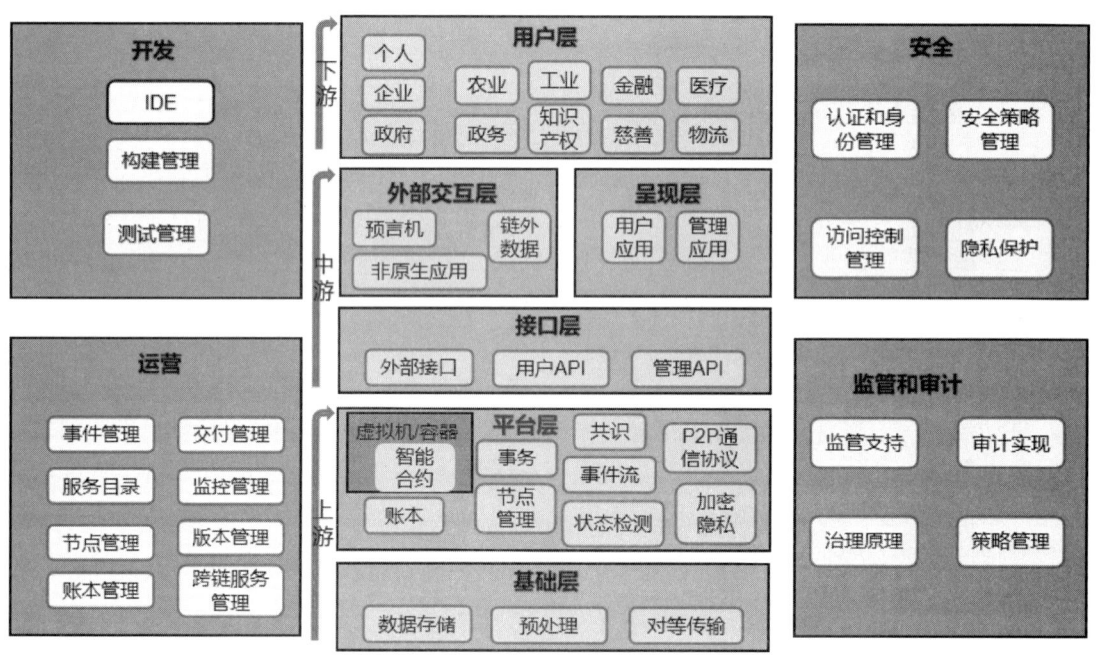

图 1 区块链产业链分布

我国区块链产业图谱（包括底层技术及基础设施层、通用应用及技术扩展层、垂直行业应用层等）进一步完善，应用领域不断拓展，如图 2 所示。

2018 年，区块链应用得以全面扩展，一系列技术攻关难题得以解决，标准规范制定加速推进，产业规模进一步扩大。根据赛迪区块链研究院统计，2018 年我国区块链产业规模约为 10 亿元，区块链相关产品交易、教育等衍生产业的规模约为 40 亿元。预计到 2021 年，我国

区块链核心产品和解决方案以及相关衍生产业的市场规模将达到 100 亿元。2022 年我国区块链市场支出规模预计将达到 14.2 亿美元，2017—2022 年的年均复合增长率为 76.3%。

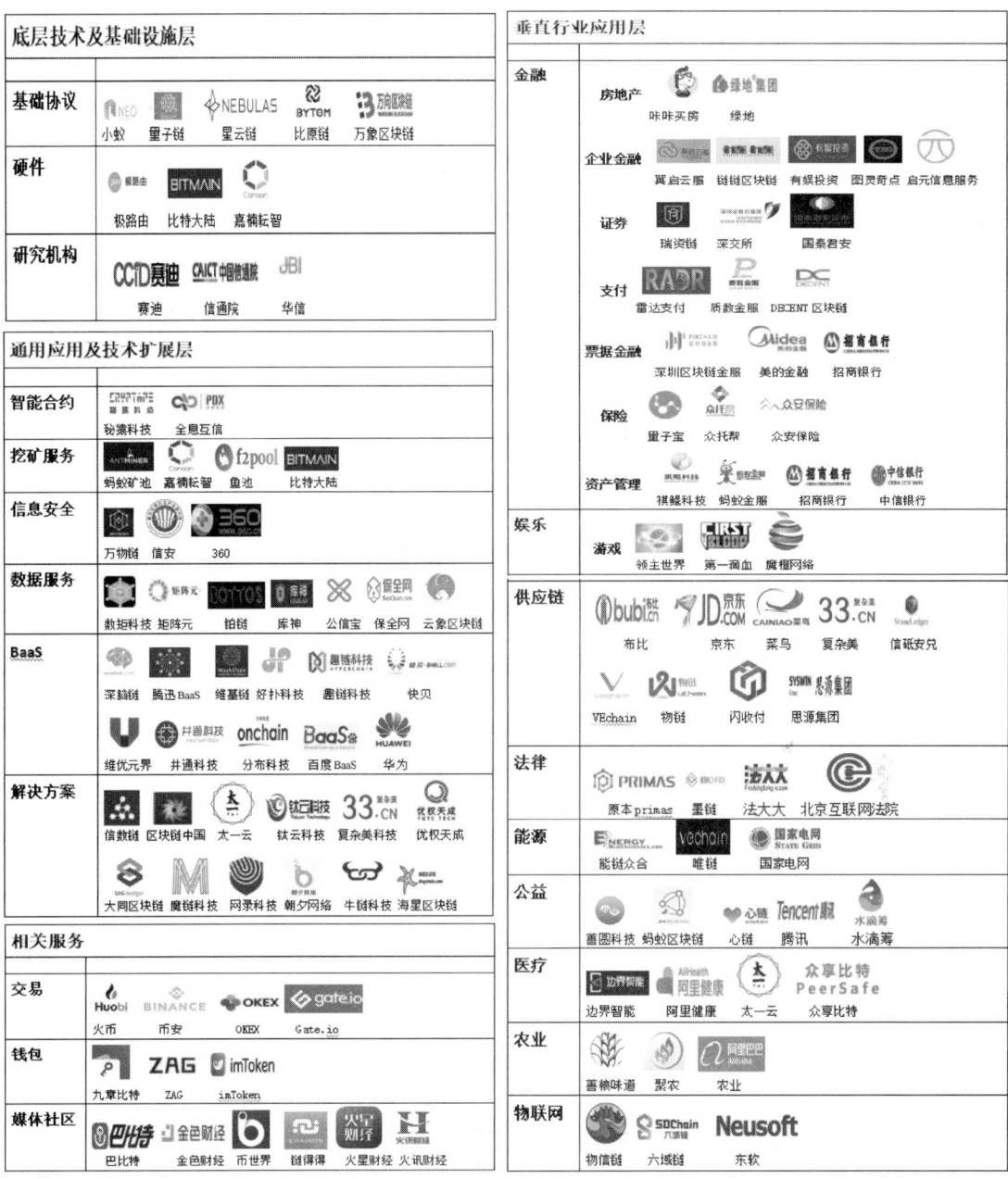

图 2　区块链产业图谱

（二）初创企业实力渐显，巨头企业强势加入

一是区块链注册企业数量快速增长。随着区块链技术不断完善，产业发展思路逐渐清晰，区块链认知趋于理性，在政策引导和应用牵引的双重驱动下，新注册成立的区块链企业数量呈逐年上升趋势，一批有实力的初创企业在良好的产业环境下得以迅速壮大。2015 年以前我国注册成立的区块链企业数量较少，自 2016 年国家将区块链技术列为战略性前沿技术以来，我国注册成立的区块链企业数量快速增加（见图3）。我国区块链企业各地区分布数量及比例如表1所示。

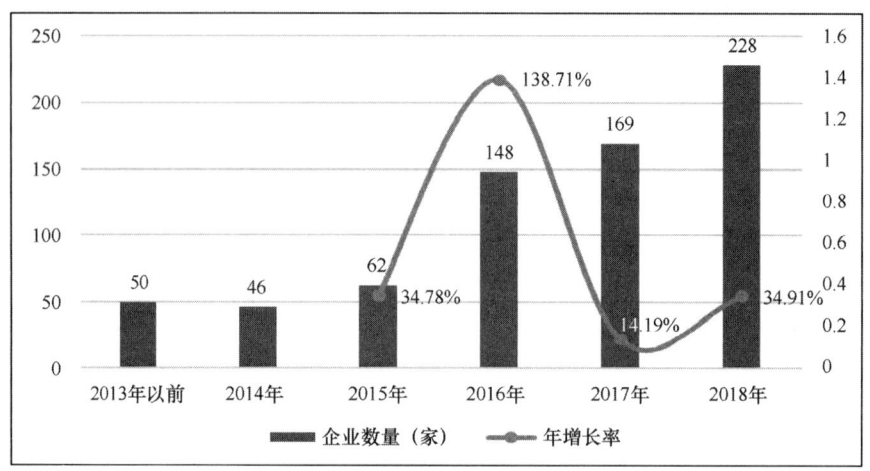

图3 我国区块链企业成立年份数量及增长率

表1 我国区块链企业各地区分布数量及比例

地域	数量（家）	比例（%）	地域	数量（家）	比例（%）
北京	230	32.72	贵州	3	0.43
广东	140	19.91	河南	2	0.28
上海	109	15.50	内蒙古	2	0.28
浙江	49	6.97	河北	1	0.14
四川	32	4.55	黑龙江	1	0.14
江苏	31	4.41	江西	1	0.14
重庆	29	4.13	广西	1	0.14
山东	15	2.13	云南	1	0.14
福建	15	2.13	山西	1	0.14
湖南	9	1.28	宁夏	0	0.00
湖北	8	1.14	吉林	0	0.00
天津	6	0.85	甘肃	0	0.00
陕西	5	0.71	青海	0	0.00
安徽	4	0.57	新疆	0	0.00
辽宁	4	0.57	西藏	0	0.00
海南	4	0.57	总计	703	100

二是巨头企业纷纷入局。各大科技、互联网巨头企业的强势加入使得区块链产业竞争力不断增强，各地区纷纷涌现区块链巨头企业，加速了产业发展，扩大了产业规模，并在技术研究和专利申请方面起到了带头作用。各大科技、互联网巨头企业区块链产业布局如表2所示。

表2 各大科技、互联网巨头企业区块链产业布局

企业名称	主要产品	应用领域
百度	度小满区块链平台	信贷、资产证券化、溯源存证、保险
华为	华为云区块链平台	供应链、车联网、新能源、数据交易、身份认证
阿里巴巴	阿里云区块链平台	商品追溯、工业制造、数据共享、存证
金山云	金山云区块链平台	区块链游戏
迅雷	迅雷链	社会公益、医疗健康、溯源存证
东软	东软尖峰区块链平台	智能制造、供应链金融
360	360安全解决方案	数字钱包、数字交易所、智能合约
海尔	海链平台	智能制造、供应链
腾讯	TrustSQL平台	货币、金融
京东	智臻链	票据电子化、供应链金融、防伪追溯
网易	网易星球	数字资产、结算
小米	营销链	区块链游戏、数据资产、物联网
联想	区块链手机S5、掘金宝	区块链硬件、钱包

除科技、互联网巨头企业外，各大金融机构也纷纷布局区块链业务研究，根据赛迪区块链研究院统计，目前正在进行区块链应用探索的国内银行机构共34家，其中包括中国人民银行、国家开发银行、六大国有商业银行、城市商业银行、股份制商业银行及民营银行，如图4所示。

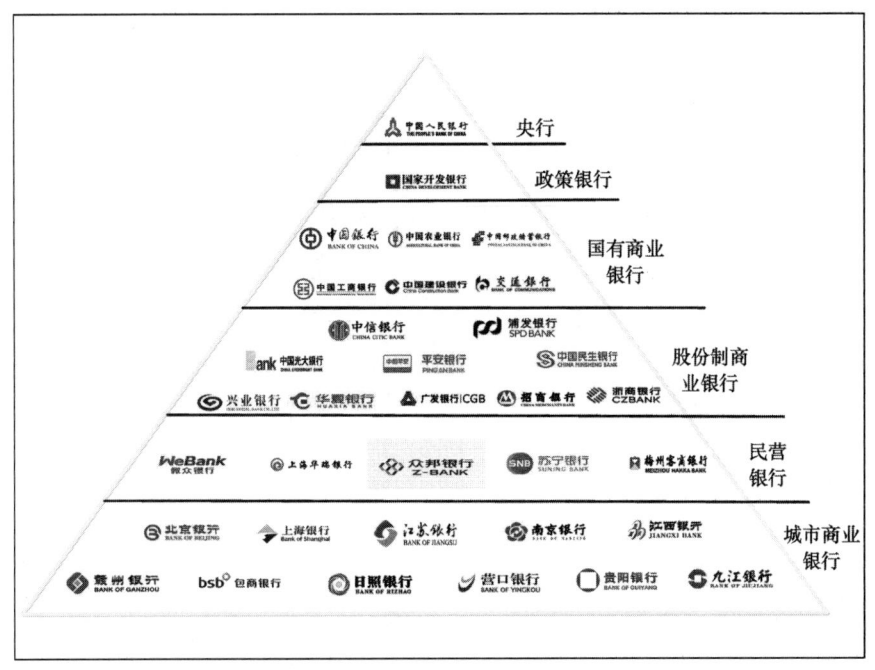

图4 我国已开展区块链应用探索银行图谱

（三）技术研发基础扎实，核心技术创新升级

一是各企业致力于区块链技术底层架构研究开发。在统计的具有投入产出的区块链企业

中，处于底层技术与基础设施层的企业占比为 42.90%（见图 5），部分企业拥有独立开发的区块链底层平台，并在此基础上进行行业应用方案设计及实施。

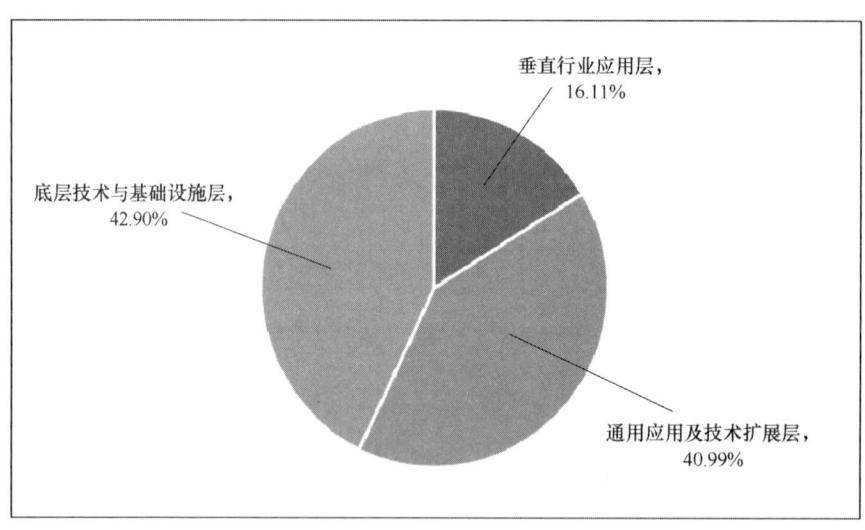

图 5　区块链企业技术研发占比

二是各城市及重点高校正在积极部署并全面铺开对区块链技术的创新研发工作。截至 2018 年 12 月月底，我国区块链相关研究机构共 68 家，主要以高校和企业为主，如图 6 所示。

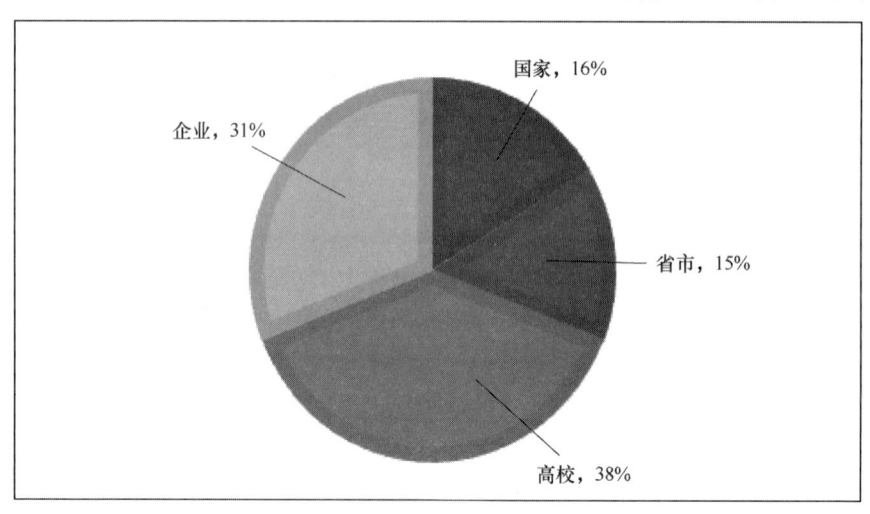

图 6　区块链研究机构参与主体分布

三是各大高校积极开设区块链课程，积极培育区块链人才队伍，加速区块链核心技术突破和场景应用落地，为区块链产业发展提供相应的人才储备（见图 7）。

四是我国已成为国际区块链专利高产国家，一批具有较高价值度的区块链专利不断涌现。在各大互联网企业和研究机构的努力下，我国区块链专利呈现高量产、高质量、高应用性三大特征。2015—2018 年我国区块链专利数量增长情况如图 8 所示。

此外，科技及互联网巨头企业也在区块链技术研发中取得重要突破，其中阿里巴巴、中国联通、腾讯等企业 2018 年区块链专利数量均超过 50 项。

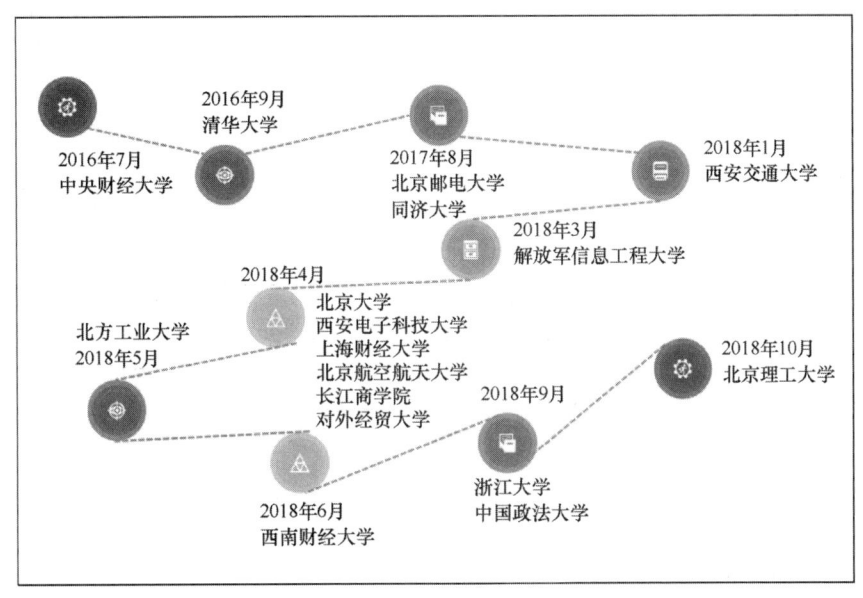

图 7　我国区块链大学开设课程时间图

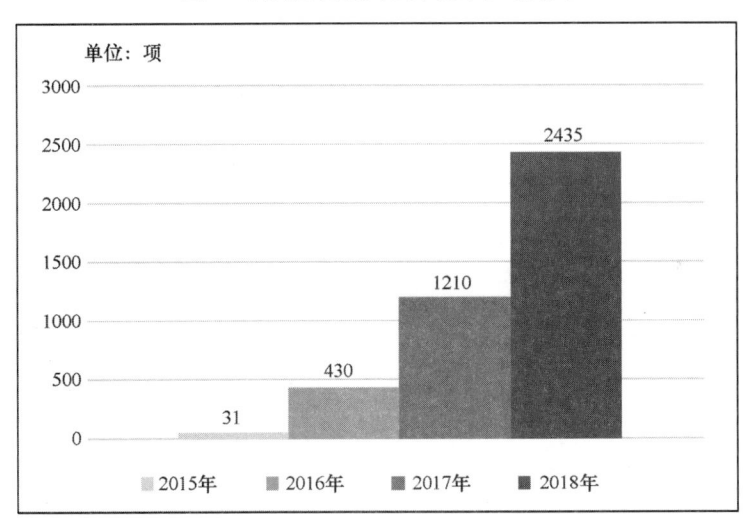

图 8　2015—2018 年我国区块链专利数量增长情况

（四）企业资金运作良好，金融资本持续涌入

一是区块链领域投融资频次和金额呈上升趋势，多个区块链企业和项目获得大额投资。从企业注册成立年份的融资额度和融资事件来看，区块链领域企业融资频次和金额逐年增长（见图 9）。

二是投融资轮次比例分布较为合理。从中国区块链领域投融资轮次分布来看，大部分投资机构投资轮次较早，初创期投资轮次（B 轮以前）占比超过 80%。根据 2016—2018 年我国区块链领域投融资轮次变动情况，投融资轮次后移情况明显，如图 10 所示。

三是我国区块链产业基金领域取得初步进展。北京、上海、杭州、深圳等地纷纷设立区块链产业基金，政府、国有企业及金融机构纷纷布局区块链发展建设，旨在推动产业发展，扶持中小型初创科技企业落地，加快区块链基础设施建设和科技研发脚步（见图 11）。

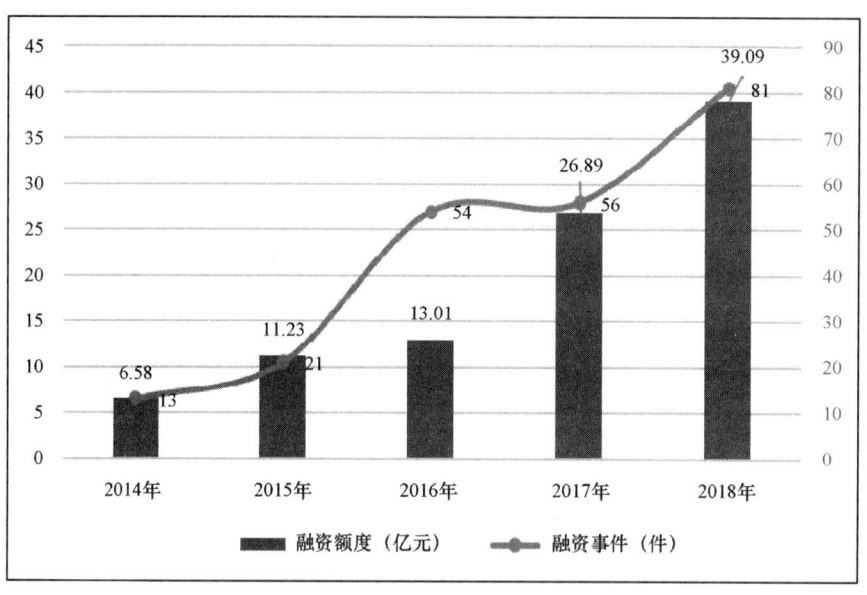

图 9 企业注册成立年份的融资额度和融资事件

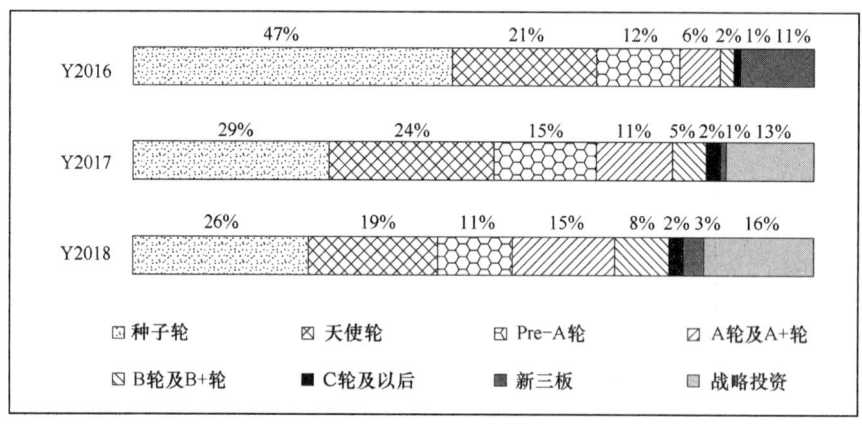

图 10 我国区块链领域投融资轮次

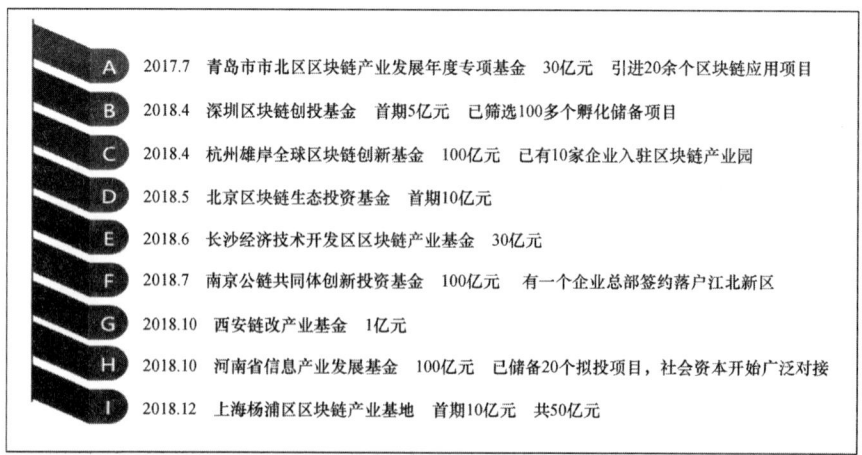

图 11 我国区块链产业基金建设

（五）聚集要素逐渐积累，产业园区不断涌现

一是区域优势显现，产业聚集效应逐渐形成，形成了环渤海、长三角、珠三角及湘黔渝四大区块链产业聚集区。从各聚集区企业占比来看，环渤海聚集区以北京和青岛为主体，辐射天津、河北等地；长三角聚集区以上海、杭州为主体，辐射南京、苏州及周边城市；珠三角聚集区以深圳、广州为主体，辐射佛山、海南等地；湘黔渝聚集区以贵阳、重庆和长沙为主体，辐射中西部地区。

二是区块链产业创新基地、产业园、创业中心等聚集区不断涌现。截至 2018 年年底，全国已经成立或者在建的区块链产业园区数量已达 20 余个，集中于四大区块链产业聚集区。从成立时间来看，80%的区块链产业园成立时间不超过 2 年，且沿海城市区块链产业园占比超过 60%。从地理区域划分来看，全国区块链产业园区主要集中在华东、华南等地区。

二、主要发展特点

在国家各部委和各地区政府的大力支持下，在各企业的共同参与下，我国区块链技术在各行业领域的应用逐步展开，正成为驱动各行业技术产品创新和产业变革的重要力量，区块链产业也逐渐形成了自身的发展模式和发展特点。

（一）政策驱动与监管加速产业发展

一是国家出台相关政策超前布局区块链发展，积极推动区块链与大数据、人工智能、云计算等信息化技术的融合，鼓励区块链技术在金融科技等领域的创新应用。国家层面的区块链政策主要分为顶层设计及应用推广两大类，顶层设计类主要梳理区块链在我国经济和信息化发展中的总体思路；应用推广类主要涉及区块链赋能我国实体经济的发展策略，加速技术融合，推动区块链产业应用落地。我国主要区块链相关政策如表3所示。

表 3 我国主要区块链相关政策

政策类型	发布时间	发布主体	相关政策/文件名称
顶层设计	2016年10月	工业和信息化部	《中国区块链技术和应用发展白皮书》
	2016年12月	国务院	《"十三五"国家信息化规划》
	2018年9月	国家发展改革委	《关于发展数字经济稳定并扩大就业的指导意见》
应用推广	2016年12月	工业和信息化部	《软件和信息技术服务业发展规划（2016—2020年）》
	2017年1月	工业和信息化部	《大数据产业发展规划（2016—2020年）》
	2017年3月	工业和信息化部	《云计算发展三年行动规划（2017—2019年）》
	2017年7月	国务院	《新一代人工智能发展规划》
	2017年8月	商务部	《商务部办公厅、财政部办公厅关于开展供应链体系建设的通知》
	2017年10月	国务院	《关于积极推进供应链创新与应用的指导意见》
	2017年11月	国务院	《国务院关于深化"互联网+先进制造业"发展工业互联网的指导意见》
	2018年4月	教育部	《教育信息化2.0行动计划》
	2018年9月	最高人民法院	《最高人民法院关于互联网法院审理案件若干问题的规定》
	2018年9月	民政部	《"互联网+社会组织（社会工作、志愿服务）"行动方案（2018—2020年）》
	2018年9月	国家发展发改委、国家开发银行	《全面支持数字经济发展开发性金融合作协议》

二是地方政府从基础设施建设、产业扶持、技术研发创新及产业应用落地等角度积极出台配套政策，支持区块链产业发展。2016 年至今，北京、上海、深圳、广州等各大城市纷纷出台区块链相关政策，贯彻国家有关区块链发展战略，积极鼓励、支持区块链产业发展，推动区块链应用落地。截至 2018 年年底，全国共有 29 个省级行政区出台了区块链相关政策。

三是国家及地方监管部门不断探索区块链监管体系建设，及时出台规范措施，优化区块链产业环境，坚决遏制假借区块链技术的非法金融活动。国家从多角度严控 ICO、大力度封停违规平台等方面防范化解可能形成的金融风险与道德风险，依法打击各种违法犯罪行为和活动。我国区块链监管政策文件如表 4 所示。

表 4 我国区块链监管政策文件

发布主体	发布时间	政策/文件名称
中国互联网金融协会	2017 年 8 月	《关于防范各类以 ICO 名义吸收投资相关风险的提示》
互联网金融风险专项整治工作领导小组	2017 年 9 月	《关于对代币发行融资开展清理整顿工作的通知》
央行等七部委	2017 年 9 月	《关于防范代币发行融资风险的公告》
中国互联网金融协会	2018 年 1 月	《关于防范境外 ICO 与"虚拟货币"交易风险的提示》
银保监会、中央网信办、公安部、人民银行、市场监管总局	2018 年 8 月	《国务院办公厅关于积极推进供应链创新与应用的指导意见》

（二）行业标准与规范制定继续完善

一是国家积极出台密码算法与电子签名相关标准，为区块链标准体系建设打下坚实基础。2018 年，我国区块链标准及行业规范制定相关重要会议和事件达到 10 次以上。截至 2018 年 12 月，我国已出台包括 SM2 椭圆密码算法、SM3 杂凑算法、SM9 标识密码算法在内的 19 项密码算法和数字签名方案，PKI 组件最小互操作规范、电子签名格式规范等 20 项签名方案，能为区块链技术提供算法和签名支持。

二是各行业团体及企业积极推动区块链相关技术和底层架构的标准制定，并初现成果。2018 年 3 月，中国电子技术标准化研究院提出全国区块链和分布式记账技术标准化技术委员组建方案。2018 年 10 月，赛迪区块链研究院联合中国软件行业协会区块链分会、中国软件评测中心等 20 多家区块链行业领军企业共同发布《区块链平台基础技术要求》团体标准。我国区块链底层框架技术标准如表 5 所示。

表 5 我国区块链底层框架技术标准

时间	机构	标准
2018 年 10 月	中国区块链生态联盟委托赛迪区块链研究院牵头	《区块链平台基础技术要求》
2018 年 12 月	中国电子技术标准化研究院牵头	《区块链隐私保护规范》《区块链智能合约实施规范》
2018 年 12 月	上海市信息安全测评认证中心	《区块链技术安全通用规范（T/SSIA 0002—2018）》

三是随着区块链行业应用的不断深入，密码学技术应用标准逐渐得到完善，区块链行业应用相关标准也在积极部署过程中。目前区块链成熟应用案例较少，行业尚无具体针对区块链的相关标准，仅在金融领域有少量针对密码应用的规范（见表 6）。同时，中国电子技术标准化研究院推出场景应用标准《区块链存证应用指南》。

表6 区块链行业应用相关标准

相关密码应用标准		
标准号	标准名称	实施日期
GM/T0054—2018	信息系统密码应用基本要求	2018-02
GM/T0055—2018	电子文件密码应用技术规范	2018-05
GM/T0056—2018	多应用载体密码应用接口规范	2018-05
GM/T0058—2018	可信计算TCM服务模块接口规范	2018-05

四是区块链测评标准稳扎稳打，在主管部门、行业团体、研究机构及重点企业的大力推动下，区块链测评标准不断涌现，进一步推动了区块链技术发展和应用落地。目前，国内企业和研究机构按照测评对象的不同主要分为两大类：一类是针对系统密码模块安全的测评标准（见表7），另一类是区块链底层平台测评标准，赛迪区块链研究院和中国软件评测中心推出了《许可链测评指南（V1.0）》。

表7 我国区块链测评认证标准

系统密码模块安全测评标准		
标准号	标准名称	实施日期
GM/T0059—2018	服务器密码机检测规范	2018-05
GM/T0060—2018	签名验签服务器检测规范	2018-05
GM/T0061—2018	动态口令密码应用检测规范	2018-05
GM/T0062—2018	密码产品随机数检测要求	2018-05
GM/T0064—2018	限域通信（RCC）密码检测要求	2018-08
GM/T0063—2018	智能密码钥匙密码应用接口检测规范	2018-08

（三）技术创新与性能拓展不断升级

一是国内研究团队在区块链技术创新方面取得重要成果。随着区块链技术的不断发展，我国联盟链、公链体系不断完善，行业规范越加成熟，一系列核心技术不断涌现，如跨链、侧链、多链、分片技术、有向无环图、隐私保护等，如图12所示。

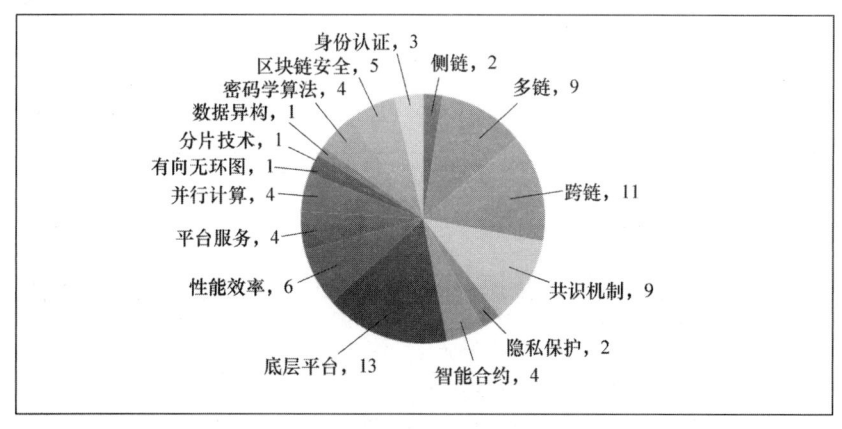

图12 国内主要区块链企业核心技术分布

二是国内企业在区块链性能拓展方面取得重大突破。华为、腾讯、百度、京东等互联网企业纷纷在 2018 年推出区块链云平台,将区块链、大数据及云计算相互融合。此外,我国研究团队在平台底层架构、共识算法、密码安全、性能安全等方面均有创新与突破。

(四)行业应用与平台服务加速推进

一是区块链行业应用案例数呈井喷式增长。2018 年以来,我国进入区块链应用落地快速增长期,其中金融、电子政务、医疗、知识产权保护、溯源及公益慈善等领域落地案例较多,影响力较大。2014—2018 年我国区块链行业应用案例数对比如图 13 所示。

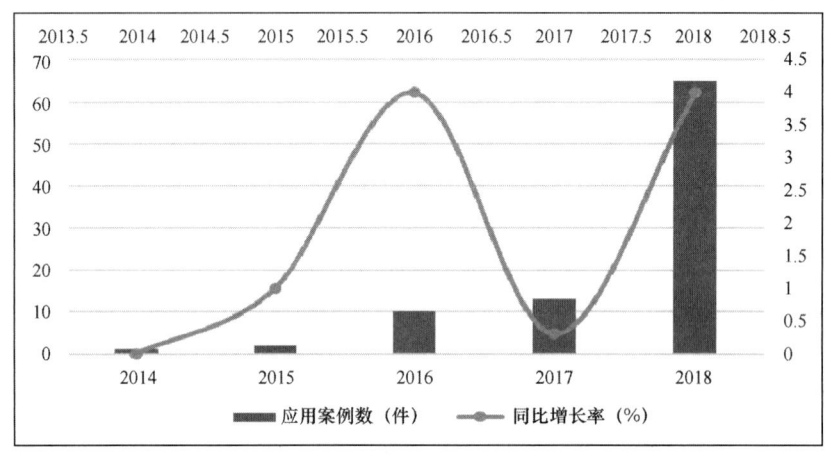

图 13 2014—2018 年我国区块链行业应用案例数对比

二是区块链初创企业及互联网巨头企业积极开展试点示范,加速应用落地和成果转化。在区块链企业、互联网企业、应用企业、第三方服务机构等多方的共同推进下,我国区块链应用正持续展开。我国区块链企业典型应用案例如表 8 所示。

表 8 我国区块链企业典型应用案例

应用领域	典型案例	企业
跨境支付与汇款	2018 年 8 月,中国银行通过区块链跨境支付系统,成功完成河北雄安与韩国首尔两地间客户的美元国际汇款	中国银行
资产管理	2018 年 9 月,金融壹账通发布了 ALFA 智能 ABS 平台,用区块链技术穿透底层资产,为场内外 ABS 发行提供解决方案	金融壹账通
供应链金融	2018 年 12 月,蚂蚁区块链发布"双链通",破局供应链中小微企业融资难题	蚂蚁区块链
医疗	2018 年 9 月 13 日,蚂蚁金服和上海复旦大学附属华山医院合作推出全国首个区块链电子处方	蚂蚁金服(与上海复旦大学合作)
溯源存证	2018 年 12 月,蚂蚁金服"相互宝"首例互助案例使用区块链对参与者资料进行存证	蚂蚁金服
慈善	2018 年 10 月,贵州省扶贫基金会与 CROS 区块链技术公司携手合作的贵州省扶贫基金会搭建的区块链智慧公益平台正式上线	贵州省扶贫基金会、CROS 区块链技术公司
政务服务	2018 年 11 月 13 日,湖南娄底市联合湖南智慧政务打造了首个不动产区块链信息共享平台,它可以通过与其他部门进行共享和数据交换,完成对数据真实性评估,形成以不动产信息为中心的可信数据服务平台	湖南智慧政务区块链科技有限公司

续表

应用领域	典型案例	企业
物流	2018年3月,腾讯与中国物流与采购联合会签署了战略合作协议,并联合发布了双方首个合作项目——区块供应链联盟链及云单平台,腾讯区块链正式落地物流场景	腾讯、中国物流
征信	2018年10月17日,蚂蚁金服区块链携手华信永道打造"联合失信惩戒及缴存证明云平台"	蚂蚁金服
工业	2018年11月30日,上海万向区块链股份公司、中都物流有限公司、星展银行(中国)有限公司于上海联合宣布,基于区块链技术的"运链盟——汽车供应链物流服务平台"正式上线	上海万向区块链股份公司、中都物流有限公司、星展银行(中国)有限公司

三是国家各部委高度认可区块链技术,积极出台相关政策鼓励不同领域的应用,率先开展应用项目。多家部委以大数据、人工智能、云计算等技术为支撑,将区块链技术融入供应链、金融、制造业、数字经济等方面发展。据赛迪区块链研究院统计,国家各部委参与的区块链应用项目已有10个,其中有6个项目实现落地。国家各部委区块链应用探索图谱如图14所示。

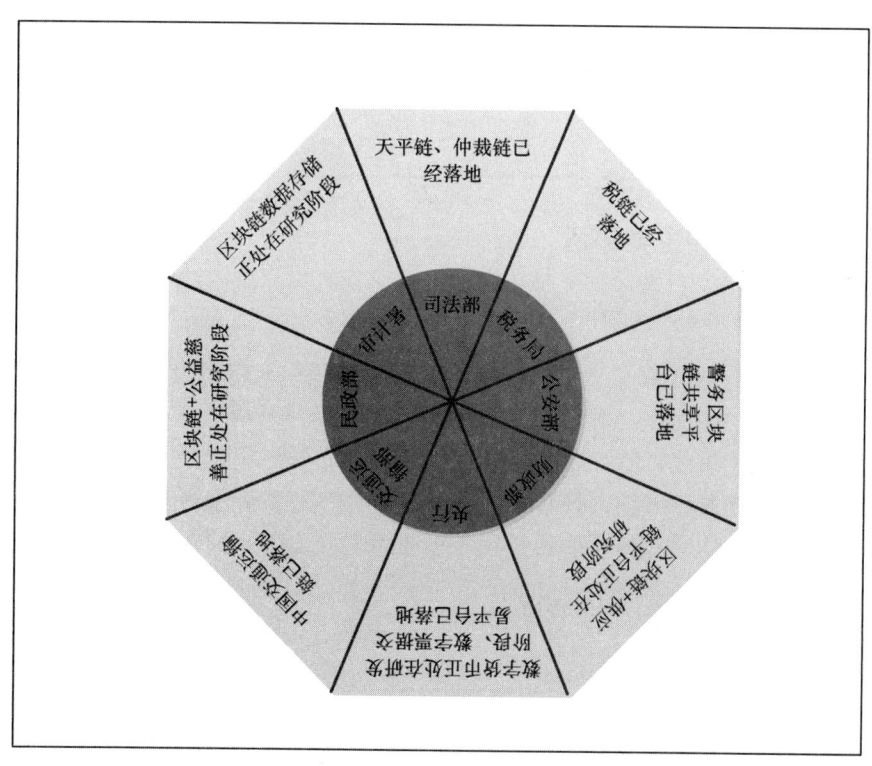

图14 国家各部委区块链应用探索图谱

四是区块链BaaS平台不断出现,为区块链产业提供了更加广阔的应用市场。目前,区块链BaaS平台效能提升较快,为开发者提供了便捷、安全的开发环境,兼容公链、私链及联盟链。我国互联网巨头企业积极探索区块链与云计算结合,阿里巴巴、腾讯、华为、百度、京东等数十家企业推出了BaaS平台,并在金融、物流、商品防伪溯源等领域开展应用。国内重点区块链BaaS平台应用领域如表9所示。

表9 国内重点区块链 BaaS 平台应用领域

单位/平台	BaaS 平台应用领域
腾讯云	金融、医疗、零售、电商、游戏、物联网、物流供应链、公益慈善
阿里云	商品溯源、供应链金融、数据资产交易、数字内容版权保护
京东智臻链 BaaS 平台	供应链、金融、政务及公共领域、保险防欺诈、大数据安全
华为	供应链金融、物流、溯源
360	安全
微众银行	金融
广东网金控股	金融、公益、物流、供应链
点融区块链	供应链金融、物流金融、溯源、合同存证、数字积分
人人链	食品药品安全、防伪溯源、电商、供应链、贸易
云象	私募股权、数字存证、供应链金融、资产证券化
壹账链	供应链金融、物流、溯源、医疗
中化 BaaS	金融、慈善公益、通信、物联网、文化娱乐、政务服务、医疗
58BaaS	溯源
纸贵科技	区块链存证、供应链管理、溯源
宜信	物流、电商、医药、农业
onchain	金融
allchain	物联网
华大基因	人工智能
北京好扑	金融、存证

三、面临的问题和主要矛盾

（一）顶层设计与国家监管制度亟待建立

目前，国家层面已经出台了一些鼓励区块链行业发展和针对"加密货币"及 ICO 监管的相关政策，但是，针对区块链发展中存在的技术异构、标准和规范不统一、行业资源配置割裂、投融资扶持政策力度弱、监管滞后等问题，产业发展还缺乏统筹规划和顶层设计相关的政策文件。此外，产业发展路线图、时间表、发展方向、产业政策支持仍有待进一步明晰。区块链监管政策的缺失也极大地限制了区块链在各领域的应用及我国加密数字货币的创新发展。

（二）行业标准制定与测评认证仍需完善

首先，我国区块链标准体系建设起步较晚，尚处于试探建设阶段。由于区块链技术处于高速迭代中，相关标准也需要保持快速更新，因此区块链国家标准的制定要结合现有区块链技术发展形势，不断创新完善。其次，区块链测评认证指标仍需完善，测评工作亟待全面开展。区块链的去中心化和性能之间的平衡仍然是当前区块链技术发展的难点和行业焦点，亟须制定权威的区块链测评指标。最后，评价机构和相关人才的缺乏使得区块链技术第三方评价工作无法有效开展，不利于提高区块链技术应用并服务于实体经济的能力和水平。

（三）性能安全与应用推广能力尚存不足

一是性能安全问题仍是制约区块链产业发展的重要瓶颈。在算法安全方面，目前区块链的算法只是相对安全，随着数学、密码学和计算技术的发展，算法安全将变得越来越脆弱。

在智能合约方面，程序存在代码漏洞、逻辑漏洞及运行环境漏洞等诸多问题。二是行业应用推广难度较大，应用效果有待进一步验证。区块链技术涉及多方实体数据互联互通，需协调多方机构进行应用落地及推广，参与主体较多，各主体之间信息化建设程度参差不齐，区块链平台建设和协调难度较大。

（四）区块链社会整体认知程度有待深入

一是大量民众对区块链的应用价值往往是一知半解，将真正的区块链技术与比特币混淆。二是国内的 IT 巨头企业、金融机构虽然纷纷布局区块链，但投入资源有限且主要应用于非核心业务领域，对区块链技术的应用仍处于初级阶段。三是部分地区政府对区块链的认知仍存在偏见，对区块链技术的安全问题、监管问题、合规问题仍没有清楚的认识，经济较发达地区对区块链发展仍处于观望状态，相关扶持政策和发展力度较为保守。

（五）高校人才及教育培训机构严重短缺

区块链作为新兴领域，初创公司大量涌现，人才需求更加旺盛，而高校课程和社会专业培训课程体系相对落后，人才不足现象明显。一是整体而言，我国核心区块链技术人才较为稀少，初步估计仅 200~500 人；二是区块链门槛要求比较高，核心岗位基本上都要求有 2~5 年的区块链开发经验，这对于新兴行业的从业人员而言具有较高难度；三是专业从事区块链技术、产品、应用的培训机构较少，培训的人才数量、质量不能满足当前市场需求。

四、2019 年目标和形势展望

（一）区块链底层架构的竞争愈演愈烈

随着参与区块链底层技术架构研发的机构和企业越来越多，特别是以阿里巴巴、百度、腾讯、华为、京东为代表的互联网巨头企业的参与，市场上满足各类商业需求的区块链基础平台不断涌现。根据赛迪全球公有链评估指数，仅作为评估对象的全球主流公有链已超过 30 个。实际上，全球公有链项目远超过这个数目，而且数量上还在不断增加。不同区块链平台之间在设计理念和实现方面不尽相同，在区块链底层架构的标准尚未达成共识之前，区块链平台技术与应用的竞争日趋激烈。区块链底层平台竞争情况如图 15 所示。

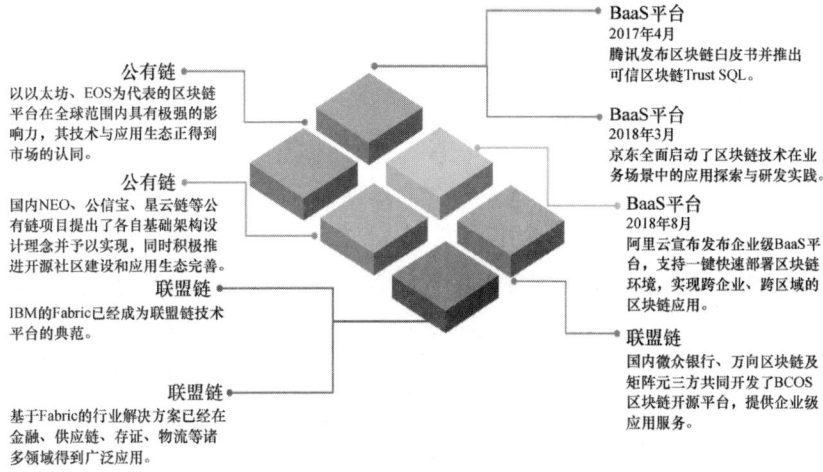

图 15　区块链底层平台竞争情况

（二）区块链行业标准规范将加快推出

我国区块链相关标准研制工作在 2018 年快速展开，目前已经形成了多个团体区块链标准，区块链国家标准也在筹划中，一系列相关标准将加快推出，推动区块链产业市场规范化、标准化发展。从 2016 年至 2018 年区块链标准制定频率分析，我国正在逐年加大区块链标准规范的制定力度，加速区块链标准制定的整体规划。

（三）技术创新推动性能安全不断完善

当前，对于区块链性能、隐私保护、可扩展能力及安全问题等方面的技术创新正在不断涌现。针对区块链性能问题，已出现如下几类创新解决方案。一是并行的方式。例如，以太坊分片技术、Fabric 多通道技术。二是 DAG（有向无环图）方式。采用 DAG 技术使得区块链系统的可扩展性不再受到区块大小限制。三是优化共识算法的方式。例如，PoS 共识算法通过保持多中心情况下减少参与共识的节点的方式，来实现获取性能的提升。四是链下扩容方式。例如，闪电网络、雷电网络等创新技术可以提高区块链处理交易能力，实现即时确认、低费用、高吞吐量的支付。随着学界和业界对区块链研究的不断深入，区块链技术创新成果将不断落地。区块链技术创新方案如图 16 所示。

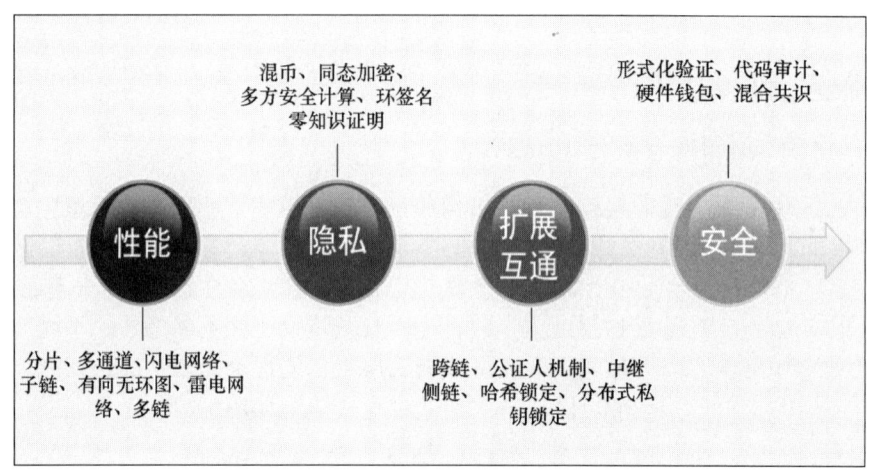

图 16 区块链技术创新方案

（四）行业应用试点示范效应快速显现

一是随着区块链技术的不断发展，区块链已率先应用于如跨境支付、数字内容版权、电子存证等天然数字化场景之中。支付宝、百度、360、纸贵科技、信任度等企业加速推进基于区块链技术的跨境支付、版权保护、司法存证等项目落地。二是区块链逐渐应用于传统行业多方协作场景中。腾讯推出了区块链+供应链金融解决方案，并已经有多个项目落地。京东"跑步鸡"项目利用区块链等技术溯源跑步鸡养殖、屠宰、检验检疫、仓储、运输全程信息，形成全流程追溯信息数据闭环（见图17）。

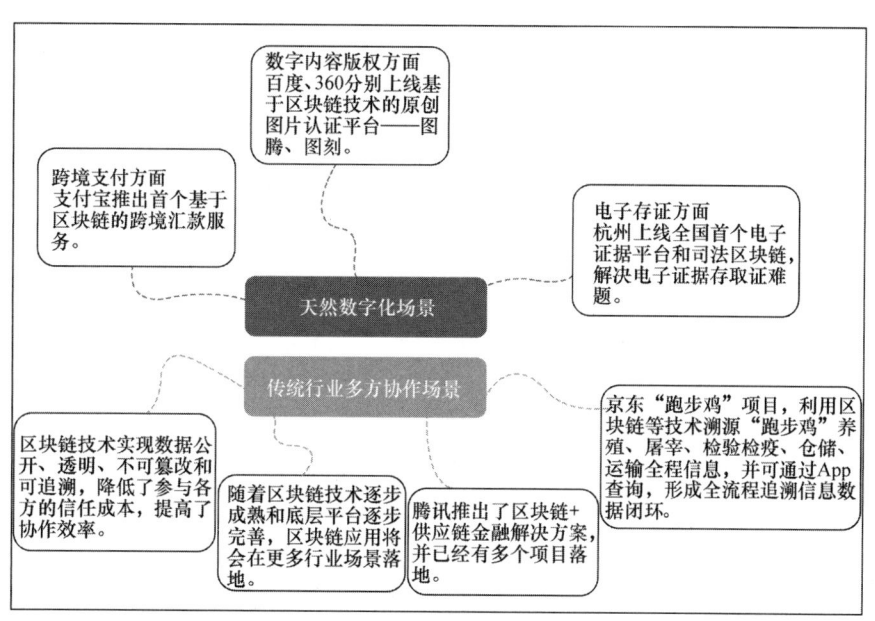

图 17　区块链重点应用情况

五、2019年工作措施及主要工作思路

（一）加强发展规划引导

做好顶层设计，促进区块链技术突破应用瓶颈。坚持以应用需求为导向，以技术创新为引领，从战略层面把握区块链技术发展的重要意义，超前谋划、统筹设计，适时出台相关规划，按照政府引导、市场主导、鼓励创新、安全有序的原则，积极探索区块链创新发展路径，合理规划配置产业资源，促进区块链技术研发和应用，全方位引导区块链产业健康发展。特别是抢占数字经济先机，秉承开放、合作、共赢理念，在技术引进的基础上强化自主研发，凝聚多方力量加快核心技术攻坚。以发展区块链服务、促进实体经济发展为核心目标，加强产、学、研深度融合，推进区块链技术与物联网、人工智能、大数据技术融合，促进区块链技术尽快突破应用瓶颈。

（二）加快技术能力建设

以技术研发为核心，建设多种形式的区块链技术孵化基地，培育一批骨干创新企业，探索区块链新型科技产业模式和应用模式，加快区块链技术的产业化进程及其与传统产业的融合进程。加强区块链关键核心技术研发，重点突破共识机制、密码技术、智能合约等关键技术，推动形成安全可控的区块链产业体系，引导企业积极参与标准制定、开源社区建设等工作。充分发挥产、学、研合作及各类协同创新平台对市场要素的汇聚作用，推动科技创新向经济社会各领域加速渗透，构建高效的全产业链条。

（三）推动行业应用落地

及时制定促进区块链创新企业发展的相关政策，积极引导各类创业投资基金加大对种子期和初创期区块链企业的投入力度。鼓励各类金融机构、中介服务机构为区块链企业提供全生命周期金融服务，助推区块链科技研发与应用企业发展壮大。鼓励区块链企业与传统行业开展跨界融合，面向政府管理、民政服务、供应链管理、智能制造、工业互联网、电子政务、司法存证等重点领域，形成一批典型应用解决方案，指导行业组织建立公共服务平台，支持开展创业创新，丰富区块链领域的行业应用。

（四）完善产业发展环境

根据区块链技术运行特点，从数据安全、技术安全、场景应用安全等多个方面完善法律法规，防范和降低潜在风险给新技术发展应用带来的消极影响，为区块链产业发展提供良好的制度环境。加强园区等产业载体建设，积极培育具有核心竞争力的区块链企业，推动产业链各环节企业加强协作，引导产、学、研用协同发展。通过开展区块链人才实训等形式加强人才培养。支持第三方机构开展区块链可用性、可靠性、安全性等方面的评估监测。

（五）探索建立监管体系

加强对区块链产业发展的科学监管，不断改进监管手段与方式，充分预见和有效解决技术应用中可能产生的风险，严厉打击假借区块链名义进行的违法违规行为。联合相关部门开展区块链风险和监管研究，加强技术手段建设，建立并完善行业管理制度。在风险可控的前提下，探索建设区块链产业"沙盒"监管模式和制度，鼓励企业通过"沙盒"验证相关产品、服务和商业模式，及时总结工作经验，提炼典型应用模式。

（本稿件由中国电子信息产业发展研究院提供）

2018年北京市软件和信息技术服务业发展概况

2018年，北京市软件和信息技术服务业围绕"创新突破、协同发展、融合升级"的总基调，优化产业发展环境、打造高端产业集群、加大精准服务力度、推进两化深度融合，产业高质量发展取得新成效，在全市经济中的支柱地位不断巩固，对构建高精尖经济结构的支撑作用进一步强化，北京市建设有世界影响力的软件创新名城再上新台阶。

一、基本运行情况

2018年，北京市软件和信息技术服务业在与互联网相关的信息服务和数据服务企业快速发展的带动下，持续保持良好发展态势。

（一）速度质量双丰收

2018年，北京市软件和信息技术服务业实现软件业务收入9729亿元，同比增长17.7%。根据北京市统计局的数据，"信息传输、软件和信息服务业"实现增加值3859亿元，同比增长19.0%，增速居各行业之首；占北京市GDP的比重达12.7%，创历史新高；增速高于北京市第三产业平均增速11.7个百分点。企业平均营业收入3.4亿元，同比增长16%；人均营业收入125.9万元，同比增长11.5%。

（二）自主创新活跃

2018年，北京市软件著作权登记量为16.3万件，约占全国软件著作权登记量的15%。有效发明专利数逐年增加，平均每家企业拥有10.8件有效发明专利，万人有效专利数为517.9件。北京市平均每天诞生9.2家软件企业。创新投入和产出快速增长，大中型企业内部研发经费为250.3亿元，同比增长16.0%；每亿元研发费用产出有效发明专利132.5件，同比提高69.8件。

（三）企业优势凸显

2018年，北京市有32家企业入选"2018年度中国互联网企业100强"，有34家企业入选"2018年中国软件业务收入前百家企业"，入选企业数量均居全国首位。北京市已形成了一批涉及领域广、发展速度快、上升潜力强的独角兽企业，44家软件相关企业入选CB Insights公布的326家"全球独角兽公司"榜单，涉及新闻分发、智能出行、电子商务、社交等众多生活服务场景。截至2018年，北京市有上市企业近180家，在资本市场上形成了活跃的"北京板块"。

（四）外向能力提升

2018年，北京市软件服务外包收入31.2亿美元，同比增长6.7%；欧美市场占市场总额的比例达75.9%，高端化发展显著。北京市企业的软件能力、系统能力、软硬件结合产品已在国际市场占据一席之地。企业加速开辟出海新通道，云计算、人工智能等领域成为合作热点；百度、软通动力、广联达等百余家企业紧跟国家战略步伐，产品及服务已触达"一带一路"沿线超过 40 个国家和地区。

（五）区域错位发展

北京市软件产业布局不断优化，区域特色和集聚效应得到充分发挥，并与城市功能定位相结合。海淀区作为北京市科研院所、软件人才的聚集地，是北京市行业发展的核心区，贡献了 60%以上的收入；北京市正逐步形成朝阳区发展通信及互联网产业，通州区发展网络安全产业，顺义区发展工业互联网、北斗导航与位置服务产业等区域特色明显、产业链完备、空间布局合理的"一带多点"软件和信息技术服务业发展新格局。

二、主要工作亮点

（一）持续完善政策环境，推动项目落地

持续推进落实软件产业发展规划及产业发展指导意见，促进产业转型升级迈向新阶段。继续实施《北京市推进两化深度融合推动制造业与互联网融合发展行动计划》，制定出台《北京工业互联网发展行动计划（2018—2020 年）》，组织编写《北京市人民政府关于进一步扩大和升级信息消费持续释放内需潜力的实施意见》。工业互联网、人工智能、大数据等领域重点项目加速落地。东方国信、航天云网、用友网络等 44 个项目成功入选国家工业互联网创新发展工程项目；10 个项目入选工业和信息化部工业互联网试点示范项目。

（二）着力建设全国科创中心，构筑产业新高地

构筑人工智能产业创新高地。设立北京前沿国际人工智能研究院及北京人工智能基础研究创新中心、北京智慧社会创新中心、北京人工智能专利创新中心 3 个产业创新中心。发布《北京人工智能产业发展白皮书（2018 年）》。推动网络安全产业高端发展。推进国家网络安全产业园区建设，编制完成《国家网络安全产业园区发展规划》，举行了园区揭牌仪式，园区正式进入建设阶段。推动北斗产业创新发展。大力推进北斗应用落地，组织召开北京市北斗卫星导航技术与产业深度融合应用推进会和京津冀北斗卫星导航示范项目座谈会，加快推进第十届中国卫星导航学术年会相关筹备工作。推进工业互联网建设，工业互联网标识解析国家顶级节点和首批面向行业应用的二级节点启动建设。培育典型工业互联网平台，积极推动双跨平台和区域性工业互联网平台建设。加快 5G 技术与工业互联网深度融合。

（三）着力提高精准服务能力，助力产业新发展

举办 2018 第二十二届中国国际软件博览会（以下简称 2018 软博会），在专业化、国际化、互动性、质量效益、品牌影响等方面都有明显提升。提高精准服务能力。落实好北京市政府综合服务包的管家责任制，做好对口 8 家企业的"服务管家"工作。加强软件相关高精尖产业政策宣贯培训，共计培训近 3000 人。落实 516 家软件企业享受企业所得税优惠政策。组织召开 2018 年信息技术服务标准（ITSS）北京市宣贯培训会。加强产业分析与研究，发布《北京软件和信息服务业发展报告（2018 版）》，编制完成《2018 北京软件和信息服务业资源工具书》和《北京软件企业服务指南（2018版）》。

（四）着力推动两化深度融合，拓展产业新空间

持续推进两化融合管理体系贯标工作。北京市累计推动两化融合管理体系贯标试点企业达390家，其中2018年新增39家国家级贯标试点和90家市级贯标试点。累计推动84家贯标试点通过两化融合管理体系评定，获得两化融合管理体系证书，其中2018年新增35家。组织召开2018年北京市推进两化融合工作会和两化融合管理体系贯标工作培训交流会。组织开展2018年北京市企业信息化及电子商务发展状况调查工作。组织开展2018年制造业与互联网融合发展试点示范征集，宝沃汽车、东方国信等20家企业的24个项目被评为2018年制造业"双创"平台试点示范项目。

三、2019年形势

2019年产业发展面临较好的发展机遇，同时也面临较多的不确定因素。一方面，国家发布多项政策，推动工业互联网、企业上云等工作，成为产业发展的新增长点；北京市出台的高精尖系列政策，不断改善营商环境，为产业发展提振信心；北京市推动国家网络安全产业园、工业互联网标识解析国家顶级节点建设，以及北斗产业园、北京前沿国际人工智能研究院等新兴领域重大项目建设，为产业发展带来新增长点。另一方面，产业发展整体生态环境竞争优势还需要提高，软件产业"缺大"局面还未得到根本性扭转；传统软件企业在大数据、人工智能等新技术、新业态领域的投入加大但实现产业化的力度还不够，短期内难以形成规模性收入；互联网经济新业态快速更迭，产业发展风险依然存在；企业融资成本高制约企业扩张。

四、下一步工作

2019年，北京市将牢牢把握首都城市战略定位，深化落实北京市加快发展高精尖产业政策，以"提质量、促融合、强协同"为主线，以人工智能、北斗、工业互联网等创新型产业集群为抓手，提高软件关键核心能力；以两化融合为依托，加强软件对实体经济的赋能作用；以国家网络安全产业园、工业互联网标识解析国家顶级节点建设为蓝图，优化产业空间布局，进一步塑造创新发展新优势、培育持续发展新动能、构筑合理发展新布局，推动北京市向具有世界影响力的软件名城迈进。

（一）深入落实各项政策规划

深入宣贯、落实《北京市加快科技创新发展软件和信息服务业的指导意见》。做好《关于进一步扩大和升级信息消费持续释放内需潜力的实施意见》文件的宣贯和信息消费示范城市评选工作。贯彻落实《北京市推进两化深度融合推动制造业与互联网融合发展行动计划》《北京工业互联网发展行动计划（2018—2020年）》。继续做好在大数据、工业互联网、网络安全等领域的基金投资和新设工作。

（二）加速创新型产业集群建设

推动重大项目落地，深挖产业领域重大项目，持续跟踪阿里巴巴、腾讯等重点企业在京

投资项目，打造云计算、大数据等重点创新型产业集群。加快推进国家网络安全产业园区、北京前沿国际人工智能研究院、国家北斗产业园创新发展项目群、工业互联网创新示范基地建设。利用好国家和北京市资源，做好北京工业大数据、工业互联网等领域的创新中心建设。

（三）推进两化深度融合

持续推动工业互联网平台建设应用，扶持企业上云上平台，探索工业 App 开发推广路线。已成立工业互联网技术创新和产业发展联盟，合力推动制造业与互联网深度融合，培育一批国家级试点示范项目，打造工业互联网生态体系。推动国家数字化设计与制造创新中心（北京中心）落地，促进我国数字化设计、加工、制造能力提升。加快工业互联网标识解析国家顶级节点（北京）和行业二级节点建设，实现工业大数据互联互通。

（四）加快京津冀协同发展

推动京津冀北斗卫星导航区域应用示范项目工作，促进北斗导航与位置服务产业联动发展。大力发展北京市工业互联网产业生态，持续推动京津冀工业企业上云行动，打造辐射京津冀地区、服务全国的工业互联网创新应用示范基地。

（五）切实加强服务落地

进一步落实好软件企业所得税优惠政策。积极推进北斗、信息消费、工业互联网标识解析、ITSS 等国家试点工作。做好软件正版化工作。积极落实人才政策，做好人才服务工作，开展高端人才培训工作。落实好北京市政府综合服务包的管家责任制，提高精准服务能力。做好第二十三届中国国际软件博览会和第十届中国卫星导航年会的组织、策划、实施工作。

2018年天津市软件和信息技术服务业发展概况

2018年，天津市软件和信息技术服务业牢牢抓住京津冀协同发展战略，紧紧把握智能科技产业发展的重大机遇，加快推动软件和信息技术服务业发展，从"供给侧"发力，为智能科技产业注入新动能。

一、基本运行情况

（一）产业规模快速跃升

2018年，天津市软件和信息技术服务业实现收入1641亿元，同比增长20.7%，其中，以云计算、大数据、互联网等新兴领域为代表的信息技术服务收入增长较快，达到1236亿元，占总收入的75%，同比增长29%；软件产品和嵌入式软件收入分别达到374亿元和28亿元。滨海新区作为天津市软件和信息技术服务业发展的主要载体，继续保持平稳增长。天津市软件和信息技术服务业已步入高质量发展快车道，正在成为推动智能制造发展的重要驱动力量。

（二）顶层设计逐步完善

2018年，天津市组建了软件和信息技术服务业发展领导小组，加强对产业的统筹规划，全市上下形成合力。制定和发布了《天津市软件和信息技术服务业三年行动方案（2018—2020）》，积极推动工业App、大数据、互联网等新兴领域发展，举办了全国首届工业App创新应用大赛，落实了软件企业所得税、软件产品增值税优惠政策。结合智能制造专项，对软件和信息技术服务业收入首次超过1亿元和超过10亿元的企业，以及对获批国家级试点示范项目企业给予奖励，并遴选出易华录大数据存储系统、紫光测控电力大数据分析平台等一批优秀的大数据项目。通过一系列的政策支持，天津市软件和信息技术服务业综合实力显著提升，企业盈利能力持续增强。

（三）重点领域特色鲜明

在工业App领域，全国首届工业App大赛在天津市成功举办，挖掘了一批像海尔云中控平台、沃德智能云应用、超算资产云应用等优秀的工业App产品。中汽研、沃德、天锻等7家企业的工业App产品获批工业和信息化部工业互联网App优秀解决案例。在大数据领域，58同城、腾讯数码、今日头条、360、合尔科技、未来电视等一批大数据龙头企业在天津市发展壮大，曙光、超算、南大通用3家企业获批2018年国家大数据试点示范项目。云账户、58同城、曙光、通卡、紫光测控5家企业的项目入选2019年国家大数据优秀案例和解决方案。在信息技术创新应用方面，逐步形成了以曙光、天河、飞腾、麒麟、南大通用、神舟通用等企业为代表的全产业生态圈。天津市软件和信息技术服务业逐步形成了产业集聚、区域联动、特色鲜明的产业发展新格局。

（四）企业培育成果显著

天津市软件和信息技术服务业共有纳入统计范围的规模以上企业369家，从业人员6万人以上，其中业务收入超过10亿元的企业有20家，超过1亿元的企业达到103家，着力构建了"场景+平台+应用"的产业生态。依托"智造十条""海河英才"等政策，天津市吸引了同道精英、紫光云、贝壳网等一批优质企业相继落户，支持本土企业快速成长，曙光、天地伟业入选2018年（第17届）中国软件业务收入前百家企业，云账户面向全国共享经济企业提供自由职业者人力资源服务，中汽研面向全国开放工业App应用真实场景，通过工业App培育来解决制造业企业的痛点问题。

二、存在的问题

尽管天津市软件和信息技术服务业取得了一定成绩，但与北京、上海等先进省市相比，还存在较大差距：一是产业规模偏小，整体竞争力相对较弱，对社会经济的拉动作用还不够突出；二是创新能力不足，源头创新供给水平不高，在引领新技术变革方面还有待加强；三是核心要素缺乏，龙头企业、领军人才等要素聚集能力较弱，产业生态圈尚不健全；四是资本市场不活跃，产业发展氛围不浓郁，对优秀软件资源的吸引力相对不足。

三、下一步发展思路

习近平总书记在致第三届世界智能大会的贺信中指出，"当前，由人工智能引领的新一轮科技革命和产业变革方兴未艾。在移动互联网、大数据、超级计算、传感网、脑科学等新理论、新技术的驱动下，人工智能呈现深度学习、跨界融合、人机协同、群智开放、自主操控等新特征，正在对经济发展、社会进步、全球治理等方面产生重大而深远的影响。"天津市将深入贯彻习近平总书记贺信的重要要求，把新一代人工智能作为推动科技跨越发展、产业优化升级、生产力整体跃升的驱动力量。下一步，天津市将继续推动软件和信息技术服务业快速发展，全力打造特色产业。

（一）加强政策引导和落实

紧抓京津冀协同发展的历史机遇，充分发挥天津市"智造十条"政策优势，利用世界智能大会平台，转化工业App创新应用大赛成果，扩大传统优势领域，拓宽新兴业态发展，继续营造良好的产业环境。

（二）继续打造一批重点项目

瞄准重点产业方向和前沿领域，实施上下游产业联手发展，继续打造大数据试点示范和工业App优秀案例，实现工业软件、大数据、互联网、人工智能等领域齐头并进，成为带动天津市产业发展的动力。

（三）努力打造产业聚集区

继续推动产业基地和特色园区建设，立足各区域的产业基础和发展空间，着力完善聚集区环境,以骨干项目带动产业链延伸,引导软件资源定向聚集,形成产业发展的合力,实现企业、人才、园区的联动发展。

(四)扩大企业数量

把握京津冀一体化发展机遇,引进一批国内外知名企业;鼓励本土企业进一步提升自主创新能力,培育一批本地骨干企业;围绕制约企业发展的资金、技术、人才等问题,增强模式创新,有针对性地开展服务,推动一批中小企业规模化发展。

(五)继续加强人才培养

将软件人才培养与软件产业发展相融合,持续深化产教对接,推动建立符合软件产业发展需求的人才培育和实训体系,吸引和聚集一批在国内外有较大影响力的领军人才,实现软件人才培养与软件产业升级互动的可持续协同发展。

2018 年河北省软件和信息技术服务业发展概况

2018 年以来，河北省高度重视软件和信息技术服务业的发展，随着京津冀国家大数据综合试验区建设等重点项目扎实推进，河北省陆续出台鼓励行业发展的政策，产业发展环境得到进一步改善，软件和信息技术服务业运行实现快速增长。

一、基本运行情况

2018 年，河北省软件和信息技术服务业共有纳入统计范围的规模以上企业 218 家，与 2017 年持平。从业人员年平均人数为 3.6 万人，同比下降 15.0%。主营业务收入 386.9 亿元，同比增长 13.7%，比 2017 年下降 1.4 个百分点。实现利税 42.0 亿元，同比下降 24.2%（2017 年同比增长 12.9%），其中，利润总额 29 亿元，同比下降 27.8%（2017 年同比增长 13.7%）。规模以上企业完成软件业务收入 264.2 亿元，同比增长 11.1%，占全国的比重为 0.4%。

二、主要特点

（一）软件和信息技术服务业总体运行态势"前低后高"

2018 年上半年，河北省软件和信息技术服务业负增长，6 月后逐渐企稳回升，年底实现两位数增长。第一季度、第二季度、第三季度、第四季度末软件业务收入增速分别为-14.1%、1.2%、11.5%、11.1%。

（二）软件业务收入分市增速"七升四降"

2018 年，河北省软件和信息技术服务业软件业务收入增速上升的城市有廊坊、石家庄、衡水、沧州、保定、秦皇岛、张家口 7 个，其中，衡水、沧州、保定、石家庄、廊坊分别同比增长 121.5%、53.7%、46.6%、11.6%、11.1%，对全省的拉动作用大；承德、邢台、唐山、邯郸 4 个市分别同比下降 8.9%、12.0%、15.3%、33.8%。软件业务收入总量排名前 5 位的廊坊、石家庄、秦皇岛、保定、唐山，分别占河北省软件业务收入的 64.8%、21.3%、6.5%、2.6%、2.2%（累计占河北省的比重为 97.4%）。

（三）产业结构持续调整

河北省软件和信息技术服务业积极调整转型，产业结构更趋合理，向软件服务化、融合化、安全化转型升级趋势发展。2018 年，河北省软件产品收入、信息技术服务收入、嵌入式系统软件收入分别为 39.2 亿元、217.7 亿元、6.7 亿元，分别同比增长 6.1%、10.4%、83.7%，占河北省软件业务收入的比重分别为 14.8%、82.4%、2.6%。随着生产生活互联网化，安全问题引起各界高度重视，2018 年河北省新增信息安全收入 0.6 亿元，占河北省软件业务收入的 0.2%。河北省信息安全收入尚处于起步阶段，信息技术服务收入占比仍最大，嵌入式系统软件占比明显提升。

（四）软件和信息技术服务业集中度较高

2018年，河北省软件业务收入超过1亿元的企业共25家（软件业务收入总计223.5亿元），占河北省软件业务收入的比重为84.6%。其中，软件业务收入超过100亿元的企业有1家——华为技术服务有限公司（以下简称华为）软件业务收入148.5亿元，占河北省软件业务收入的比重为56.2%；软件业务收入10亿~100亿元的企业有1家——中移全通系统集成有限公司软件业务收入16.2亿元；软件业务收入5亿~10亿元的企业共有3家，分别是海湾安全技术有限公司、润泽科技发展有限公司和联通云数据有限公司廊坊市分公司（见表1和表2）。

表1 河北省2018年软件业务收入单位规模分布情况

单位规模	企业数量（家）	软件业务收入总量（亿元）
100亿元以上	1	148.5
10亿~100亿元	1	16.2
5亿~10亿元	3	20.1
1亿~5亿元	20	38.7
1亿元以下	272	42.2

表2 河北省2018年软件业务收入前10名企业情况

企业名称	排名	企业名称	排名
华为技术服务有限公司	1	河北万方中天科技有限公司	6
中移全通系统集成有限公司	2	河北联强通信科技有限公司	7
海湾安全技术有限公司	3	康泰医学系统（秦皇岛）股份有限公司	8
润泽科技发展有限公司	4	河北航天信息技术有限公司	9
联通云数据有限公司廊坊市分公司	5	河北博岳通信技术股份有限公司	10

三、面临的问题

（一）产业规模较小

河北省软件业务收入占全国的0.4%，居全国第18位，规模分别为广东省的2.5%、北京市的2.7%、上海市的5.5%、江苏省的3.0%、山东省的5.3%、天津市的16.1%、安徽省的57.9%。河北省软件企业规模偏小，超过一半的软件企业年软件收入在1000万元以下。

（二）企业竞争力不足

在2018年（第17届）中国软件业务收入前百家企业（以下简称软件百家企业）中，北京市有34家，广东省有18家，浙江省有10家，上海市有8家，全国17个省（直辖市）均有企业进入软件百家企业榜单，河北省却没有企业入围，也没有企业入围中国互联网企业100强，仅中移全通系统集成有限公司一家企业入围2019软件和信息技术服务综合竞争力百强企业（排名第87位），远不及北京市、广东省、上海市、浙江省等软件业发达地区的企业竞争力强。

（三）区域发展不平衡

河北省软件和信息技术服务业企业主要集中在石家庄、廊坊、秦皇岛、唐山、保定。廊坊和石家庄的软件业务收入占河北省的 86.1%，而沧州、衡水、邢台、张家口、承德、邯郸的软件业务收入均不足河北省的 1%，区域发展极为不平衡。

（四）领军企业少

河北省软件和信息技术服务业领军企业数量相对较少，仅华为一家企业的软件业务收入就占河北省的一半以上，没有可与华为相当的其他领军企业，软件业务收入 20 亿～140 亿元的企业甚至出现断层，90%的企业软件业务收入都在 1 亿元以下。

四、2018 年工作措施

一是着力企业上云和生态培育。河北省印发了《河北省企业上云三年行动计划（2018—2020 年）》（冀信工融办〔2018〕7 号），征集发布企业上云供给资源池，研究确定了阿里、腾讯、华为等 36 个云平台服务商和 35 家云应用服务商。组织 300 家软件和信息技术服务重点企业与云平台企业对接，探索培育云应用服务生态。截至 2018 年年底，基于河北省供给资源池的上云企业数量已超过 3000 家。

二是开展京津冀大数据综合试验区建设。完善京津冀大数据综合试验区建设体制机制，推动京津冀三地主管部门的试验区联席会议规范化和制度化。巩固扩大张家口、承德、廊坊三市的数据存储优势。重点在大数据应用和公共服务平台领域研究推动和谋划建设一批重大项目。加快张家口（大型数据中心）、承德（大数据）国家新型工业化产业示范基地建设。

三是贯彻落实软件产业发展政策和所得税优惠政策，组织专家对 2017 年度申请享受软件企业所得税优惠的 40 家软件企业进行了核查工作。

五、2019 年展望与目标

2018 年，河北省高度重视软件和信息技术服务业的发展，出台了《关于推进互联网与制造业深度融合加快发展工业互联网的实施意见》《关于加快推进网络强省建设的实施意见》《大数据创新发展三年行动计划》《关于加快发展 IPv6 网络设备研制和应用实施方案》《河北省企业上云三年行动计划》等政策文件，以指导产业发展。

2018年山西省软件和信息技术服务业发展概况

2018年,山西省软件和信息技术服务业以"示范区""排头兵""新高地"三大目标为牵引,展现了加速各行业领域融合创新和转型升级的核心支撑作用,努力实现了转型发展持久的强劲态势,促进了经济持续健康发展。

一、基本运行情况

2018年,山西省软件和信息技术服务业共有规模以上企业99家,累计完成软件业务收入28.7亿元,同比下降4.0%。实现利润总额5.0亿元。软件产品实现收入14.1亿元,同比增长13.3%,占全行业收入的比重为49%。信息技术服务实现收入12.1亿元,同比下降19.5%。在企业经营方面,应收账款31.1亿元,同比增长7.9%;研发经费4.6亿元,同比下降5%;从业人员年平均人数为8469人,与2017年基本持平;本年应付职工薪酬为6.4亿元,同比增长20.8%。

二、主要特点

(一)产业情况

2018年,在山西省软件和信息技术服务企业中,软件业务收入超过1亿元的企业有15家,其收入占山西省软件和信息技术服务业收入的52.8%,软件业务收入5000万元以上的企业有31家,软件业务收入1000万元以上的企业有85家。2018年,企业研发投入持续增加,研发强度(研发经费占主营业务收入比例)达9.8%。在软件企业中,在新三板挂牌的有19家,高新技术企业有81家,设立23个省级技术中心、15个市级技术中心。通过CMM/CMMI认证级别3级的企业有15家,5级的企业有3家。2018年,共有33家软件企业获得了ITSS资质,其中,二级资质企业5家,三级资质企业27家,四级资质企业1家。企业获授权软件著作权数量为2260件,获授权专利数量为461件,获授权发明专利数量为102件,参与制定国家及国际标准数量为11项。

(二)特色领域

山西省多举措推动人工智能产业发展。依托中国信息通信研究院开展了人工智能产业发展调研,研究起草了《山西省人工智能产业规划》。推动数据标注产业发展,协调百度与山西转型综合改革示范区、焦煤集团围绕数据标注项目进行合作。推动阳泉市政府编制印发《阳泉市新型智慧城市及智能物联网应用基地建设规划(2019—2023年)》,从产业项目落地、用电用地保障、大数据资金支持等多方面支持阳泉市物联网应用基地建设。

组织中关村软件园、中科院北京基因所、软通动力等园区、企业与太原市政府进行对接,推动软通动力与小店区签署合作协议,在小店区建设"乐业空间",培育"互联网+创新创业"的新型业态。协调腾讯与山西省政府签署战略合作框架协议,双方在数字政府、智慧公安、智慧农业等 15 个领域开展合作，共同建设"数字山西"。

推进山西国科晋云先进计算中心、华为吕梁、大同云中 e 谷等数据中心建设。其中，晋云先进计算中心已正式投入运营；华为山西（吕梁）大数据中心于 2018 年 8 月 18 日正式揭牌。2018 年山西省共有在用数据中心 27 个，设计机架约 3.5 万个，服务器容量约 39 万台，在用服务器约 19.3 万台；在建数据中心共 112 个，设计机架约 9.8 万个，服务器容量约 81.7 万台。

（三）重点项目

推动中国移动山西公司发起成立"山西省窄带物联网技术联盟"，促进窄带物联网政、产、学、研、用合作。支持北讯电信公司在山西省开展 1.4GB 无线宽带专网建设。推动北斗数据中心建设，参与国家北斗数据中心省级分中心相关标准制定工作，北斗山西分中心已与国家中心实现互联（全国首个）。

2018 年 11 月，工业和信息化部批复同意在山西转型综合改革示范区新建国际互联网数据专用通道。山西省山西中科曙光"曙光太原工业云平台"、和信基业"路网安全智能服务平台"、清众科技"山西'农谷'智慧农业综合服务平台"等项目入选工业和信息化部 2018 年大数据产业发展试点示范项目。同时，组织开展了山西省 2018 年大数据优秀产品和应用解决方案征集活动，经专家评审和公示，共评选出 13 个省级大数据优秀产品和应用解决方案。通过试点先行、示范引领，总结推广可复制的经验、做法，全面深化大数据在便民、医疗、教育、文化、旅游、扶贫等民生服务领域的应用。

三、面临的问题

在肯定成绩的同时，也应清醒地看到，山西省软件和信息技术服务业长期积累的结构性、体制性、素质性矛盾远未从根本上解决，发展质量和效益还不高，新兴业态支撑能力不足，创新能力还需要大幅提升，主要表现在以下 4 个方面。

（一）产业规模仍偏小，地区发展不均衡

山西省软件和信息技术服务企业数量少、规模小，无论是经济总量还是企业数量，与全国发达省（直辖市、自治区）相比仍有较大差距。山西省软件和信息技术服务业主要集中在省会太原市，软件业务收入合计 26.9 亿元，占到了山西省全部软件业务收入的 93.85%。运城市、大同市、晋中市等 11 个市的软件和信息技术服务业发展仍处于起步阶段。

（二）缺少引领行业发展的龙头企业

山西省虽然在环保、能源等个别领域有全国知名企业，但是大多数企业规模较小，实力不强，缺乏在国内具有突出影响力的龙头企业，尤其缺乏具有带动产业链发展的航母型企业。目前山西省还没有一家企业入选中国软件业务收入前百家企业名单和国家规划布局内的重点软件企业名单，与先进省份差距较大。

（三）软件出口相对较弱，出口额仍较低

软件出口相对较弱，出口额仍较低，反映出山西省软件企业的国际市场竞争力和市场拓展能力还相对较弱，软件和信息技术服务业的国际影响力还有待加强，软件产品的技术先进

性还有待提升。

（四）人才问题仍较突出

人才一直是困扰软件产业发展的重要因素，山西省软件产业不可避免地在发展过程中遭遇了两个困难：首先是企业从业人员规模普遍较小，其次是软件企业和软件人才结构不合理。在人才培养方面，也存在培训方式滞后、成本较高等问题。

四、2019年展望、目标和下一步的工作

2019年是中华人民共和国成立70周年，是全面建成小康社会关键之年，是山西省在"两转"基础上拓展新局面的攻坚之年。山西省将全面贯彻落实中央及山西省委经济工作会议部署，推动高质量转型发展、构建现代产业体系，坚持稳中求进工作总基调，坚持新发展理念，坚持推动高质量发展，坚持深化市场化改革，进一步推进软件和信息技术服务业发展壮大，促进软件与经济社会各行业深度融合，提升产业创新力和竞争力。主要从以下方面做好工作。

（一）加强互联网基础设施建设

大力推进信息基础设施建设，进一步拓展光纤宽带和第四代移动通信（4G）网络覆盖的深度和广度，促进网间互联互通。科学规划5G基站站址，推动公共场所、公共设施资源共享。推动通信网络设施IPv6改造升级，加快广电IPv6骨干网建设、有线电视接入网升级改造；推动互联网应用服务IPv6改造升级，加快政府网站、新闻及广播电视媒体网站、中央企业网站、移动互联网应用（App）及应用商店等系统IPv6改造。瞄准和服务智慧城市建设，以水、电、气表智能计量，公共停车管理，环保监测等领域为切入点，加快发展NB-IoT在城市公共服务和公共管理中的应用，助力公共服务能力不断提升。加快互联网国际专用通道建设。借助落实补贴政策等有效手段，调动基础电信运营商的建设积极性，配合山西转型综合改革试验区加大通道建设宣传力度，增加专用通道对外向型企业的吸引力，提高通道的实际利用效率。推动第四批电信普遍服务项目实施。扩大延伸山西省行政村4G无线网络覆盖范围。

（二）加快工业互联网发展应用

加快培育本土特色工业互联网平台。重点培育山西焦煤煤炭行业工业互联网平台，为同行业企业提供解决方案。依托太钢不锈钢园区，打造园区工业互联网平台，推动园区企业数字化、网络化、智能化升级。支持工业互联网标杆项目建设。鼓励行业龙头企业应用互联网新技术实现内部管理和生产的数字化管控，打造企业级工业互联网平台。支持工业互联网平台商和服务商，针对企业数字化、网络化、智能化升级需求，开发一批低成本、快部署的工业互联网产品和应用。推动建设工业互联网研究创新机构。推动高校、企业、科研院所等单位组建工业互联网研究院，围绕工业互联网战略制定、政策研究、关键技术攻关、专业人才培养等内容提供专业支撑。支持各地市引入山西省外工业互联网创新资源，培育建设工业互联网创新中心，构建工业互联网产业生态。

（三）深化信息技术与实体经济融合发展

推动大数据、云计算、人工智能等新一代信息技术与实体经济融合发展。选树一批融合

示范项目，以应用为核心，深化大数据在实体经济中的创新融合，在各行业、各领域探索通过融合来实现转型升级的捷径，促进实体经济向数字化、网络化、智能化转型。加快应用软件、工业软件和嵌入式系统软件发展，丰富软件产品的有效供给。发展能源、政务、教育、卫生、金融等领域的应用软件，支撑经济发展和社会服务数字化转型。发展面向研发设计、生产制造、经营管理、市场营销、运维服务等关键环节的工业软件、工业 App，鼓励建设基于云计算、大数据、物联网等新兴业态的行业基础软件平台和重大集成应用平台。加强通信设备、装备自动控制产品、数字家用视听产品、可穿戴智能设备、智能车载设备、生物特征识别装置等嵌入式系统软件的研发应用，推进软件技术在智能制造、智慧交通、数字家庭、网络安全等领域的融合应用，进一步促进信息技术与制造业深度融合。

（四）培育大数据产业生态

依托国家级研究机构，为山西省数字产业发展进行分析会诊，开展数字经济发展研究和大数据特色产业布局规划。遵照规划指引，引导区域大数据发展布局，促进基于大数据的创新创业，培育一批大数据龙头企业和创新型中小企业，形成多层次、梯队化的创新主体和合理的产业布局。联合地市、园区、企业、高校等，共同培育建设一批大数据产业基地。完善产业基地申报流程、认定标准等相关管理机制，积极争取配套支持政策。以大数据产业基地为载体，探索搭建大数据技术、服务、人才资源平台，释放资源活力和全要素能力，推动产业集聚发展。组织产业基地申报创建国家级大数据产业集聚区和国家新型工业化产业示范基地。面向省一级民生领域堵点、痛点，推动民生领域大数据应用，让大数据成为提升治理能力、服务改善民生的新手段。发挥政府部门的桥梁作用，引导、争取国内民生领域优秀项目在山西省落地。推动专项资金优先支持民生领域大数据项目，鼓励、支持民生领域大数据应用建设模式创新。

（五）增强创新发展能力

加快关键技术攻关，围绕产业链关键环节，支持和鼓励重点企业开展操作系统、数据库、中间件、通用软件等基础软件技术和产品研发，加快推进无人驾驶、可信计算、量子通信、区块链、多模态生物识别等前沿技术研究和创新。培育发展面向互联网金融、电子商务、在线教育、数字家庭、空间信息技术等领域的技术服务平台和解决方案。健全产业创新体系，依托软件企业、高等院校、科研院所等创新载体，促进产、学、研、用对接合作，联合共建实验室、产业创新平台，促进创新要素集聚。引导企业加大研发投入，发挥重点项目的支撑引领作用，推动企业成为技术创新主体。加强产业联盟建设，探索完善共同参与、成果共享、风险共担机制，加快核心技术成果转化。

2018年内蒙古自治区软件和信息技术服务业发展概况

2018年，随着改革的不断深入，内蒙古自治区（以下简称内蒙古）经济已进入增速换挡期和结构调整阵痛期，经济下行压力增大，软件和信息技术服务业运行较2017年明显放缓。

一、基本运行情况和特点

2018年，内蒙古软件和信息技术服务业实现软件收入11.7亿元，同比下降25%，其中，软件产品收入3.7亿元，信息技术服务收入7.1亿元，嵌入式软件收入0.9亿元。

内蒙古软件和信息技术服务业的特点是软件原创性开发企业较少，信息系统集成企业较多；市场需求方面，企业、社会需求较少，政府购买服务较多。

二、开展的工作

（一）开展管理体系对标，扎实推进两化深度融合

内蒙古两化融合总体水平稳步提升。2018年，内蒙古新增开展自评估、自诊断、自对标企业1367家，完成对标企业773家，完成年度任务的128.8%，全区累计完成对标企业数2724家。新增国家级贯标试点企业7家，国家级贯标试点企业累计已达105家。已经开展贯标的企业53家，通过贯标评定的企业24家。

一是开展了2018年度区域两化融合发展水平评估工作。二是指导盟市全面开展区域贯标工作。三是开展了两化融合咨询服务工作。对乌兰察布市、兴安盟、鄂尔多斯市等地的20多家企业进行了走访、调研、培训等工作，协助企业寻找自身发展过程中的痛点，商讨解决痛点的思路及方向。四是开展了两化融合培训工作。内蒙古人社厅、内蒙古经信委在南京市共同举办了"2018年内蒙古推进两化融合专题班"，共培训各盟市经信委领导及相关工作人员、内蒙古两化融合咨询服务联盟工作人员70人。内蒙古经信委与北京市经信委在兴安盟共同举办了"全区两化融合培训暨京蒙产业合作形势宣讲会"，共培训各盟市经信委领导及相关工作人员、内蒙古两化融合咨询服务联盟工作人员和企业代表约400人。

（二）制定政策、打造平台，推动工业互联网快速发展

一是制定相关政策措施。为贯彻落实《国务院关于深化"互联网+先进制造业"发展工业互联网的指导意见》，促进内蒙古互联网与制造业深度融合，加快工业互联网发展，推动内蒙古制造业转型升级，内蒙古印发了《内蒙古自治区关于深化"互联网+先进制造业"发展工业互联网的实施意见》。

二是打造内蒙古协同制造平台。建成包头网络协同制造平台，平台注册用户达到9209家。经对部分用户调查反馈，设备通过联网利用率从2017年的55%左右提升到了70%左右，生产效率提升20%左右。2018年，平台发布协同订单2896项，实现有效交易887项，承载

完成的业务量 2.97 亿元，累计发布协同业务订单 4897 项，涉及金额 12.4 亿元，实现有效交易 1322 项，累计承载完成实际业务量 4.1 亿元。在 2018 年平台注册新用户中，482 家用户通过平台实现业务收入 1.3 亿元。

三是建成乌兰察布能源管控云平台一期，正在开展二期建设准备工作。平台注册企业用户共 282 家，数据采集项覆盖 11 个行业和 10 个旗、县、区；已累计采集有效数据 53.91 亿条，实现了对重点高耗能企业能耗的实时在线监控。

（三）建章立制、狠抓落实，开展"万户企业登云"行动

一是建立各项规章制度，为工作开展打好框架。通过召开"企业登云"座谈会广泛征求意见，先后制定和印发了《"万户企业登云"三年行动计划推进方案》《内蒙古自治区万户企业登云专项引导资金使用办法》《内蒙古自治区万户企业创新联盟章程》《联盟联席会议制度》《专家委员会章程》《技术标准委员会章程》等文件。

二是贯彻落实各项规章制度，落地生根产生实效。完成了《万户企业登云公共服务平台可行性研究报告》的编制工作，开始了平台建设；成功举办了万户企业登云启动仪式，成立了创新联盟；认定了第一批 36 家云服务商名单，完成了第二批服务商认定初审工作；万户企业登云行动服务商宣讲盟市行活动全面展开。

2018 年，内蒙古登云企业总数达 4354 家，其中规模以上企业登云数 525 家，各级经信系统组织宣讲培训会 134 场，累计培训人员 9635 人次。认定服务商积极响应"三个一点"激励政策的号召，分别采取了不同形式、不同规模的让利活动。据统计，2018 年，已为区内登云企业节约各类信息化建设资金近 2200 万元。

（四）细心筹划、精心组织，做好认定试点示范工作

一是为指导企业判定是否符合享受《内蒙古自治区促进大数据发展应用若干政策》（内政发〔2016〕123 号）条件，并为有关部门兑现优惠政策提供依据，在广泛调研、征求意见后，内蒙古开展了大数据企业认定工作。各盟市共推荐了 141 家企业，并提交了认定申请报告，内蒙古通过政府采购方式确定了北京赛迪工业和信息化工程监理中心有限公司为第三方服务机构，开展大数据企业认定工作。

二是支持企业申报国家各类试点示范项目，推动内蒙古优势特色产业转型升级。报送了智慧城市建设有关工作情况并推荐了智慧呼和浩特空间地理信息数据库等 7 个优秀解决方案；遴选了 9 家企业参评"中国轻工业信息化百强企业"，其中内蒙古伊利实业集团股份有限公司等 4 家企业入选；报送了内蒙古伊东资源有限公司等 16 家企业申报 2018 年两化融合管理体系贯标试点企业，华电内蒙古能源有限公司包头发电分公司等 7 家企业入选；申报了制造业与互联网融合发展试点示范项目，乌海鸿达物资交易中心有限公司、内蒙古煤易通科技有限公司 2 家企业入选；申报了国家制造业"双创"平台试点示范项目，呼和浩特市立信电气技术有限责任公司等 8 家企业的项目入选；包头市万佳信息工程有限公司申报的"基于内蒙古网络协同制造云平台万佳信息工业互联网 App 应用解决方案"入选国家工业互联网 App 优秀解决方案。通过上述活动，遴选出一批区内具有示范带动作用的软件和信息技术服务业企业和平台，有力提升了内蒙古制造业研发、生产、管理和服务的信息化水平，也带动了内蒙古软件和信息技术服务业的发展。

三、存在的主要问题

一是对产业发展的支持和管理能力有待完善和提高。受限于一些客观条件,无论是从政策上,还是具体措施上都缺乏有力的工作抓手,工作创新不足,延缓了内蒙古软件和信息技术服务业的发展。

二是产业规模较为薄弱,受制于专业技术人才、企业创新能力、产业发展动力的不足,大型软件和信息技术服务业企业数量在全国处于较低水平,存在产业配套软环境建设落后等问题。

三是市场需求不强,内蒙古经济发展转型升级尚在起步阶段,大数据、云计算、人工智能等新技术的应用尚未大面积铺开,市场需求以政府购买公共服务为主,而真正的市场需求主体还未培育成熟。

四、下一步工作重点

(一)实施"两化融合"工程

继续开展两化深度融合贯标行动,深入开展企业两化融合评估诊断和对标引导工作,加大两化融合培训力度。对标工作基本覆盖内蒙古规模以上工业企业。遴选优秀两化融合企业申报国家贯标试点示范企业,组织优秀咨询机构开展重点行业、重点企业两化融合咨询诊断盟市行活动。开展贯标企业典型案例推广行动,积极引导更多企业通过评定工作。同时按照工业和信息化部两化融合管理体系贯标工作安排,积极探索两化融合新途径。

(二)继续深入开展"万户企业登云"三年行动计划

建设万企登云系统,为企业提供一站式、全方位的云端服务,推动云应用软件和服务在企业中的普及应用。培育一批提供工业互联网集成方案、咨询服务、数据服务的服务商,形成一批工业互联网一体化解决方案。对企业登云开展资金补助,培育优秀云服务商和优秀解决方案。遴选典型标杆示范企业开展宣贯推广,继续开展企业登云宣贯活动。

(三)建设工业互联网平台体系

培育全区工业综合云平台,为企业提供普惠、价廉的基础性服务;培育一批行业云平台,为企业搭建专业、互助生态;培育一批区域云平台,让企业集群、协同发展;培育一批企业级云平台,推动产业链上下游共同发展。针对不同平台分类施策、同步推进、动态调整,形成多层次、系统化的平台发展体系。同时指导服务好工业领域已建成的系统和平台,让更多的企业使用平台,满足企业各类信息化需求。

(四)认真做好"互联网+双创"工作

以政府购买服务的形式,购买电信运营商已形成的云计算等资源,对符合条件的内蒙古和来内蒙古登记注册的软件和信息技术服务业企业、互联网企业,内蒙古将提供带宽、算力、存储等云端资源使用补贴,为内蒙古互联网产业的集聚和有效降低互联网企业的创业成本提供帮助。吸引更多的互联网企业入驻,引导盟市、旗县和园区的双创基地与内蒙古的互联网双创优惠政策对接，形成创新、创业合力，促进内蒙古经济转型升级。

（五）培育有内蒙古特色的软件业生态

抓住软件产业发展的契机，突出软件和信息技术服务业的战略地位，发挥软件园区聚集效应，进一步优化软件产业结构，培育大型骨干软件企业和拳头产品，重点发展基础软件、行业应用软件、嵌入式软件、蒙古文信息处理软件等产品。

（六）大力发展信息技术服务业

一是积极支持内蒙古动漫产业基地建设，打造内蒙古特色文化的数字资源；大力推进公共信息资源的共享和综合利用，加快建设基础信息数据库，促进信息资源市场化开发，为公众提供就业指导、医疗保健、科技、环保、公共行政等信息服务。二是培育一批由社会力量组建的有行业背景、能够提供持续专业化服务的企业，为工业智能制造、企业转型升级、专业资源的优化整合提供网络服务和信息技术服务。

（七）进一步完善软件和信息技术服务园区建设

一是充分利用呼和浩特、包头等软件和信息技术服务企业聚集地现有的人才、环境、基础设施优势，加快软件园区招商引资和硬件设施配套。采取减免租金等优惠政策，吸引国内外大型软件企业入驻，开办分公司，落户内蒙古，进而带动内蒙古软件和信息技术服务业水平的整体提升。二是为企业提供政策指导、技术研发、专利申请、教育培训、企业管理等全方位服务。搭建信息共享服务平台、科技担保服务平台、股权融资交易平台等公共服务平台，打造集技术研发、成果转化、产品交易、孵化创业、设备租赁、企管助理、财务助理、教育培训、商务服务、投融资服务于一体的软件产业园区。

2018 年辽宁省软件和信息技术服务业发展概况

2018 年,辽宁省软件行业认真贯彻落实辽宁省委、省政府的决策部署,围绕"一带五基地"建设和"五大区域发展战略",以企业为中心,以项目为核心,大力发展软件和信息技术服务业。辽宁省软件和信息技术服务业已成为新常态下推动经济持续、健康、快速发展的重要力量。

一、基本运行情况

2018 年,辽宁省软件和信息技术服务业保持稳步增长,实现软件业务收入 1510 亿元。辽宁省软件产品收入占辽宁省软件业务收入的比重逐年提高,2018 年达到 45%以上。软件企业平均研发经费支出占主营业务收入的比重达到 8%以上。

(一)产业发展环境不断优化

编制了《辽宁省推动软件和信息技术服务业发展三年行动计划》,明确了发展方向和发展路径。深入落实《辽宁省电子信息产业发展政策》《辽宁省信息产业发展实施方案》等政策文件,积极帮助企业拓宽融资渠道,引导骨干龙头企业实施海外并购和兼并重组,积极引进海外先进技术,推动核心技术应用推广。

(二)产业高端引进

华为是全球领先的信息与通信技术解决方案供应商,是中国民营企业之首。2018 年 10 月 24 日,辽宁省政府与华为签署战略合作协议,合作内容涵盖云计算、大数据、人工智能、物联网、5G 等重点领域,先期建设 29 个项目,预计将投入及带动社会资本 100 亿元。

(三)企业优惠政策落实

2018 年,辽宁省共有 57 家软件、集成电路企业享受到税收减免政策优惠,减免地区已从沈阳、大连、鞍山、锦州,扩展到丹东、阜新、铁岭等市。

(四)推动行业标准化工作进展

电子信息、软件和信息技术服务两个标准化技术委员会围绕智慧城市、信息保护等建立地方标准,支撑产业发展。2018 年,《企业质量信用信息数据规范》等 10 项行业标准已公布实施。

(五)工业软件取得新发展

大力发展工业软件产品及智能制造整体解决方案,着力推动工业设计软件应用,开展制造企业与软件企业间的合作对接,支持、鼓励辽宁省内 IT 企业与传统制造企业联合研发新产品,促进两化深度融合。沈阳鸿宇科技有限公司、沈阳机床股份有限公司、大连久鹏电子系统工程有限公司、英特工程仿真（大连）有限公司等企业的方案获评2018年工业互联网App优秀解决方案。

二、行业运行特点

（一）区域产业布局

沈阳、大连两市软件业务收入占辽宁省软件业务收入的比重达到97%以上，大连高新技术产业园区成为国家新型工业化产业示范基地（软件和信息技术服务）；建成了沈阳国际软件园、华信软件园等一批定位清晰、特色鲜明的产业园区，以及浑南软件及电子信息、大连软件和信息技术服务2个重点产业集群，产业园区及产业集群已成为产业、技术和人才集聚的坚实平台和有效载体。

（二）重点企业

目前，辽宁省仅拥有软件和信息技术服务业全国百强企业1家——东软集团（排名第18位），上市企业70多家。涌现了以瀚闻资讯、畅通数据、现代高技术、心医国际、口岸物流网等企业为代表的一批具有独立自主技术和细分领域优势突出的软件企业，自主研发的与数据采集、处理、分析相关的工具软件近百个，在数据挖掘与分析、数据存储、数据库研发应用等领域发展态势良好，在全国范围内处于行业领先地位。东软集团布局全国医疗健康大数据平台，与中国医科大学签署协议，合作共建健康医疗大数据中心；沈阳无距科技是全国仅有的开发全系列无人机飞控核心部件的企业，其10余款产品国际领先、国内首创，其中无人直升机飞控产品占全国市场的80%以上。同时，辽宁省内其他重点企业在各自领域稳步成长，美行科技、易讯科技、英特仿真等企业的营业收入年增长率均在10%以上。

三、存在问题

（一）产业规模偏小，大企业数量少

与江苏、广东、北京等先进省市比，产业规模差距较大，而且差距越拉越大。辽宁省软件和信息技术服务业主营业务收入占全国的比重为0.36%，增速仅为全国平均水平的35%。2018年，辽宁省软件和信息技术服务业规模后退一位，居全国第10位，而且距离第11位仅领先100亿元。全国软件百家企业辽宁省仅东软集团、大连华信两家入围，至今辽宁省没有一家真正的互联网骨干企业。

（二）企业人才匮乏，引进难、留不住

人才匮乏是制约辽宁省产业发展的最突出问题。辽宁省企业员工工资和福利待遇普遍低于南方，目前辽宁省内人才政策和配套服务吸引力不够，高校应届毕业生更多地选择去往北京、上海、广州、深圳等一线城市，或者杭州、南京、苏州等经济增速快的二线城市，留下来的高校毕业生大都去往沈阳、大连，其他市地少有人问津，即便开出同等待遇条件，也招聘不到合适人才。企业高层次人才和行业领军人才更是稀缺，面对发达地区的"围猎"，呈现堵不住、引不来的态势。

（三）企业融资难

软件和信息技术服务业多为轻资产企业，可抵押物较少，很难从银行获得贷款。辽宁省产业（创业）投资引导基金、直投基金等一些产业基金政策，因回收期较短、操作不便，甚至可能会对企业未来的股改、上市产生影响，很难解决中小企业和民营企业的融资难问题。

（四）产业能力不被本地市场认可

辽宁省很多软件和信息技术服务业企业都是"墙里开花墙外香"，东软集团的"健康医疗"在宁波做得风生水起，在辽宁省内却少有人问津；丹东思凯的智能煤气表、智能水表在京津沪等发达地区应用得很好，普及率及市场占有率非常高，在辽宁省内却是举步维艰，很多政府采购工程都不能入围，本地消费者更不知晓。

（五）信息安全需进一步加强

控制系统国产化率偏低，调查发现，辽宁省相关领域使用国外控制系统的占比依然较高，对企业信息安全构成潜在威胁。企业信息安全投入普遍不足，多数企业不能做到信息安全建设与相关项目建设同步设计、同步建设、同步使用。

四、2019年目标和形势展望

2019年将有以下利好因素促进产业增长：一是随着大数据产业的蓬勃发展，相关技术不断完善，为企业在大数据领域开展业务提供了较多的切入点，形成了新的收入增长点；二是政府、企业和个人的信息安全意识不断提升，对信息安全产品的需求不断增大；三是国内外对行业解决方案的需求不断加大，信息技术服务收入将稳步提升。但由于经济增长动力不足，以及企业人力成本不断增加，产业整体订单难有大幅增长，预计辽宁省软件和信息技术服务业将维持现有增速平稳增长，增速将在6%～8%浮动。

五、2019年主要工作思路和措施

（一）推进新一代信息技术应用

一是推动4G深入发展和基于蜂窝的窄带物联网（NB-IoT）的示范应用，推动沈阳、大连、沈抚新区启动5G试验网建设；二是统筹大型和超大型数据中心部署，推动软件开发云、智能制造云、城市产业云、中小企业云等云平台建设，引导辽宁省内主要IT业务向云领域转型升级；三是加快沈阳市国家大数据综合试验区建设，突破一批关键技术，形成若干自主可控的解决方案，开展关键技术与系统的应用示范，推动大数据与各行业领域的融合发展；四是突出发展特色，在智能制造、机器人、无人机控制、机器视觉、机器翻译等具有比较优势的领域，加大对企业的支持力度，确保辽宁省人工智能跻身全国前列。

（二）优化产业发展环境

一是推动辽宁省政府与华为、浪潮、中国华录、航天科工、中国电科开展战略合作；二是制定推动信息技术服务业发展的产业政策；三是落实国家关于软件企业的所得税优惠政策，促进企业做大做强；四是引导企业进入资本市场融资，做好各种对接活动，帮助企业开拓市场。

（三）加强信息消费建设

宣传落实有关政策，推进沈阳、大连、本溪等新型信息消费示范城市建设，组织企业参加首届全国新型信息消费大赛，扩大信息消费的覆盖面和影响力，助力经济高质量发展。

2018 年吉林省软件和信息技术服务业发展概况

2018 年，吉林省软件业务收入达 667 亿元，同比增长 14.2%，其中，软件产品收入 202.2 亿元，占软件业务收入的 30.3%；信息技术服务收入 341.1 亿元，占软件业务收入的 51.1%；信息安全收入 13 亿元，占软件业务收入的 2%；嵌入式系统软件收入 110.7 亿元，占软件业务收入的 16.6%。实现利润 69.2 亿元，同比增长 13.5%，从业人员 58953 人。

2018 年，吉林省软件和信息技术服务业从总体上看，面临良好的发展机遇。随着产品结构不断完善，种类不断丰富，软件产业自身发展模式实现了由单一向多元化的转变，为持续快速、健康发展奠定了良好的基础。

一、发展情况

吉林省现有纳入统计范围的软件和信息技术服务企业 941 家，其中通过软件企业认定的 564 家，登记软件产品 2367 件，系统集成资质企业 154 家，信息系统工程监理资质企业 4 家；上市公司 19 家，筹备上市的企业 20 家，认定软件企业技术中心 25 家。

近年来，吉林省软件企业在研发投入、建立和完善核心技术创新体系、提高自主创新能力、扩大产业规模及丰富产品结构等方面均有较大突破，多数企业具备自主知识产权，拥有核心技术优势，市场占有率和品牌效应不断提升。

二、发展优势及特点

（一）区位优势

吉林省 80%以上的软件企业都集中在长春市、吉林市和延边朝鲜族自治州，形成了以长春、吉林和延边为核心的产业集群。3 个软件园各自根据其产业基础、人才情况、地理位置形成了各具特色的软件产业基地。长春软件园主要发展企业管理软件、人口信息管理软件、汽车软件、教育软件、信息安全软件；吉林软件园主要发展嵌入式软件和电力行业、石化行业大型应用软件；延吉科技创新园着重承接韩国、日本的软件外包和信息技术服务。

1．长春软件园

长春软件园现有企业 536 家，2018 年新增企业 18 家，园区企业总收入 102 亿元，实现利润 8.05 亿元，上缴税金 4.62 亿元，软件出口及离岸外包实现业务收入 4500 万美元，园区企业人员超过 4 万人，其中软件从业人员达 2.5 万人。

建有长春软件与动漫服务外包产业园、东北亚文化创意科技园、吉林动漫游戏原创产业园 3 个软件产业的专业园区，基础设施及配套服务不断得到改善。各园区建筑面积达到 70 万平方米，吸引了 300 余家企业集聚发展。

长春市对日外包公共服务平台、长春市软件开发过程管理公共平台已相继投入建设。

2. 吉林软件园

吉林软件园共有软件企业 135 家，拥有员工 4280 人，园区内企业软件著作权及软件产品总数达到了近 200 件，其中具有自主知识产权的产品 105 件。

园区现有创业中心、留学人员创业园、大学科技园等专业孵化器，拥有自主产权孵化面积 5.1 万平方米。占地面积 72 公顷的高新北区软件与服务外包产业园项目、北京拓宏汇金集团投资 30 亿元建设的吉林云计算数据中心产业园、北京智控美信信息技术公司投资 20 亿元建设的意邦智控江南数据中心项目、吉林大全数码科技开发有限公司建筑面积 13 万平方米的软件外包大厦项目等一系列软件项目都已全面启动。

3. 延吉软件服务外包产业基地——延吉科技创新园

延吉科技创新园内已入驻企业 42 家，其中有 NHN、鑫普瑞、阿斯达等 11 家韩资企业，BSC 株式会社 1 家日资企业，国内的延边第五媒体雅客、龙寻科技等重点企业，从业人员 3000 余人，已初具软件开发、服务外包、电子商务产业集聚形态。

园区内投资建成孵化办公楼 5.8 万平方米，并投资建设了 1.5 万平方米的集住宿、餐饮、洗浴、超市、医疗、保安于一体的综合服务设施和 600 平方米的集培训室、多媒体会议厅、接待厅于一体的公共服务平台，为国内外企业家投资兴业提供了良好的条件。

（二）科教人才优势

从人才培养的硬件设施投入来看，目前，吉林省设立了软件及相关专业的全日制大学就有 40 余所，其中吉林大学计算机专业是中国计算机学会常务理事单位之一。现有国家级软件学院 2 所，省级软件学院 15 所，国家级软件技术学院 2 所，有计算机技能培训机构 50 多家。从人才培养的规模和数量来看，吉林省现有计算机及相关专业在校大学生 4 万多人；各级软件学院及软件技术学院年培养计算机及相关专业本科毕业生、硕士毕业生分别达 10000 多人和 2500 多人；计算机技能培训机构年培训各类人才 5000 多人。从人才结构来看，软件工程师所占的比例较高，系统分析员和项目总设计师所占的比例较低。目前，吉林省拥有一线软件工程师近 10000 人。据统计，吉林省每年为全国各地软件及服务外包企业输送的人才就将近 20000 人。

（三）产业依存度优势

吉林省长春市是全国重要的工业生产基地，尤其在汽车、轨道客车和装备制造方面，具备了较高水平的研发、设计、加工、生产等综合能力，拥有一汽集团、一汽大众等著名整车生产企业及十几家专用车、改装车企业，拥有全国最大的轨道客车生产基地。同时，新能源、新材料等诸多领域对软件和信息技术服务业的依存度和需求量不断增加，必将为吉林省软件和信息技术服务业的加快发展提供广阔的应用领域和市场空间。

（四）产业集群优势

在信息产业领域，吉林省已经成立了国家产业基地和省级产业园区。长春国家光电子产业基地、新兴的现代电力电子产业基地、吉林省（长春启明）汽车电子产业园、吉林新元器件产业园、长春软件园、吉林软件园、延边信息产业园、吉林东北亚文化创意科技园、长春软件与动漫服务外包产业园、清华国际服务外包研究院等形成了特色产业集群。吉林省在光显示器件、新型元器件和汽车电子等领域发展迅速，形成了吉林省特色化的信息产业。

吉林省一批具有自主知识产权的软件产品已遍布全国，拥有通过"双软"认证的企业300余家，各种应用软件都有非常活跃的市场。

（五）重点企业和产品

吉林省软件和信息技术服务业的产业规模逐步扩大，产业结构服务化趋势突出，数据处理和运营服务收入增速加快，技术整合更加明显，软件渗透生产生活各领域，推动着传统产业的发展。一批具有自主知识产权的软件产品已遍布全国，有些软件企业处于全国行业领先的地位。

长春启明信息技术股份有限公司在汽车管理软件产品研发与服务和车载信息系统研制及服务两个领域的市场份额居国内同行业第1位。

吉大正元信息技术股份有限公司已成为国内信息安全行业的知名企业，是国内最大的公钥基础设施（PKI）产品供应商，市场占有率在70%以上。

长春鸿达高新技术集团有限公司在大数据量人口信息管理技术和生物特征识别技术领域都具有雄厚的技术实力和开发经验，其公安人口综合信息管理系统占有全国60%以上的市场份额，管理着全国7亿人口信息。

东北师大理想软件股份有限公司研究开发了十一大系列700多种能够有效支撑教育信息化工作的系列软件产品，这些独到的研究成果为吉林省中小学教学方式的改革带来了历史性的突破。基础教育软件产品已经推广到全国31个省（直辖市、自治区），职业教育软件产品已经推广到50多所职业院校。

吉林省高升科技有限公司成立于2006年，是一家为互联网运营企业提供高品质IT基础架构建设和综合技术支持的企业。目前该公司已与三大运营商及多家互联网企业签订了IDC机房合作协议，并已在长春、昆明、杭州、沈阳、石家庄等50多个城市积累了70个机房、近4000GB带宽的IDC资源储备。

吉林省差旅天下网络技术股份有限公司成立于2010年，是吉林省第一家"新三板"上市公司。该公司自主研发的出差和旅行系列软件，有效整合了出差、旅行、会议、旅游等相关需求，解决了各类机构95%以上的差旅管理、差旅采购、差旅优化问题。该公司已在中关村注册成立分公司，在上海、广州、成都等都有分/子公司，业务已遍布全国，收入和净利润都以成倍的速度增长。

长光卫星技术有限公司成立于2014年12月1日，是吉林省第一家商业遥感卫星公司。该公司依托"星载一体化""机载一体化"等核心关键技术，建立了从卫星、无人机研发与生产到提供遥感信息服务的完整产业链。

长春斯纳欧软件有限公司致力于通过创新的信息化技术为客户提供最优质的服务，先后通过了CMMI L3、ISO 9001、ISO 27001等国际认证。目前已获得软件著作权27项，在智慧养老、智慧医疗、两化融合、工业4.0新技术领域均取得了优异的成绩。

（六）其他优势

吉林省软件和信息技术服务业发展的优势还体现在产业结构、产品种类和软件园区建设的特色方面。在产业结构上，吉林省软件产业虽然产业规模逐年扩大，但仍然是中小企业占大多数，大型企业数量偏少，而且企业性质也是以民营、中外合资、股份制等所有制的公司为主。

在产品种类上，吉林省软件产品中应用软件占有绝对优势，系统软件和支撑软件数量较少。其中，汽车、信息安全、教育、农业等行业应用软件在市场占有率、技术水平及知名度等方面处于国内领先水平。

在软件园建设上，吉林省政府明确提出，将着力把信息服务业打造成重要的特色产业，着力建设长春软件园、吉林软件园和延吉科技创新园，以形成优势互补、共同发展的新格局。据统计，目前，吉林省80%以上的软件企业、85%的软件收入都主要集中在这3个软件园区，聚集效应十分显著。

二、存在的问题

近年来，吉林省软件和信息技术服务业虽然在"质"和"量"两方面都取得了突飞猛进的发展，但同国外发达国家及国内经济发达省份地区相比，依然存在差距和不足。诸如在总体规模、发展环境、产业结构、产业集聚、自主创新体制机制、政策扶持效应等方面，还存在一些亟待解决的问题。

（一）城乡差距明显，共享性较低

吉林省软件和信息技术服务业还存在总体规模偏小、比重偏轻、发展环境设施急需改进、服务外包出口额较小、产品结构不优、核心技术缺乏、自主创新能力薄弱、产业集群效应不明显、区域发展不平衡等问题。在农村，信息化建设相对缓慢，通信覆盖率和网络利用率相对较低；在城市，软件和信息产业园区建设较快，但公共服务平台建设较缓慢。这种地区之间、城乡之间存在的"数字鸿沟"，以及基础网络和信息资源的较低共享水平在一定程度上制约了吉林省软件和信息技术服务业的快速、健康发展。

（二）政策环境有待完善

继"互联网+"纳入政府工作报告后，政策对于软件产业的扶持力度颇大。吉林省在综合分析省内软件和信息技术服务业发展现状及趋势的基础上，相继制定了《吉林省信息产业跃升计划》《吉林省信息服务业发展三年跨越计划》，并且提出经认定的软件企业和登记的软件产品可享受税收优惠政策等。然而，同国内其他发达省（直辖市、自治区）相比，吉林省为软件和信息技术服务业发展提供的政策支持机制尚不完善，措施手段较为单一，政策供给与需求还存在结构性矛盾，并且政策的落实情况和实施效果并非十分理想。

（三）人才问题严重，制约企业长远发展

吉林省软件企业由于规模不大、创新能力不强、高端和领军人才不足，缺乏拥有自主知识产权的核心技术和关键产品，供给和市场需求存在偏差，软件企业成本明显上升，人力成本的加大导致企业利润的降低，同时人才流失和人才招聘问题日趋突出。此外，企业在软件人才结构性方面矛盾突出，缺乏高层次的技术、管理、营销人才和复合型人才。同时，随着物价和人民生活水平的提高，吉林省软件行业的人力成本不断提高，人才对企业薪资待遇的要求不断提高，从而大大增加了软件企业的用人压力。

（四）低价竞争现象明显，市场环境有待完善

尽管近年来吉林省对知识产权的保护力度不断加大，但用户对软件和信息技术服务价值的认可度仍然不够，采购中对软件服务盲目压价和招标中低价择标的现象仍突出，伤害了软件企业的持续发展能力；计算机系统集成企业、小企业产品和服务同质化发展，有市场一哄而上，恶性竞争现象大量存在，产业安全面临潜在风险。

（五）研发创新能力和新技术应用不足

近年来，吉林省建设的物联网基地和云计算数据中心的稳定性和规模化服务依然不足。核心技术掌握不够深入，核心基础软件、核心工业软件对外依存度大，原始创新和协同创新亟待加强。

（六）制约因素日益凸显

尽管目前启明信息、鸿达集团、吉大正元、东师理想、长白科技等软件企业在吉林省软件和信息技术服务领域处于龙头地位，并取得了一定的成绩，但从吉林省软件行业来看仍然延续着企业数量多、规模小，产业优势、集群效应和品牌形象不突出，研发生产投入不足的模式，整体落后于发达省份，缺少真正具有国际竞争力的龙头企业。在资金需求方面，缺乏广阔而有效的融资来源渠道；在核心技术方面，自主创新能力薄弱；在制度法规建设方面，促进吉林省软件和信息技术服务业发展的风险投资及投融资机制、海外市场开拓支撑体系、公共技术开发体系、软件技术创新机制、统筹协调机制以及相关的制度法规建设还尚未健全，亟须进一步完善相应的体制机制，以从根本上提升服务水平，打造"信息化""数字化"吉林。这些都在一定程度上影响和制约了吉林省软件和信息技术服务业的健康发展。

三、采取的措施

（一）加强政府指引作用，确保国家政策落实

加强信息化标准建设，确保信息内容实现互联互通。强化信息产品、信息系统的安全质量认证和管理。建立信息服务的综合评价指标体系，完善信息服务业法制保障体系，使信息服务的发展有章可循。加大协调力度，在政策上加大对软件企业的扶持力度，不断丰富优惠措施种类，有效调动社会资源参与软件和信息技术服务业的发展，为软件和信息技术服务业的发展奠定坚实的基础。

（二）拓宽软件和信息技术服务业投融资渠道

拓宽融资渠道，形成政府投资、信贷投资、入股投资、引进外资及风险投资等多元化投融资体系。发挥政府投资的引导和杠杆作用，设立吉林省信息服务业发展专项资金，由吉林省财政每年安排一定的专项资金，重点支持公共服务平台、产业基地建设、重点企业培育、关键技术和产品研发、人才引进和培养等项目。各级发展和改革、财政、科技等专项资金每年应安排一定的资金用于支持信息服务业重点项目。鼓励各类担保基金向信息服务业倾斜，引导金融机构积极向各类符合条件的信息服务业企业和项目发放贷款。进一步支持符合条件

的信息服务业企业进入资本市场融资，通过股票上市、项目融资、资产重组、股权置换等方式筹措资金。鼓励外资、民营资本参与信息服务业企业的资产重组和股份制改造。同时，降低市场准入门槛，吸引更多的企业进入信息服务业，形成有特色的中小企业产业群。

（三）加快信息服务业国际化进程

通过合作、合资等形式，着力吸引国内外知名信息服务业企业到吉林省投资。培育专业性投资服务机构，鼓励龙头企业以资产、知识产权为纽带，跨地区、跨行业进行兼并重组，努力培育一批在全国同行业具有竞争优势的信息服务业企业集团。鼓励有条件的信息服务业企业开拓国际市场。有步骤地进一步开放电信、外贸、商业、文化、影视、旅游、医疗、会计、审计、资产评估等领域的信息服务，扩大经济技术合作的领域、途径、方式，支持有竞争力的信息服务业企业进入国际市场。

培育具有自主创新能力和自主品牌建设的大型骨干企业，鼓励具有创新活力的中小企业发展壮大。实施"打造一批大集团、聚集一批大总部、做强一批高端企业、培育一批高成长企业"的"四个一批"工程。集中资源扶持大企业、新型企业和快速成长的企业。优化企业构成，改变传统的企业分布格局，使其向"纺锤形"的分布格局发展，形成一批中等规模服务企业和一定数量的收入超过1亿元的龙头企业。重点支持信息安全、企业管理、生物识别及物联网等软件产品研发和产业化。

（四）推进产业人才队伍建设

努力创造良好的人才环境。建立和完善信息服务业相关领域的人才培养、使用、交流、激励、引进政策，形成凝聚和稳定人才队伍、适应信息服务市场人才需求的良好环境。加快复合型专业人才培养。加快信息服务相关产业的专业人才培训体系建设，加强国际间和高校间合作办学，强化优势资源共享和互补。建立健全人才培训体系和评价体系，完善信息服务业专业技术人员从业资质管理制度，全面推进职业资格证书制度和培训市场化机制。强化公民信息素质教育。采取各种措施向社会公众普及信息化知识，提高其信息化意识和信息获取、应用能力。促进计算机、网络技术的大众化，使更多的社会公众具备应用计算机、互联网的能力。

（五）积极推动产业融合与创新

推动软件和信息技术服务业与传统产业融合，加强软件和信息化领域的高技术对传统工业发展的渗透和促进作用。在与传统产业的融合中体现软件的核心价值。在具体的应用领域中，结合吉林省的实际情况加快实现两化融合，如在推动汽车产业的发展过程中，可以通过汽车电子控制产品装置的研发，积极开拓混合动力汽车市场；在能耗较高的石化行业、建筑行业、冶金矿业推进重点企业的节能改造；通过企业信息化的建设实现能源消耗管理与控制一体化，进而加速吉林省节能减排的进程。在信息化对传统工业改造的过程中，实现软件和信息技术服务业的技术突破和发展壮大。

（六）加强企业的自主创新能力

充分发挥长春软件园的引领作用，依托行业龙头和科研院所的优势，组织实施培育龙头企业建设工程。围绕吉林省支柱产业和优势产业，大力发展汽车、钢铁、石化、装备制造行业工业软件、行业解决方案和嵌入式软件，支撑传统产业突破核心和关键技术，提高产业的技术水平，促进新产业的快速发展。有重点、有步骤地鼓励企业"走出去"开拓国内外资源，建设研发基地和营销网络，开拓新兴市场，扩大投资合作。

（七）加快长春、吉林、延边等地区软件园区的建设

按照整体规划、合理布局、突出重点、协调发展的原则，加快长春、吉林、延边等地区软件园区建设，建设具有国内一流水平的软件园基础设施，增强软件园为企业配套服务的综合功能。推动园区内的高校、科研机构和企业建立多渠道、多形式的紧密合作关系，形成以企业为主体的互动创新体系。促进软件园中企业优势互补，自愿联合，形成产业集群。加强园区的集聚辐射和带动作用，构建信息技术公共服务平台，提供产品协同设计、网络化制造、质量检测、工艺指导、技术标准、行业数据库共享、客户关系管理、供应链管理、电子商务、人才培训、创业孵化器等不同种类的公共信息服务和技术支持，促进吉林省软件和信息技术服务业在产业规模、人才集聚、技术支撑、政策支持和配套服务等方面的综合提升。

2018年上海市软件和信息技术服务业发展概况

2018年,上海市软件和信息技术服务业把握上海科技创新中心建设的契机,深入推进创新驱动发展,以软件名城建设为抓手,积极谋划产业发展新空间,推进软件产业高端化、智能化发展。以促进信息消费为着力点,加快创新发展。2018年,上海市软件和信息技术服务业呈现总体平稳、较快增长的发展态势。

一、基本运行情况

2018年,上海市软件和信息技术服务业规模以上企业实现软件业务收入4837亿元,同比增长11.4%,其中,软件产品收入1213亿元,信息技术服务收入3611亿元,信息安全收入13.4亿元。2018年上海市软件出口额达到39.1亿美元,实现了增长恢复,同比增长12.1%。其中,软件研发及开发服务出口增速较快。

2018年,上海市营业收入超过1亿元的软件企业达532家。中国银联、华东电脑、宝信软件等8家软件企业入选2018年(第17届)中国软件业务收入前百家企业。上海市共有21家互联网企业入选2018年度中国互联网企业100强,数量名列全国第三(见表1和表2)。2018年,上海市软件类企业中共有52家被认定为市级企业技术中心,同比增长40.54%,占上海市549家企业技术中心的9.47%。

表1 2018年上海市入选中国软件业务收入前百家企业名单

序号	排名	企业名称	序号	排名	企业名称
1	4	中国银联	5	59	卡斯柯
2	21	华东电脑	6	65	携程网络
3	35	宝信软件	7	69	万达信息
4	39	华讯网络	8	88	汉得信息

表2 2018年度中国互联网企业100强(上海部分)

序号	企业简称	排名	序号	企业简称	排名
1	网宿科技	12	12	连尚网络	62
2	携程旅行网	15	13	钢银电子	63
3	二三四五网络	16	14	前锦网络	64
4	三七互娱	23	15	找钢网	65
5	东方明珠新媒体	26	16	东方网	71
6	波克城市	37	17	景域文化	85
7	米哈游	38	18	佳缘国际	89
8	幻电信息	40	19	创蓝文化	92
9	巨人网络	41	20	沪江教育	95
10	东方财富	50	21	优刻得	100
11	游族网络	51			

二、主要运行特点

（一）集聚发展布局趋于合理

经过十几年的发展，上海市软件和信息技术服务业形成了"一中四方"的错位竞争发展格局——中心城区以互联网信息服务、人工智能软件和电子商务为重点；东面浦东软件园以移动互联网、行业应用软件、金融信息服务为重点；南面紫竹科学园区以网络视听、数字内容为重点；西面市西信息软件园以工业软件、物联网和信息服务为重点；北面市北高新区以基础软件、大数据和云计算为重点。

从规模来看，浦东、长宁、徐汇位列前三强，3个区的软件和信息技术服务业收入合计占上海市总规模的比重超过50%。从增速来看，闵行区通过完善产业规划和政策措施，促进产业发展，2018年闵行区软件和信息技术服务业增速达26.3%，远高于上海市增速；青浦区通过加强政策落实，吸引华为、网易等一批重大项目落户青浦，同时，通过打造市西信息软件园，促进长三角协同发展。

（二）新技术带动细分领域增长

2018年，上海市软件和信息技术服务业紧跟技术发展热点，不断加快产品化进程，推进技术应用场景落地，推动行业创新发展，取得了丰硕成果，并荣获国家技术发明二等奖一项。工业互联网、大数据、云计算、区块链、人工智能等新兴技术的蓬勃发展为上海市软件行业注入了新的活力，并为行业带来了新的增长点。

1. 工业软件

上海市是国内较早布局工业软件的省市之一，上海市工业软件围绕上海市支柱产业和优势产业，在冶金、轨道交通、智能制造、智能汽车等行业应用领域形成了一定特色优势。同时，上海市工业软件跨国公司总部已形成集聚效应，西门子、ABB等一批工业软件领域的领先跨国企业均将地区总部或研发中心等设在上海，技术外溢效应明显。此外，传统工业集团纷纷成立专业信息化子公司，与紫通、机电所、西派埃、华通、宝立等上百家新兴企业共同丰富工业软件生态。

2. 云计算

2018年，上海市云计算服务产业收入达到1039亿元，同比增长14.2%，蓝云网络、七牛云、宝之云的业务增势迅猛，营业规模呈倍速增长。云计算服务企业规模日益壮大，逐步成为行业龙头企业。同时，阿里巴巴、腾讯、百度、华为、微软等国内外企业的云计算平台齐聚上海，为上海各类企业用户提供了丰富的云计算平台服务和多样化的产品服务。

3. 智能软件

随着人工智能加快与金融、制造、教育、医疗等经济社会各领域的渗透融合，AI+应用需求不断涌现，推动上海市智能软件企业快速成长，2018年增速超过20%。其中，依图科技、小i机器人、氪信科技、玻森数据、森亿智能、合合信息、竹间智能、图麟科技、元趣科技、乐言科技等超过50家智能软件企业相继获得融资；英语流利说、触宝科技在美国上市；智臻智能、云从、熠知电子等8个项目入选2018年工业和信息化部人工智能与实体经济深度融合创新项目。

4．数据管理

上海市在数据管理领域形成了从数据库、处理工具到行业应用的完备的产业链条。爱可生、热璞这两家公司的自主可控数据库平台产品和开源数据库整体解决方案均居于全国领先地位；在数据处理工具领域拥有上海星环、华院分析等一批技术领先企业；上海市的数据行业应用基础较好，在金融、交通、医疗等领域的应用居于全国领先地位。

5．区块链

上海市是国内区块链产业发展较活跃的城市之一。从行业分布来看，上海市区块链项目主要分布在企业服务、金融、文娱传媒、汽车交通、物流、硬件、医疗健康、社交、农业、房产家居等领域。目前，上海市已成立上海区块链技术研究中心、上海区块链技术测评服务中心，编制了《区块链技术安全通用规范》团体标准。

（三）宏观环境改善带动信息安全产业发展

目前，上海市从事网络安全产品销售、集成和服务的企业、机构、科研院所共约270家，包括安全防护、安全集成、安全运维、安全评估、安全咨询与培训等类别。2018年，上海市信息安全产业销售额超过59亿元，其中销售额超过1亿元的企业有13家。从产业形态来看，安全产品和服务日趋集成化、智能化、融合化，等级保护等合规要求带来的安全检测、咨询和整改业务增长速度较快；受益于数据中心等大规模网络的部署、大型企业集中化管理的要求，防火墙、安全检测工具、身份管理和访问控制等安全防护类产品占据主要市场；安全令牌、加密芯片等商密产品继续保持稳定增长，销售额超过1亿元的企业中半数为商密领域；以斗象、谋乐等为代表的一批以态势感知、监测预警等安全服务为主营业务的新创型安全企业崭露头角；以观安信息、平安科技、宝付网络等为代表的数据安全、工业互联网安全、人工智能安全、金融科技安全等具有混合、融合特征的泛安全业务有望成为新的增长级。从产融协同来看，企业投融资渠道和规模较2017年有较大规模增长，有4家企业获得1亿元以上的融资（观安、斗象、瑞数、点荣金融）。

（四）创新应用带动数字内容产业稳步发展

上海市是数字内容产业创新应用最为集聚的地区，拥有2个国家级产业基地——张江国家数字出版基地和中国（上海）网络视听产业基地。

1．网络视听

上海市是全国网络视听平台最为集聚的地区之一，覆盖动漫、音频、直播等类型。目前，上海市互联网视听节目服务持证机构逾30家，聚集咪咕视频、天翼视讯、聚力视频（PPTV）、喜马拉雅FM、蜻蜓FM、Bilibili等一批知名企业，已实现内容制作、集成播控、内容分发的产业链集聚，在全国占据重要的市场地位，已经形成稳定的客户群。

2．网络游戏

上海市网络游戏占全国近1/3的市场份额。2018年，上海市网络游戏产业营业收入达683.6亿元。上海市原创游戏数量逐年增长，增速呈加快趋势。上海市网络游戏产业企业研发与新品比重也比较靠前。国家版权中心数据显示，上海市游戏研发企业及产品的比重分别为13.6%和12.6%，仅次于广东省和北京市。同时，上海市电竞行业链日渐完善，从顶端游戏开发，到发行、赛事、直播，再到电竞场馆等，上海市聚集了一批有影响力、有代表性的企业，如游戏风云、七煌电竞、阿里体育等具有影响力的电竞企业。

三、存在的问题

产业发展宏观环境有待改善。软件和信息技术服务业作为一类典型的服务业，与整个经济体系具有高度的关联性。目前，宏观经济对信息技术服务业的不利影响正逐步显现。一方面，上游企业受经济不好影响，开始削减企业信息化预算。2018年，国家加大防控金融系统性风险的力度，使得软件和信息技术服务业企业融资变得愈加困难，尤其是中小软件和信息技术服务业企业。另一方面，上海市"高房价、高成本、落户难"等问题依然突出，而成都、武汉、西安等地纷纷出台更有吸引力的人才政策，上海市软件和信息技术服务业人才开始向外流动，企业也有向二三线城市进行业务转移的趋势。

四、2019年目标和工作思路

上海市软件和信息技术服务业将紧紧围绕"五个中心""四大品牌"建设的核心，遵循"稳增长、抓创新、促融合、强统筹"的原则，坚持促进产业创新发展、凸显融合应用成效、巩固网络安全保障三线并行，向市场竞争力更强、技术水平更高、跨领域应用更广、经济效益更佳的高层次发展。

（一）巩固产业支柱，助力打造品牌经济

大力发展工业互联网。加快落实标识解析建设和推广，力争在10个重点行业率先应用。创建和认定一批国家级和市级工业互联网实践示范基地，实现重点产业领域两化融合管理体系贯标全覆盖。聚焦重点产业，支持工业大数据的全产业链打通和协同。优化工业安全管理服务，建设工业信息安全综合管理服务平台；打造典型工业互联网安全标杆工厂；启动实施国家工业互联网安全创新示范项目、市级工业企业试点示范及共性服务平台项目；加强重点工业企业安全检查、检测评估、监测预警、应急管理制度落实。

打造人工智能发展高地。举办2019世界人工智能大会。设立上海人工智能产业投资基金，培育壮大人工智能优势企业集群。建设一批人工智能重大创新平台和面向行业的创新中心，推进新型计算架构、机器学习、知识图谱等智能技术发展，挖掘实施一批拥有关键技术的智能软件研发项目。推进人工智能安全前瞻性研究及共性平台部署。

提升高端软件产业能级。推进新型工业软件重大项目和工业App建设；推动建设工业软件共性平台，争取国家工业软件基地落户上海市；推动优化工业基础软件产品的功能和性能；筹建重点领域工业软件知识库。推动形成一批可复制、可推广的安全可靠软、硬件应用解决方案；建设一体化基础软、硬件公共服务平台；建立安全可靠软件培训基地；筹建基于安全可靠知识库的开源社区。

（二）扶持新增长点，助力布局创新经济

促进新兴技术落地应用。支持区块链技术攻关，研发可支撑应用的跨链交互协议；试点安全管理、社会治理等领域的区块链应用项目；组建区块链安全专委会，聚焦安全审计和测

试评估能力建设。挖掘培育虚拟现实应用场景，支持建设一批面向重点行业领域的示范项目；打造长三角虚拟现实内容产业大赛和全球虚拟现实大会产业交流双品牌；指导举办世界数字成果转化论坛。

加快发展网络安全产业。构建"1+2+X"产业创新发展生态。编制发布《上海市网络安全产业创新工程实施方案》。建设布局普陀工业互联网安全产业创新示范区、浦东金融科技安全产业创新示范区。支持建设网络安全产业智库，研究设立网络安全产业发展基金，支持校企共建网络安全学院。

谋划布局前沿产业。开展数据保护前瞻性研究，加强对数据跨境、GDPR应对等热点问题的调研和设计，为新形势下企业信息合规管理提出应对策略和路径，助力数据安全应用。编制《雾计算产业发展报告》。探索建立边缘计算公共配套服务体系。

（三）培育新应用，助力提升数字经济

推动数据资源创新应用。加快大数据联合创新实验室建设。完成国家社会治理示范项目建设任务。探索长三角大数据交易中心建设。开放公共数据集达到4000个。

加快促进企业上云。落实《上海市推进企业上云行动计划》。发布云计算重点企业目录、企业上云服务资源目录、企业上云示范项目。

扩大和升级信息消费。创建综合型信息消费示范城市，争取在统计标准、示范项目、体验中心等方面先行先试。举办全国新型信息消费大赛决赛。打造面向商贸流通、金融、餐饮、汽车等领域的专业信息消费产业集群。

推动互联网业态模式创新。支持网络新媒体技术和传统商业融合，探索建设数字经济环境下新型商业营销示范项目。指导举办世界数字成果转化论坛、上海金融信息行业年度峰会、金融信息网络安全峰会等主题活动。

（四）提升统筹服务能力，进一步优化营商环境

加强顶层规划设计。修订发布《上海市首版次软件产品专项支持办法》。研究制定《上海市软件和集成电路领军企业培育计划专项支持办法》。

强化企业和项目服务能力。建立面向重点园区和重点企业的市区联动服务工作机制。推动集成电路设计产业园建设，完善配套功能，带动产业链协同发展。研究启动上海市西软件信息园二期建设，推动重点项目开工建设。

提升新一代信息基础设施服务能级。实施"上海连接"增速行动，率先开展5G试商用，推动IPv6创新与应用示范以及信息架空线入地及合杆整治。实施"上海枢纽"增能行动，扩容国际海光缆系统，打造内容交换枢纽。实施"上海计算"增效行动，建设E级高性能计算中心，推进数据中心和加速器体系建设，发布IDC发展指导意见及相关建设导则。实施"上海感知"增智行动，基本建成覆盖上海市的神经元体系，推进神经元应用服务创新，修编、发布《新型城域物联专网建设导则2019版》。

2018年江苏省软件和信息技术服务业发展概况

一、基本运行情况

2018年，江苏省软件和信息技术服务业认真贯彻江苏省委、省政府工作部署和重点任务要求，以强化大数据引领、推动融合发展为主线，以提升产业核心竞争力、培育发展新动能为重点，着力推动全省软件和互联网、大数据产业稳定增长，结构明显优化。核心信息技术集群、工业App培育工程顺利推动，新动能培育加快。"数动未来"专项行动全面实施，融合发展初见成效。重大活动、服务支撑进一步优化创新，产业生态日趋完善。

二、主要特点

（一）全行业平稳运行

2018年，江苏省纳入软件产业年报统计的企业共计5956家，较2017年增加1053家。2018年，江苏省软件产业从业人员共计101.1万人。产业规模方面，2018年，江苏省软件和信息技术服务业业务收入（以下简称软件业务收入）达8833亿元，同比下降1.1%（需要说明的是，2018年工业和信息化部软件业务收入统计方法有所改变，对江苏省软件业务收入总量中嵌入式软件收入的影响较大）。江苏省软件产业的发展速度已从前几年的中高速增长阶段，逐渐转为平稳运行态势。

（二）产业结构持续调整

从江苏省2018年软件业务收入构成来看，在软件业务收入四大类型中，软件产品实现收入2173亿元，占全业务的比重为24.6%；信息技术服务实现收入5344亿元，占全业务的比重为60.5%；嵌入式系统软件实现收入1198亿元，占全业务的比重为13.6%，信息安全实现收入118亿元，占全业务的比重为1.3%，如表1所示。

表1 2018年江苏省软件业务收入构成

类别	业务收入（亿元）	占全业务的比重（%）
软件产品	2173	24.6
信息技术服务	5344	60.5
嵌入式系统软件	1198	13.6
信息安全	118	1.3
合计	8833	100

从以上数据可以看出，2018年江苏省软件产业四大业务收入中，信息技术服务收入占全业务的比重最高，这一方面表明江苏省软件产业服务化转型取得较好进展，另一方面也表明江苏省软件产业整体进入以"联网应用"为特征的网络化阶段，"网构软件"成为新的形态，

平台化服务成为新的趋势。

（三）产业集聚效应明显

江苏省软件产业的区域布局呈现高度集聚态势。沿沪宁线分布的南京、苏州（含昆山，下同）、无锡、常州、镇江分列江苏省软件业务收入前5名，上述苏南5市2018年合计实现软件业务收入8417亿元，占江苏省软件业务总收入的95.3%。其中，南京、苏州、无锡的软件业务收入分别占江苏省软件业务总收入的52.0%、19.0%、15.0%，合计占江苏省软件业务总收入的86.0%，接近全省总收入的90%。

2018年苏南5市共有软件企业4217家，占江苏省总数的87.1%；南京、无锡、苏州的软件企业数位居江苏省前三，3市软件企业总数占江苏省的比例达76.6%，其中，仅南京市软件企业数量在江苏省的占比就达39.4%。可以看出，江苏省已形成以南京、无锡、苏州为中心的软件产业集聚带，苏南地区对江苏省软件产业发展的整体带动作用日益凸显。这与上述城市着力塑造软件名城、紧抓产业载体建设密不可分。2016年8月，南京市先后印发《南京市建设中国智能制造名城实施方案》及《南京市建设国际软件名城实施方案》，提出将南京市打造为中国智能制造名城，进一步强化软件产业对南京市经济社会的服务和支撑作用，凸显全国首个软件名城南京对江苏省软件产业的示范引领作用。2019年3月7日，工业和信息化部正式授予苏州市"中国软件特色名城"称号。

（四）骨干企业转型压力依然存在

2018年（第17届）中国软件业务收入前百家企业中，江苏省共有8家企业入围，与上届入围数持平，入围企业分别为南京南瑞集团公司（第7位）、熊猫电子集团有限公司（第20位）、江苏省通信服务有限公司（第30位）、国电南京自动化股份有限公司（第37位）、中兴软创科技股份有限公司（第50位）、江苏金智集团有限公司（第62位）、江苏润和科技投资集团有限公司（第70位）、南京联创科技集团股份有限公司（第85位），如表2所示。

表2 江苏省企业入围2018年（第17届）中国软件业务收入前百家企业情况

序号	企业名称	榜单排名
1	南京南瑞集团公司	7（↓1）
2	熊猫电子集团有限公司	20（↓7）
3	江苏省通信服务有限公司	30（↓3）
4	国电南京自动化股份有限公司	37（↓4）
5	中兴软创科技股份有限公司	50（↓5）
6	江苏金智集团有限公司	62（↑8）
7	江苏润和科技投资集团有限公司	70（↑20）
8	南京联创科技集团股份有限公司	85（↑13）

与上届相比，江苏省上榜企业在总榜的位次有所变动，除5家企业位次下降外，3家企业位次上升。可见，江苏省软件产业在稳定增长的同时，骨干企业的转型压力依然存在。

（五）持续强化产品研发

2018年，江苏省软件企业注重软件研发，在产品研发上不断推陈出新，产品在云计算、大数据、互联网、互联网金融、游戏文化、电子商务等领域广泛分布。2018年江苏省共受理6197份软件产品评估申报材料，其中6172项软件产品通过评估，通过率为99.6%。从地域分布来看，近半软件产品出自南京，其次为苏州、无锡；苏南5市通过评估的软件产品总数占江苏省的比例接近90%，达86.6%，苏中、苏北通过评估的软件产品总数占江苏省的比例分别为9.6%、3.8%，这表明苏南地区软件产业不仅在空间上呈现高度集聚态势，在技术研发和产品创新方面，也同样走在江苏省前列。

2018年共评出第十六届江苏省优秀软件产品奖（金慧奖）20项，加上之前的第十五届，累计已有397项产品获奖。上述获奖产品广泛分布于工业、政务、交通、医疗、企业管理等多个行业领域，集中体现了大数据、云计算等新一代信息技术的最新应用成果。

另外，企业更加注重技术中心和联合研发创新中心建设。截至2018年年底，江苏省工业和信息化厅已批准认定6批共19家江苏省信息产业企业联合研发创新中心，江苏省信息产业企业联合研发创新中心总数已达110家，其中包括企业397家、高校78所、科研院所92家。上述联合研发创新中心研发总投入达82.78亿元，研发团队总人数达16210人，其中院士4名，博士研究生1653名，硕士研究生4615名。这些联合研发创新中心很多属于新兴业态领域，如云计算、大数据、信息安全，更多的是互联网与传统产业结合的智能电网、交通、装备制造、医疗、农业、城市建设与运营、气象等，有的联合研发创新中心运作已经比较成熟，推进了新领域软件服务模式和新业态的形成。截至2018年年底，江苏省累计已认定省级软件企业技术中心129家，主要分布在云计算和大数据服务、网络信息服务、智能制造、智能交通、智能电网、信息安全等领域，提高了企业技术突破的能力。

（六）资本关注度有所提升

2018年，资本寒冬席卷创投圈，在全国投融资事件数量及规模大幅下滑的背景下，江苏创投圈却意外呈现逆市上扬姿态。2018年，江苏省共有12个项目获得超过10亿元的融资，其中5个项目所属领域为软件和信息技术服务业。

2018年4月23日，满帮集团宣布获得迄今为止全球智慧物流领域最大单笔融资——19亿美元（约合人民币120亿元）融资，最新估值超过60亿美元（约合人民币400亿元），本轮融资由软银愿景基金（SVF）领投，光速中国、红杉资本等多家前期投资人及中网投、谷歌资本等10家新机构跟投，将助力满帮集团巩固在车货匹配领域的绝对优势，加速全球顶尖人才招募和人工智能战略的推进，并对南京互联网物流等相关产业起到积极拉动效应。

2018年4月17日，阿里巴巴集团向五星控股旗下电商平台汇通达投资45亿元，双方将共同探索农村新零售样本，赋能更多农村商业组织，共建农村商业新生态。目前，江苏省农村移动支付用户数达到9840万人，乡镇快递网点覆盖率达到87%，这为新零售在农村的发展奠定了技术基础。汇通达自成立起就瞄准农村市场，已先后完成4轮市场融资，总规模已达到18亿元，估值超过100亿元，成为农村电商领域首家独角兽企业。

2018年6月4日，华侨城集团宣布战略投资同程旅游集团，总投资额度超过20亿元。交易完成后，华侨城集团成为同程旅游集团的重要战略股东之一，双方将发挥线下资源与线上大数据的战略协同效应，展开更深层次的合作。

2018年6月8日，2013年成立于无锡的云服务提供商华云数据集团宣布完成IPO前的最后一轮融资，金额为10亿元。本轮融资由东证资本再次跟投，同时引入广发证券、清华控股基金、源星资本、龙宇控股等多家战略投资人。

2018年9月26日,艾佳生活宣布获得天图资本B轮10亿元融资,投后估值超过10亿美元。作为提供一站式装修服务的O2O电商平台,艾佳生活由江苏一德集团和建业集团于2015年年初共同投资组建,可提供包括硬装、软装的设计、施工、验收和维保的全流程装修服务。本轮融资资金将用于平台IT技术研发、高级人才招募和用户体验提升。

(七)不断夯实人才基础

当前,新一代信息技术加速渗透融合已成为新一轮科技革命和产业变革的重要驱动力,这也对人才提出了更高的要求。《新一代人工智能发展规划》、《云计算发展三年行动计划》、"互联网+"、国家大数据战略等部署进一步掀起了加快发展新经济的浪潮,在积极运用互联网思维、促进经济转型升级、主动适应经济发展新常态的背景下,江苏省产业人才培养、储备、引进面临巨大挑战。2018年,江苏省加强产业人才发展统筹规划,持续探索人才培养路径,创新人才培育模式,在人才服务方面打造品牌活动,为江苏省软件产业发展夯实人才基础。

一是在江苏产业人才"育鹰计划"的基础上,升级实施"育鹰计划"2.0版。2018年,江苏省共举办四期高研班,培训内容包含大数据技术前沿与产业发展、区块链、互联网金融与创新、智能制造、智慧旅游等多方面内容,并新增设政策解读与时政讲解,进一步提升产业领军人才的大局观和政治素养,在业内取得良好口碑。2018年共计培训江苏省各类企业家学员近200人,培训实效良好,得到了企业家学员的高度评价。

二是深化软件和信息技术服务公益学堂育才实效。以骨干人才培养为重点,紧扣企业发展需要和产业发展热点,新增云计算、大数据、区块链等有关新技术内容,通过线上线下相结合的方式,提供面向软件和信息技术服务企业的软件架构师、项目经理公益培训、面向人力资源管理的HR经理公益培训和互联网产品经理公益培训,打造江苏省软件和信息技术服务业"公益学堂"。

三是继续面向全国重点院校设立"江苏软件奖学金",面向基础紧缺人才开展2018—2019"爱英之旅"校园招聘活动。于2018年在南京、徐州、镇江、无锡、扬州5市举办5场省内专场招聘会,在西北工业大学、西安电子科技大学、合肥工业大学、安徽大学、武汉理工大学举办5场省外校园招聘会,吸引江苏省内100多家骨干软件企业、全国20多所重点高校的4000多名软件相关专业的优秀应届毕业生踊跃参与,共计收到求职简历2067份,意向签约200余人,招聘整体满意度达92%。

四是积极承办由工业和信息化部、教育部、江苏省政府联合主办的第七届"中国软件杯"大学生软件设计大赛,该大赛共吸引了来自全国各大高校的4127支队伍(含本科赛队3124支、高职赛队1003支)、近1.5万名师生报名参赛,参赛队伍数量再创新高。经过激烈比拼,100支赛队脱颖而出。大赛同期召开的"中国软件杯"大学生软件设计大赛优胜团队创业投融资对接会、招聘会和2018产教互动工作座谈会,在为软件学子创新、创业提供更加广阔的施展舞台的同时,也为企业投资、招聘优秀人才搭建了桥梁,架起了高校和企业之间深入互动、合作育人的新模式。

三、面临的问题和主要矛盾

(一)区域发展不平衡

2018年,江苏省苏南5市实现的软件业务总收入占全省业务总收入的比例超过95.3%,苏中 3 市及苏北 5 市累计实现的软件业务收入占全省业务总收入的比例不足 5%，区域发展不平衡现象较为突出。

究其原因，一是苏中、苏北地区软件产业基础较为薄弱，发展后劲不足。由于缺乏龙头企业来整合行业资源、推动产业结构优化，苏中、苏北地区的软件企业普遍规模较小、市场竞争力偏弱，多数企业与各行业领域融合不深，创新能力和动力较为欠缺，创业氛围不足。二是专业人才匮乏。由于苏中、苏北地区本土软件产业发展水平与苏南地区相比差距较大，对技术人才的吸引力不足，加之江苏省内培养的软件、大数据和信息化类专业学生多数位于苏南地区，苏中、苏北地区软件企业在招人、留人方面困难重重。为解决技术人员缺乏的问题，部分软件企业选择在南京、苏州设立分公司，却又带来成本高企、资源浪费等问题。三是载体能力有限，支撑体系尚不健全。虽然苏中、苏北地区相关软件园区不断加快创新载体建设，营造创新创业环境，完善公共服务平台能力，但在产业政策扶持、招商引资服务，以及中介机构、研发机构、培训机构、社团组织等中间组织的培育和发展方面，与苏南地区的软件园区相比仍存在较大差距，由此导致项目招引难、服务企业能力不足等问题。

（二）品牌效应不强

江苏省软件企业在品牌塑造、企划营销方面有所欠缺。纵观江苏省软件企业，缺乏类似华为、中兴、腾讯（广东）、百度、京东、新浪、奇虎 360、搜狐、小米（北京）、盛大、中国银联（上海）、阿里巴巴（浙江），海尔、浪潮（山东）等全国乃至世界知名的企业，也由此导致部分本土企业在江苏省发展至一定规模后，将总部迁至北京、上海、深圳等地，进一步影响了江苏省软件产业整体竞争能力的提升。

（三）知名产品较少

在产品口碑及市场占有率方面，江苏省软件企业与深圳、北京等地的企业差距较大。纵观全省，江苏省缺乏类似今日头条、QQ、微信、手淘、360 杀毒软件这类用户覆盖面广、用户黏性高、品牌宣传作用明显的知名本土软件产品。究其原因，一是江苏省软件企业对用户需求的感知度不高，引领市场潮流的意识不足，主动探索、试错、创新的意识较为欠缺，导致"爆款"类软件产品较少诞生于江苏；二是江苏省内规模较大的软件企业主打的产品和服务大多面向行业客户或政府部门，而较少面向个人用户，导致产品在口碑和传播力方面受限。

（四）高端人才缺乏

当前，互联网和云计算已成为基础设施、数据已成为重要资源、计算已成为公共服务，软件企业普遍面临转型，对高素质、复合型人才的需求极为旺盛。但高端人才往往出于发展前景、行业环境、薪酬待遇等多方面因素考量，首选北京、上海、广州、深圳作为工作地点，导致江苏省软件企业在吸引稀缺的复合型、创新型人才方面还存在不足，并进一步影响产业整体竞争能力的提升。

此外，江苏省区域间也存在人才层次失衡的问题。与苏南 5 市相比，苏中、苏北地区由于软件产业整体发展水平偏低，对高端人才的吸引力不足，导致领军人才稀缺，限制了软件企业创新能力及技术水平的提高。

（五）大型企业偏少

从 2018 年公布的中国软件和信息技术服务综合竞争力百强企业地域分布来看，江苏省共有 3 家企业入围，入围企业数量居全国第 8 位，排在北京（42 家）、广东（19 家）、浙江（8 家）、上海（6 家）、山东（6 家）、湖北（4 家）、福建（4 家）之后。结合各地软件产业规模可以看出，江苏省软件产业虽然总体体量较大，但就单家企业规模而言，仍是中小企业居多，领军企业数量偏少，整体格局"大而不强"。

在业务方面，江苏省软件企业普遍与应用捆绑较为紧密，省内大型软件企业大多扎根于不同行业领域，积累了大量应用数据及客户资源，通过深度挖掘用户数据、反复改进相关产品、拓宽业务范围，形成企业发展的良性循环。而与此对应的是，江苏省内多数中小软件企业业务模式趋于单一，多以项目为中心开展业务，软件产品化程度和水平不高。由于承接的项目多数彼此独立，关联性不强，后续也没有基于项目展开有效的深度数据挖掘，导致这些企业营收不稳定，发展容易陷入困境，难以做强做大。

四、2019 年工作措施及主要工作思路

（一）强化关键共性技术创新和标准引领

一是继续推动高端软件、新一代软件领域的关键共性技术创新与核心信息技术产业集群重大项目实施，组织开展 13 个重点项目合力攻关，力争形成一批自主、安全、可控的软件技术成果。强化重大关键共性技术创新等项目跟踪管理，研究拟定专项资金后续管理流程，探索项目中期评估考核、项目竣工验收等科学管理办法。二是进一步强化江苏省软件和信息技术服务业标准化建设。完成江苏省软件和信息技术服务标准化技术委员会标准工作组的整体框架和组建工作，提出首批标准研制目录不少于 5 项。推动国家信息技术服务标准（ITSS）、云计算标准、大数据标准等重大标准在江苏省的落地应用与推广，新增通过 ITSS 符合性评估企业不少于 30 家。三是整合地方、园区力量，对设立首席标准官、积极参与国家和地方标准研制的软件企业进行鼓励和支持；加强优秀标准化企业和标准化案例的宣传推广，通过标准化工作引领地方和企业充分提升技术竞争力，有效提升市场影响力和占有力。

（二）推动实施工业 App 重点工程

一是加快建设江苏省工业技术软件化创新中心、工业技术软件化公共服务平台和工业 App 培育工作体系，基本建成工业 App 培育"五个一"体系，五位一体系统推动江苏省工业 App 培育工作。二是制定《工业 App 分类分级培育办法》，加快建设工业 App 汇聚公共服务平台，继续开展优秀工业 App 及其开发平台、测试床等评选活动，推动各市工业 App 培育工作。三是针对行业共性问题，实现 3~4 个关键共性技术突破。

（三）继续办好一会两赛等重大品牌活动

一是继续强化对江苏省软件和信息技术服务业、互联网、大数据产业发展的宣传。以江苏省软件产业规模突破万亿元为契机，争取部省联合主办第十五届中国（南京）国际软件产品和信息服务交易博览会（以下简称软博会）。策划、组织新闻发布会、全省巡展、产业对接等系列活动，全面宣传、展示江苏省软件产业发展历程与成果。继续加强资源集聚与力量整合，促进展会实现更高水平、更大影响、更佳实效。二是继续办好有关大赛，加强赛产融合，促进创新创业。进一步突出大赛与产业发展的联动效应，强化各类活动间承接整合，做好"中国软件杯""i 创杯"大赛等有关重大赛事与软博会等重大活动的衔接，充分发挥其在带动创

新创业、培育及发现人才方面的重要作用。三是继续举办互联网、大数据领域新锐人物和创新力产品评选，树立行业发展标杆，凝聚发展共识。

（四）进一步强化江苏省软件人才工作

一是继续在全国有关高校设立"江苏软件奖学金"。2019 年计划将奖学金名额扩大到 50 人，吸引更多的优秀人才到江苏省就业。二是继续开展"爱英之旅"全国校园行系列活动。通过企业"走出去"和高校"引进来"两种方式，加强企业与目标高校的联系与合作，使企业的校园招聘成本更低、效率更高、质量更好。三是继续开展江苏省软件和互联网产业紧缺人才公益培训工作，计划安排 2 期讲堂，培训 80 人左右。四是继续举办江苏省产业人才"育鹰计划"2.0 企业家高级研修班，计划培养江苏省内重点软件企业的高管 200 人次；组织企业家"群鹰汇"交流活动，促成江苏省各企业的深度沟通和合作。

2018 年浙江省软件和信息技术服务业发展概况

2018 年,浙江省紧抓新一轮科技革命和产业变革机遇,围绕数字经济"一号工程",持续推进软件产业研发创新与融合应用,积极培育软件和信息技术服务新动能,加快产业高质量发展。全省软件和信息技术服务业继续保持快速发展态势,产业规模迈上新台阶,就业人员数量、收入平稳增加,软件服务化不断加快,软件产业正成为数字经济发展、智慧社会演进的重要驱动力。

一、基本运行情况

2018 年,浙江省共实现软件业务收入 5201 亿元,同比增长 19.8%;实现利税 1975 亿元,利润总额 1497 亿元,软件销售利润率达 28.8%;实现信息技术服务收入 3690 亿元,同比增长 28.9%,高出全行业增速 9.1 个百分点,占比继续提升,达到 71.0%,较 2017 年同期上升 5.1 个百分点,对浙江省软件业务收入的贡献率达到 96.2%,拉动全行业增长 19.1 个百分点。软件技术加快与各产业领域渗透融合。信息技术服务快速增长,激发电子商务、智慧物流、智慧健康、数字内容等新业态、新模式蓬勃发展,信息服务和应用创新活跃。电子商务增势迅猛,电子商务平台(包括在线交易平台服务、在线交易支撑服务在内的信息技术支持服务)收入 2285 亿元,同比增长 50.2%;嵌入式系统软件实现全年收入 263.2 亿元,同比增长 0.6%,软件加快为制造业赋能赋智,带动传统产业转型提升。

2018 年,浙江省完成软件出口 31.4 亿美元,占全行业业务收入的 4.0%。软件产品实现出口 24.4 亿美元,占全部出口总量的 81.7%;外包服务出口快速增长(实现出口 5.0 亿美元),同比增长 95.7%,占出口总量的 16.7%;嵌入式系统软件实现出口 0.5 亿美元,占出口总量的 1.6%。

二、主要发展特点

(一)企业发展卓有成效

一是软件企业单体规模稳步上升。从软件业务收入来看,2018 年浙江省软件企业平均收入由 2017 年的 26006 万元上升到 2018 的 32504 万元,同比增长 25.0%。从企业员工数量来看,浙江省企业平均人数为 285 人,同比增长 26.1%。

二是龙头企业引领增长。2018 年浙江省软件 20 强企业实现软件业务收入 2962 亿元,同比增长 27.5%,实现利润总额 1252 亿元,软件业务收入和利润总额分别占浙江省软件行业(1600 家)的 56.9% 和 79.9%。电子商务、云计算、互联网服务、数字安防等产业仍然是带动浙江省软件行业增长的主动力,淘宝、网易、海康、阿里云规模和利润保持增长态势,对行业规模和效益贡献突出。

三是软件业务收入超过 1 亿元的企业群体综合实力稳步提升。2018 年,浙江省重点监测的软件企业共 1600 家,其中软件业务收入超过 1 亿元的企业达到 352 家,占全部重点监测企业的 22%，较 2017 年提高了 5.5 个百分点。软件业务收入超过 1 亿元的企业共实现软件业务收入 4841 亿元，占全行业总收入的 93.1%，较 2017 年提高了 0.9 个百分点；实现利润总额 1527 亿元，占全行业利润总额的 97.4%，较 2017 年提高了 0.6 个百分点。软件业务收入超过 1 亿元的企业整体规模稳步提升，成为推动行业增长的重要引擎。

四是规划布局内软件企业稳步增加。2018 年，浙江省软件行业骨干企业加快发展，共有 46 家企业通过国家规划布局内重点软件企业和集成电路设计企业所得税优惠核查，其中重点软件企业 43 家，较 2017 年增加 5 家，重点集成电路设计企业 3 家，较 2017 年增加 2 家。重点软件企业数量规模稳步提升，覆盖领域逐步扩大。从行业领域来看，数字创意类企业最多，共计 10 家，较 2017 年增加 5 家，其他信息安全类企业 5 家，智慧城市、集成电路设计、电子支付、电子政务、电子商务、安防领域企业各 3 家；从区域来看，46 家企业中，45 家为杭州市企业，剩余 1 家为金华市企业，杭州市企业主要集中在滨江区，共计 33 家，占杭州市全部企业的 71.7%。

五是特色领域龙头企业发展优势突出。在电子商务领域，阿里巴巴集团独占鳌头，带动浙江省电子商务领域持续呈现强劲的增长势头，成为带动浙江省信息技术发展的主要动力。在云计算领域，阿里云启用多个海外数据中心，帮助上万家国内企业拓展业务，成为我国唯一进入世界前三的中国云计算企业。在安防领域，浙江省形成了 DVR、高速球、矩阵产业优势，视频监控产品市场优势明显。海康威视、大华股份、宇视科技继续大幅度领跑全球市场，产品市场份额逐年提升。在工业控制领域，以中控技术、杭州和利时等为代表的一批骨干企业引领浙江省自动化技术的发展，在创新技术和产业化应用上具备较强的国际化竞争力，打破了跨国公司长期垄断的局面。在金融科技领域，蚂蚁金服在消费金融、供应链金融、区块链金融、大数据征信等细分领域有着领先技术优势；恒生电子、同花顺、信雅达在银行、证券、保险业拥有品牌优势，核心产品在多个细分领域市场占有率第一；连连支付、同盾科技、邦盛科技、趣链科技在运营模式、技术、市场方面日趋成熟，成为移动支付、大数据风控、区块链、人工智能等技术的生力军。

（二）产业发展载体进一步完备

浙江省软件和信息技术服务业集聚发展态势加快，软件名城和产业基地建设成效明显。杭州市加快国际级软件名城创建工作。2018 年杭州市实现软件业务收入 4295 亿元，同比增长 18.7%，占浙江省业务收入的比重为 82.6%，实现利润 1386 亿元。宁波市加快推进特色型中国软件名城创建工作，2018 年实现软件业务收入 673 亿元，同比增长 24.5%，占浙江省业务收入的比重为 12.9%，实现利润 78.6 亿元。重点产业基地能级不断提升。浙江省共分层次创设 34 个示范、特色和创新软件产业基地。2018 年，确定余杭、滨江、萧山、西湖和金华市经济技术开发区 5 个基地作为产业基地能力提升重点对象，给予省财政专项资金扶持，指导 5 个重点产业基地围绕自身发展优势，突出特色，重点提升，实现差异化发展。2018 年列入能力提升的 5 个产业基地贡献业务收入 4053 亿元，占浙江省软件业务收入的 77.9%。

浙江省依托重点实验室、技术中心、企业研究院等创新载体，为产业发展构筑了良好的科技创新环境。截至 2018 年，浙江省共建有 92 家省级公共科技创新服务平台，其中有 6 家为软件产业提供服务，平台集聚行业市场、人才、技术资源，帮助企业提升研发能力，降低了企业的运营成本，推动了浙江省软件企业转型升级；建有一批软件行业相关的省重点实验室（工程技术研究中心），领域涵盖电子商务、通信、工业自动化、智能交通、智慧医疗、金融、互联网等；浙江省软件行业省级重点企业研究院达 75 家，其中云工程与云服务方向 21 家、大数据产业方向 14 家、工业信息工程方向 14 家、集成电路产业方向 6 家、智慧城市专用软件方向 6 家、智慧医疗操作系统软件方向 6 家。

（三）新业态培育加快推进

2018 年 11 月，浙江省印发《浙江省信息化领导工作小组关于加快区块链技术创新应用的指导意见》，鼓励区块链关键技术研发与重点领域应用，指导区块链技术和应用合法合规、健康有序发展。2018 年浙江省在全国率先开展工业技术软件化水平评估，面向浙江省规模以上制造企业完成 4200 余份问卷，涵盖 24 个细分行业，摸清了浙江省制造业软件化能力底数，并构建指数模型，开展分析，形成专报。5 个工业互联网 App 优秀解决方案入围工业和信息化部全国推广名单。《浙江省软件产业创新能力提升三年行动计划》正式印发，阿里巴巴、华为和微软等软件巨头积极参与浙江省开发云平台建设和服务，为广大软件企业提供指导和服务。首批 44 家企业参加了软件敏捷开发培训，企业风险防范和创新研发能力显著提升。

（四）人才培育支撑行业发展

一是从业人员稳定增长。2018 年，浙江省软件产业从业人员达到 37 万人，其中研发人员 13.7 万人，同比增长 18.0%。从学历构成来看，从业人员仍以大学本科及大专学历为主，占比达 47.3%，较 2017 年略有下降，研究生及以上学历从业人员达 3.3 万人，与 2017 年基本持平。从人员工资来看，2018 年浙江省应付职工薪酬共计 881 亿元，人均工资达 23.8 万元，同比增长 52.4%。二是人才集聚态势明显。人才往大城市集聚的现象明显，浙江省软件产业从业人员主要集中在杭州市和宁波市，分别占总人数的 55.1%和 34.2%，其余各地市的占比均在 5%以下。与 2017 年相比，除金华、湖州外，其余 9 个地市从业人员数量均有不同程度的增长，其中嘉兴、台州呈现翻倍增长。

（五）产业交流合作不断丰富

2018 年，浙江省依托世界互联网大会的窗口，积极举办数字经济产业合作大会、"直通乌镇"全球互联网大赛·总决赛等 19 场次产业合作系列活动，累计对接数字经济相关项目 1196 个，汇聚 200 多家创投机构和 50 个园区，大会现场签约 23 个项目，资金达到 304.6 亿元。浙江省各市依托世界互联网大会平台，聚焦招商引资，积极承办各场产业对接活动，加强产业精准合作，组织招商团队和企业参会对接和观展，努力引入优势企业、项目、资本和人才在浙江省落地，促进世界互联网大会红利在浙江省释放。

三、面临的主要问题

（一）核心基础软件亟待突破

"缺芯少魂"现状依然没有得到有效改善，在基础软件、工业软件、高端软件等领域缺乏行业话语权，比较依赖国外，自主可控的压力仍然巨大。在国际形势复杂多变的大背景下，不仅需要发展操作系统、数据库等关键技术，还需要加强对产业生态的构建。

（二）人才建设亟待加强

软件的应用不断拓宽，对软件人才的要求日益偏向于复合型人才，特别是工业互联网平台建设、工业 App 培育等重点工作都需要掌握智能制造和先进软件技术的复合型人才，但目前对这方面人才的培养存在断层。人才服务体系、适应产业发展的软件人才评价规范和培养指南不够健全。同时，缺乏针对软件人才的公共服务平台。

四、2019 年主要工作思路与措施

2019 年是新中国成立 70 周年，也是高水平全面建成小康社会的关键之年。浙江省将全面贯彻党的十九大、中央经济工作会议和浙江省第十四次党代会、浙江省委经济工作会议精神，继续坚持新发展理念，按照高质量发展要求，聚力数字经济"一号工程"，努力营造最佳营商环境，激发市场主体活力，着力突破核心技术，持续推动软件"铸魂"工程，加快先进制造业与软件和信息技术服务业深度融合，培育产业发展新动能，推动软件产业发展迈上新台阶。

（一）实施核心技术攻关

一是支持新兴领域操作系统研发，鼓励企业积极参与国家重大专项。支持云计算操作系统和移动智能终端操作系统的攻关，研发云端一体的物联网操作系统。二是突破前沿领域技术。重点发展云计算服务器的芯片设计技术，提高应用软件的稳定性和性能，解决核心数据库的高可靠性问题。推进人工智能算法研究，支持在计算智能、感知智能、认知智能等领域自主研发应用算法。三是开展金融业关键基础设施安全可靠试点，加快重点领域的高端软件攻坚，逐步提高国产软件在应用生态中的占比。

（二）营造产业发展环境

一是积极探索面向高级技术人才的差异化人才政策，加强对高端人才的扶持。二是高起点谋划、打造"直通乌镇"全球互联网大赛等系列活动，推动更多国内外数字经济优势企业、人才、项目落户浙江省。三是加大力度开展数字经济重大项目招商引资，推进企业培育与扶持，实施"凤凰行动""雄鹰行动"和"雏鹰行动"。打造一批细分领域的隐形冠军企业，培育壮大一批独角兽企业。

（三）加快发展载体建设

加快杭州市国际级软件名城建设的步伐，加速软件与硬件、内容与终端、应用与服务的一体化整合，形成具有杭州特色、国际领先的软件产业体系。推进宁波市特色型中国软件名城创建，围绕宁波市制造业优势，大力发展嵌入式软件和信息技术服务业。进一步提升产业基地发展能级，加快重点企业、项目的引进和培育，提升产业创新能力，不断加强产业集聚效应。

（四）推进产业发展提质增效

全面推进软件创新能力提升行动。健全企业主体、市场导向、应用牵引、协同创新的技

术创新体系，加快软件企业向云服务转型。加快推进工业技术软件化行动。面向汽车、机械、轻工、纺织、服装、石化、医药等重点行业，培育一批优秀工业 App 和工业软件化应用解决方案，并在行业、集群内推广应用，力争 2019 年培育万款工业互联网 App。推动先进制造业与信息技术服务业深度融合，提升发展生产性信息技术服务业，发展数字化服务型制造。

（五）培育产业新动能

顺应软件产品"服务化"发展趋势，鼓励基于互联网的平台型产业和分享经济的发展，加快培育新业态和新模式，形成信息消费新热点。发展 5G、大数据、智能应用、虚拟现实、移动 App 等新型在线运营服务。加快区块链技术创新应用，开展优秀案例征集，推广一批典型应用。出台加快数字创意产业发展的政策，推动数字创意产业培育和发展，大力推进人工智能在各行业的融合应用。

2018年安徽省软件和信息技术服务业发展概况

2018年,安徽省软件和信息技术服务业持续平稳较快发展,产业规模不断壮大,质量效益同步增长,产业聚集发展态势凸显,产业政策环境不断创新,软件企业活力进一步激发,中国声谷建设深入推进,软件和信息技术服务业发展水平进一步提升。

一、基本运行情况

2018年,安徽省软件和信息技术服务业完成软件业务收入456.1亿元,同比增长33.7%。其中,软件产品收入192.5亿元,同比增长48.7%;信息技术服务收入181.6亿元,同比增长8%;嵌入式系统软件收入67.2亿元,同比增长54.8%。软件外包服务收入5.3亿元,同比增长18.2%;软件业务出口8442万美元,同比增长3%。年营业收入超过500万元的企业有336家,比2017年新增67家。从业人数7.5万人,同比增长32.6%。

二、主要发展特点

(一)重点企业数量快速增长

2018年,安徽省软件企业营业收入1亿元以上的企业突破100家,其中软件业务收入1亿元以上的企业有84家,比2017年新增23家,5亿元以上的企业有21家,10亿元以上的企业有5家,分别是科大讯飞、四创电子、继远软件、安徽电信工程、阳光电源。科大讯飞实现营业收入79.2亿元,同比增长45%。科大讯飞入选2018年中国软件业务收入前百家企业第32位,比2017年提升18位。上市软件企业共计8家,华米科技在美国纽约证券交易所成功上市,成为中国首家在美国上市的智能可穿戴公司,2018年华米科技实现收入36亿元,同比增长76.2%。

(二)重点领域保持领先

科大讯飞智能语音占全球中文智能语音应用市场的80%,语音识别准确率超过95%。2018年,科大讯飞获得语音合成、语音识别、阅读理解、机器翻译等12项世界高水平大赛冠军,在人工智能,特别是智能语音领域,继续在业界保持领先。2018年,华米科技智能手环出货量达到了2750万台,比2017年增长了51.9%,出货量全球第一,发布了全球第一款智能穿戴人工智能芯片"黄山1号",发射了第一颗智能穿戴无线搜救卫星"华米星"。美亚光电色选机成为行业标杆,产品远销近100个国家和地区。继远软件、继远电网、科大智能等在电力自动化、配电网自动化等领域国内领先,是国家智能电网建设的重要力量。

(三)产业盈利能力保持稳定

2018年,安徽省软件企业实现利润总额63.1亿元,同比增长17.7%;税金总额23.3亿元,同比增长 16.3%。销售利润率 11.5%,软件业务利润率 20.1%,税金贡献率 4.1%。行业资产负债率 48.7%,比 2017 年上升 1.2 个百分点。人工成本不断上升,从业人员工资总额 76.6 亿元,同比增长 46.6%;年人均报酬 12 万元,比 2017 年上升 1 万元。研发投入增长较快,企业创新活力持续增强,2018 年全行业研发投入比达到 8.3%,比 2017 年提升 1.3 个百分点。

(四)产业集聚优势明显

安徽省依托各地优势,突出发展特色,加快产业集聚。合肥市积极打造智能语音和人工智能产业集群,2018 年合肥市软件产业收入同比增长 37.7%,占安徽省产业规模的比重达 81.8%。芜湖市动漫游戏、文化创意、现代物流产业集中区,马鞍山市电子商务、软件服务外包产业集中区,安庆市筑梦新区产业园,铜陵市智能交通应用软件集中区各具特色,构成了沿江软件产业城市集聚带。2018 年合肥、芜湖、马鞍山 3 市软件产业规模占安徽省总量的 93.5%。

(五)中国声谷建设快速推进

围绕"一核、两区、多园"的规划部署,中国声谷持续打造产业环境,积极引进龙头企业,大力培育本地企业,推进智能语音及人工智能在软硬件终端、服务业、智能制造等领域中的应用。2018 年,中国声谷产值 650 亿元,入园企业 430 家,积极推进企业投资项目建设,征集中国声谷投资项目 637 项,总投资 139.5 亿元,下达 6.72 亿元专项资金,支持 350 个技术创新及产业项目建设,翻译机、会议速记本、智能鼠标、智能机器人、翻译手机等一批软硬一体化智能终端产品相应生产上市。加强龙头企业招商,新华三、金山软件、浪潮、Nuance、商汤科技等一批龙头企业入驻,跟进在谈项目超过 200 个。推进公共服务平台建设,人工智能开放服务及产业支撑平台开发团队总数超过 83 万家,应用产品总数超过 51 万件,平台生态孵化团队数超过 3800 家。产品研发、招商引资、平台建设、示范应用等方面成绩显著,国内主流媒体聚焦中国声谷累计报道 265 篇,其中新华社深度报道 4 篇、央视两会连线报道 2 次,中国声谷成为安徽省发展的一大新亮点。

(六)推动信息消费发展,积极拉动经济增长

制定落实政策措施,出台《安徽省人民政府关于进一步扩大和升级信息消费持续释放内需潜力的意见》(皖政〔2018〕20 号),引导合肥、芜湖、淮北、池州、黄山等地出台奖补措施。开展信息消费创新产品推荐工作,评选第六批信息消费创新产品 120 件,累计评选 436 件,以加强供给、引领产业升级。狠抓消费体验,开展"信息消费城市行"活动,评选第四批信息消费体验中心,累计认定信息消费体验中心 186 家,涉及智能硬件、智能制造、服务平台、文化创意、创客空间,形成了良好的信息消费氛围。华米信息、药博商城、科杰粮保、时代出版、安徽通服 5 个项目入选全国 100 个信息消费示范项目。

(七)加强行业管理,推动产业合作

贯彻落实国家关于软件企业的税收减免政策,积极做好软件企业所得税和软件产品增值税减免政策宣传和落实工作,85 家软件企业获得所得税减免;面向安徽省软件企业举办政策培训会,组织开展税收优惠、产业扶持、前沿技术、统计监测培训,安徽省近 300 家企业参加。举办中国声谷北京、天津招商推介大会、智能家居行业推介会,召开 2018 中国(合肥)

人工智能产业发展大会,举办首届世界声博会、第一届国际智能语音及人工智能产品创新大赛,组织"中国声谷"参加世界智能大会、世界制造业大会、中国国际工业博览会、国际软件产品和信息服务博览会,搭建产业展示和合作交流平台。

三、存在的问题

安徽省软件和信息技术服务业近几年增长较快,但总体规模和发展水平与发达省份相比仍有很大差距。一是基础领域创新能力不足,产品以应用软件为主,基础软件、工具软件、高端工业软件、高附加值产品占比小,软件核心技术存在"卡脖子"问题,产业结构尚待调整;二是缺乏竞争力强的园区和领军型企业,带动能力强的龙头企业、知名软件企业不多,承载能力强、优势突出的产业集聚区(园区)发展不足。三是人才支撑不足,领军人才、高端人才、复合型人才比较缺乏,软件开发技术人员需求较大,难以满足软件产业发展对各层次人才的需求。

四、2019年目标和形势展望

展望 2019 年,以数字经济为代表的新经济将成为发展新动能,供给侧结构性改革推动产业结构转型升级,扩大和升级信息消费有助于培育壮大经济增长新动能,促进释放内需潜力。"软件定义"已经成为新一轮科技革命和产业变革的重要方向,新一代信息技术加速渗透经济和社会生活的各个领域,对软件和信息技术服务产业的需求持续强劲,产业发展进入融合创新、快速迭代的关键期,产业整体将保持平稳健康发展态势。从安徽省内看,产业政策环境持续改善。制造强省、数字经济、云计算、大数据、人工智能等激励政策积极效应逐步显现,中国声谷建设加快推进,为软件和信息技术服务业带来新的发展机遇,将助推安徽省软件和信息技术服务业更稳、更快发展。

发展思路:贯彻"软件定义世界",实施软件"铸魂"工程,大力推进"名品、名企、名园、名城"建设,积极推进人工智能与实体经济融合,培育龙头企业,促进产业集聚,实现软件和信息技术服务业快速发展。

五、2019年主要工作

(一)大力实施软件"铸魂"工程

着力推进企业面向人工智能、5G、大数据、自主可控等新领域,实施新技术、新产品、新业态、新模式创新。

(二)积极推进"中国软件名城"创建

推进合肥"中国软件名城"创建,加快合肥软件园、芜湖动漫产业园、马鞍山软件园等一批重点园区建设。推进安徽省软件和信息技术服务业聚集发展。

(三)加快建设"中国声谷"

以核心技术和前瞻性技术为抓手,大力支持"中国声谷"龙头企业开展语音合成、语音识别、机器翻译、深度学习等核心技术创新,保持国际领先地位。引进一批龙头企业,着力培育中国声谷小巨人企业，形成产业化聚集效应，打造先进制造业集群。

（四）创新发展智能写作产业

建设智能写作公共创新服务平台，支持企业开发智能写作软、硬件产品，推进智能写作产品示范应用，吸引产业链上下游企业在安徽集聚。

（五）推动制造国产自主可控计算机

以中国声谷为依托，通过整合资源、自主创新、招商引资等途径，建立较完善的自主可控计算机产业体系，逐步实现进口计算机的国产化替代，形成国家重要自主可控计算机产业集群。

（六）鼓励创建产品体验消费中心

支持民营企业运用软件、互联网、人工智能等新一代信息技术打造产品体验消费中心，增强消费体验，培养消费者新兴消费习惯，促进企业产品消费。

（七）持续完善软件产业发展环境

进一步落实国家促进软件产业发展的各项政策措施，制定出台安徽省支持软件产业发展的有关政策。积极谋划一批大型软件项目，争取国家政策支持。

2018年福建省软件和信息技术服务业发展概况

一、基本运行情况

从产业规模来看，2018年以来，福建省着力优化存量、挖掘增量，在扶持重点企业的同时，不断培育新动能，龙头骨干企业持续壮大，纳入统计企业数量快速增长。福建省软件和信息技术服务业实现平稳较快增长，2018年实现软件业务收入2890亿元，同比增长16%。全年新增16家国家两化融合管理体系贯标试点企业，累计达112家。截至2019年1月，福建省启动贯标企业2529家，通过贯标评定企业1074家，占全国的26.1%。

从区域分布来看，福州、厦门软件业务实现持续较快增长，东部沿海地区软件园区聚集效应明显。2018年福州软件业务收入达1339亿元，厦门软件业务收入1469亿元，两市合计占福建省软件业务总收入的97.2%。省市合力将名城指标做深做实，历经几年创建，福州于2018年4月荣获工业和信息化部授予的全国首个"中国软件特色名城"称号，厦门于2019年3月获批"中国软件特色名城"，成功打造"中国软件特色名城"双子星格局。

从企业发展来看，骨干企业创新能力进一步提高，企业竞争力进一步增强。星网锐捷等3家企业入选软件业务收入前百家企业；网龙等4家企业入选综合竞争力100强；美图等6家企业入选中国互联网企业100强；瑞芯微等7家企业荣登中国企业创新能力1000强榜单；顶点软件入围上市公司无形资产百强；瑞芯微和雷迅科微获评"中国芯"；百宏聚纤等4家企业入选2018年全国制造业与互联网融合发展试点示范；厦门云知芯等4个企业项目获评工业和信息化部2018年人工智能与实体经济深度融合创新项目。软件和信息技术服务业企业研发投入比重不断提高，研发经费投入占业务收入的11%以上，福昕、瑞芯微等企业的研发投入高达20%左右。福建省通过信息系统集成资质一级认证的企业有11家、二级认证的企业有32家，通过国家信息技术服务标准（ITSS）认证的企业有21家。近40家企业产品或技术在应用软件、移动互联网等细分领域处于国内外领先地位。上市的软件企业累计超过150家（含新三板）。

二、存在的主要问题

（一）产业跨界融合程度仍然不够

虽然软件和信息技术在传统产业的应用逐步提升，但跨界融合应用的广度和深度还不够。软件和信息技术企业对传统行业业务知识、数据、生产方式、工艺流程等积累不足，与实际业务结合不够紧密，特别是在工业软件、工业互联网领域，工业技术和软件信息技术资源共享、融通发展、技术突破等方面还存在较大困难。针对特定工业场景的工业App、软件体系架构等技术供给仍较薄弱，缺少成熟的商业模式和解决方案。

（二）信息化项目造价评估机制缺失

目前，软件和信息化项目成本度量和测算方法不完善，导致软件和信息技术服务企业在项目合同、招标、申报、结算等过程中问题频出。由于软件和信息技术服务企业轻资产的特点，融资时缺少抵押物，导致贷款困难。且软件产品易于复制，国内知识产权保护仍不到位，软件和信息技术服务的价值与市场价格不匹配，影响了福建省软件和信息技术服务企业的快速发展。

（三）软件和信息技术服务人才供需不平衡

目前，福建省软件和信息技术服务业人才缺口较大，省内高校软件人才供给不足，省外人才引进困难，具备信息技术和制造业经验的跨界复合型人才比较匮乏，成为福建省软件和信息技术服务业高质量发展的一大瓶颈。很多软件和信息技术企业为了满足高端人才需求，需在北京、上海、广州等地设立分公司，给企业增加了成本负担。

三、主要工作措施

（一）出台用电优惠政策

2018 年，福建省首次出台软件企业电价优惠扶持政策，对软件园区内的软件和信息技术服务业企业及软件园区外软件业务年收入 2000 万元以上的软件和信息技术服务业企业，符合电价优惠条件的，由福建省电力公司负责兑现和落实大工业电价等优惠政策。截至 2018 年年底，共有 6 批次 56 家软件企业符合用电优惠条件。

（二）落实税收优惠政策

加大软件和集成电路设计企业退税优惠政策的宣贯力度，做到应退尽退，助力企业减轻税负，扶持企业快速发展。

（三）加强行业自律

引导、鼓励软件企业参与福建省软件行业协会开展的"双软评估"，提高软件产品质量、知识产权、市场竞争、企业管理等工作的科学性和规范性，推进软件企业科学管理，提升竞争力，实现效率变革。2018 年福建省共有 128 家软件企业和 303 件软件产品通过评估。

（四）强化人才队伍建设

依托大赛、招聘会和动漫节等平台，选拔、培养软件和信息技术服务业人才。举办第八届海峡两岸信息服务创新大赛暨第十二届福建省计算机软件设计大赛，共有 1700 多支队伍参加该大赛，上万名学生参与了 10 场 IT 人才专场招聘会，300 多家企业提供了 6830 个就业岗位，成功对接 986 名人才；举办第十一届厦门国际动漫节，2662 部动画作品参加了"金海豚"大赛。举办首届福建省工业控制系统信息安全攻防大赛和安全技术论坛；举办首届工业控制系统信息安全人才培训班，参训学员超过 300 人。

2018年江西省软件和信息技术服务业发展概况

2018年，江西省软件和信息技术服务业以产业园区为载体，以市场驱动、创新支撑、融合发展为主线，聚集创新人才，搭建服务平台，聚焦重点领域，实施重大项目，产业发展质量和效益进一步提高。

一、基本运行情况

2018年，江西省软件和信息技术服务业实现软件业务收入153亿元，同比增长40.4%，其中，软件产品收入82.2亿元，同比增长117.8%；信息技术服务收入67.1亿元，同比下降3.9%；嵌入式系统软件收入0.9亿元，同比增长3.9%；软件业务出口0.7亿美元，同比下降23.9%。江西省软件产业实现利润19.1亿元，软件从业人员2.8万人。

二、产业发展特点

（一）重点企业支撑作用突出

2018年，江西省软件产业共有35家企业实现主营业务收入超过1亿元，相比2017年增加8家，占江西省软件产业主营业务收入的79.6%，其中，先锋软件股份有限公司、捷德（中国）信息科技有限公司、江西省广播电视网络传输有限公司、思创数码科技股份有限公司4家企业实现营业收入超过10亿元，江西贪玩信息技术有限公司实现营业收入超过30亿元。

（二）特色园区集聚效应凸显

南昌高新区发挥国家服务外包示范区品牌优势，国家级金庐软件园产业集聚效应明显，吸引了微软、IBM、甲骨文、谷歌、东软、用友、百度等一大批国内外知名企业入驻，集聚了80%以上的软件企业，形成了以服务外包、高端嵌入、应用软件、游戏动漫等为重点的软件产业带，成为江西省软件产业发展的主体经济区。

南昌作为江西省打造虚拟现实产业高地的排头兵，集聚了江西省80%以上的虚拟现实企业，南昌虚拟现实产业基地积极招商引资，已落户世界500强企业3家（联想、微软、阿里巴巴）、国内500强企业3家（欧菲光、紫光、海康威视）、行业龙头企业2家（HTC、中国网库）、国家级重点实验室1个（北京理工大学），集群态势初显。

（三）虚拟现实品牌初步确立

2016年年初，南昌市政府召开了中国（南昌）虚拟现实（VR）产业基地全球发布与推介会，打响了全国虚拟现实科技产业基地建设的"第一枪"，启动了全球首个城市级虚拟现实产业规划，江西省虚拟现实产业发展步入快车道。2018年10月19—21日，江西省政府与工业和信息化部在南昌共同主办了2018世界VR产业大会，中共中央总书记、国家主席、中央军委主席习近平向大会致贺信，全国政协副主席卢展工到会并宣读贺信。全球VR领域专家、企业、高校、研究机构和行业协会共5000多名代表齐聚南昌，共享盛会。工业和信息化部与江西省政府签署《关于共同推进南昌虚拟现实产业发展战略合作协议》，重点在引领技术创新、培育产业基地、加强应用师范、搭建合作平台等方面给予江西省大力支持。大会期间，有157个VR产业项目和协议达成合作意向，总投资达到631.5亿元。江西省通过举办2018世界VR产业大会，积极抢抓新一轮科技革命和产业变革的历史机遇，加快构建产业有规模、创新有能力、产品有特色、行业有地位的VR产业格局，奋力打造VR产业"江西高地"，努力实现"江西让VR更出彩"。

（四）大数据产业发展迅速

上饶、抚州、赣州、赣江新区等地有关数据中心、平台和基地发展迅速，其中，抚州以云计算数据中心等项目为核心创建了省级数字经济产业基地，鹰潭依托泰尔物联网研究中心启动了江西省铜产业大数据中心建设，赣州的中国稀金谷特色产业大数据中心平台已上线运营。上饶市加快了省级大数据产业基地建设，还与阿里巴巴等企业分别就大数据学院、大数据交易中心等签约了10个大数据重大项目。与此同时，宜春智慧经济特色小镇、江西移动临空数据中心等一批重要平台和重大项目得到积极推进。此外，在工业和信息化部大数据发展试点示范项目和优秀案例申报上也实现零的突破，上饶市普适科技有限公司的江西省高考"选志愿"平台，入选工业和信息化部2018年大数据产业发展试点示范项目。江西电信信息产业有限公司的"基于全民健康信息平台大数据的精准医疗AI服务整体解决方案"入选全国百家大数据优秀案例。此外，在中国信息协会主办的主题为"以大数据为支撑，提升政府管理和治理能力现代化"的2018中国政府信息化大会上，抚州市建设的智慧城市门户——"江西的抚州"App产品荣获案例创新奖。

三、面临的问题和主要矛盾

（一）人才问题仍较突出

一是人才结构不够合理，高层次的专业技术人才、领军人才、管理人才、实用型人才较为缺乏。二是人才吸引力较低，目前江西省适宜软件人才发展的环境还有待加强，高端软件人才来赣发展的意愿较低，江西省培养的软件专业类大学生大部分也都去沿海发达省市就业。三是高校教育与企业发展需求契合度不够，高校教育知识技能不能很好地适应产业技术要求，应届毕业生缺乏有效的实践锻炼。

（二）产业整体规模偏小

江西省软件产业主营业务收入增速达到了24.9%，增速位居全国前列，但总量较低，只占中部6省软件主营业务总收入的7.1%，远未达到平均水平，仍需要加快发展。江西省主要软件企业集中在省会南昌市，其他设区市软件产业总量很小、企业数量很少。

（三）创新发展步伐偏小

资源整合、技术迭代和优化能力弱，缺乏创新引领能力强的大企业，生态构建能力亟待提升。国际市场拓展能力较弱，国际化发展步伐急需持续加快。

（四）政策支持力度较弱

江西省在资金投入、企业培育、公共服务上并未出台软件产业扶持政策，也没有软件产业扶持资金，对企业扶持力度偏弱。

四、2019年发展展望

（一）行业应用软件

围绕农村、城市、社区、物流信息化等工程建设，重点推进软件技术在交通、电力、电信、教育、医疗等领域的深度应用。

（二）工业软件

围绕工业转型升级，培育新动能，重点推进嵌入式软件及系统、企业管理软件、基于北斗卫星的地理信息系统软件等大型应用软件、工业软件及行业解决方案等研发和应用。

（三）VR应用软件

利用世界VR产业大会在江西省南昌市举办的契机，积极引进国内外VR龙头企业，重点打造VR产业互联网生态圈，推动VR在教育、动漫、影视、人工智能、旅游、政务等方面的应用。

（四）软件服务外包

围绕全球服务外包业务的拓展，重点推进服务外包业务向价值链高端延伸，重点发展人力资源、公共信息、呼叫中心等服务外包，不断优化信息技术外包、商业流程外包、知识流程外包等业务结构。

（五）信息系统集成服务

围绕软件产业向网络化、服务化、平台化转变的趋势，重点推进系统设计、集成实施、系统运维等全业务流程服务，进一步推广应用信息技术服务标准（ITSS），鼓励相关企业依据自主标准建立服务能力体系。

五、2019年主要工作

（一）筹办好2019世界VR产业大会

江西省将举全省之力，精心筹备、周密安排，拟邀请国内外知名专家、研究机构和主导企业参加，全力打造国际化、专业化、品牌化、大众化的全球虚拟现实产业顶级盛会，力求大会进一步办出特色、办出水平、办出影响。

（二）积极培育壮大VR产业

一是推动成立由江西省政府主要领导担任组长的江西省VR产业发展领导小组，组织召开领导小组会议，统筹研究解决产业发展有关重大事项。二是制定出台促进VR产业发展的升级版政策。在 2018 年出台的《加快推进虚拟现实产业发展若干措施》（赣府厅〔2018〕96 号）的基础上进一步加大支持力度，打造国内 VR 领域最具吸引力的政策措施。三是编制产业五年发展规划和行动方案及 2019 年工作要点。按照"高质量、高水平、高标准"的要求，编制江西省 VR 产业发展五年规划和行动方案，指导江西省通过五年的努力，将江西省 VR 产业打造成千亿元产业。四是成立 VR 产业专家咨询委员会。建立定期专家会议制度和重大事项专家咨询制度，为产业发展、政府决策、创新中心建设等提供咨询。五是提升发展平台。重点推进中国（南昌）虚拟现实产业基地建设，加快建设"四大中心、四大平台"。提升 VR 创新中心、VR 体验中心、VR 展示中心、VR 云中心"四大中心"水平，支持省级 VR 制造业创新中心运营，积极创建国家级虚拟现实制造业创新中心；突出实操功能，提升 VR 资本平台、VR 教育平台、VR 标准平台、VR 交易平台"四大平台"水平，打造引领和推动世界 VR 产业发展的示范平台。

（三）推动软件产业保持健康发展

抓好产业运行调度，认真完成软件产业统计监测月报、年报工作，及时掌握行业动态和发展趋势，加强行业指导，贯彻落实国家扶持软件产业发展的有关政策。

（四）强化大数据统筹发展

一是重点推进大数据产业集聚区建设。继续推进上饶省级大数据产业基地建设，重点支持抚州加快省级产业基地建设，引导宜春、赣州等其他设区市，建设和形成一批大数据产业集聚区。二是加快区域性行业大数据中心建设。在深入推进宜春锂电新能源省级大数据中心建设的基础上，推动赣州、鹰潭铜产业、稀土、钨业等区域性行业大数据中心建设，充分发挥大数据对传统行业的推动和提升作用。三是推进江西省大数据项目建设。加大力度征集大数据优秀产品和应用解决方案，组织全国试点示范项目申报，为江西省同行业和企业提供推广借鉴。针对大数据资金扶持、国家试点示范、国家优秀产品及应用解决方案项目等，加强调度管理，切实推动项目建设取得实效。

（五）加强企业宣传合作

一是组织江西省内知名软件企业积极参加 2019 第二十三届中国国际软件博览会及 2019 第十七届中国国际软件和信息服务交易会，推动企业了解、掌握行业最新前沿技术和发展趋势，增进对外交流合作。二是积极参加其他部门牵头举办的涉及软件企业的展览展示、创新大赛等各种交流合作活动，增强软件业在其他行业领域内的影响力。

2018年山东省软件和信息技术服务业发展概况

2018年,山东省软件和信息技术服务业积极应对宏观经济稳中有变和转型发展中的诸多挑战,紧紧把握产业发展趋势,扎实推进各项工作开展,软件和信息技术服务业发展平稳向好,主要经济指标较快增长,部分新兴领域增势突出。

一、基本运行情况及特点

(一)总体运行持续向好,主要指标较快增长

2018年,山东省软件和信息技术服务业纳入统计企业共4124家,比2017年增加383家,同比增长10.2%。全年实现软件业务收入4949亿元,同比增长16.9%。2018年,山东省软件业实现出口7.1亿美元,其中,外包服务出口2.5亿美元,嵌入式系统软件出口3.4亿美元。山东省软件业从业人员年末数为60.8万人。

(二)产业结构不断优化,新兴领域特色突出

2018年,山东省软件产品实现收入1690亿元,同比增长5.6%,比软件业务收入增速低11.3个百分点,占全行业收入的比重为34.1%。其中,基础软件实现收入436.6亿元,工业软件实现收入194.5亿元,移动应用软件(App)实现收入44.5亿元。信息技术服务实现收入2115亿元,同比增长12.3%,在全行业收入中的占比为42.7%。其中,云服务、数据服务、电子商务平台、集成电路设计分别实现收入268亿元、180.2亿元、214.9亿元、54.9亿元。信息安全产品实现收入148.5亿元,其中工控安全产品实现收入12.6亿元。嵌入式系统软件实现收入995.9亿元,同比增长33%,占山东省软件业务收入的20.1%,其中智能车载设备实现收入11.9亿元,服务消费机器人制造实现收入15.8亿元。

(三)产业集聚效应凸显,企业实力不断提升

2018年,济南、青岛两市共完成软件业务收入4644亿元,占山东省总规模的93.8%,比2017年提高4.1个百分点。重点企业方面,海尔集团、浪潮集团、海信集团、东方电子集团、山东中创软件工程股份有限公司5家企业入围2018年(第17届)中国软件业务收入前百家企业,其中,海尔集团、浪潮集团、海信集团分列第3、第5、第8位,分别实现软件业务收入510亿元、244亿元、150亿元。

二、2018年主要工作情况

(一)强化示范带动,推进软件产业载体建设

2018年,山东省新培育省级软件产业园区3家,并对2015年之前认定的省级软件园区进行了考核。考核完毕后,山东省共有省级以上软件产业园区21家,其中国家级软件园区2

家，省级软件园区 19 家。到 2017 年，产业园区共完成基建及配套服务设施建设 2700 万平方米，规划总建筑面积 3500 万平方米，入园企业超过 5000 家，园区软件业务收入约占山东省软件业务总量的 70%左右。

（二）强化高端引领，支持高端软件产业发展

2018 年，山东省出台了《关于支持首版次高端软件加快推进软件产业创新发展的指导意见》（鲁经信软〔2018〕2 号），对首版次高端软件发展进行了总体设计；编制下发了《山东省首版次高端软件指导目录（2018 年版）》（鲁经信软〔2018〕120 号）。分两批组织了首版次高端软件申报工作，67 个软件通过评审并正式向社会公布。新培育 10 家省级软件工程技术中心，累计培育省级软件工程技术中心 125 家。

（三）强化政策扶持，开展首版次保险试点工作

经多方协调争取，确定对于首版软件投保有关保险，山东省财政按不高于 3%的费率上限及实际投保年度保费 80%的比例，给予单家企业年度最高 200 万元的保费补贴。组织编制《山东省首版次高端软件保险服务手册》，召开山东省首版次软件工作推进会，2018 年山东省共有 19 家企业 34 个产品投保"软件首版次质量安全责任保险""云计算服务责任保险"，合同保费共计 1952 万元，财政预算补助资金 1558 万元，预计带动新产品和服务销售收入超过 6 亿元。

（四）推动融合创新，大力推进大数据产业发展

提升大数据产业与实体经济的融合创新能力，推进产业集聚式发展，2018 年新培育省级大数据产业集聚区 4 个、省级大数据重点骨干企业 20 家、省级优秀大数据产品和解决方案 40 个。9 个项目入围工业和信息化部 2018 年大数据产业发展试点示范项目，浪潮云服务、山大地纬社保大数据、众阳软件健康医疗大数据等一批具有较强市场竞争力的大数据产品和服务向社会推广。

（五）强化产用对接，大力拓展国产软件市场

编印《山东省电力行业优秀软件产品和解决方案汇编》，征集纳入 116 个电力行业优秀软件产品或应用解决方案。在威海举办了"国产优秀工业软件产用对接暨山东省电力行业软企合作对接会"，30 家软件企业和 100 家电力企业参与对接，市场反响良好。

（六）强化交流合作，优化产业发展环境

一是成功组织第二届山东新动能软件创新创业大赛，联合举办第二届"山东新动能·软件创新创业大赛"，全国 21 个省（直辖市、自治区）的 60 余所高校、87 个创客及单位团队共计 500 余名用户报名参赛，收到作品 412 个。二是认真做好 ITSS 符合性评估推进工作。山东省通过 ITSS 各类符合性评估的企业共有 147 家，其中，运行维护企业共 141 家，咨询设计企业 4 家，云服务企业 2 家。

（七）强化政策宣贯，积极做好所得税优惠核查工作

组织企业增值税、所得税优惠政策申报业务专题培训，认真组织开展软件企业享受所得税优惠政策核查工作，切实保障政策落地，这一政策惠及山东省 159 家软件企业。

（八）强化调研监测，准确研判行业运行态势

加大调查研究的力度，形成《山东省软件产业发展情况、问题及建议的调研报告》及《山东省工业软件发展调研报告》。做好软件和信息技术服务业统计运行监测，按照软件产业统计制度要求，完成月度、年度软件数据调度、整理、上报和审核。做好经济运行分析，及时追踪产业政策、行业动态、重点企业情况，全面梳理产业数据，及时发现产业发展中的苗头性、倾向性问题。

三、面临的困难和问题

山东省软件产业发展虽然取得一定成绩，但与先进省市相比还有较大差距：一是规模总量差距较大，前 4 位分别是广东省 10687 亿元、北京市 9537 亿元、江苏省 8862 亿元、浙江省 5200 亿元，山东省仅有 4949 亿元；二是产业结构仍需要优化，山东省信息技术服务收入占软件业务的比重为 46.3%，而广东省、北京市、浙江省的这一比例分别是 50.7%、63.1%、60%；三是产业质量有待提高，山东省软件产业利润率为 13.1%，低于全国 16.2%的平均水平，与浙江省（30.1%）、广东省（23.7%）的差距更大；四是龙头企业数量较少，缺乏像 BAT 这样顶尖的互联网企业，人才、资本等资源"外溢"不足，难以孵化出更多优秀的本土企业。原因主要是城市实力不足、高端人才缺乏、投融资体系不健全，以及业界、政界长期重硬轻软、对行业重视程度不足等情况普遍存在，山东省软件行业仍有较大增长空间。

四、下一步主要任务

（一）推进产业高端发展

狠抓《山东省新一代信息技术产业专项规划（2018—2022 年)》落地实施，大力发展大数据、云计算、人工智能、区域链等新兴产业及技术，进一步做大做强传统优势软件产业领域。继续落实《关于支持首版次高端软件加快推进软件产业创新发展的指导意见》，组织第三批首版次高端软件申报，推进 2019 年度首版次高端软件保险补偿，重点支持共性基础软件、战略性关键软件、前沿引领软件、高端应用类软件等核心领域，扩大国产软件市场空间，增强自主可控供给能力。

（二）提升产业赋能能力

引导软件企业围绕数控机床、工业机器人、大型装备等关键领域和流程优化、质量分析、设备维护、智能排产等应用场景开发投入，进一步发挥软件产业赋值、赋能、赋智作用，提升软件产业与制造业融合发展的能力。适时举办工业领域软件产业产用对接会，以用兴业促进软件产业发展，服务制造业转型发展。

（三）推进产业载体建设

支持济南市高水平建设中国软件名城，支持青岛市高标准创建中国软件名城；发挥济南、青岛等"名城"产业基础和资源禀赋优势，提升齐鲁软件园、青岛软件园等"名园"的产业聚集和承载能力，促进产业聚集创新提升，提高产业质量效益水平。适时认定一批省级软件产业园区，继续开展省级软件工程技术中心认定工作。

（四）继续优化产业环境

组织软件和集成电路设计企业所得税优惠政策宣贯培训，扎实推进所得税优惠备案核查工作，确保企业足额享受政策红利。围绕安全可靠产品替代需求，统筹建立安全可控产品体系，适时成立省级安全可靠产业联盟，有效整合资源、形成合力。继续组织"山东新动能·软件创新创业大赛"，激发创新活力，强化招才引智，多渠道培养和吸引高素质软件人才在山东省创业就业。

2018年河南省软件和信息技术服务业发展概况

软件和信息技术服务业是经济社会发展的基础性、先导性、战略性产业，对传统产业升级改造、构建现代工业体系、提升区域综合实力和竞争力，具有重要意义。2018年，河南省以《软件和信息技术服务业发展规划（2016—2020年）》为指导，以两化融合、"互联网+"、大数据等战略为驱动，积极推动软件产业稳步发展。

一、基本运行情况

（一）企业概况

2018年，河南省软件企业共800余家，纳入统计口径的软件企业177家，实现软件业务收入336亿元，同比增长9.8%。其中，软件业务收入超过5亿元的企业4家——中钢网（36亿元）、锐之旗（31亿元）、航天金穗（11亿元）、腾龙信息（5.4亿元）；软件业务收入超过1亿元的企业30家。上市企业49家，其中A股上市企业7家——辉煌科技、汉威科技、新开普、新天科技、光力科技、思维列控、许继电气；新三板上市企业42家。已授权的软件著作权数量为6248件。通过信息技术服务（ITSS）运维能力成熟度标准评估的企业46家，获得高新技术认定的企业127家。

（二）特色领域

一是信息安全，信大捷安在国内移动信息安全领域处于领先地位，形成了"安全芯片+安全终端+安全平台+安全服务"的全产业链条。山谷网安在政府机关网站安全监测和服务上处于领先地位，为党政机关、军工单位、电子商务和物联网企业提供网络安全一体化全程服务。二是图像识别，金惠计算机专注于图像智能识别技术，构建人工智能、大数据分析和行业解决方案，着力打造国内一流的以图像识别技术为核心的人工智能公司。三是应用软件，威科姆开发的中小学教育信息化平台及北斗授时系列产品全国市场占有率较高；新天科技已成为中国智慧能源、智能仪表及系统的行业龙头企业；思维列控是国内领先的轨道交通安全控制与信息化系统提供商；辉煌科技产品覆盖轨道交通电务、工务、机务、供电、运营等专业领域，成为轨道交通运维设备供应商及运营维护集成化解决方案提供商；腾龙信息、大方软件等在电力行业，捷安高科、蓝信科技等在轨道交通行业，神阳科技、宇通信息等在地理信息系统领域，华南医电、新益华等在医疗行业，航天金穗、航天信息在税务领域，都具有较强竞争优势。

（三）园区发展

河南省软件企业主要集中在郑州，以园区为载体，分布在高新区、金水区、郑东新区、经开区。高新区有IT产业园、国家863中部软件园、河南省大学科技园等园区，形成了以软件开发、服务外包、动漫游戏等为重点的产业基地。金水区有河南科技园区、金水科教园区、创意产业园等园区，形成了以软件开发、系统集成、信息安全、工业设计软件等为重点的产业基地。郑东新区有龙子湖大数据产业园，经开区有中兴产业园等园区，形成了以大数据、云计算等为重点的软件开发集聚区。

二、主要工作

（一）完善政策体系

一是以河南省政府名义印发《河南省进一步扩大和升级信息消费持续释放内需潜力实施方案（2018—2020年）》《河南省智能制造和工业互联网发展三年行动计划（2018—2020年）》《河南省支持智能制造和工业互联网发展若干政策》等，明确发展目标、主要任务和政策措施。二是运用河南省先进制造业发展专项资金，采用项目投资后补助方式，对软件和信息技术服务业重点项目予以支持。三是落实国家软件和集成电路产业企业所得税优惠政策，确保工作顺利推进。

（二）营造发展氛围

一是举办 2018 年软件企业相关政策培训会，宣传软件企业优惠政策。二是举办工业互联网与先进制造业国家高级研修班，宣讲制造业与工业互联网融合发展的产业政策、先进模式和典型案例。三是组织 2018 年国产工业软件优秀解决方案产用对接会，提升流程型工业企业信息化、智能化水平，为石化、化工及热电等流程工业企业提供个性化定制对接平台。

（三）构建支撑体系

一是由洛阳 863 软件孵化器有限公司等 20 余家企业发起，成立洛阳大数据产业联盟，聘请徐宗本院士担任首席科学家，联盟成立后，将利用自身优势，聚合产业势能，充分发挥政府与企业、企业与企业之间的桥梁作用。二是完善信息技术服务标准（ITSS）体系建设，为减少资源浪费、抑制恶意竞争，促进河南省信息系统运行维护服务健康有序发展，河南省组织编写了《信息系统运行维护服务成本度量规范》，现已发布。

三、存在的问题

（一）缺少龙头企业

河南省虽然在个别领域有全国知名企业，但大都规模较小，缺乏在国内具有突出影响力的龙头企业，尤其缺乏量大面广、能充分带动产业链发展的航母型企业。

（二）政策扶持力度弱

河南省软件和信息技术服务业比重较小，软件产业战略定位不高，政策体系不完善。从省到地市（郑州除外）产业扶持政策力度均不足，没有设立软件产业发展专项资金，对产业的服务管理职能弱化，同时存在对软件企业关注度不高、政策指导不清晰的问题。

（三）人才吸引力较低

目前，河南省对软件人才发展环境优化不足，没有制定针对软件人才培育、引进的专项政策。河南省每年培养的计算机专业类大专、中专和本科毕业生约 1.5 万人（与北京同属第一梯队），仅有 10%留在本地就业，绝大部分都到一线城市和沿海地区发展。河南省软件工程师月薪大多在 1 万元左右，约为北京、上海、广州、深圳等发达城市月薪的 1/3～1/2，因此导致高端人才引不进、本地人才留不住，给河南省软件产业发展带来极大困扰。

四、下一步工作

（一）加强产业政策引导

一是结合河南省实际，认真贯彻落实《财政部 国家税务总局 发展改革委 工业和信息化部 关于软件和集成电路产业企业所得税优惠政策有关问题的通知》（财税〔2016〕49 号）及工业和信息化部《软件和信息技术服务业发展规划（2016—2020 年）》等文件精神，出台符合河南省软件产业发展实际情况的战略规划、指导意见、行动计划等政策。二是设立软件产业发展专项基金。三是加快重点软件园区建设，优化工业软件发展环境，加大对工业软件发展和推广应用的支持。四是加快工业 App 和优秀解决方案的遴选，着重发展面向重点行业和重点领域的工业 App，并给予资金支持。五是构建工业 App 标准测试体系和公共服务平台。在汽车、智能装备等重点行业，支持工业软件研发企业和工业企业协同创新，完善行业解决方案并实现规模化应用。六是积极推进工业云、工业大数据等新型工业软件发展。在大数据、物联网、区块链、人工智能等新兴领域加大研发投入。

（二）强化河南省产业布局

河南省将进一步优化和提升软件产业布局。一是支持现有的园区做大做强。二是充分发挥河南省在信息安全、大数据分析等方面的优势，建设特色软件细分领域园区。三是布局地市新建一批软件产业园区，拓展河南省软件和信息技术服务业发展空间。四是加强创新应用，推动工业软件快速发展。

（三）推动软件产业高质量发展

提高软件产业的战略定位，营造软件产业发展的良好氛围。推动软件产业扶持政策和专项资金的出台。抓好先进产业集群建设，提升产业集聚发展能力。鼓励企业在云计算、大数据、工业互联网等新兴领域实现创新突破。支持软件企业与科研机构建立技术联盟，开展关键技术攻关和共性技术共享；鼓励互联网企业推进以用户应用为核心的行业应用和技术集成解决方案的研发与量产。

（四）加强人才培养和引进

制定针对软件人才的专项政策，以"人才+项目"的方式大力引进高端技术人才。依托河南省教育机构，加强与国内优秀教育资源的合作，提升人才培养质量。鼓励校企联合，创建人才实训基地，以"订单"模式培养实用型技术人才。

（五）支持郑州打造特色产业

依托河南省信息安全产业示范基地，建设以技术研发、应用推广、人才培育、示范引领为主的产业聚集区，打造完整的信息安全产业链和生态圈。

2018年湖北省软件和信息技术服务业发展概况

2018年,湖北省软件产业运行态势良好,软件业务规模持续增长,企业竞争力不断增强,产业向高质量发展的步伐加快。

一、基本运行情况

(一)产业各项经济指标保持较快增长

2018年,湖北省实现软件业务收入1792亿元,同比增长17%,高于全国平均增速5个百分点。其中,武汉市实现软件业务收入1775亿元,同比增长16.5%。湖北省实现软件业务出口2.5亿美元,同比增长11%。

(二)企业竞争实力不断增强

2018年,湖北省软件业务收入超过50亿元的软件企业由2家增加到3家,超过1亿元的企业由227家增加到258家。武汉邮电科学研究院等4家企业进入"2018中国软件和信息技术服务综合竞争力百强企业"名单。武大吉奥等8家企业的大数据项目入选工业和信息化部"2018年大数据产业发展试点示范项目"。武汉深之度科技有限公司的deepin(深度)操作系统在硬件兼容上取得优异成绩,已完成龙芯、申威、兆芯等国产CPU的适配,目前累计下载量达到8000万人员,拥有33个国家和地区的105个镜像服务站点,是目前国产操作系统中最具竞争力的操作系统产品,荣获2018第二十二届中国国际软件博览会优秀产品奖。以武汉物易云通(司机宝)为代表的产业互联网企业发展迅猛,该公司营业收入2017年为3.3亿元,2018年迅速突破50亿元。

(三)载体环境不断优化升级

近几年来,湖北省、武汉市联合创建武汉中国软件名城,两级联动,出台一系列支持软件产业发展的政策,软件园区建设提速,为软件企业集聚和整体产业发展创造了良好环境。2018年8月,武汉中国软件名城创建工作以总得分107.4分的高分通过评估,在所有参加评估的城市中得分最高。武汉软件新城、光谷软件园、金融港加快发展;光谷生物城、未来科技城、东湖保税区等地软件园区初具规模;武汉国家网络安全人才与创新基地加快建设,思科、永信至诚等50多家国内外知名企业签约入驻;宜昌、襄阳、十堰等地特色软件产业园竞相发展,湖北省软件产业正以园区为载体,以武汉为中心,加速形成产业集聚发展的良好态势。

(四)扩大和升级信息消费成效明显

湖北省认真贯彻落实《国务院关于进一步扩大和升级信息消费持续释放内需潜力的指导意见》(国发(2017)40号),出台了《湖北省进一步扩大和升级信息消费持续释放内需潜力实施方案》(鄂政办发〔2018〕85号),强化政策引导,推进政务信息资源共享,增强信息产品和服务供给能力，不断拓展信息消费领域。2018年，湖北省网络支撑能力得到大幅提升，4G网络覆盖能力和质量位居全国前列，启动了湖北5G网络试验及规划建设，信息资源编目全国领先，信息产品和服务供给能力不断增强，奇米网络、威睿科技2家软件企业入选工业和信息化部2018年新型信息消费示范项目名单。

二、主要发展特点

（一）"互联网+"领域形成鲜明特色

继2017年小米、360、科大讯飞等24家炙手可热的互联网企业相继在光谷设立第二总部或研发中心，布局重大产业项目后，2018年，旷视科技、思特沃克、小红书、易点租、中国医疗器械总部、中诚信集团、中国信科集团、新思科技、尚德机构、小站教育、好巧网、考虫等知名互联网企业也纷纷入驻光谷，以光谷为总部或第二总部的知名互联网企业已达60多家。目前总部效应不断发酵，小米"第二总部"带来了庞大的生态链，"小米系"企业小米科技、金山软件、顺为资本"第二总部"扎堆落户光谷。一些"第二总部"在湖北如鱼得水，正悄然变身"第一总部"，国药器械、中诚信集团、尚德机构等5家知名企业，已经或计划将总部迁至武汉。

（二）国产自主可控技术应用迈出可喜步伐

2018年，国产安全可靠产品在办公场景下已实现从"产品可用"到"系统可用"的关键突破，产品技术水平进一步提升，产业生态格局初步形成。湖北省2013年开始国产化实验室建设，至2018年，已在武汉市洪山区、孝感市云梦县两个试点区域全面实现党政机关办公计算机及外设、网络设备、操作系统、办公软件、信息系统的完全国产化替代，积累了大量实践经验。深之度国产操作系统、烽火通信电子公文、华工安鼎邮件系统等已列入工业和信息化部自主知识产权产品推荐目录，正加快扩大试点应用范围，加快国产自主可控软硬件应用推广。

（三）开源社区助推工业互联网发展

2018年，湖北省积极推动工业App培育、工业技术软件化开源社区建设工作，打造制造企业与软件企业供需对接平台、工业App孵化平台、开源软件交流平台、专家在线咨询平台，降低工业软件开发成本，为智能制造提供公益性综合服务，积极服务于工业高质量发展，向智能化、高端化、服务化、绿色化迈进。2018年12月，湖北省政府召开了全省工业互联网发展推进大会，工业技术软件化开源社区演示版已上线试运行。随着相关政策落地实施，传统架构工业软件将向工业微服务、工业App转化应用，国产工业软件占比将不断提高，智能制造基础将得以夯实。

（四）信息技术服务能力不断提升

截至2018年年底，湖北省累计通过信息技术服务标准（ITSS）符合性评估企业达111家。赛迪智库《中国大数据发展指数报告（2018年）》显示，湖北大数据发展指数为42.1，居全国第8位，居中部地区第1位。武汉、襄阳、宜昌入选中国数字经济百强城市。

三、面临的问题和主要矛盾

2018 年，湖北省软件企业反映的主要问题是产业互联网有关政策落地难问题。个别地方政府仅重视产业互联网为当地带来的高产值、高税收，制定简单的税收奖励等招商政策，而产业互联网的健康发展对税务的合规性有严格要求，现实的税收政策在执行层面较难落地，无形之中阻碍了行业的可持续发展。伴随产业互联网的发展和《电子商务法》的实施，互联网平台客户的经营行为遍布大江南北，依托平台的"连接与汇聚"，税收可集中缴纳在平台所在地。作为平台生态的一部分，平台有义务将新生要素（客户）转变为合法的经营主体，并协助他们完成工商注册和纳税工作，尚需要税务主管部门主动研究、制定与产业互联网发展相匹配的政策。

四、2019 年目标和形势展望

软件是新一代信息技术的灵魂，国民经济各个领域对软件和信息技术服务业的需求持续强劲，软件产业发展已进入融合创新、快速迭代的关键期。2019 年湖北省在新型显示面板、5G、超大带宽光器件、激光通信光源、工业互联网等领域"关键核心技术"上正待取得突破或新进展；武汉智能汽车与智慧交通应用示范区、襄阳智能网联汽车测试项目，正带动移动互联网、物联网、汽车制造等相关产业发展；湖北省领先的北斗技术，将带来智能驾驶、智能路网、智能泊车的大变革。教育、文化、旅游、社保、养老等领域的跨地区、跨层级信息共享，将使百姓享受到更便捷的服务。强劲的市场需求将进一步拉动湖北省软件产业发展，2019 年产业整体将保持平稳、健康发展态势。

面对新的形势任务，湖北省将以高质量发展为统领，以"一芯两带三区"战略布局为主线，进一步优化发展环境，深化融合应用，壮大产业规模，加速推动湖北省软件和信息技术服务业提速进位。

五、工作措施及主要工作思路

（一）优化发展环境

贯彻落实国家促进软件和信息技术服务业发展的政策措施，研究制定软件产业发展行动计划。对重点任务落细、落小、条目化、项目化。落实软件企业享受所得税优惠政策。

（二）加快园区建设

充分发挥软件名城"金字招牌"作用，继续做好宣传，扩大影响，对接"四大国家级产业基地"和"十大重点产业"，与其他创建活动紧密结合、协调一致、相互促进，主动服务大项目、大企业、大产业，争取大发展。

（三）深化融合应用

推进互联网、大数据、人工智能与实体经济深度融合，围绕湖北省自主安全可控软件试点，加快应用推广。大力发展工业软件，做好湖北工业技术软件化开源社区运营规划，组织企业上线上平台，争取成为全国工业互联网典型示范应用。

（四）壮大产业规模

创新引领产业高质量发展，鼓励国家级和省级创新中心加大对基础软件、集成电路设计、工业互联网关键核心软件研发的力度，突破关键核心技术，拓展软件产业发展空间；壮大优势产业，支持产业互联网企业创新发展，培育1~2家在全国有影响力的产业互联网领域的龙头企业。

（五）加强标准建设

开展信息技术服务标准（ITSS）宣贯培训工作，鼓励更多企业贯彻执行ITSS，进行符合性评估。鼓励科研院所参与新一代人工智能、大数据、工业互联网国家标准和细分行业标准制定工作。

（六）做好服务保障

做好拟上市软件企业服务工作。为达梦数据库有限公司、深之度科技公司国家"核高基"重大项目提供贴身服务保障；召开湖北省软件企业政策宣贯会议。

（七）加强统计监测

结合信息消费、人工智能、数字经济统计方法，加强统计监测，掌握行业发展动态；做好软件和信息技术服务业月度、季度、年度统计分析工作，研究产业发展形势和问题，为领导决策提供参考。

2018年湖南省软件和信息技术服务业发展概况

2018年，湖南省软件和信息技术服务业发展呈现稳中向好的运行态势，产业结构继续优化，人才队伍不断壮大，产城融合发展迅速，骨干企业实力增强，创新能力成效显著。"互联网+"持续推进软件和信息技术服务业与各行业融合创新，培育形成一大批新产品、新模式、新服务、新场景和新业态，促进了消费转型升级。"智能制造"持续推进软件和信息技术服务业与制造业融合发展，加快供给侧结构性改革的步伐，促进新旧动能转化。数字经济带动软件和信息技术服务业发展，对经济增长的拉动作用明显。随着华为、360、阿里巴巴、京东、腾讯、58同城、中国长城、ETCP等国内行业龙头企业以园区、第二总部、众创空间的方式相继进驻湖南省，以及湖南省营商环境和产业政策的持续优化，企业上市融资的步伐加快，企业的市场竞争力逐步增强，产业协同生态圈逐步成形。

一、产业规模稳步增长

2018年，湖南省软件和信息技术服务业实现软件业务收入492.6亿元，同比增长8.3%。2018年湖南省软件和信息技术服务业发展指数为67.09，在全国排名第10位，在中部地区排名第2位，产业规模保持稳步增长。

二、产业结构继续优化

信息技术服务业规模超过软件产品成为产业重点，产业向网络化、服务化迅速转变。2018年，湖南省软件业务收入合计为492.6亿元，其中，软件产品收入179.8亿元，占软件业务收入的36.5%；信息技术服务收入191.7亿元，占软件业务收入的38.9%；嵌入式系统软件收入118.9亿元，占软件业务收入的24.1%。

三、人才队伍不断扩大

2018年，湖南省软件和信息技术服务业从业人员共7.2万人，比2017年同期增长2%。人才已经成为湖南省内产业发展的突出优势之一。一是人数多。湖南省作为人才大省，在人才储备方面有着得天独厚的优势，根据湖南省教育厅的统计，2018年湖南省普通高校毕业生再创新高，达到37万人，占全国毕业生人数的4.5%，其中56%的人员留在湖南省就业，80%的人员进入企业。二是底子好。湖南省在信息技术方面的院士数量处于全国前4位、中部地区第1位。依托以国防科大、湖南大学、中南大学等高校为主，以民间培训机构和企业认证培训为辅的软件和信息技术服务人才培训体系，湖南省培养了大量优秀人才，特别是国防科大和湖南大学相关专业研究生在就业市场上非常抢手。三是收入高。根据2016年湖南省统计局数据，湖南省内软件和信息技术服务业从业人员工资总额仅次于金融业，首次排第2位。四是政策好。"芙蓉人才计划""人才22条"等人才新政中明确了新一代信息技术类高端人才的引进计划,湖南省打造了 6 个国际影响力特色优势产业人才链,新一代信息技术为其中之一。加上湖南省相对低的房价,也促使人才返乡创业就业,软件和信息技术服务业已成为湖南省内人才流入率最高的行业之一。

四、产城融合发展迅速

2018 年,湖南省累计认定省级软件和信息技术服务产业重点园区 10 家,项目用地共计 10200 亩,总投资金额 722 亿元。软件和信息技术服务业营业收入合计 533.6 亿元,比 2017 年同期增长 22%,占湖南省内软件和信息技术服务业总营业收入的 70%;软件和信息技术服务业企业 6622 家,比 2017 年同期增加 13%。马栏山(长沙)视频文创产业园一期、湖南省检验检测特色产业园、58 小镇、星沙区块链产业园、娄底区块链产业园均开园运营,长沙区块链产业园在长沙信息产业园挂牌。长沙信息产业园、岳阳电子商务产业园、益阳中南电子商务产业园获批国家级电商示范基地。中兴通讯打造的中兴通讯终端(中国)运营管理、销售结算的总部基地已落成;华为入驻伟创力携手打造长沙智能制造产业园;清控科创控股拟投资 165 亿元在尖山湖国际创新中心区域打造清控(长沙)创新基地;威胜控股与高新区签订投资协议,打造威胜能源互联网产业园;中国长城总部及产业化项目启动,建设信息安全基地和军民融合基地;阿里巴巴中国智能骨干网核心节点项目打造的创新型产业新城在湘潭高新区落地。京东与湖南省人民政府签订战略协议,建设电子商务产业园、云计算大数据基地,无人车研发总部、长沙京东"亚洲一号"智能物流中心落户在望城,2019 年 5 月投入运营。2018 年湖南省软件和信息技术服务业部分重点园区发展情况如表 1 所示。

表 1 2018 年湖南省软件和信息技术服务业部分重点园区发展情况

园区名称	2018 年营业收入(万元)	2018 年企业数量(家)	总投资(万元)
长沙中电软件园	3600000	3647	800000
衡阳高新技术产业开发区	502856	97	723481
长沙(国家)广告产业园	470000	1935	183500
常德市武陵区移动互联网产业园	301000	55	79800
长海创业基地	250000	134	76000
娄底市移动互联网产业园	85000	140	130000
大汉·惠普软件(湖南)信息产业园	55000	278	100000
长沙芯城科技园一期	50000	249	96000
湘梦电商产业园	14318	67	35000
东江湖大数据产业园	8000	20	5000000
合计	5336174	6622	7223781

五、骨干企业实力增强

2018 年,湖南省软件和信息技术服务业营业收入超过 1 亿元的企业数量达 87 家,占软件和信息技术服务业总营业收入的 87%,是 2015 年的 2 倍。其中,营业收入 100 亿元的企业有 1 家,10 亿元以上的企业有 15 家,5 亿～10 亿元的企业有 6 家,1 亿～5 亿元的企业有

66 家（见表 2）。在"2018 年（第 17 届）中国软件业务收入前百家企业"名单中，株洲中车时代电气股份有限公司位列第 16 名。在"2018 年中国互联网百强企业"名单中，湖南快乐阳光互动娱乐传媒有限公司、拓维信息系统股份有限公司分别位列第 30 名、第 88 名。

表 2　2018 年湖南省软件和信息技术服务业骨干企业分类

序　号	营业收入总额	企业数量（家）	占总收入比重（%）
1	10 亿元以上	15	66
2	5 亿~10 亿元	6	4
3	1 亿~5 亿元	66	13
4	0.5 亿~1 亿元	78	4

2018年广东省软件和信息技术服务业发展概况

2018年,广东省软件和信息技术服务业以习近平新时代中国特色社会主义思想为指导,认真贯彻习近平总书记对广东重要讲话和重要指示批示精神,按照构建"一核一带一区"区域发展新格局的战略部署,加快建设制造强国、网络强省和数字经济强省。坚持创新驱动、应用带动、市场推动,紧抓粤港澳大湾区建设重大机遇,以重大项目、应用示范、骨干企业、关键技术为抓手,积极培育新技术、新业态、新应用,大力推进软件和信息技术服务业创新发展,实现了产业平稳增长和创新突破,对经济社会发展的支撑引领作用日益凸显。

一、基本运行情况

(一)产业规模与效益同步增长

2018年,广东省软件和信息技术服务业继续向网络化、平台化、服务化、融合化发展,产业规模再创新高,首次突破万亿元大关。广东省软件和信息技术服务业规模以上企业4584家,从业人员98.7万人,累计实现软件业务收入10687亿元,同比增长10.4%(见图1),产业规模连续4年居全国首位,占广东省电子信息产业的比重为20.2%(见图2)。实现利润总额1992亿元,同比增长6.5%。

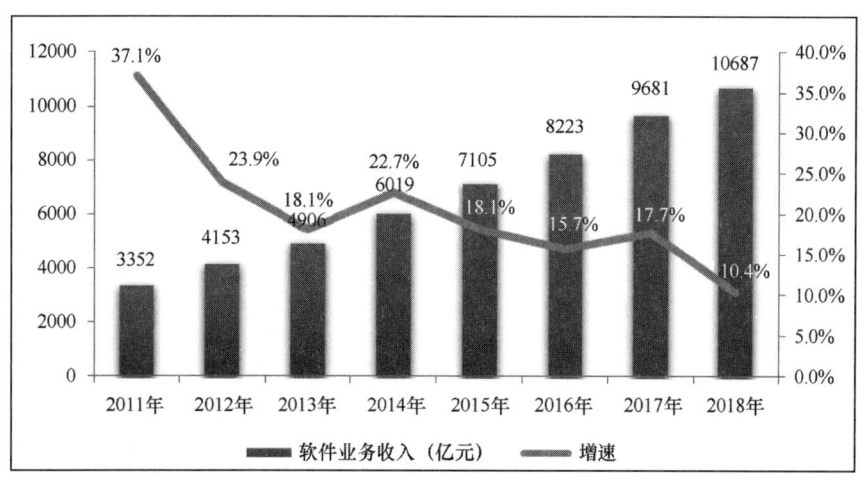

图1　2011—2018年广东省软件业务收入增长情况

(二)产业结构持续优化

随着5G、大数据、人工智能、工业互联网等新一代信息技术的发展应用,软件技术加速向各行业、各领域渗透,软件服务化趋势逐渐深入。2018年,广东省实现信息技术服务收入6225.6亿元,同比增长26.5%,高出全行业增速16.1个百分点。信息技术服务收入占全行业的比重比2017年提高了7.5个百分点。

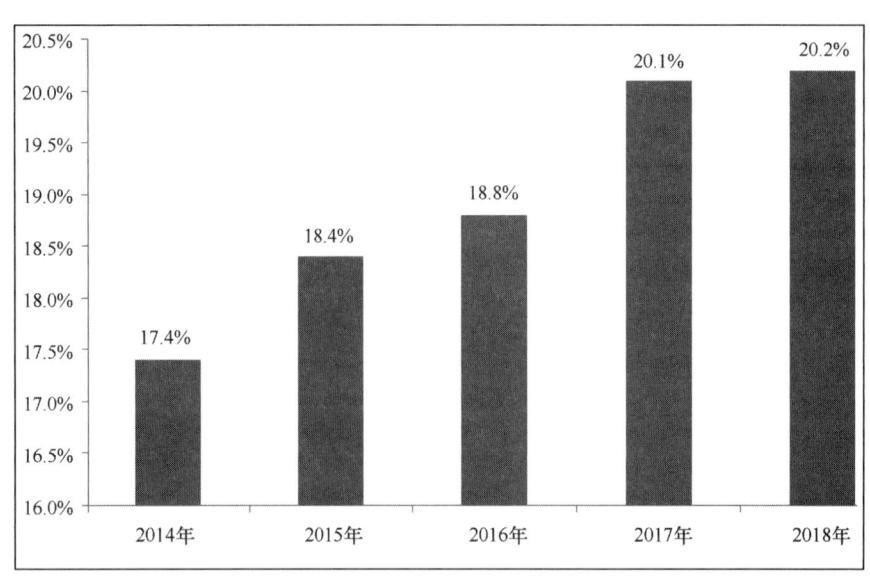

图 2　2014—2018 年广东省软件业务收入占电子信息产业的比重情况

软件产品平稳增长，累计实现收入 2282 亿元，同比增长 5.6%，占全行业收入的比重为 21.4%。因统计口径调整，嵌入式系统软件增速下滑，累计实现收入 2142.3 亿元，同比下降 17.6%。新增的信息安全产品收入 37.4 亿元，占全行业收入的比重为 0.3%（见图 3）。

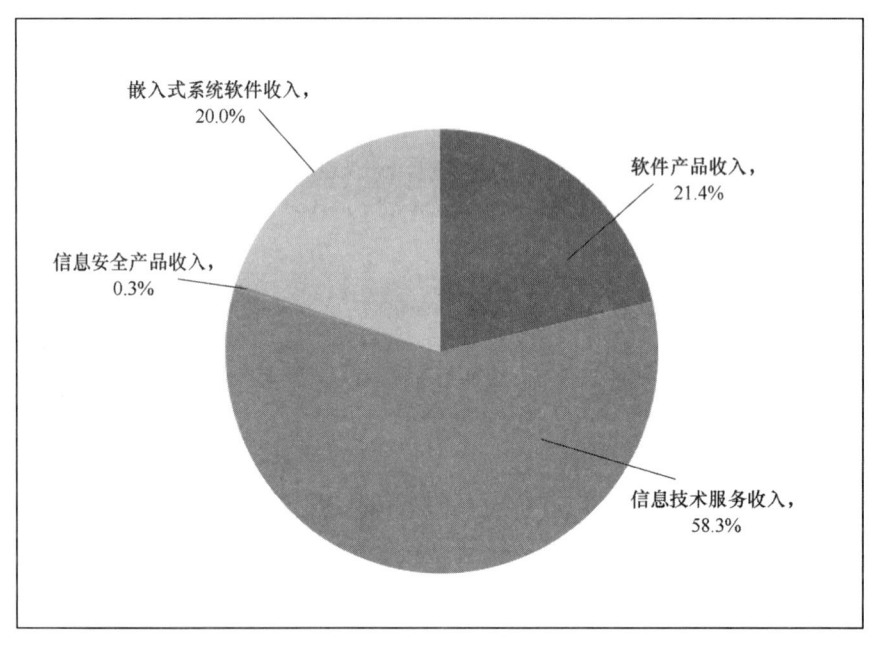

图 3　2018 年广东省软件业务收入构成情况

（三）软件出口保持全国领先

2018 年，广东省软件业务出口 267.3 亿美元，同比下降 3.9%（见图 4），占全国软件业务出口超过一半的份额。其中，软件外包服务出口 15 亿元美元，同比增长 8.8%；嵌入式系统软件出口 140.7 亿美元，同比下降 14.2%。受华为、中兴两家行业龙头企业影响，广东省软件业务出口首次出现下滑。爱立信、友邦资讯等软件外包出口企业的业务保持良好增长。

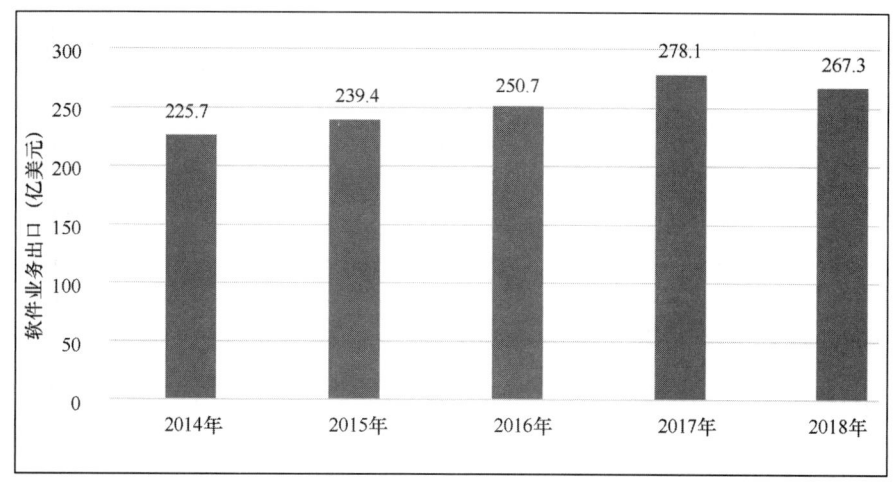

图4 2014—2018年广东省软件业务出口增长情况

（四）骨干企业规模持续壮大

2018年，广东省软件业务收入超过1亿元的企业共1007家，比2017年增加93家。全行业在境内外上市的企业累计超过660家。18家企业入选2018年（第17届）中国软件业务收入前百家企业（见表1）。华为连续17届蝉联全国前百家之冠。腾讯、网易等14家企业入选2018年中国互联网企业100强排行榜（见表2）。

表1 2018年中国软件业务收入前百家企业名单（广东省）

排 位	企业名称	排 位	企业名称
1	华为技术有限公司	52	北明软件有限公司
2	中兴通讯股份有限公司	54	平安科技（深圳）有限公司
12	金山软件有限公司	58	深圳天源迪科信息技术股份有限公司
22	大族激光科技产业集团股份有限公司	61	深圳创维数字技术有限公司
25	深圳市云中飞网络科技有限公司	71	金蝶软件（中国）有限公司
40	深圳市大疆创新科技有限公司	81	广州广电运通金融电子股份有限公司
41	广州佳都集团有限公司	83	广州海格通信集团股份有限公司
42	广东维沃软件技术有限公司	87	海能达通信股份有限公司
47	深圳市金证科技股份有限公司	98	广州杰赛科技股份有限公司

表2 2018年中国互联网企业100强名单（广东省）

排 名	企业名称	企业简称	主要品牌
2	深圳市腾讯计算机系统有限公司	腾讯公司	微信、QQ、腾讯网、腾讯游戏
5	网易集团	网易	网易邮箱、网易新闻、网易音乐
14	珠海金山软件有限公司	金山软件	西山居、金山云、金山办公
28	广州华多网络科技有限公司	广州华多	多玩游戏网、YY音乐、虎牙直播
32	唯品会（中国）有限公司	唯品会	唯品会
46	世纪龙信息网络有限责任公司	21CN	天翼账号、189邮箱、天翼云盘、流量800

续表

排名	企业名称	企业简称	主要品牌
58	腾邦国际商业服务集团股份有限公司	腾邦国际	旅游、机票、差旅管理和金融服务
59	深圳市迅雷网络技术有限公司	迅雷网络	迅雷下载、迅雷影音、迅雷直播
74	深圳市岚悦网络科技有限公司	中手游	逃亡兔、开心打麻将、新仙剑奇侠传
79	深圳市创梦天地科技有限公司	创梦天地	乐逗游戏平台
80	深圳市思贝克集团有限公司	思贝克	思贝克工业品 O2O 电子商务交易平台
82	深圳市梦网科技发展有限公司	梦网科技	梦网IM云、梦网视频云、梦网物联云
87	广州趣丸网络科技有限公司	趣丸网络	TT游戏
90	深圳市房多多网络科技有限公司	房多多	房多多

二、主要发展特点

（一）产业高度集聚，软件名城示范效应显著

广东省已形成以广州、深圳两个中国软件名城为中心，以珠三角地区为主体，以各地市软件和信息技术服务业园区为载体，辐射带动广东省软件和信息技术服务业协同发展的格局。广州、深圳两个中国软件名城在信息通信、互联网、金融服务、数字内容创意、工业软件、云计算、大数据、人工智能等新一代信息技术领域开拓创新，成为广东省软件产业发展的中心，引领全行业增长。

2018 年，广东省珠三角地区累计完成软件业务收入 10654 亿元，占全省的 99.7%。其中，广州市完成软件业务收入 3605.3 亿元，深圳市完成软件业务收入 5934.7 亿元，两个中国软件名城收入占广东省的 89.3%（见图 5）。

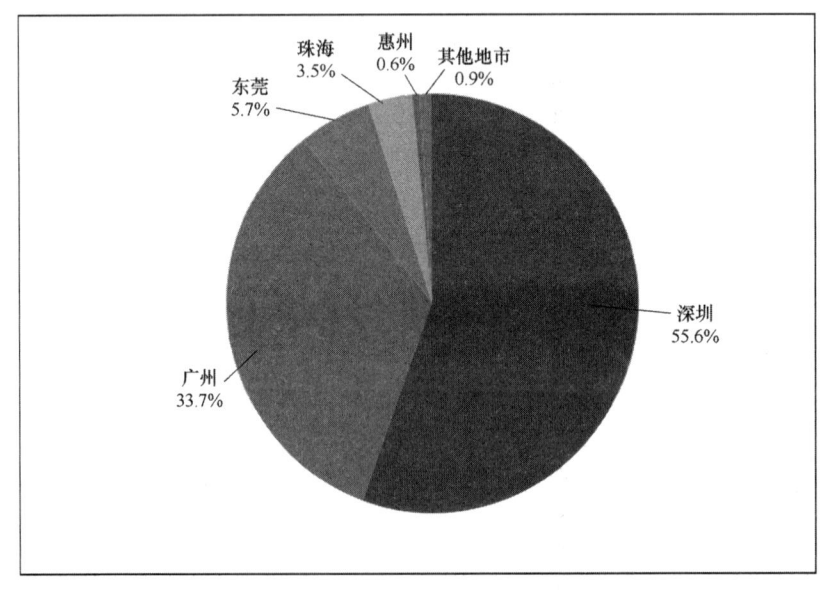

图 5　2018 年广东省软件业务收入区域构成情况

（二）研发投入持续加大，创新能力不断提升

2018 年，广东省软件和信息技术服务业企业积极开展技术创新，研发投入持续增长，研

发产出能力进一步增强。广东省软件业研发费用合计 1365.5 亿元,同比增长 3.8%;全行业研发投入比为 10.8%;企业软件研发、技术人员占总从业人数的 55.8%。

2018 年,广东省软件著作权登记数约为 27 万件,同比增长 22.8%(见图 6),占全国的 24%,连续 3 年居全国登记量榜首。2018 年,广东省 PCT(Patent Cooperation Treaty,专利合作协定)国际专利申请量为 2.56 万件,约占全国总量的一半,连续 17 年居全国首位。

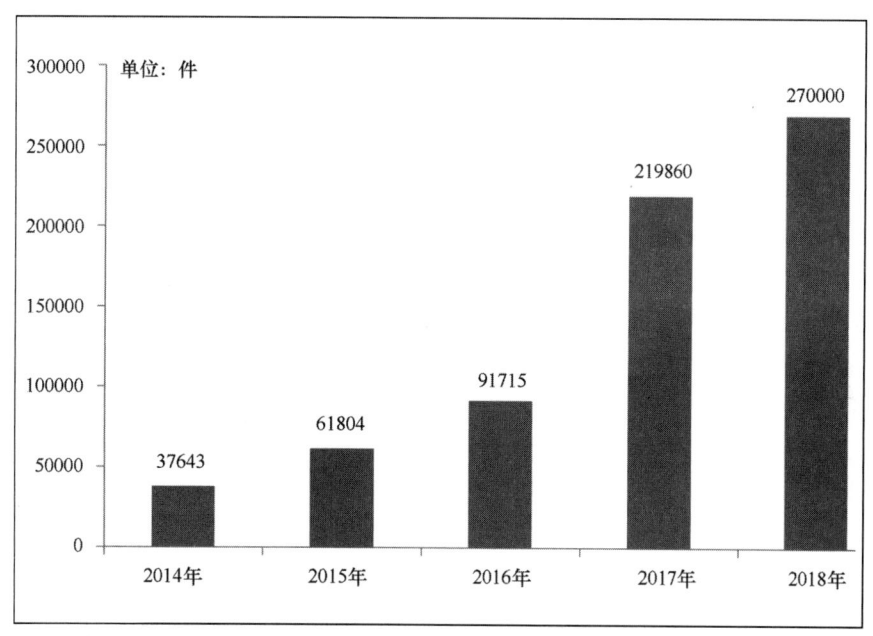

图 6　2014—2018 年广东省软件著作权登记情况

(三)立足本地资源,珠三角区域特色鲜明

1. 广州培育世界先进的新一代信息技术产业集群

2018 年,广州市抢抓新一代信息技术产业发展先机,实施一批重大产业工程和示范项目,成功创建了广东省唯一的国家制造业创新中心、唯一的智能网联汽车与智慧交通应用示范区,建成广东省首个 4K 电视应用示范社区、首批工业互联网产业基地、省市共建超高清视频产业基地,数字经济发展指数排名居全国第 3 位。积极突破产业短板,涌现出中望龙腾、明珞软控等一批优秀工业软件企业,其中,中望龙腾 CAD 软件已被多个大型国企、央企采用。发展人工智能产业,吸引科大讯飞、云从科技等企业落户广州,有效提升广州在语音识别、语义分析、图像识别等人工智能细分领域的研发和应用水平。发展区域特色集群,广州在互联网互动娱乐领域连续 10 年保持 20%以上的发展增速,形成以天河区为核心的游戏产业生态集聚区,聚集千万元级以上规模游戏企业 65 家;广州开发区初步实现区块链产业生态集聚,区块链企业数量超过 40 家,其中,广州金丘链云是全球第一个区块链征信商用生产平台,久零区块链成功实现区块链技术在电商领域的应用落地。广州市培育了一批细分领域具备核心竞争力的领军龙头企业,如微信(全国最大的社交平台)、YY 语音(全国最大的娱乐资讯互动平台)、酷狗音乐(全国最大的音乐平台)、网易邮箱(中国第一大电子邮件服务商)、有米科技(中国第一个独立移动广告平台)、广电运通(国内最大的 ATM 产品及系统解决方案供应商)、汇量科技(全球前十大第三方移动广告技术平台)等。

2. 深圳市软件和信息技术服务业发展全国领先

深圳市在信息通信、游戏娱乐、工业软件、金融科技、医疗健康、智能硬件、能源环保、信息安全等多个领域形成了较为完整的产业链条。新一代信息技术服务产业创新能力强，创新型企业不断涌现。拥有以华为、中兴为代表的通信设备生产商，以腾讯、华为、金蝶为代表的云计算服务提供商，以深信服、任子行为代表的信息安全解决方案提供商，以迈瑞、华大基因为代表的健康医疗信息化提供商，以金蝶软件为代表的管理软件提供商，以平安科技、怡化为代表的金融服务商，以腾讯、创梦天地等为代表的游戏娱乐开发服务商等。信息通信产业基础雄厚、优势明显。深圳信息通信技术领域以华为、中兴为龙头，集聚华讯方舟、海能达、天源迪科、梦网科技等一大批极具市场竞争力的企业，形成了从元器件、云网端到软件服务的完整产业链。在 5G 产业发展、标准制定、频谱研究、技术创新、产品验证等方面率先布局，加快产业发展。华为、中兴在 5G 网络建设、场景应用及终端领域占据领导地位；海思半导体、中兴微电子等在芯片领域行业领先。游戏娱乐产业全国领先。深圳已形成以腾讯为首，集聚创梦天地、华强方特、天橙一品、尚米网络、创酷互动等知名游戏文娱品牌于一体，游戏营收规模居全球大中城市首位。《王者荣耀》是全球用户数最多的 MOBA 手游；创梦天地的平均月活跃用户增长至 1.29 亿人，成为中国最大的独立手游发行商。金融科技优势显著。金融业是深圳的四大支柱产业之一，深圳市已经成为七大全球金融科技中心城市之一。聚集了以平安科技、怡化电脑、金证科技、百富计算机等为代表的企业，聚焦金融业新业态，在银保证创新方面发展迅速；以财付通、大数据金融、乐信软件、威富通等为代表的企业，将互联网化、移动化、智能化赋能传统金融业。

3. 珠海电力能源、集成电路设计等领域保持稳健增长

珠海集成电路设计领域产业规模居广东省第 2 位，注册芯片设计企业 60 家，包括全志、艾派克、杰理、炬芯、欧比特等行业龙头企业。2018 年集成电路设计业年会在珠海举办，珠海 8 个项目集中签约，项目总投资超过 18 亿元。珠海拥有电力行业应用及新能源行业应用软件研发企业近 80 家，包括远光软件、许继电气、优特电力、长园共创等，在新能源、锂电池生产设备、能效监测、节电售电领域拓展取得成效。

4. 东莞、惠州、佛山依托现有产业基础，探索创新发展

东莞集聚创新资源，引领产业升级。被称为"世界工厂"的东莞，创新资源加速集聚，引领着东莞的产业升级和结构优化，成为推动东莞经济增长和转型升级的重要引擎。2018 年，东莞国内有效发明专利量为 2.33 万件，居广东省第 3 位。PCT 国际专利申请量为 2698 件，居广东省第 2 位。值得一提的是，位于东莞长安的 OPPO 以 1042 件 PCT 国际专利申请量列全球第 17 位。在华为、OPPO、vivo 三大手机企业的带动下，东莞市软件和信息技术服务业实现了快速发展。惠州充分利用新一代信息技术改造提升制造业。依托 TCL、德赛、华阳等电子信息龙头骨干企业，推动汽车电子等嵌入式软件发展。同时积极培育物联网、云计算、大数据产业发展。2018 年，《惠州市发展大数据产业总体设计方案（2018—2020 年）》发布，提出打造"数字惠州""手机之都""广东硅谷"品牌，打造全国电子信息大数据、石化大数据、装备制造大数据、清洁能源大数据集聚高地，将惠州建设成具有较高知名度的国家大数据应用试验先导区和较大影响力的特色大数据产业集聚区。佛山以顺德区为中心，打造具有全球影响力的智能制造产业集聚区。发挥示范园区及美的库卡智能制造产业基地建设的辐射带动效应，打造智能制造全产业链，吸引机器人创新创业人才，深度参与全球创新链合作和

价值链分工。

（四）粤港澳合作交流进一步深化

积极发挥粤港澳合作地缘优势，加快粤港澳大湾区建设，依托粤港信息化领导小组、粤港信息化专家委员会等机制，不断在粤港澳大湾区智慧城市建设、跨境电商合作、智能通关建设、产学研合作交流、信息基础设施建设等方面深化合作交流。通过粤港澳大湾区ICT产业联盟，推进实施第七届粤港ICT青年创业计划。其中"粤港青年创业计划"创意微型基金已连续举办7年，共有来自广东和香港30多所大学的近万名学生参与活动，已有66个团队项目成功获得总金额660万港元的资助。

三、面临的问题和主要矛盾

一是国际贸易摩擦蝴蝶效应显现，软件业务出口近20年来首次下滑。二是产业发展失衡。软件产品集中于产业链中低端，产品附加值低，"重硬轻软"思维依然存在，软件系统成本估算、造价标准和方法欠缺，导致软件价值失衡现象突出。三是支撑产业持续增长的骨干企业数量不足。广东省入选2018年中国软件业务收入前百家企业的数量（18家）和入选2018年中国互联网企业100强的数量（14家），分别比北京少17家和18家。四是受房价、物价、员工薪酬不断提升的影响，企业经营成本持续上涨，经营压力持续加大。五是产业创新迭代快，人才供需矛盾突出。现有高校专业课程设置跟不上产业实际需求，工程实训缺乏。高端人才向互联网企业流动加速，传统软件企业高端人才严重流失。六是粤东西北地区与珠三角地区区域发展不平衡，粤东西北地区软件规模占广东省软件规模比重不足1%。

四、2019年展望与目标

以信息技术为核心的新一轮科技革命正在蓬勃兴起。随着5G、大数据、人工智能、工业互联网等新一代信息技术的发展应用，软件和信息技术服务业将迎来更加广阔的发展空间，在推动经济高质量发展中将发挥更为重要的作用。

广东省将以习近平新时代中国特色社会主义思想为指导，全面贯彻党的十九大和十九届二中、三中全会精神，准确把握软件和信息技术服务业发展方向，狠抓技术创新和融合应用，提升广东省软件和信息技术服务业的核心竞争力，推动广东省软件和信息技术服务业高质量发展。力争2019年软件业务收入再上新台阶，继续保持两位数增长。

五、下一步工作

一是发展壮大软件产业。发展壮大广州和"深圳中国软件名城"，推进广州市黄埔区、广州开发区加快建设以区块链为重点的中国软件名城示范区。落实国家软件税收优惠政策，加强宣传培训和企业核查工作，帮助广东省更多软件企业了解政策、用好政策。加强产业跟踪监测，做好研判、统计、服务等各项工作。

二是推进粤港澳大湾区软件产业协同发展。继续举办粤港云计算大会暨粤港澳大湾区ICT大会、粤港青年创业计划活动，探索粤港澳大湾区软件和信息技术服务业协同发展思路，深化粤港澳在云计算、大数据应用和服务领域的交流与合作。

2018年广西壮族自治区软件和信息技术服务业发展概况

一、基本运行情况

2018年,广西壮族自治区(以下简称广西)软件和信息技术服务企业主营业务收入整体呈现较快增长态势,软件业务收入快速增长,创新能力持续提升,软件和信息技术服务向各行业渗透不断深入。2018年,广西软件和信息技术服务业实现软件业务收入152.5亿元,同比增长87.5%。

2018年,广西纳入统计范围的软件和信息技术服务业企业产品主要涉及工业、酒店、电力、动漫游戏、金融、交通、旅游、教育、医疗、北斗、城市综合管理等领域。主要产品有酒店信息管理系统软件、网络游戏软件、项目综合管理系统软件、工业软件、智能交通软件、旅游服务软件和信息化产品、通信应用系统软件开发、电子信息智能化产品研发、互联网金融大数据等。

二、主要发展特点

(一)产业保持平稳发展态势

2018年,广西软件和信息技术服务业总体呈现较快发展态势,软件业务收入快速增长,创新能力持续提升。

(二)产业涌现新的增长点

软件和信息技术服务业继续保持稳定较快发展态势,互联网金融大数据、云计算、移动互联网、工业软件、行业解决方案、北斗导航、信息安全服务等重点项目成为产业新的增长点。北海市依托国家"一带一路"、中国北部及北海相继出台的一系列招商引资、打造营商环境等优惠政策措施,发展较快,2018年北海市软件和信息技术服务业主营业务收入64.88亿元,同比增长601.86%,其中软件业务收入占90%以上。南宁市软件和信息技术服务业主营业务收入103.05亿元,同比增长-15.42%。桂林市软件和信息技术服务业主营业务收入11.85亿元,同比增长-8.96%。

(三)产业发展区域集中

目前,广西软件和信息技术服务业集群发展已形成三足鼎立之势,主要集中在南宁、北海、桂林3个市,3个市的主营业务收入约占全行业的99%。南宁市围绕建设广西"首善之区"和区域性国际城市,着力发展行业应用软件,创新信息技术服务业商业模式,力争打造成为区域性软件和信息技术服务业中心城市。桂林市围绕建设宜居城市目标,以转变发展方式为主线,积极发展工业软件、旅游服务软件和"互联网+"、动漫网游等创新创意产品。北海市作为广西软件和信息技术服务业的后起之秀,通过打造良好的营商环境,凭借软件和信息技术服务集聚区的政策措施优势,通过龙头企业在软件产品开发和呼叫服务、互联网金融大数据等方面重点带动发展,产业不断做大做强。

三、面临的问题和主要矛盾

广西软件和信息技术服务业发展基础比较薄弱,在推进产业发展中存在以下问题和矛盾。

(一)产业规模偏小,产业集聚效应不明显

广西软件和信息技术服务企业数量少、规模小。目前广西规模最大的企业年主营业务收入相比国内许多大的企业,仍存在很大的差距。主要原因如下:一是软、硬件融合发展不够,依托制造业的嵌入式软件发展仍然需要加强;二是整个行业的全国化、国际化程度很低,面向跨国公司和传统行业的软件服务外包市场有待进一步拓展;三是由于广西企业普遍偏小、偏弱,在参与区内外的信息系统项目的招投标时处于劣势,导致企业在区内外的项目招投标过程中难以中标,制约了广西企业的发展壮大。

(二)人才供需矛盾和流失问题突出

一是人才供需存在结构性矛盾。虽然本地多所高等院校和科研院所为广西软件和信息技术服务业发展培养了大批技术人才,但高层次、高技能人才相对短缺,尤其是缺少技术领军型高层次人才。二是人才流失比较严重。广西经济发展水平和企业工资水平都明显偏低,导致不仅难以吸引外地人才,而且本地培养的人才尤其是高端人才大量流失,给产业发展带来了严峻的人才挑战。

(三)企业融资难度较大

软件和信息技术服务企业一般没有固定资产作为抵押,银企接触不充分,难以得到银行的支持;各种社会、民间投资担保机构不够壮大,为中小企业提供融资服务的体系不健全,软件和信息技术服务企业贷款难、成本高、融资难问题比较突出。

(四)自主创新能力较弱

广西软件和信息技术服务业自主创新能力整体偏弱,自主创新产品较少,整体技术水平偏低,总体实力不强。

四、2019年目标和形势展望

2019年,广西软件和信息技术服务业将保持较快增长态势,提前一年完成《广西软件和信息技术服务业发展"十三五"规划》和《广西软件和信息技术服务业三年行动计划(2018—2020年)》的目标任务。

（一）强化产业布局，打造发展平台

根据广西已有的产业布局和基础，发挥南宁市软件产品研发、系统集成、信息服务优势，桂林市人才培养、应用及产业化优势，北海市终端产品制造、嵌入式软件优势，柳州市产业化示范应用和终端产品制造优势，统筹规划，实现联动发展。

南宁市着力发展行业应用软件，创新信息服务业商业模式，力争打造成为区域性应用软件和信息服务业中心城市；桂林市积极发展工业软件、智能交通软件、旅游服务软件和信息化产品、动漫网游等创新创意产品；柳州市重点发展工业软件、智能交通软件和社会信息化应用软件；北海市在软件产品开发和呼叫服务、互联网金融大数据等方面重点发展。

积极推动南宁、桂林、北海、柳州等市软件和信息技术服务业集聚区（园区）建设，重点打造中国电子北部湾信息港、南宁中盟科技园、北海高新区软件和信息技术服务集聚区等发展平台。

（二）培育骨干企业，形成良好产业生态环境

培育一批具有核心竞争力的软件类创新型领军企业，形成一批具有较强实力的龙头企业，形成良好的产业生态环境，带动软件和信息技术服务业发展。

重点抓好中国电子北部湾信息港（一期）、桂林中兴通讯产业园项目、华为信息产业生态合作区数据中心及云计算物联网产业制造配套项目等重点项目建设。

重点培育好一铭软件、北海石基、桂林力港、凡普金科、中唐华盛等一批行业龙头企业。

（三）引导信息消费发展，提升服务供给能力

推动融合发展，充分发挥信息消费拉动经济增长的重要作用，围绕工业软件、工业互联网、工业大数据、"互联网+"创业创新、产业深度融合、便民益民服务、治理体系现代化、关键技术研发与基础设施建设等重点领域，引导行业内大企业联合建立服务全行业的共性信息技术应用平台，推动广西北斗综合位置服务平台、广西工业云等一批服务平台的建设，构建公共技术服务能力体系，提升广西软件和信息技术服务能力。

（四）加大招引力度，壮大产业总量

聚焦强龙头招商，瞄准国内重点企业、单项冠军企业、独角兽企业，实施精准招商，引进一批龙头企业和旗舰型企业。聚焦补链条招商，针对产业链缺失环节，着重招引一批建链、强链、补链、延链项目。创新招商引资方式，实施区市县联合招商，共同组织专项招商推介活动，确保招商效果。推行重资产招商模式，谋划一批重资产招商项目，降低企业投资成本，缩短项目建设周期。通过招商引资迅速扩大软件和信息技术服务业产业规模。

五、2019年的工作措施及主要工作思路

（一）抓紧实施"十三五"产业发展规划

贯彻落实工业和信息化部《关于印发软件和信息技术服务业发展规划（2016—2020）的通知》《关于印发大数据产业发展规划（2016—2020）的通知》的要求，认真组织实施《广西

软件和信息技术服务业发展"十三五"规划》和《广西软件和信息技术服务业三年行动计划（2018—2020 年）》，进一步加大对广西软件和信息技术服务业发展的结构调整、产业集聚、政策扶持力度，促进产业的快速发展。

（二）加强引导和扶持

贯彻落实广西《关于加快信息服务业发展的实施意见》（桂政发〔2010〕75 号），加强信息服务业发展专项资金管理。组织下达 2019 年广西工业和信息化发展专项资金信息服务业发展项目；组织申报 2020 年广西工业和信息化发展专项资金信息服务业发展项目；跟踪推进广西财政安排信息服务业专项资金扶持的项目，尽快形成产能；开展广西信息服务业发展专项资金到期项目验收工作。

（三）积极帮助软件企业落实所得税优惠

按照《财政部 国家税务总局 发展改革委 工业和信息化部 关于软件和集成电路产业企业所得税优惠政策有关问题的通知》（财税〔2016〕49 号）要求，继续做好软件和集成电路产业企业所得税优惠相关工作，顺利推动由事前认定到事中、事后监管核查的转变，确保符合条件的企业继续享受所得税优惠政策。

（四）开展软件和信息技术服务业统计工作

一是做好广西软件和信息技术服务业统计体系建设和行业统计工作，按时完成月报、季报、年报的编制工作，加强对产业发展态势和运行情况的分析，为工作决策提供真实、可靠的数据。创新统计工作，探索将产业统计工作与及时发现企业和行业发展情况、帮助企业解决实际问题、促进产业发展相结合。二是加强与统计部门之间的沟通和衔接，理顺软件和信息技术服务业的指标统计口径及相关工作程序，提高企业填报的积极性，争取做到应统尽统。

（五）深入开展调研，加强组织协调服务

一是积极与国家、广西各相关部门加强沟通，密切配合，协调解决有关问题；二是深入各市工信委、各重点企业，加强调查研究，加强政策宣传和贯彻，落实目标责任，及时发现、协调、解决工作中遇到的重大问题，切实落实国家、广西发展软件和信息技术服务业的各项政策措施。

（六）加快推进相关综合应用项目的建设和实施

以示范项目应用带动产业发展，开展精准招商，加强和国内软件骨干企业对接，争取引进 1~2 家国内重点企业，力争软件和信息技术服务业取得突破，壮大广西电子信息产业。

2018 年海南省软件和信息技术服务业发展概况

2018 年,海南省软件和信息技术服务业积极落实国家战略及工业和信息化部决策部署要求,大力推动软件和信息技术服务业发展,着力培育软件产业新业态,在海南省建设自由贸易区(港)的背景下,软件和信息技术服务业继续保持快速发展势头。

一、基本运行情况

(一)总体运行情况

2018 年,海南省涌现了阿里巴巴(海南)有限公司、海南繁星互娱信息科技有限公司、海南腾讯网络信息技术有限公司、蚂蚁金服(海南)数字技术有限公司等一大批成长创新型企业,成为软件业务收入的有生力量。截至 2018 年年底,海南省软件和信息技术服务业共有规模以上企业 237 家,比 2017 年增加 55 家。其中,营业收入超过 1 亿元的企业 44 家,比 2017 年增加 13 家;营业收入 5000 万元至 1 亿元的企业 33 家,比 2017 年增加 15 家。实现软件业务收入 253.3 亿元,同比增长 36.5%;实现利润总额 24.8 亿元,从业人员年末人数为 19078 人。

(二)分市县运行情况

2018 年,海南省各市县软件和信息技术服务业保持良好发展态势。排名前 3 位的市县是海口市、澄迈县、三亚市,占海南省软件业务收入的 98.03%,由于海口、三亚、澄迈等市县有着海南省重点互联网产业园区和创业创新基地,互联网产业氛围较浓厚、配套设施相对齐全,吸引了大量企业入驻。其中,海口市实现软件收入 131.28 亿元,占海南省软件业务收入的 51.83%;澄迈县实现软件收入 107.25 亿元,占海南省软件业务收入的 42.35%;三亚市实现软件收入 9.75 亿元,占海南省软件业务收入的 3.85%。

(三)企业认定情况

截至 2018 年 12 月,海南省拥有计算机信息系统集成资质的企业有 262 家,其中,一级资质企业 1 家,二级资质企业 1 家,三级资质企业 31 家,四级资质企业 229 家,主要集中在海口、三亚、澄迈,其中 221 家集中在海口,19 家集中在三亚,13 家集中在澄迈,其他市县(三沙、儋州、洋浦、万宁、陵水、文昌、琼海、儋州)9 家。拥有海南省软件企业有效资质的企业有 54 家,其中,29 家集中在海口,2 家在三亚创意软件园,23 家在生态软件园;拥有高新技术资质的企业 408 家,其中获得高新技术企业资质的软件和信息技术服务企业 193 家,占海南省高新技术企业的 47.3%,主要集中在海口、澄迈和三亚;拥有信息技术服务标准(ITSS)的企业有 17 家,其中,海口 14 家,澄迈 2 家,三亚 1 家;拥有信息安全服务资质的企业有 3 家,都集中在海口。技术创新一南一北优势明显。

（四）海南省互联网产业载体布局基本形成

按照《海南省互联网产业"十三五"发展规划指导意见》，海南省近年来将海口、澄迈、三亚、陵水作为互联网产业主要集聚区进行打造，已经初见成效。海南省互联网企业主要集聚在海口市、澄迈县、三亚市、儋州市、陵水县，产业集聚效应明显。

（五）创新创业环境日趋完善

在"大众创业、万众创新"战略的指引下，各市县、相关企业积极打造了一批创新创业基地和众创空间，这些新型载体通过市场化机制、专业化服务和资本化途径构建低成本、便利化、全要素、开放式的新型创业服务平台，为创客提供工作空间、网络空间、社交空间和资源共享空间。目前海南省工业和信息化厅评估认定了13家省级互联网众创空间，其中，海口8家，琼海、陵水、三亚、儋州、澄迈各1家，总面积合计7.55万平方米，在孵企业396家。近一年来，总孵化企业550家，新增入驻企业194家，毕业企业92家，其中互联网企业442家，占总孵化企业数的80%，其中30家入驻企业获得合计5.22亿元的投资。

二、主要特点

（一）产业规模保持快速发展态势

2018年，海南省软件和信息技术服务业保持较快发展，软件业务同比增长速度高于全国平均水平。海南省实现软件业务收入253.27亿元，同比增长36.5%，增速排名全国第5位，比全国平均增速14.2%高出22.3个百分点。

（二）海南省互联网产业载体布局基本形成，集聚效应初显

按照"多规合一"要求和"产城融合"模式，集中打造海南生态软件园、海口复兴城互联网创新创业园、三亚创意产业园、陵水清水湾国际信息产业园等，成为海南省互联网产业发展的重要载体。

（三）产业集群招商成效良好

瞄准知名企业开展点对点招商，并策划推动马化腾、马云、雷军、曹国伟等互联网领军人物相继考察海南，达成了一系列合作。2018年百日大招商活动成果丰富，推动海南省政府分别与腾讯、阿里巴巴签订深化合作协议，与百度签署战略合作协议，国内互联网龙头企业BAT悉数布局海南。此外，海南省与中国电子、中国电科等龙头央企的深化合作，以及与紫光集团、360企业集团、平安智慧城市、网易公司等50多家企业的战略合作都在紧锣密鼓地洽谈中。海南省创新思路，以集群化发展理念培育产业，重点围绕大数据和人工智能、卫星导航两大产业集群，依托国家级行业协会、行业联盟、龙头企业进行集群式"以商招商"，已有23家企业和行业机构进行签约。

（四）互联网产业国际化、开放化步伐加快

在产业载体方面，复兴城国际离岸创新创业基地已经启动运营，首批来自以色列、美国

等地的 12 个团队已入驻，国际离岸创新创业大厦也已建设竣工。在国际化招商方面，海南省组织相关园区先后赴以色列等地开展招商，对接知名高科技创新企业及孵化器，推动离岸创新创业合作；举办海南海外人才创新发展论坛，邀请以色列、立陶宛、爱沙尼亚等国创新创业者参加，并揭牌成立 PreShares（普瑞赛尔）国际孵化器；在体制机制突破方面，主动对接国家发展改革委、工业和信息化部相关司局，争取国家支持离岸创新创业示范区建设，相关内容也已纳入海南省政府与工业和信息化部战略合作协议。在国际信息通道建设方面，和中国联通、中国移动初步达成合作共识，将启动建设琼港海底光缆，海南省政府与中国联通集团的战略合作协议已经正式签约，中国联通已初步完成登陆点位勘察、筛选工作。中国移动正在开展项目建设评估及项目方案编制工作。

三、存在的问题

（一）产业规模偏小，缺乏龙头企业带动

海南省软件和信息技术服务业规模小、实力弱。2018 年海南省软件业务收入占全国的 0.41%。2018 年海南省无一家企业列入第 17 届中国软件业务收入前百家企业，只有 200 多家年收入超过 500 万元的企业，40 多家年收入超过 1 亿元的企业，行业龙头企业少，对产业链的整体带动作用不强。同时，海南省互联网大规模企业数量少且分散，很难发挥行业带头作用；近年来招商引进的企业"大树移植"还没有扎根，腾讯、阿里巴巴等龙头企业落地后尚未对本土企业的发展形成带动作用。总体来看，海南省软件和信息技术服务业还处在初步发展阶段，与全国其他省份相比还存在一定差距。

（二）人才供给不足

一方面，海南省互联网人才不能自给。据预测，"十三五"期间海南省需要新增互联网人才 10 万名以上，而海南省内 18 所高校"十三五"期间可培养互联网相关专业人才 3 万名左右，由于海南省内优质互联网企业少，工资薪酬与外省相比相差甚远，因此本地大学毕业生每年选择在海南省就业的不到 30%；同时，海南本省培养的考入外地知名大学的琼籍优秀毕业生几乎都留在外地城市工作，返琼工作的大学毕业生不到 10%，呈现"总量不大、流失较快"的局面。另一方面，产业氛围不足，事业平台缺乏，教育、医疗、就业等配套条件不完善，"企业来了招不到人"与"人才来了缺乏事业平台"仍是海南省招商引才面临的相互制约的循环问题。

（三）产业载体建设存在较大问题

一是园区位置规划不合理。目前海南省 4 个互联网产业园区离市区较远，缺乏交通、医院、学校等生活配套设施，难以留住企业和人才。二是管理体制相对滞后。海南省互联网产业园区按运营性质分为两类，一类是政府主导型，另一类是企业主导型，各园区虽然有单独的管理机构，但各自为政、同质竞争，缺乏互联网产业发展各要素的统筹规划，系统性不强，难以形成合力。三是缺少专业的运营团队。四是缺少园区的反哺机制。

（四）缺乏金融与资本支撑

软件和信息技术服务业是一个"烧钱"产业，在创意、培育、孵化、发展、上市各个阶

段都要有金融与资本市场的支撑与扶持。海南省产业规模微小，金融市场不发达，体制机制创新也不够，针对软件和信息技术服务业的金融服务生态不完善，企业发展缺乏强有力的金融与资本支撑。海南省还没有在主板上市的互联网企业，在新三板上市的企业仅有11家（全国新三板上市的互联网相关企业超过2100家）。互联网企业的融资渠道不通畅，海南省内缺乏"政府+企业+金融机构+第三方"的金融支持平台和银、政、企信息共享平台。

四、下一步工作计划

（一）加快优化与提升空间载体，发挥集聚效应

打造"产业园区、创新创业基地、众创空间、楼宇经济、互联网小镇"多维度的互联网产业聚集区格局。在海口江东新区规划建设互联网跨国企业集聚区，打造互联网产业国际合作生态。集中力量做优做大海南生态软件园，加快推进生态智慧新城、腾讯生态村、中国游戏数码港等项目建设。加快推动海口复兴城西海岸互联网总部基地项目建设，打造离岸创新创业企业集聚区。进一步优化清水湾国际信息产业园、三亚创意产业园的规划定位，完善管理体制机制，促进健康发展。加快建设中电科海洋信息产业基地、海南信息安全产业基地，在智慧海洋、信息安全产业领域做出海南特色。

（二）加强集群招商、资本招商，打造若干百亿元级产业集群

依托国字头行业协会、龙头企业、海南省工信产业基金等，开展集群招商、资本招商，支持海南生态软件园重点打造研发设计、游戏动漫、区块链、电子商务等产业集群，清水湾国际信息产业园、三亚创意产业园分别打造卫星导航、数字内容、海洋电子等产业集群，海口复兴城互联网总部基地重点打造创新创业总部经济、离岸创新创业生态，力争形成若干百亿元级产业集群，强力发挥龙头企业对互联网产业的带头作用。

（三）建设人才培养体系，做好人才引进工作

贯彻落实《海南省人民政府关于引进人才落户实施办法的通知》，积极引进优秀人才落户海南省。研究出台更有针对性的政策措施，加大对信息产业企业和信息产业人才的支持力度，吸引和留住优秀企业、人才。

（四）加大体制机制创新力度

修订完善《关于加快发展互联网产业的若干意见》，改革优化海南省互联网产业发展专项资金的使用方式，进一步强化资金使用效益和放大效用。研究出台更有针对性的政策措施，加大对互联网企业和互联网人才的支持力度，吸引和留住优秀企业、人才。创新产业园区管理体制机制，持续改善园区服务水平，为企业发展提供良好载体。推动行业管理制度改革创新，为互联网金融、互联网医疗、互联网教育等企业营造便利的制度环境。

2018年重庆市软件和信息技术服务业发展概况

一、基本运行情况

自《重庆市以大数据智能化为引领的创新驱动发展战略行动计划（2018—2020年）》实施以来，重庆市软件和信息技术服务业保持良好发展态势，以数字化、网络化、智能化为特征的信息化浪潮兴起，带动产业继续保持蓬勃发展，产业结构不断优化，产业规模进一步扩大，吸纳就业人数平稳增加，收入和效益稳健增长，创新能力有较大提升，对重庆市工业经济高质量发展的支撑带动作用显著增强。

2018年，重庆市软件和信息技术服务业在规模不断扩大的基础上保持了平稳较快的发展速度，收入和效益同步较快增长：实现软件业务收入1393亿元，同比增长14.8%，增速高于全国平均增速0.6个百分点；实现利润117亿元，软件利润率为8.7%，比2017年高出1.6个百分点，盈利能力逐渐加强；研发投入比达到11%，相比2017年高出2.1个百分点，创新能力不断提升；从业人员接近18万人，同比增长4%，吸纳就业人数平稳增加。

二、运行特点

（一）产业结构持续调整优化，业务收益逐步提升

2018年，在不断加大研发投入、提高创新能力的驱动下，重庆市产业结构持续优化。分行业领域看，基于工业软件、信息安全软件、云计算、大数据、移动互联网等新业态快速发展，软件和信息技术服务业在基数较大的情况下仍保持平稳较快增长。

在全行业软件业务收入中，软件产品收入完成322亿元，同比增长12.7%；信息技术服务收入完成878.3亿元，同比增长12.2%；嵌入式系统软件收入完成163亿元，同比增长13.4%。软件产品、信息技术服务、嵌入式系统软件占比为25∶63∶12，与2017年相比，嵌入式系统软件占比基本持平，软件产品和信息技术服务的占比分别增减1.7个百分点，表明重庆市通过产业结构持续优化，加大新产品研发和提高软件产品质量，软件产品领域的收益在逐步提升。

（二）强化自主知识产权意识，为战略创新发挥作用

拥有核心自主知识产权，成为高新技术企业认定的必要指标，同时也是提升企业竞争力的根本。截至2018年12月，重庆市软件和信息技术服务业规模以上企业获得专利授权总量达到1847件，同比增长23.5%，高出全国平均水平5.9个百分点。其中，发明专利授权332件，发明专利授权率为18%，高出全国专利授权率12.2个百分点。

（三）区域发展势头良好，产业聚集进一步加强

根据软件和信息技术服务业的发展特点，重庆市规模以上软件和信息技术服务企业主要

集中在两江新区、高新区、渝北区、江北区、渝中区、沙坪坝区等主城区域，两江新区和高新区吸纳软件企业数占重庆市软件企业总数的 60%以上。其中，两江新区软件业务收入 480 亿元，占比约为 34.4%；高新区软件业务收入 350 亿元，占比为 25.1%，区域发展势头良好。

营造多行业、多聚集区良性发展的环境，进一步加快软件产业结构的不断优化。两江国际云计算产业园基本成形，形成了中国联通、中国移动、中国电信等八大高等级数据中心齐聚的格局；两江互联网产业园累计建成商务楼宇约 60 万平方米；渝北仙桃大数据谷累计面积 26 万平方米；渝中区建成了 20 万平方米的重庆市区块链产业创新基地；涪陵打造 2 万平方米的互爱科技孵化产业园；大渡口移动互联网产业园进一步扩容。聚集区内企业收入占重庆市企业收入的比例超过 80%，产业聚集进一步加强。

三、工作举措

（一）大力发展大数据智能产业

一是加快推进数据中心建设项目。联通西南数据中心二期工程、移动数据中心、中国电信水土云计算基地、腾龙、重庆有线、腾讯等数据中心项目建设正在顺利推进中。二是加强大数据智能产业重点企业培育。支持中科睿光加强自主国产云计算操作系统等虚拟化云计算产品的研发及应用，填补重庆市 IaaS（基础设施即服务）产品的空白；支持中移物联网、斯欧等企业推进 OneNET、智能制造互联协同平台等项目建设，以 API（应用程序接口）为载体提供专业的 PaaS 云平台服务，聚合云应用企业打造平台生态；支持誉存科技、博拉网络、智慧思特、广睿达等企业加强风控征信、排污监测、精准营销等大数据行业解决方案的研发和推广；支持中科云从、途作林杰等企业加强视频图像处理、地理信息处理、文本网页清洗等大数据处理和分析技术的研发，推进人脸识别、车牌标注、区域识别、可视化展现等领域的应用和服务模式创新等。

（二）全力办好中国国际智能产业博览会

以"数聚智慧·引领未来"为主题，定位于"国际化品牌、国家级标准、专业性盛会"，聚力打造特色鲜明、亮点突出、时代感强的智能产业年度盛会。

（三）狠抓产业招商引资

结合主导产业和发展基础，全力引进一批关联度高、成长性好、带动性强的龙头企业和产业项目。围绕深化大数据智能化领域合作，成功推动重庆市与阿里巴巴、蚂蚁金服、京东、华为等行业龙头企业签署深化战略合作协议，推动重点项目落地。其中，阿里巴巴、蚂蚁金服在大数据智能化应用、科技金融和大数据人才培养等领域开展了 14 个项目合作；京东集团在重庆市打造大数据智能化产业基地，成立研究院、数字经济产业基金。

（四）加强人才引进培养

一是加快推进与阿里巴巴等行业龙头企业的合作，共同开展大数据人才培养，支持阿里云与重庆有关高校联合办学，共同研究组建大数据学院，建设面向重庆大数据智能化产业的人才培养实训基地，预计 3 年内为重庆输送大数据、人工智能、金融科技等领域专业人才 3000

名；二是继续开展软件人才培养工作，2018 年为重庆市软件产业输送中高级人才 200 名。

（五）加大资金投入

加大对大数据产业、软件服务业的资金支持力度。通过 2018 年重庆市工业和信息化发展专项资金，重点对大数据云计算关键技术突破及产业化、大数据创新应用试点、大数据产业加速器、大数据产业集聚区、"互联网+"试点、互联网运营平台和分享经济平台等领域的项目进行支持。

（六）加快集群建设

加强对重庆市产业载体的统筹。以重庆市"互联网+"产业基地创建工作为抓手，加强重庆市"4+11+N"产业载体统筹工作；加快建设大数据智能化发展集聚区和产业集群，力争形成智能产业、智能制造、智能化应用"三位一体"的发展格局。

（七）狠抓行业运行监测

一是进一步加强行业运行监测，推进企业应统尽统；二是加大深入企业调研的力度和频率，及时、准确地掌握重庆市软件和信息技术服务业企业的经济运行情况，围绕企业提出的重点、难点问题，积极协调，及时解决。

四、存在的问题

（一）企业创新能力有待进一步加强

随着制造业与信息化的深度融合，众创、众包、众筹逐渐成为重庆市大企业有效整合资源，拓宽创新之路的一种模式。尽管重庆市先后出台多种措施，有效激发了企业的创新活力，但企业尤其是制造业企业的创新能力还有待进一步加强。

（二）产业发展主体急需培育壮大

一是缺少在全国知名的总部型、平台型及从事底层技术研发的大型软件和信息技术服务类企业，难以形成以龙头企业为带动、具有核心竞争力的产业集群；二是重庆市软件和信息技术服务企业主要集中在教育、医疗、政务等传统应用型领域，在基础软件、数据库、工业软件等领域较为薄弱，在大数据、人工智能、5G 通信领域也普遍处于起步阶段，规模和影响力都较小。

（三）缺少软件产业园区载体

重庆市还缺乏较有影响力和整体规模比较成熟的软件产业园区，产业载体建设滞后。重庆市现有的各软件园区多是以机会导向的自由式发展模式，园区发展还存在产业定位和方向不明确、产业形态散乱、产业集聚效应低、产业布局分散、产业特色不明显等问题。其中相关软件园区的工作、商务、生活、休闲配套不完善，特别是软件园区的公共服务平台建设滞后，园区管理效率和服务水平偏低。现有软件园区很难吸引国内外知名软件企业入驻，也不利于本地软件企业聚集发展。

（四）人才保障有待进一步加强

一是重庆市计算机、互联网行业对人才的需求量为近 20 万人，截至 2018 年 12 月，软件和信息技术服务业从业人员总量为 18 万余人，人才缺口近 2 万人；二是规模以上企业硕士及以上学历人员仅占从业人员总数的 10%左右，高学历人才较少，高技能和创新型人才不足，对产业发展的引领性不强；三是重庆市高校涉及软件和信息技术服务领域的专业不多，毕业生数量远不能满足软件产业及大数据智能化发展的需求，特别是高校信息技术专业的教学内容与实际产业需求严重脱节，毕业生基本不能满足企业用人需要；四是现有的相关培训机构比较散乱，培训质量与数量也达不到企业要求。因此，软件人才结构和素质问题就显得十分突出，不仅缺乏高层次的系统架构师、项目总设计师，也缺少大量的从事基础性软件开发的初级人员，特别是项目管理人才极度缺乏，专业技术人才不足已成为制约产业发展的瓶颈。

五、下一步工作思想及工作目标

2019 年，重庆市软件和信息技术服务业将围绕大数据和智能化领域重点发展，特别是在软件共性基础技术、新一代软件技术、工业软件技术等领域关键核心技术取得突破。

六、2019 年工作措施

（一）做好产业发展顶层设计

2019 年重庆市将编制《重庆市软件和信息技术服务业发展三年行动计划（2020—2022年）》，同时拟印发《关于加快软件和信息技术服务业发展的实施意见》，进一步明确重庆市软件和信息技术服务业发展目标、主要路径、重点任务和保障措施，明确重庆市软件和信息技术服务业将围绕大数据和智能化领域重点发展。

（二）打造软件产业园区载体

以创建中国软件名城为契机，完善产业发展布局，突出产业发展特色，打造 3~5 个在全国具有影响力的软件产业园区。以两江新区、西永微电园、高新区为核心区，聚焦大数据、云计算、移动互联网、物联网、工业互联网等领域，形成百亿元级软件产业园区；以渝北、江北、渝中、南岸、九龙坡、沙坪坝、大渡口等为产业增长极，重点发展数字内容、互联网、电子商务等产业，形成 10 亿元级软件产业园区；以巴南、永川、合川、北碚、江津、万州等为信息服务产业带，重点发展信息服务外包、移动互联网、信息消费、智能物流等产业；形成"一核一极一带"发展格局。建设一批国家级和市级软件园区和信息服务产业示范基地。

（三）建设软件产业公共服务支撑平台

积极吸引知名大数据智能化科研院所、企业来渝设立分院、研发中心、孵化器等平台，瞄准海外知名高等院校、科研机构、世界 500 强企业加大引智引才力度。积极推进产、学、研项目建设，鼓励重庆大学、重庆邮电大学等高校加大与科大讯飞、阿里巴巴、百度等企业合作，提高产业技术创新能力。积极构建软件产业公共服务平台和协同创新平台，依托重庆市软件评测中心、重庆赛宝工业技术研究院、西计软件测评中心、重庆市质量和标准化研究院等软件检测机构，构建软件测试行业平台。依托科大讯飞、阿里巴巴等企业，布局智能化软件研发创新平台，鼓励海尔、美的、长安等企业，加大与工业软件企业合作，构建工业软件技术创新平台。

（四）加大招商力度，抓重点项目落地

组建专业招商团队，针对大数据、云计算、物联网和工业互联网领域引进重大项目，重点做好已落户项目发展。重庆市分别与阿里巴巴、京东、华为、中国联通等行业龙头企业签署战略合作协议，围绕智能产业、大数据产业及创新应用、社会治理、民生和政务服务等领域达成高度共识，开展深度合作。目前，阿里巴巴区域中心已完成注册，飞象物联网平台、国家生猪大数据中心等重点项目加快推进。腾讯公司智慧交通建设、西部云计算大数据中心二期等项目进展顺利。京东西南电商集聚中心、生态型智慧物流园等项目抓紧推动落地。通过引进增量，促进重庆市产业结构均衡发展。

（五）启动软件人才培养工程

以政策导向，支持高校和社会培训机构为软件企业开设定制班，进行订单式人才培养。鼓励高校和社会培训机构定向为企业培养软件行业和大数据行业的复合型人才，鼓励软件企业与高等院校、科研院所合作建立实训基地，开展软件行业实用型人才培训，形成年培养 10 万名软件人员的规模，以满足重庆市智能化和智能产业发展的人才需求。

2018年四川省软件和信息技术服务业发展概况

一、基本运行情况

2018年，四川省软件和信息技术服务业规模再上新台阶。纳入软件和信息技术服务业统计的企业有1818家，同比增长5%；实现软件业务收入迈上3000亿元台阶，达到3172亿元，同比增长14%，继续保持平稳较快增长。四川省软件业务收入在全国排名第7位，在中西部地区排名第1位。

二、主要发展特点

（一）行业效益良好

2018年，四川省软件和信息技术服务业实现利润总额382.9亿元，软件业务利润率达到12.9%，保持高额盈利水平。

（二）行业结构进一步优化

开发传统软件产品向信息技术服务收入转型的趋势愈加明显，融合发展的势头加快。2018年，四川省实现软件产品收入1140亿元，同比增长9.5%；信息技术服务收入1773亿元，同比增长6%，信息技术服务收入占四川省软件业务收入的比重达到55.8%；机械、电器、交通工具等行业的智能化产品增多，使嵌入式系统软件的收入达到177亿元，同比增长180%。

2018年，四川省两化融合发展水平首次超过全国平均水平，仍然居全国第10位，处于第一梯队，发展水平增速为7.3%，居全国10个经济大省第4位。智能制造加快推进，数字化研发设计工具普及率为64.9%，同比提升8.7%；关键工序数控化率为46.3%，同比提升2.4%；进入两化融合集成提升与创新突破阶段的企业比例为29.8%，同比提升61.1%。2018年四川省内新增上云企业超过3000家，超额50%完成年度目标。

（三）就业形势稳定

2018年，四川省软件和信息技术服务产业就业环境保持稳定，从业人员达33.8万人，同比增长12.5%。人均工资总额12.1万元/年，薪资水平远远高于四川省城镇全部单位就业人员平均水平。

（四）试点示范成果显著

2018年，四川省共有46个项目成功入选工业和信息化部各种试点示范支持范围。其中，绵阳九洲北斗等5个项目成功入围国家新型信息消费示范支持项目；13项智慧健康养老产品及服务成功入选工业和信息化部2018年版推广目录；11个企业、街道（乡镇）、基地成功入选三部委第二批智慧健康养老应用试点示范；四川长虹"四川电子信息产业聚集区工业互联网平台"入选工业和信息化部支持项目,成为全国仅有的4个特定区域平台试验测试项目之一;四川新华西乳业"液态奶产品标识解析应用"入选工业和信息化部工业互联网试点示范项目;长虹大数据产业供应链决策分析平台等7个项目获工业和信息化部2018年大数据产业发展试点示范项目;宜宾天原集团的4个项目获批工业和信息化部2018年制造业与互联网融合发展试点示范项目;布法罗机器人科技(成都)有限公司的智能外骨骼机器人的产业化及示范应用等3个项目获批工业和信息化部2018年人工智能与实体经济深度融合创新项目;成都千嘉"基于物联网技术的智慧燃气大数据平台"等4个项目成功入选2018年物联网集成创新与融合应用项目;四川省电子信息产业技术研究院有限公司产业链级"双创"资源汇聚平台等3个项目入选工业和信息化部2018年制造业"双创"平台试点示范项目。

二、存在的问题

2018年,行业发展主要反映出以下问题。

一是产业集中度不高,企业小而散。人员规模在50人(含)以下的企业占78%,1000人以上的企业仅占3.4%。二是产业分布不均。四川省软件和信息技术服务业呈典型的中小企业集群态势发展。成都、绵阳两市的软件和信息技术服务业主营业务收入占四川省软件和信息技术服务业主营业务收入的99%以上,其他市州仅有零星分布。三是出口略有回升但仍显低迷。2018年受人民币汇率影响,软件业出口企业压力增大,全年实现软件出口业务收入15.2亿美元,同比增长3.6%。四是产业结构调整阵痛持续,对传统软件企业冲击巨大。某些传统行业企业,如网络宽带、系统集成等在产业结构变化中经历转型的风险和业务空档,收入影响较大。五是新兴领域处于起步阶段。在2018年四川省软件和信息技术服务业收入中,人工智能业务收入合计11.1亿元,大数据服务收入17亿元,云计算收入17亿元,收入体量尚小。

三、2019年展望及主要工作

2019年,四川省将在保持产业快速发展的同时,注重质量和效益的提升,促进融合发展。进一步完善政策体系,优化发展环境,培育优质企业及产品,扩大产业影响力。

(一)优化产业布局

突出重点,优化方案,精心实施,要注重新业态、新模式培育,不断拓展产业外延。梳理出3~5个具有四川特色、可持续发展的细分领域。

(二)推动重点项目建设

一是抓好"云锦天府"特大型新经济平台等12个重点项目。二是通过基础研究、重点研发、科技服务业发展专项等科技计划项目支持20个项目以上。三是布局和实施一批重大科技成果转化示范项目,大力做好示范推广。组织实施拥有自主知识产权、技术水平高、市场竞争优势强、支撑经济社会发展作用明显的重大科技成果转化示范项目10个。

(三)统筹协调产业链招商

大力开展招商引资,坚持产业链招商,坚持针对细分领域、专业领域和产业链薄弱环节,有针对性地招商，充分激发社会资本、增强民间投资的活力。新引进5家以上世界软件百强、中国软件百强、中国综合竞争力软件百强、中国互联网百强及优秀上市软件企业。

（四）推进产业发展创新

一是支持建设1～2家科技创新平台。二是建立、完善省级工业云制造创新中心、四川省工业信息安全创新中心和超高清视频（四川）制作技术协同中心，争创国家级制造业创新中心。三是推动华为公有云西南节点落地建设。四是组建工业互联网产业联盟、区块链产业联盟。五是加强产业核心技术攻关，加强产、学、研协同创新，组织实施一批产业核心技术攻关项目，破解一批瓶颈技术，特别是引领性、变革性、颠覆性的核心技术。梳理出3～5个细分技术领域，编制软件和信息技术服务攻关路线图。

（五）培育壮大市场主体

整合资源、加强服务、主动对接，采取有效措施鼓励、支持企业加大研发投入，大力培育领军企业、龙头企业和有核心竞争力、高成长性的中小企业，着力壮大一批独角兽企业和行业小巨人企业。新增软件业务收入超过100亿元的企业1家，超过10亿元的企业3家。新增上云企业3500家。

（六）推动园区基地建设

打造具有竞争优势的产业及产业集群，培育生态圈，做长做强产业链，支持成都市创建世界软件名城，绵阳市创建特色软件名城。

（七）加大市场开拓力度

一是充分发挥行业商会、协会的作用，鼓励企业创新营销模式，鼓励四川省软件企业更好地走出去，积极拓展市场空间。举办好中国国际软件合作洽谈会、中国大数据应用大会、四川省信息安全技术展览会等，组织企业参加中国国际软件博览会。二是办好工业信息安全技能大赛、中国成都国际软件设计与应用大赛、"中国软件杯"大学生软件设计大赛、微软"创新杯"学生科技大赛、新型信息消费大赛、中国工业大数据创新竞赛等。三是积极扩大升级信息消费，打造综合型和特色型信息消费示范城市。四是支持电商发展，力争四川省电商交易额达到35000亿元以上，网络零售额增速达到15%以上。

（八）协调解决资金、人才等要素瓶颈制约

一是建立和完善产业发展专项引导资金或基金。二是加强人才队伍建设，充分发挥专家作用，建立、完善产业领域智库。三是坚持按照国际化、专业化、市场化要求招才引智，优化环境和政策举措，在技术、管理、营销等方面，育得出、引得进、留得住产业发展所需人才。新引进5名以上优秀软件领军人才，以及10个以上优秀软件开发团队和运营团队。

2018年贵州省软件和信息技术服务业发展概况

2018年以来，贵州省深入实施大数据战略行动，加快建设国家大数据综合试验区，特别是把发展软件和信息技术服务业作为重要抓手，深入推动供给侧结构性改革，加快新旧动能转换，各项工作取得积极成效。

一、基本运行情况

（一）主要指标快速增长

2018年，贵州省规模以上软件和信息技术服务业实现收入176.7亿元，同比增长23.4%，高于全国平均水平超过10个百分点。

（二）市场主体迅速扩大

2018年以来，贵州省以"寻苗行动"等为抓手，大力开展大数据产业招商，成功招引落地了一批软件和信息技术服务业领军企业和龙头项目。截至2018年年底，已有苹果、英特尔、微软、华为、腾讯、阿里巴巴、百度、浪潮、三大电信运营商等众多世界知名企业落户贵州省。贵州省纳入工业和信息化部统计监测的软件和信息技术服务业企业共241家，其中软件业务收入超过1亿元的企业共有14家。

满帮集团（货车帮）连续两年入选"独角兽"企业榜单，诚信注册会员车辆450万辆，诚信注册货主会员88万家，每天发布货源信息500万条，日促成交易14万单，日促成运费结算超过17亿元，估值超过65亿美元，覆盖全国80%的货车司机及货主。白山云服务近300家知名互联网企业和中国70%的互联网用户，被高德纳（Gartner）评为"全球级"服务商，已经完成科创板上市辅导，获得科创板潜力百强提名。朗玛信息连续三年入选"中国互联网企业100强"榜单。易鲸捷国产自主分布式数据库通过摩根大通多项严格测试，已在其全球大数据平台中全线部署。苹果iCloud中国大陆服务已经交由云上贵州公司运营，苹果贵安数据中心已于2019年3月启动建设，三大运营商的首批云存储服务正式上线。华为软件行业公共服务平台"华为软件云"投入运行，目前已对208家企业、5家高校的750名学生提供了软件开发等"双创"服务。贵阳数博大道、华为全球数据中心、腾讯核心数据中心、中国特色物联网产业（遵义）基地等一批龙头项目持续推进。航天云网"基于工业云的企业生产管理大数据应用分析平台"等5个项目入选2018年国家大数据产业发展试点示范项目。西部生态链"酒类产品新零售智慧模式示范平台"等2个项目入选国家新型信息消费示范项目。

（三）创新能力不断提升

2018年，贵州省软件和信息技术服务业的研发投入占比为5.5%，比2017年提高0.6个百分点。贵州省获得高新技术企业认定的软件企业共 122 家，获得 ISO 27001 信息安全认证的企业共 26 家，软件著作权登记数为 6720 件，科技企业孵化器、国家级众创空间 60 余家，在孵企业 1456 家。提升政府治理能力大数据应用技术国家工程实验室、大数据协同安全技术国家工程实验室揭牌建设。百度创新中心启动运营并有 13 家企业入驻。与微软共建"块数据"实验室，与英特尔合作的人工智能开放平台、人工智能创新加速器，与加州大学伯克利分校、斯坦福大学合作设立研发机构等事宜正在加紧推进。建成贵州省大数据产业发展研究院、贵州大学公共大数据重点实验室、中科院软件所贵阳分所、大数据战略重点实验室、戴尔—高新翼云 IT 联合实验室、博科—高新翼云网络交换技术实验室等一批大数据科研平台，成立贵阳大数据创新产业（技术）发展中心、太极—IBM 贵阳智慧旅游联合创新中心、思爱普贵阳大数据应用创新中心等一批大数据创新平台。

（四）融合水平显著增强

在贵州省范围实施"万企融合"大行动，开展"数字经济"攻坚战，全面推进大数据和实体经济深度融合。2018 年，贵州省建设了 102 个标杆项目、1050 个示范项目，带动融合企业 1625 家，引导 10124 家企业上云用云，并在全国率先编制《大数据与实体经济深度融合评估体系》。

1. 大数据与工业融合发展涌现新示范

贵州省大力推动企业关键业务环节大数据应用，已有 33.9%的工业企业实现大数据与研发、生产、销售、管理等关键业务环节全面融合，成为工业企业开展生产过程优化、产品设计开发、产品质量管理、故障诊断预测的重要支撑。"工业云"成为工业和信息化部认定的 4 个面向特定区域的工业互联网平台试点项目之一，获得工业和信息化部"2018 年工业互联网创新发展工程"。工业企业云平台应用比例达 38.4%，达到全国中上水平，航天电器、贵阳海信等 9 家企业入选国家级智能制造和两化融合试点示范项目，贵州轮胎、詹阳动力等 10 家企业成为国家信息化和工业化融合管理体系贯标试点企业。

2. 大数据与服务业融合发展开创新模式

贵州省大力推广行业大数据平台，18.5%的服务业企业实现企业间关联信息共享交互，54%的服务业企业依托数据实现成本、利润分析决策，平台化成为服务业发展的重要方向，数据成为企业经营决策的重要依据。智慧旅游、智慧交通、智慧金融等新模式、新业态不断涌现，生产性服务业应用大数据、互联网创新服务模式的企业比例达到 17.9%，4A 级以上景区视频数据全部接入智慧旅游"一站式"服务平台，涌现了黄果树、百里杜鹃、西江千户苗寨、平塘、万峰林等大数据智慧旅游典型应用。

3. 大数据与农业融合发展拓展新空间

贵州省大力发展农业物联网、推动农产品质量追溯体系建设，18.9%的农业企业基于农业物联网实现数据采集，12.2%的农业企业实现农产品种养、初加工、运输、销售全程质量追溯，带动贵州省 59.9%的农业企业依托数据精准开展产销对接。建立健全农业生产管理、市场销售、监管服务等全链条"大数据+农业"体系，458 个农产品纳入追溯系统，10 个农业物联网基地建成，70 个县入选国家级电子商务进农村示范县，建成 37 个省级电子商务进农村示范县、60 个县级电商运营服务中心、1.02 万个村级电商服务站点，快递物流覆盖贵州省 80%的乡镇。

（五）支撑保障更加夯实

1. 数字基础设施不断完善

实施数字基础设施三年"会战"，"光网贵州"如期建成，"满格贵州"深度覆盖，贵州省信息基础设施发展水平从 2015 年的全国第 29 位迈到 2018 年的第 15 位，进入全国第二方阵。互联网出省带宽从 2010 年的 325GB 增长到 2018 年的 9130GB，8 年间增长 28 倍。建成贵阳·贵安国家级互联网骨干直联点，贵州省内互联时延由原来的 30 余毫秒降至 3 毫秒左右，丢包率接近于零。在全国率先完成前三批电信普遍服务试点，互联网平均接入速率全国排名第 11 位，贵州省流量综合资费水平下降 35%。贵州省行政村 100%通 4G 网络、98%通光纤，多彩贵州广电云"户户用"快速推进。

2. 数据中心加速集聚

大力建设贵州·中国南方数据中心示范基地，贵州省投运及在建的 1 万台服务器以上数据中心共 20 个，服务器承载能力 52 万台，安装使用服务器 12.4 万台，数据中心电源使用效率（PUE）平均值 1.56，比全国数据中心 PUE 平均值低 4.3%。苹果、华为、腾讯、三大电信运营商等龙头数据中心加快建设或扩建。

3. 5G 等前沿应用快速落地

三大电信运营商全部完成 LTE 核心网 IPv6 改造，5G 商用基站成功开通。贵阳市成为国家发展改革委批准的首批 5G 试点城市，其他市州同步开通 5G 实验网。中国移动在贵州省设立 5G 联合创新实验室，并在 9 个市州开放 5G 应用体验区；中国联通在贵阳数博大道建设基于 5G 的无人驾驶、无人机、AR/VR 等 12 项应用示范场景，在贵州省两会期间设立 5G 体验专区；中国电信 5G 试点也已获批，将探索开展基于 5G 的电子政务外网建设。

4. 对外开放水平不断提升

在工业和信息化部、国家发展改革委、国家网信办的支持下，贵州省已连续 5 年举办中国国际大数据产业博览会（以下简称数博会），并升格为国家级平台展会，成为国际大数据领域规格最高、影响力最大、专业性最强、业界精英汇聚最多的盛会之一。习近平总书记已连续两年给数博会发来贺信。

5. 安全保障能力持续增强

成立贵州省大数据安全领导小组，统筹开展大数据安全管理工作；组建贵州省大数据及网络安全专家委员会，建立大数据网络安全专家智库。提出大数据安全保护"1+1+3+N"总体思路和"八大体系"建设架构。推进贵阳国家级大数据安全靶场、大数据及网络安全技术创新中心、应用示范中心和科研培训、技术验证等基地建设。贵阳市获批全国首个大数据安全试点示范城市。

二、面临的主要问题

尽管取得一些成绩，但贵州省软件和信息技术服务业发展也存在不少突出问题，亟待加大力度解决。

一是产业规模太小，企业小、散、弱的局面没有得到根本改变，龙头企业、龙头项目仍然缺乏。二是融合应用水平不高，传统企业自动化和信息化程度较低，对软件和信息技术的应用仍处于初步阶段，数据驱动作用未能有效发挥。三是专业人才缺口较大，领军型人才、复合型人才和高技能人才都十分紧缺，与大数据发展的旺盛需求脱节。四是创新创业环境仍需优化，特别是与沿海发达地区相比，技术创新环境、发展基础环境、配套体制机制等差距都还比较明显。

三、下一步重点工作

贵州省将按照工业和信息化部的要求，结合贵州省省委、省政府关于推动千亿元级大数据电子信息产业振兴的安排部署，围绕"智能+"方向，以"万企融合""百企引领"为抓手，突出"七个更加着力"，确保2019年贵州省软件和信息技术服务业实现高质量发展。

（一）更加着力发展工业软件和工业App

加快大数据与工业经济、工业化与信息化深度融合，推动工业向智能化生产、网络化协同、个性化定制、服务化延伸融合升级。大力发展工业互联网，充分发挥贵州工业云的示范引领和产业带动作用，积极组织申报国家工业互联网创新工程，大力推广工业软件和工业App应用，举办工业App创新大赛，组织开展"优秀工业App评选"，编制工业互联网行业标准，打造测试床项目并开展工业互联网新技术试验验证，丰富大数据与工业深度融合产品供给。2019年，坚持高水平建设100个融合标杆项目，实施1000个融合示范项目，带动2000家企业和大数据深度融合，形成"一个项目、一个方案、一个模式、多种成效"的融合路径。

（二）更加着力发展人工智能

加快中国人工智能开放创新平台、智能语音开放创新平台等平台建设，引进发展一批人工智能技术研发及应用企业，支持智能视觉系统、生物特征识别、新型人机交互、智能客服系统、智能机器人软件等技术产品研发，深化人工智能在实体经济、乡村振兴、服务民生、社会治理等行业领域的融合应用，推动智慧政府、智慧旅游、智慧医疗、智慧教育、智能遥感、智能网联汽车等研发试验和产业化。2019年，力争建成2个省级人工智能创新平台，研发5项人工智能技术产品，打造10个人工智能应用示范。

（三）更加着力发展物联网

加快贵阳市、遵义市、六盘水市、贵安新区等地传感设备部署，支持中国特色物联网产业（遵义）基地等重大项目建设，加大NB-IoT网络部署力度，搭建城市级物联网接入管理与数据汇聚平台，推动感知设备统一接入、集中管理和数据共享利用。深化物联网在工业制造、生态环保、旅游文化、商贸流通、农业、建筑等重点行业的融合应用。2019年，力争建成1~2个物联网特色产业集聚区，打造10个物联网应用示范。

（四）更加着力发展云计算

以贵州省政务"一云一网一平台"建设为统领，加快推动云计算在政务云、物流云、工业云、能源云、软件云等各行业的应用，打造智慧城市云计算应用示范。支持华为软件开发云、贵州工业云等公共服务平台建设，大力推动"万企上云"，提升企业业务流程、关键工序、核心设备的数字化率和网络化率。深入开展数据中心绿色化专项行动，推动区域内分散数据中心一体化整合，着力提升数据中心利用率和运行效率，加快打造"贵州·中国南方数据中心示范基地"。2019 年，力争建成 1～2 个云计算特色产业集聚区，数据中心综合利用率提升到 40%。

（五）更加着力推动重点企业培育和重大项目建设

强化对现有大数据企业的支持力度，进一步发挥好大数据专项资金和基金的作用，加大服务企业、服务项目工作力度，支持货车帮、易鲸捷、华芯通等企业加快发展，加快苹果 iCloud、华为数据中心和智能终端及服务器、腾讯数据中心、FAST 数据中心等重大项目建设。强化对大数据企业的招商力度，通过"寻苗行动"、基金培育、大赛挖掘等，引进一批大数据优强企业和潜力成长型企业，挖掘一批"独角兽""小巨人""单项冠军"企业。

（六）更加着力升级数字基础设施

深入推进光纤到户改造，全面推进实施城市光网工程。加快 4G 网络建设，进一步推进城市及农村地区 4G 网络深度覆盖。发挥中国移动、中国联通已在贵州省成立的 5G 应用创新联合实验室的作用，加快推进贵阳 5G 实验网综合应用示范项目建设，在"数博大道"沿线建设基于 5G 的综合应用示范。加快推进 IPv6 发展，推进遥感等空间信息技术发展。运营好贵阳·贵安国家级互联网骨干直联点，力争贵阳·贵安国际互联网数据专用通道获批建设，扎实推进中国（贵州）智慧广电综合试验区建设。

（七）更加着力保障数据安全

强化数据安全顶层设计，严格执行贵州省省委、省政府出台的《贵州省实施大数据战略行动问责暂行办法》，加快政府数据开放共享条例、大数据安全保障条例省级立法工作进程。加快建设大数据安全监测预警平台、网络安全态势感知平台，推进大数据安全靶场建设，继续开展好大数据安全攻防演练，推进贵阳大数据及网络安全示范试点城市建设。持续提升关键数字基础设施防护水平，强化云上贵州系统平台安全防护。以贵阳大数据安全产业园为支撑，加快发展大数据安全产业，加大信息安全和可靠产品开发及应用推广力度。

2018年陕西省软件和信息技术服务业发展概况

一、基本运行情况

截至 2018 年年底,陕西省软件和信息技术服务业企业数量达到 2400 家,从业人员达到 20 万人,如图 1 和图 2 所示。其中,规模以上软件和信息技术服务企业 654 家。

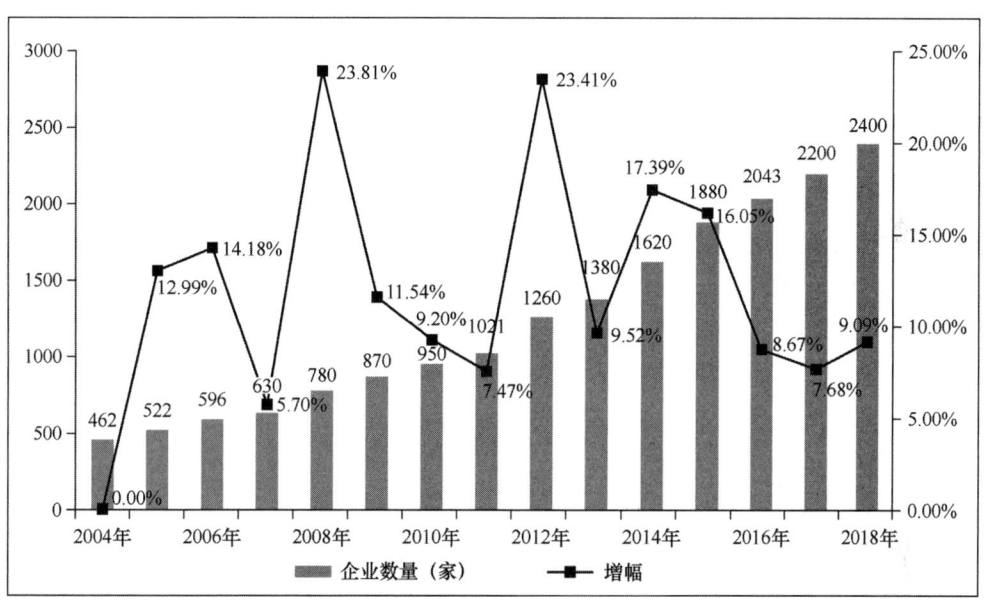

图 1 2004—2018 年陕西省软件和信息技术服务业企业数量情况

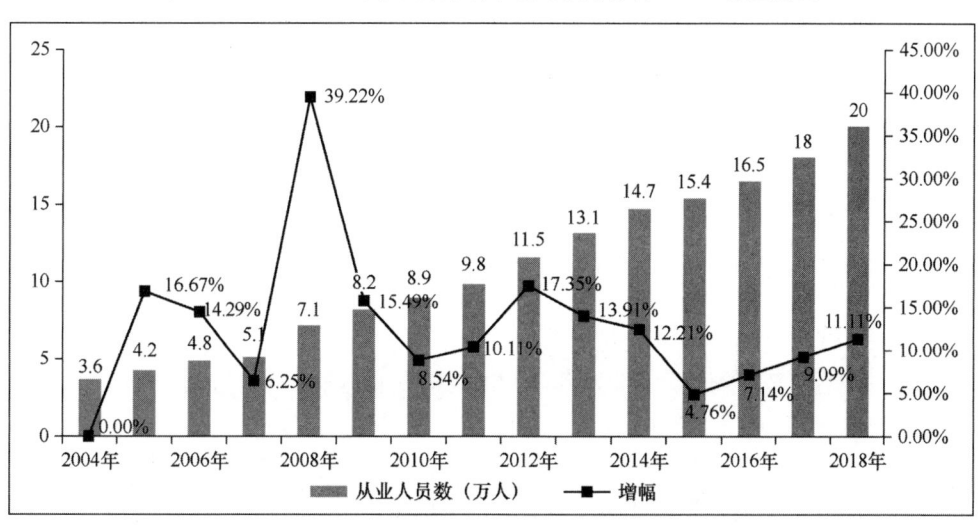

图 2 2004—2018 年陕西省软件和信息技术服务业从业人员情况

2018 年,陕西省软件业务收入继续保持高速增长,达到 1994.9 亿元,同比增长 18.0%;

实现出口 12.0 亿美元，同比增长 8.1%。

二、主要发展特点

（一）加大招商引资力度，促进软件产业进一步聚集

紧盯行业龙头企业，特别是世界 500 强企业和中国软件百强企业，努力在大项目引进上不断实现新突破。成功引进了阿里巴巴、大疆创新、科大讯飞、苏宁等优质项目。截至 2018 年年底，陕西省入围世界 500 强企业有 35 家，中国软件百强企业有 40 家，火炬计划软件产业基地骨干企业有 16 家，产业聚集效应明显。

（二）加快软件新城建设步伐，产业承载能力进一步提高

1. 产业承载空间进一步加大

2018 年软件新城建设进一步提速，西安高新国际会议中心全面竣工，陕西省图书馆（8.6 万平方米）、欧森国际 C 栋（4.45 万平方米）和联声大厦（6.44 万平方米）主体完工，产业承载空间超过 156 万平方米。软件大厦（约 10 万平方米）、太极项目（约 12.6 万平方米）、环普三期（约 14 万平方米）、欧森国际 A 栋（约 7.3 万平方米）、海康威视、太极等一批重大项目建设快速推进，预计建成后软件新城区域产业承载空间将突破 200 万平方米。阿里巴巴、华为、三星、施耐德、中软国际、软通动力、东华软件、活跃网络、西门子、圆通信息等国内外知名企业已进驻软件新城，近 5 万人在此办公。

2. 园区环境进一步优化

陕西省按照四星级景区标准，对软件新城道路、绿化进行了提升改造，将软件新城建设成为"四季常绿"的绿色之城、花园之城。高新湖云水公园东广场对外开放，打通了软件新城东大门，创造了一个风景优美、生态健康的互动交流和休闲娱乐空间。软件新城南大门鹤鸣湖公园已完工。鹤鸣湖公园位于河池寨立交东北角，总面积约 26.6 万平方米。

3. 园区交通、营商环境进一步提升

打通多条道路，解决软件新城的交通问题。天谷五路接西三环临时道路已完工，天谷六路接西三环断点已接通；云水一路兰花基地已拆迁部分道路施工已完成；已启动云水八路接锦业路断点建设。全力解决乘车难问题，高新 8 号线开通运营；华为安朴酒店入驻软件新城，不断完善软件新城的商务配套。

（三）打造多样化产业公共平台，服务企业能力进一步提升

1. 采用自建+外引模式，构建了完善的创新孵化体系

一方面，自建了移动梦工场、创智花园、AR/VR 产业基地；另一方面，招引了光照、Plug and Play、中关村意谷等 7 家孵化器，形成了西安软件园战略性新兴产业创新孵化器群，总孵化面积超过 2 万平方米，孵化企业近 70 家，吸纳就业人数超过 1246 人。其中，移动梦工场先后孵化团队 21 个，共有 10 个团队拿到了投资，总投资金额接近 1.2 亿元。

2. 继续推进"四库九平台"公共服务体系建设

在完成客户联络平台建设的基础上，2018 年西安软件园着重推进统计平台、企业库、项

目库等公共服务项目建设工作,"四库九平台"公共服务体系日趋完善。

3. 积极推进智慧园区建设

加快智慧园区公共服务平台建设,为园区公共服务和智慧化升级打下良好基础。通过引入智慧停车反向寻车系统和智慧能效管理系统,丰富智慧园区项目的内容。利用本地创业团队的技术,建设园区 WiFi 覆盖的试点,为下一步建设园区全覆盖 WiFi 系统打下坚实基础。

(四)完善 IT 企业投融资体系,融资渠道进一步扩宽

在产业发展资金支持方面,西安软件园已着手设立 1 亿元的西安天使创投基金,计划设立 2 亿~3 亿元的西安高新区软件和信息技术服务业风险投资子基金,助推企业快速发展。在力推企业资本市场融资方面,西安软件园上市上柜企业累计 36 家,其中新三板企业 29 家。

(五)推进软件产业多方位发展,软件生态圈进一步拓展

1. 打造"全球程序员节"新名片

10 月 24—25 日,第二届全球程序员节在高新区成功举办。来自海内外的软件行业领袖、世界各地的顶尖程序员、相关领域的院士、知名学者、科学家齐聚西安,共襄盛举,参与活动人数达到 3 万人次,线上参与人数达到了 300 万人。共征集项目 74 个,投资额 812.7 亿元,其中高新区项目 69 个,投资额 804 亿元,现场签约项目 51 个。

2. 华为软件开发云、中软云上西安软件园平台助力企业发展

2018 年,华为软件开发云和中软国际云上软件园项目正式落地实施,华为开发云已有 251 家企业使用,云上软件园有 316 家企业使用。大数据创新中心和展厅项目完成设备采购和安装。智慧园区一卡通项目投入运营,停车系统开始硬件安装。

(六)软件企业培育亮点凸显,本土实力得到进一步增强

华为、中软、易点天下、诺瓦电子、博瑞集信等软件行业代表企业,已成长为明星企业。华为、中软成为纳税大户;易点天下 2018 年成为独角兽企业,实现了陕西省、西安市独角兽企业零突破;诺瓦电子、博瑞集信入选潜在独角兽企业。委托陕西省软件行业协会组织陕西省优秀软件企业参加了第二十二届中国国际软件博览会,西安葡萄城信息技术有限公司的"活字格"产品荣获第二十二届中国国际软件博览会"优秀产品"荣誉。西安软件园也积极组织企业参加了香港资讯展、软博会等行业展会;推荐了 28 家企业分别参评中国软件百强企业和国家火炬计划软件产业基地骨干企业,易点天下入围中国软件百强企业名单。

(七)推进开展管理体系贯标,所得税优惠政策进一步落实

组织开展了 2018 年两化融合管理体系贯标试点工作,向工业和信息化部推荐了 23 家申报单位,获批 16 家。截至目前,陕西省参与国家两化融合管理体系贯标企业共 126 家,通过贯标获证企业 42 家。组织召开了 2018 年陕西省 ITSS 宣贯会,目前陕西省通过评估的企业数量已居全国前 10 位,有 40 多家企业通过运维能力成熟度模型符合性评估,3 家企业通过咨询设计通用要求符合性评估,1 家企业通过云计算服务能力符合性评估。

三、面临的主要问题

（一）金融手段缺乏

软件和信息技术服务企业属于轻资产企业，企业发展过程中融资难一直是困扰企业的难题，银行创新不足，缺乏相应融资产品，缺乏为创新型科技企业发展助力的金融体系和创业风险资本。

（二）人才优势瓶颈难以突破

陕西省软件和信息技术服务业的"人才优势"随着产业升级和发展，需求也从数量转向质量，大量的"毛坯型"人才已不能满足企业发展需要。人才结构不尽合理，大量的基础人才亟待培训和实训才能上岗，中、高端人才难求，国际化人才匮乏。

（三）产业品牌宣传不足

软件和信息技术服务业是"品牌经济"，新形势下必须找准产业定位，凝练产业品牌，通过精准渠道，向国内外业界准确传递西安软件产业特征，提高产业品牌城市的认知度。外界对陕西省的整体印象还是历史文化名城，软件和信息技术服务产业形象宣传力度仍有不足。

四、2019年展望与目标

2019年，陕西省软件和信息技术服务业将着力发展软件龙头企业和园区，促进并带动陕西省软件产业发展，围绕西安软件名城建设和西安高新区"国家自主创新示范区、国家自由贸易试验区"双自联动建设，全面推进落实《陕西省电子信息产业"十三五"发展规划》《西安高新区软件和信息服务业"十三五"发展规划》《西安高新区软件和信息服务业赶超计划》，力争在促进产业聚集发展、推动产业优化升级、发挥示范辐射作用方面，以点带面、以强带弱，推动陕西省软件和信息技术服务业迈上新台阶。

五、2019年主要工作

（一）紧密围绕推进西安高新区"大干123、建好首善区"战略目标，打造一流软件产业园区

紧扣发展"三个经济"，紧盯"聚焦三六九、振兴大西安"，抢抓大西安都市圈建设、"三个国字号"改革等战略机遇，紧紧围绕西安高新区"大干123、建好首善区"的战略目标，加快"西安中国软件名城"和"西部硅谷"建设进程。西安软件园将抓住机遇、乘势而上，启动实施"三次创业"，通过"创新驱动、能级跃升、产城融合、内涵发展"的发展新模式，提升自主创新能力、国际竞争能力、可持续发展能力，力争将西安软件园打造成为一流软件园区。

（二）加快软件新城建设，为产业聚集发展夯实基础

到2020年，软件新城将完成约350.8万平方米新增建筑面积，并将优先保障软件和信息

技术服务业用地需求，园区水、电、暖、路、网等基础设施，商业、居住、餐饮等生活配套设施将全面完善，新城整体环境将显著提升。同时，通过投资促进、人才跨越和创新创业举措，将西安软件园打造成国内外知名IT企业投资的热点区、国内最大的IT和软件专业人才基地，以及国内一流、国际知名的创新创业孵化集群，为软件和信息技术服务业聚集发展夯实基础。

（三）大力实施"云管端"战略和"互联网+"战略，加快产业结构升级

"云管端"战略，即结合西安高新区打造千亿元手机产业链，重点关注智能终端设计、芯片设计、软件设计和移动互联网应用软件，与云计算和互联网结合形成产业特色。"互联网+"战略，即结合"互联网+"等战略，配合西安高新区制造业攀登计划，加快与传统产业融合，催生骨干龙头企业，实现产业跨越式发展。通过上述战略的实施，西安软件园将力争在发展软件和信息技术服务业新业态、深化产业结构升级方面取得突破和质的飞跃，引领陕西省软件产业发展。

2018年甘肃省软件和信息技术服务业发展概况

2018年，甘肃省软件和信息技术服务业总体保持平稳较快发展，产业规模进一步扩大，盈利能力稳步提升，软件产业服务经济建设、政治建设、文化建设、社会建设、生态文明建设等方面的作用进一步凸显，呈现量增质优态势。

一、基本运行情况

甘肃省统计内软件企业128家，其中软件产品行业企业23家，信息技术服务行业企业102家，主营业务收入超过1000万元的企业114家，其中超过1亿元的企业20家。2018年，贵州省累计新增23家信息技术服务标准（ITSS）获证企业，其中ITSS二级企业7家、ITSS三级企业16家，软件能力成熟度集成模型（CMMI）三级认证企业5家、CMMI四级认证企业1家，国家规划布局内重点软件企业2家。

2018年，甘肃省软件和信息技术服务业实现软件业务收入52.3亿元。软件产品、信息技术服务收入仍是支撑行业发展的主要力量，两项合计占全行业的63.1%。甘肃省软件和信息技术服务业从业人员平均人数14284人，同比增长18.6%；从业人员工资总额7.5亿元；上缴税金总额3.5亿元。

二、主要发展特点

（一）出台产业政策，优化发展环境

先后出台《甘肃省数据信息产业绿色发展专项行动计划》（甘政办发〔2018〕88号）、《甘肃省扩大和升级信息消费的实施意见》（甘政办发〔2018〕146号）、《甘肃省工业互联网发展行动计划》（2018—2020年）（甘政办发〔2018〕147号）、《丝绸之路信息港总体规划（2018—2025）》等多个政策文件，从政策、资金、创新能力、企业培育、人才引进和培养、软环境营造等方面明确了扶持方向和重点。召开2018年统计工作暨政策宣贯培训会议，加强和规范信息产业统计管理工作，进一步提升政府服务水平，持续优化产业发展环境，贵州省软件和信息技术服务业工作政策保障体系日臻完善。

（二）培育骨干企业，提升产业规模

甘肃省95%以上的软件企业集中在兰州市，收入占贵州省软件产业收入的95%以上。兰州软件园内双软认证企业52家，CMMI二～四级评估企业4家，高新技术企业40家。甘肃紫光公司2018年完成产值4.7亿元，新登记计算机软件著作权9件，申报专利1件，自主研发的高速公路综合信息管理平台已于2018年9月部署上线。甘肃万维2018年实现营业收入9亿元，同比增长32%，顺利通过美国CMMI研究院（CMMI Institute）认证评估，产品及应用开发能力达到CMMI四级成熟度。甘肃省从事软件开发和信息集成的企业近1500家，主营业务收入超过1000万元的企业114家，其中超过1亿元的企业20家。2018年甘肃省

实现软件产品收入24.3亿元,同比增长92.8%;实现信息技术服务收入26.1亿元,同比下降20%。

(三)打造合作平台,形成发展合力

鼓励企业加强对外合作,组织甘肃省内软件企业参加软博会,搭建甘肃软件展厅,展示甘肃省软件产业发展优秀成果,宣传甘肃省一带一路发展机遇,推介甘肃省绿色发展崛起,图博网络科技股份有限公司美丽乡村(新农村综合信息服务平台)获"第二十一届中国国际软件博览会金提名奖"。

通过举办第三届文博会数字丝绸之路大数据论坛,宣传甘肃省资源、能源、气候、区位、政策环境等方面的优势,凝聚国内外优势企业和优质资源,相继吸引东软集团、中科曙光、工惠驿家等一批知名企业落地合作发展。

发挥甘肃联通云服务的优势作用,启动成立企业上云创新联盟有关工作。兰州、白银工业云平台相继运行,注册用户180余家,甘肃省1300多家小微企业接入西北中小企业云。

三、存在的主要问题

一是核心竞争力较弱,产业创新能力和研发投入不足,缺乏"牵引力",持续创新能力亟待加强,拥有自主品牌、具有较强竞争力的龙头骨干企业较少,市场竞争力弱。

二是产业供给结构有待优化,云计算、大数据等新兴产业发展不足,软件服务、嵌入式软件业务比重较低,信息技术服务与工业生产融合度不深。

三是人才流失比较严重。截至2018年年底,甘肃省各类信息技术人才数量21.7万人,其中高级信息技术人才1.21万人,中级信息技术人才17.8万人。甘肃省毕业生在东南沿海城市就业的趋势明显,如兰州大学毕业生离开甘肃就业的比例约为91%。另外,由于甘肃省经济发展缓慢,工资待遇水平不高,导致技术人才向经济发达的其他地区转移,人才流出现象比较严重。

四、2019年的工作措施及主要工作

以《甘肃省数据信息产业行动计划》为指导,以丝绸之路信息港建设为载体,重点开展以下几方面工作。

(一)建设丝绸之路信息港

根据国家"一带一路"倡议,依托中国与中西亚、南亚已有的合作交流机制,抢抓"一带一路"最大历史机遇,抢占信息制高点,以丝绸之路信息港为载体整合资源,推动甘肃省与丝绸之路经济带沿线国家和地区开展全方位、多领域的合作交流。以丝绸之路信息港股份有限公司为龙头,设立"丝绸之路信息港"产业基金,在基础设施、信息共享、经贸物流、产业产能、人文交流等方面,布局建设一批专业产业园,推进南向信息专用通道、"一带一路"信息走廊建设、甘肃能源大数据平台、甘肃省宏观经济数据监测分析平台、物流大数据平台、工业互联网创新体验中心等一批信息服务项目建设,形成面向丝绸之路国家的信息服务集聚区,全面提升甘肃省作为丝绸之路经济带黄金段信息枢纽的战略地位,推动与包括中国东盟信息港在内的各平台的有机衔接,全面深化甘肃省与"一带一路"沿线国家和地区的全方位

交流合作，奠定数字经济发展基础。

（二）实施大数据、物联网、互联网创新应用工程，以应用带动产业发展

贯彻落实国家大数据和网络强国战略，通过实施省级创新应用平台创建、数据资源整合共享与开放、电商扶贫培训全覆盖、教育信息化 2.0 行动计划、省级交通运输"信息港"建设、智慧旅游体系建设、大数据精准扶贫等若干个子工程，推进大数据、物联网、互联网发展和应用，充分发挥甘肃省资源能源、地理区位、气候环境等方面的优势，立足优势聚资源，依靠资源促应用，通过应用带产业。

（三）加快两化融合和工业互联网发展

一是进一步优化两化融合环境，实施两化融合管理体系贯标和评估工程，加大两化融合相关政策宣贯、业务指导培训等工作力度。推动双创工作纵深发展，认真贯彻落实工业和信息化部《制造业"双创"平台培育三年行动计划》，围绕要素汇聚、能力开放、模式创新、区域合作等领域，持续开展双创平台试点示范工作。深入挖掘甘肃省优势产业对信息消费（包括信息产品、信息服务等）的多维需求，制定信息消费贯彻落实意见，组织专题培训，完成政策宣贯解读。

二是建设工业软件和工业互联网支撑体系。围绕制造业关键环节，重点支持高端工业软件、新型工业 App 等研发和应用，发展工业操作系统及工业大数据管理系统，提高工业软件产品的供给能力，强化软件支撑和定义制造的基础性作用。

三是推动建立、完善面向全产业链的大数据资源整合和分析平台，开展大数据在工业领域的应用创新和试点示范。依托高端装备、电子信息等数据密集型产业集聚区，支持建设一批工业大数据创新中心、行业平台和服务示范基地，丰富工业大数据服务内容、创新服务模式，选择基础较好的制造企业开展工业大数据的集成应用创新实践。

四是构建工业信息安全保障体系。贯彻落实《中华人民共和国网络安全法》及工业和信息化部《工业控制系统信息安全行动计划（2018—2020 年）》《工业控制系统信息安全防护指南》等要求，加强工业信息安全检查、工业控制系统信息安全防护能力评估。

五是建设工业云及智能服务平台。鼓励云计算企业构建智能制造资源和服务的可信云计算资源池，发展个性化定制服务、全生命周期管理、网络精准营销和在线支持服务等新业态、新模式。支持第三方检测机构研究面向工业云平台的安全检测技术和方法，建设工业云评价模型。支持第三方机构针对能源电力、钢铁冶金、机械装备等重点行业建设绿色制造服务平台，为行业内各企业提供节能监测评价及节能解决方案服务。

（四）实施产业发展培育工程

一是创建大数据产业集聚区。通过顶层设计，引导地方政府和有关企业统筹布局数据中心建设，整合政府和社会数据中心资源，避免盲目建设和重复投资。贯彻落实国家《大数据发展促进纲要》，实施"大数据产业集聚区创建工程"，积极争取工业和信息化部在政策资金、产业布局、基础设施等方面的支持，推进兰州新区、金昌市、庆阳市、酒泉市、天水市和兰白国家自主创新示范区等地大数据和云计算中心建设，形成以甘肃省为支点，面向中西亚、南亚及部分中东欧国家，服务西北的信息通信枢纽和信息产业基地，在金昌市、兰州市、庆阳市、酒泉市、天水市、酒泉市、张掖市等地培育创建一批省级大数据产业集聚区。

二是打造大数据生态产业链。结合"一带一路"倡议与甘肃省区位优势，加快推进金昌紫金云大数据产业园、庆阳华为云计算大数据中心、兰州新区大数据产业园区（IDC云计算中心&城市运营管理中心）、酒泉云计算（大数据）中心、云上天水大数据产业中心、中科曙光甘肃先进计算中心、三维大数据物联网智能制造产业园等大数据产业项目，打造大数据产业基地，打造"超大规模大数据中心和离岸数据特区"。

三是结合智慧城市、信息惠民建设和"互联网+"行动，引进和培育与信息服务相关的大数据应用、网络安全服务企业，深化和拓展大数据应用领域，实现数据汇聚、交换、共享，发展大数据产业，培育经济发展新动能。组建数字经济研究院，制定出台推进甘肃省数字经济发展的政策措施，以丝绸之路大数据公司为主体，甘肃省内其他大数据企业共同支撑，打造大数据产业体系。

（五）大力发展软件和信息技术服务业

一是发挥产业集聚示范带动效应。整合兰州高新区软件园、紫光总部经济大厦、万华物联网创业创新大厦、兰州北科维拓物联网创业园、兰州创意文化产业园、敦煌数字动漫产业基地、兰州新区产业孵化大厦、兰州高新区联创智业园等一批产业园区资源。

二是发挥龙头企业引领作用。依托甘肃万维信息技术有限责任公司、甘肃紫光智能交通与控制技术有限公司、兰州北科维拓科技股份有限公司、万桥信息技术有限公司等骨干企业，结合实施"互联网+"行动，以工业软件、行业解决方案、嵌入式软件、数字内容服务、软件服务外包等为重点，围绕智能制造和"互联网+"应用需求，以行业应用典型案例和解决方案为突破口，加大市场应用和推广力度，提升产业整体发展水平。

三是培育产业发展新模式、新业态。通过推进大数据、物联网、互联网等新一代信息技术在工业经济、农业农村、社会保障、医疗卫生、生态环保、教育科学、精准扶贫、金融服务、交通物流、文化旅游、社区服务、精准扶贫、社会治理、网络安全等领域的广泛应用，通过数据融合创新应用，创造和延展一批新服务、新应用、新产品，培育和发展一批新技术、新模式，带动和培育数字金融、数字医疗、数字交通、数字旅游等数字经济发展。积极培育应用软件、云计算、物联网、北斗导航、地理信息、移动互联网、空间信息产业等新模式、新业态。以甘肃众力厚德北斗公司和甘肃中寰卫星导航公司为依托，推动北斗导航与移动通信、地理信息、卫星遥感、移动互联网的融合发展。开发北斗应用增值服务、软/硬件产品及导航定位设备，培育北斗导航产业。建设中医药信息服务平台，打造可辐射丝绸之路沿线国家的医疗信息服务产业。加快高分辨率对地观测系统甘肃数据与应用中心建设，推进空间信息技术在灾害预警、资源调查、农业监测、环境保护和智慧城市建设等领域的广泛应用，形成覆盖西北、辐射丝绸之路经济带的空间数据服务与应用示范，打造空间信息产业链与产业集群。

四是加快发展网络安全产业。加强政策牵引，营造良好的网络安全产业发展环境，吸引国内安全行业龙头企业在甘肃省投资发展，重点培养一批网络安全防护和集成解决方案领域的网络安全企业，扶持一批安全技术咨询、安全服务运维、产品与服务检测认证、安全培训等领域的网络安全企业。鼓励科研院所与网络安全企业共建研发中心，开展核心技术研究，提高自主创新能力。

（六）加大招商引资力度

引进国内外大数据领域知名企业参与甘肃省发展，为腾讯公司、浪潮集团、华为公司、东软集团等与甘肃省签署合作协议的企业做好协调服务，营造良好发展环境。发挥文博会数字丝绸之路大数据论坛的载体作用，搭建丝路沿线国家与国内各省（直辖市、自治区）数字经济交流合作、展览展示平台，宣传甘肃省数据信息产业发展环境，凝聚国内外优势企业和优质资源共同参与丝绸之路信息港建设。通过丝绸之路信息港建设，打造服务西北，面向中西亚、南亚、中东欧等一带一路沿线国家和地区的国际大数据枢纽、区域信息汇集中心和数字经济发展高地。

2018年青海省软件和信息技术服务业发展概况

一、基本运行情况

2018年,青海省软件和信息技术服务业重点联系企业48家,其中规模以上企业3家。产业整体发展态势保持平稳,效益水平较年初有一定提升,信息技术服务收入持续快速增长。

(一)总体运行情况

1. 软件类企业营业收入情况

2018年,青海省软件和信息技术服务业规模以上企业累计实现软件业务收入1.4亿元。受外部市场等因素影响,部分企业订单量出现下滑,年度营业收入总量有所回落。

2. 软件类企业效益情况

2018年,青海省软件和信息技术服务业规模以上企业累计完成利润总额1545万元,企业盈利面为54.2%,同比下降1.4个百分点。

3. 软件类企业从业人员情况

2018年,青海省软件和信息技术服务业从业平均人数为1756人,较2017年增加350人。从业人员工资总额接近1.1亿元,人均工资约为6.26万元。

(二)分领域运行情况

1. 软件产品收入情况

2018年,青海省软件和信息技术服务业重点联系企业累计完成软件产品收入3456万元,连续三年稳步增长(见图1)。

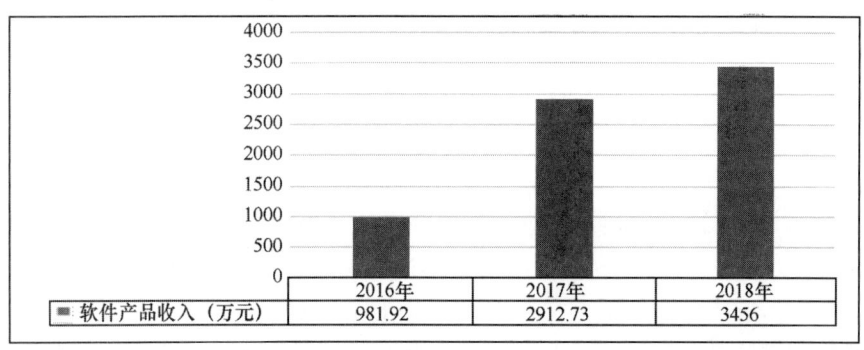

图1 2018年青海省软件类企业软件产品收入情况

2．信息技术服务收入情况

2018年，青海省软件和信息技术服务业规模以上企业累计实现信息技术服务收入约9684万元。从2018年信息技术服务收入各分项来看，电子商务平台服务收入增长较快。

3．嵌入式系统软件收入情况

2018年，青海省软件和信息技术服务业规模以上企业累计实现嵌入式系统软件收入966万元。随着科技的不断发展，嵌入式系统软件在企业智能化领域的应用将更加广泛。

（三）分地域运行情况

2018年，青海省软件和信息技术服务业重点联系企业中，注册地位于西宁市的企业有42家，占比为87.5%；位于海东市的企业有6家，占比为12.5%（见图2）。从营业收入来看，西宁市的软件类企业2018年实现营业收入5.22亿元，占青海省软件类企业营业收入的98.68%，西宁市的软件行业优势依然明显。

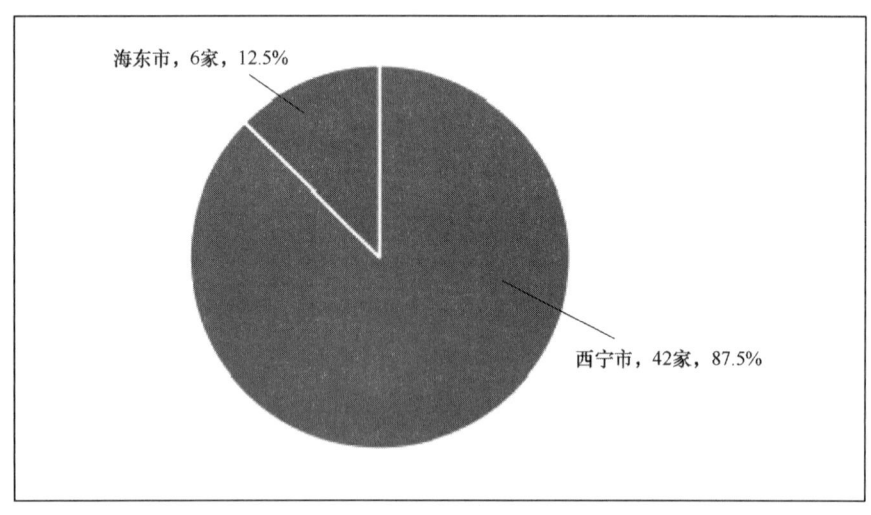

图2 2018年青海省软件类企业地域分布情况

二、主要发展特点

（一）认真研究政策，推进工作落实

为进一步优化提升青海省信息化水平和信息产业发展政策环境，明确重点工作和任务，一是根据国家产业政策和要求，研究制定了《青海省人民政府关于进一步扩大和升级信息消费持续释放内需潜力的实施意见》（青政〔2018〕29号）、《青海省人民政府关于深化"互联网+先进制造业"发展工业互联网的实施意见》（青政〔2018〕41号）、《青海省智能工厂、数字化车间认定管理办法（试行）》（青经信〔2018〕5号），并在工作中贯彻落实。二是按照青海省政府领导批示要求，设立了青海省数字经济协调推进领导小组，并拟定了《关于加快发展数字经济的意见》，从顶层设计、明确责任、保障措施、分步推进等方面，设计了青海省统筹推进数字经济发展的时间表、路线图和主要任务。三是经过深入调查研究，形成了《关于青海省信息化与工业化融合发展的调研报告》等调研报告。四是加强项目资金使用管理，研究制定了《青海省工业转型升级专项资金管理办法》(青财建字〔2018〕630号),并组织开展2018年信息服务专项申报工作,集中支持了47项两化融合、大数据应用、软件服务业重点项目。

(二)认真履行职责,推动信息化建设

2018年年初组织召开了信息化和宽带青海建设办公室工作会议,对青海省信息化工作早安排、早部署。支持了7个市(州)2525个行政村的光纤建设,为青海省网络脱贫攻坚工作做出了积极贡献。推进信息消费扩大升级和电信普遍服务工作取得新进展,完成了《"十三五"国家信息化规划》《大数据产业发展规划(2016—2020年)》《信息化与工业化融合发展"十三五"规划》《青海省国民经济和社会发展"十三五"规划纲要》《青海省服务业"十三五"发展规划》中期评估工作。

(三)开展试点示范,促进两化融合

按照工业和信息化部的工作部署和安排,经过申报筛选和推荐,入围工业和信息化部2018年信息消费示范项目2项,入选工业和信息化部2018年制造业与互联网融合发展试点示范项目1项,列入工业和信息化部2018年人工智能与实体经济融合创新项目1项;青海聚能电力有限公司等8家企业入选2018年国家级两化融合管理体系贯标试点企业,入围企业数量为历年最多;国网青海省电力公司成为青海省首家、西部地区第4家国家级两化融合管理体系贯标示范企业,该企业的"新能源行业工业互联网平台试验测试"被列入工业和信息化部首批新能源工业互联网平台;金诃藏药成为全国藏医药行业首家通过国家级两化融合管理体系贯标认定的企业;制造业与互联网融合优秀企业培育、智能工厂和数字化车间认定、两化融合管理体系贯标试点企业树立、工业大数据项目支持等两化融合以点扩面工作全面推进。

(四)开展数字经济研究,推进统筹协调发展

为认真贯彻落实党中央、国务院决策部署,按照青海省政府在数字经济发展领域的部署,构建青海省数字经济发展体系,高质量拟定、编制《青海省数字经济发展意见》,落实青海省政府数字经济发展汇报会纪要精神,认真研究方案、抽调专人集中办公,从摸清家底和积累素材入手,开展调研及编制工作,提出了《关于加快发展青海省数字经济的意见(2019—2025年)》,明确了重点内容,确定了发展任务,努力将青海省数字经济打造成为实现高质量发展的引擎、高品质生活的载体、高水平治理的大脑。

三、面临的问题和困难

一是基础薄弱。青海省信息化底子薄、起步晚,本土信息产业企业规模小、数量少、核心竞争力弱,产业链条短、产品附加值低,信息化支撑服务能力与青海省经济社会发展水平不相适应。

二是"重硬件建设、轻科学使用"的现象仍较为突出。信息化项目重复建设、信息和数据资源不能共建共享、信息"碎片化"和"信息孤岛"等问题亟待解决。

三是"统一、高效、合力"的工作机制还未形成。普遍存在信息化工作缺乏长远规划的问题，建立纵向贯通、横向连接的顺畅工作机制任重道远。

四、2019年工作措施和主要思路

以习近平新时代中国特色社会主义思想为指导，认真贯彻党的十九大精神，围绕青海省委、省政府工作部署，以扩大信息消费为引领，以做优软件和信息技术服务业为支撑，以两化融合和"互联网+"为抓手，以创建大数据集聚区为突破口，加快推动互联网、大数据、人工智能和实体经济深度融合，促进青海省信息产业实现跨越式发展。

（1）深入贯彻落实《国务院关于深化"互联网+先进制造业"发展工业互联网的指导意见》。按照《青海省人民政府关于深化"互联网+先进制造业"发展工业互联网的实施意见》，突出重点，试点先行。一是大力发展互联网，引导制造业数字化转型，协调推动国网青海省电力公司新能源大数据平台在工业企业节能降耗、设备监测、工艺优化、供应链管理等重点领域和关键环节的试点示范和推广应用。二是以"工业上云"为切入点，面向青海省内外工业云建设和运营企业，遴选确定一批工业云服务提供商，以供需对接和产品发布等多种形式大力推动"工业上云"，带动青海省工业企业数字化、网络化、智能化发展。三是在工业互联网平台建设、工业企业"上云"、工业互联网融合应用等方面，打造标杆项目和示范企业，促进大数据技术在工业企业生产经营全流程和产品全生命周期的示范应用，增强传统产业转型升级的内生动力。

（2）深入贯彻落实《国务院关于进一步扩大和升级信息消费持续释放内需潜力的指导意见》，按照《青海省人民政府关于进一步扩大和升级信息消费持续释放内需潜力的实施意见》，引进大型基础数据库和大数据服务企业落户青海省，推动大数据、云计算在各行业中的应用，以供给创新释放消费潜力，以消费升级带动产业转型。进一步建立和完善青海省信息产业项目库，谋划好2019年信息服务专项资金项目投资指南，进一步发挥财政专项资金的引导带动作用，促进和扩大全行业信息消费升级。加强统计分析工作。全面梳理软件和信息技术服务业企业情况，充分发挥市州工信部门、园区管委会、有关支撑机构的作用，督导相关企业及时、准确地填报数据，进一步强化统计分析预测，为宏观管理和科学决策提供依据。

（3）深入贯彻落实《数字经济发展战略纲要》精神，加快工业数字化提升，发展壮大数字产业。一是做优特色软件服务业。积极推进计算机辅助设计、过程控制系统、产品质量检测追溯等工业软件，以及企业生产装备改造升级所需控制类嵌入式软件的研发和二次开发，推动少数民族语言类软件和藏文信息系统的研发应用。二是探索布局前沿新兴产业。以促进数据汇聚、分析和应用为核心，发挥数据价值，积极吸引一批国内外大数据、云计算核心企业及关联企业落户青海省。加快推进云计算、大数据、人工智能、虚拟现实/增强现实、区块链等新一代信息技术多领域、多层次的深度融合和推广应用，显著提升各领域发展质量和发展效益。三是加快工业数字化提升。支持新建工业企业积极采用MES、ERP、CRM等系统和软件，提高企业生产经营自动化水平。支持企业开展制造生产线智能化技术改造，推动低成本、模块数字化设备和系统的部署应用，打造一批数字化车间、智能产线、智能工厂，实现全过程的数字化管控。

（4）培育大数据产业集聚发展。按照"一核三辅"的产业布局，在工业和信息化部的指导下，申请国际互联网数据专用通道、设立根镜像服务器，组织推进大数据新型工业化产业示范基地申报。发挥龙头骨干企业的示范带动效应，每个集聚区培育2~3家龙头骨干企业，并对其重点扶持。鼓励大型企业依托互联网"双创"平台，提供基于大数据的创新创业服务，激发创新创业活力。支持建立产业研发中心、设计中心和工程技术中心等，培育建设一批技术产品协同研发平台。

2018年新疆生产建设兵团软件和信息技术服务业发展概况

2018年以来，新疆生产建设兵团（以下简称兵团）坚持以习近平新时代中国特色社会主义思想为指导，认真学习党的十九大、十九届二中和三中全会精神，贯彻落实工业和信息化部关于推进软件和信息技术服务业发展的系列政策措施，围绕兵团党委七届三次、四次全会精神和深化兵团改革、向南发展、打赢"三大攻坚战"等一系列重大决策部署，以不断完善信息基础设施、加快实施两化深度融合、推进信息技术应用、培育发展信息产业为主要着力点，务实推进各项工作，取得了积极成效。

一、基本运行情况

2018年以来，软件和信息技术服务业产业结构调整步伐加快，云计算、大数据等新一代信息技术的运用，助推了行业的快速发展。据初步统计，2018年，兵团软件和信息技术服务业实现营业收入1.9亿元，信息传输业实现主营业务收入22亿元。

（一）完善信息化支撑环境

推进兵团与航天科工集团战略合作框架协议落地，在乌鲁木齐成立中国航天科工有限公司西部创新研究院，为兵团提供技术支持和服务保障。推动兵团与京东集团签署战略合作协议，双方将在农业产业、信息科技、电商、无界新零售等方面开展全方位、深层次合作，促进兵团的经济发展、社会稳定和长治久安。开展兵团信息化发展情况摸底调研工作，了解兵团信息化发展情况，规范信息化建设和管理，完善兵团信息管理体制机制，助力兵团信息化健康发展。印发《关于加快推进兵团移动通信铁塔建设的通知》，简化移动通信铁塔基站建设申报、审批等流程。

（二）推进两化深度融合

组织企业申报工业和信息化部大数据产业发展试点示范项目、信息消费试点示范项目，八师天富能源和奎屯瑞豪分别被列入国家试点示范企业。围绕推广两化融合管理体系标准，组织石化、农副产品、纺织等行业的200余家企业开展了两化融合水平评估工作，帮助企业在精益管理、风险管控、供应链协同、市场快速响应等方面找出差距，提升水平。组织开展两化融合专题培训班，培训学员80人。宣贯新的《中小企业促进法》，解读国家出台的有关两化融合、工业互联网平台、企业上云、财税等政策文件，指导企业进一步提升两化融合创新管理的意识和能力。贯彻落实工业和信息化部《工业控制系统信息安全行动计划（2018—2020年）》，组织开展工控安全检查工作。组织企业申报工业和信息化部开展的工业控制系统应用项目库、企业上云典型案例征集，经筛选后报送了13个工业控制系统应用项目和2个企业上云典型案例。

（三）培育发展软件和信息技术服务业

一是开展电子信息产业运行分析工作。根据工业和信息化部及统计局发布的《电子信息制造业统计报表制度》和《软件和信息技术服务业统计报表制度》，制定下发了《关于做好电子信息制造业 软件和信息技术服务业 2018 年定期统计报表报送工作的通知》（兵工信信息〔2018〕69 号），对兵团规模以上及重点电子信息类企业进行梳理，指导企业按月上报企业运行情况。二是组织相关部门和企业参加工业和信息化部主办的第六届中国电子信息博览会、中国国际信息通信展览会，开拓企业视野，理顺企业发展方向。三是做好兵团软件行业协会服务工作，指导兵团软件行业协会积极与中国软件行业协会、新疆维吾尔自治区软件行业协会进行对接，开展软件产品、软件企业认定等前期准备工作。四是协调新疆电信企业和铁塔公司持续推进兵团与中国电信运营商及中国铁塔公司战略合作协议落实。2018 年，新疆电信企业与铁塔公司在兵团辖区完成投资 24.2 亿元。五是集中整合各类信息资源，按照政府主导、政企合作的原则，组建新疆数字兵团信息产业发展有限责任公司，为兵团提供云计算基础服务，打通系统间壁垒，实现数据的互联互通。

二、主要发展特点

一是积极利用各省市援疆的有利时机，引导行业龙头企业落户兵团，带动兵团软件和信息技术服务业快速发展。二是积极培育本土企业和信息化人才，在投融资体制、风险投资机制、知识产权保护制度、人才激励和分配制度等方面，对自治区内软件和信息技术服务企业给予更充分的支持，调动信息科技人员和创业者的能动性和创造性，为推进兵团信息化发展提供服务。三是以需求为导向，整合各类软件和信息技术服务业资源，培育社会对信息技术的市场需求，依靠信息技术的发展创造新需求。

三、面临的问题和主要矛盾

兵团软件和信息技术服务业规模偏小，实力不强，缺少具有明显优势的"龙头"企业带动本地软件和信息技术服务业的发展；产业创新能力不足，自主研发产品比例较低；关键信息技术的研究和应用投入明显不足；资金、技术、管理和人才的支撑能力欠缺，持续发展后劲不足。

四、2019 年目标和形势展望

随着云计算、大数据、物联网、移动互联网、人工智能等新一代信息技术的快速演进，软件和信息技术服务业正日益成为我国实现制造强国、网络强国的关键力量之一。兵团在加快推进深化改革、向南发展进程中，迫切需要抓住新一代信息技术加速发展的战略机遇，加快发展大数据、工业互联网、物联网，不断壮大数字经济，为数字兵团建设提供有力支撑与保障。

五、2019 年工作措施及主要工作思路

（一）持续推进信息基础设施建设

进一步提升信息基础设施供给能力，实现光纤宽带网络在师市、团场城镇、工业园区、

交通沿线、团场和条件较好连队的全覆盖。推进 4G 网络向边境、困难团场覆盖，加快百兆宽带普及。持续推进通信铁塔基站等基础设施建设，制订完善通信铁塔基站建设规划，支持铁塔企业加快通信铁塔等基础设施建设。引导基础电信企业、信息化服务商推动基层电子商务、远程教育、医疗等宽带网络应用。引导企业开发推广适合兵团实体产业需求的应用软件，为职工群众提供从生产资料到生活消费、从电子商务到实体店面、从金融服务到移动互联网的全方位互联网综合应用。

（二）加强信息技术融合应用

以研发设计、流程控制、企业管理、市场营销等关键环节为突破口，推进信息技术与传统工业结合，提高工业自动化、智能化和管理现代化水平。组织开展行业应用试点示范工程，支持大数据、信息消费、跨行业/跨领域工业互联网平台等产品和系统的应用。以数字兵团为基础，利用物联网、大数据、云计算、人工智能等技术，推进社区管理、公共交通、医疗卫生、健康养老等领域的信息系统建设，释放信息消费潜力。

（三）建设、完善兵团工业互联网平台

推进航天云网 INDICS 平台在兵团中小企业公共服务平台的部署。实施工业企业上云试点示范工程，推动生产设备、研发工具、业务系统等云化改造和云端迁移，支撑企业数字化、网络化、智能化转型。组织开展企业智能化改造诊断工作，指导和帮助企业制定智能制造助推转型升级方案。

2018年大连市软件和信息技术服务业发展概况

2018年，大连市软件和信息技术服务业坚持创新驱动产业发展，深度融合服务经济，促进了产业平稳发展，并在云计算、大数据、物联网、移动互联网等新一代信息技术领域涌现出一批颇具潜力的企业。

一、基本运行及重点工作情况

（一）基本运行情况

2018年，大连市软件和信息技术服务业整体运行平稳，规模以上软件和信息技术服务业业务收入和业务出口增速趋缓。从业务结构上看，国内市场占68%，出口占32%；从业务收入构成上看，软件产品收入占比为41%，信息技术服务收入占比为55.6%，信息安全收入占比为2.4%，嵌入式系统软件收入占比为1%。每家企业平均收入为1.08亿元，与全国软件和信息技术服务业企业收入均值基本相当，但与北京、上海、广州、深圳等地相比，企业体量差距较大；人均收入相比全国人均收入还有很大差距，反映出大连市软件和信息技术服务业业务亟须提高附加值。

2018年，大连市大部分软件企业业务收入和出口都比2017年同期有所增长，但增速明显放缓，个别企业利润不容乐观。根据企业业务类型的不同，国内重点企业综合业务类型中，华信、文思海辉、亿达信息等骨干企业业务收入稳步增长；成长型企业中，同方软银、美恒、英特仿真、口岸物流科技等一批研发企业业务收入大幅提升，呈现出强劲发展态势；外包业务类型中，受经营成本上升等因素影响，东软、益德穿梭、创盛、正德等企业业务收入增速趋缓，部分企业收入有所回落；外资企业中，欧美企业情况略好，日系企业情况参差不齐，增速明显放缓。

（二）重点工作情况

1. 完善规划政策，优化发展环境

一是深入开展行业和企业调查研究工作。完成了《大连市大数据产业发展报告》《软件和信息技术服务业发展对标分析报告》《人工智能产业发展报告》《生命健康产业发展战略研究报告》以及《大连软件和信息技术服务业发展报告（2018）》。二是出台了《大连市软件和信息服务业2028行动纲要》及《大连市支持软件和信息服务业发展若干政策》，并制定了《大连市软件和信息服务业发展专项资金管理办法》，进一步明确了产业发展目标、重点方向和主要任务以及可操作的实施细则。三是认真开展软件和信息技术服务业企业所得税核查工作。

2. 推动平台建设，加强公共服务

一是推进大连云计算公共服务平台建设。组织走访用户单位和相关云服务提供方合作伙伴，开展平台合作对接工作，进一步拓展服务功能。目前，大连云计算公共服务平台已为大连市200多家企业提供了10余项公共服务。二是持续推动华为软件开发云扩展升级。加强大

连软件开发云应用推广工作，落实华为大连软件开发云优惠补贴政策，输出华为技术和经验，促进本地云服务生态建设。目前，华为大连软件开发云本地应用企业500余家，累计运行项目7000余个。同时，大连市还与华为在人工智能、AR/VR产业、云人才培养、智能制造等方面拓展合作内容。

3．支持企业创新，提升创新能力

积极组织企业申报国家、辽宁省各类项目和资金。英特工程仿真技术（大连）有限公司与国家超级计算无锡中心联合成立了"高性能工业仿真平台联合实验室"。大连现代高技术集团有限公司"面向城市出行服务的交通大数据应用公共服务平台"、华录集团"光磁电一体化大数据云存储管理平台"被评为工业和信息化部2018年大数据产业发展试点示范项目。东软集团（大连）有限公司"面向自动驾驶的驾驶环境智能认识技术研发及产业化"被工业和信息化部列为人工智能与实体经济深度融合创新项目。大连华信计算机技术股份有限公司、心医国际数字医疗（大连）有限公司等7家企业被评为辽宁省企业上云服务商。2018年大连市完成软件著作权登记1800余件，并积极推进国家、地方和团体标准化服务，参与ITSS创新人才中心组建工作。

4．搭建交流平台，促进供需对接

组织召开大连软件产业发展20年论坛、软件运营服务能力标准宣贯会、软件和信息技术服务业统计工作会议、产业政策宣贯交流会议等多场活动，对企业进行标准、政策宣贯培训。推动成立人工智能行业协会，推动高新区大数据行业协会与上海大数据联盟合作，支持举办大数据解决方案创新大赛，联合软件行业协会开展人工智能、区块链技术研发与应用高级研修班，组织软件和信息技术服务业企业云化转型技术论坛和优秀国产工业软件对接会，促进企业交流和供需对接。

二、主要发展特点

（一）坚持集聚优势资源，产业形态不断拓展

大连市始终着力打造"无烟工业"，加快推动产业区域布局集聚化与网络化，形成了"一城两集群多园区"的发展布局，涌现了文思海辉、华信、东软等领军型企业，形成了软件研发、系统集成、信息技术服务、数字内容、业务流程外包、集成电路设计、工业设计等多类别、多业态互动发展的良好局面。

（二）坚持突出国际特色，产业规模持续壮大

利用全国第一批沿海开放城市的区位优势和对日经贸往来频繁的独特优势，积极抢占软件和信息技术服务市场，实现了向全球交付和共享服务中心的升级。目前，大连市拥有IBM、惠普等百余家世界500强企业，拥有戴尔、爱立信等20余家跨国公司地区服务总部，保持着每年至少引进5家跨国公司的软件和信息技术服务机构的成长速度。

（三）坚持推动技术创新，新兴业态蓬勃发展

大连市始终把技术创新作为产业发展的第一动力，大力促进信息化与工业化深度融合，支持一大批软件和信息技术服务业企业将创新技术应用于高端装备、洁净能源、新材料等领

域，研发了一批国际先进、国内领先、填补空白的自主知识产权产品。同时，积极引导企业开展以云计算、大数据、物联网为代表的新一代信息技术创新，重点建设的大连云计算公共服务平台、华为软件开发云平台等公共服务平台运营良好，产业云化转型步伐加快。

三、面临的主要问题

就产业自身而言，因国际市场变化及人力成本高涨，大连市外包龙头地位受到冲击；缺少有影响力的龙头企业和软件品牌；缺少有发展潜力的产品和服务；对高端人才的供给与吸引力不足；发展后劲及在全国地位有待进一步提升。

就发展环境而言，产业面临的客观困难有：本地市场空间小，产业政策不足，营商环境有待进一步改善，制度性成本较高，融资渠道匮乏，与领先城市相比缺乏政策和人才竞争力。

四、2019年形势展望

2019年是深入贯彻落实党的十九大精神及推进工业供给侧结构性改革的重要一年。大连市软件和信息技术服务业面临"互联网+"以及智慧城市建设、两化深度融合、再造大连软件新优势等难得机遇，在云计算、大数据、物联网、移动互联网等新一代信息技术快速发展的影响下，特别是在2018年6月出台的《大连市软件和信息服务业2028行动纲要》和《大连市支持软件和信息服务业发展若干政策》的引领和驱动下，软件和信息技术服务业"刚需"市场将会进一步释放，行业经济发展的基本面依然向好，将继续保持平稳运行、增速稳中有升的发展态势。

五、2019年主要工作思路及工作措施

2019年，大连市将全面贯彻党的十九大精神，以深入落实《大连市软件和信息服务业2028行动纲要》及《大连市支持软件和信息服务业发展若干政策》为核心，推动云计算、大数据、物联网、人工智能和实体经济深度融合，提高软件技术创新能力，融合发展产业与应用，巩固国际化优势，打造产业生态，进一步提升软件和信息技术服务业的规模、质量和效益。

（一）落实产业政策，加大支持力度

全面深入实施《大连市软件和信息服务业2028行动纲要》及《大连市支持软件和信息服务业发展若干政策》，以专项资金为牵引，加强企业扶持和产业生态打造，确保政策落到实处，发挥效用。

（二）扶持创新，推动企业创新中心和技术联盟建设

选择物联网、大数据等重点领域和方向，实施企业创新中心和技术联盟计划，推动企业加快关键技术攻关和面向行业应用领域联合创新。

（三）面向制造业智改和企业上云应用需求，提升工业软件支撑能力

推进工业技术软件化，支持面向智能制造关键环节的应用需求，发展工业互联网、工业

App、工业控制系统、工业嵌入式系统等重点产品和技术。推动工业云平台、工业大数据等领域的创新型企业加速市场推广和产业化示范应用。

（四）持续加强产业服务体系建设

继续支持华为云平台、大连云计算公共服务平台提升服务能力，聚焦物联网、大数据、人工智能领域企业扩大服务对象。支持、引导阿里巴巴、航天中认、微软等骨干龙头企业开放创新平台资源和服务，为全行业企业创新和转型升级提供技术和公共服务支撑。

（五）深化与龙头企业合作，带动产业生态发展

与华为、阿里巴巴等企业在云计算、大数据、人工智能等领域深化合作，带动本地企业形成战略合作生态圈，从而实现技术提升和产业增量，加快培育新产业。

（六）认真开展行业统计，做好年报和月报统计工作

进一步增加统计企业数量，挖掘数据源，提高填报质量。出台《大连市软件和信息技术服务业统计调查制度》，规范年报、月报统计工作开展，确保统计数据真实、可靠。

2018 年深圳市软件和信息技术服务业发展概况

一、基本运行情况

（一）软件产业规模保持平稳增长

2018 年，深圳市软件和信息技术服务业实现软件收入 5935 亿元，同比增长 6.8%，产业规模总体呈现增速放缓的趋势。

按收入类型划分，信息技术服务收入 3623 亿元，占总软件收入的比重超过 60%，同比保持 29.9%的高速增长；软件产品收入 885.4 亿元，同比减少 2.6%；嵌入式系统软件收入 1401 亿元，同比大幅减少 26.4%；信息安全产品收入 26.1 亿元。嵌入式系统软件收入首次出现负增长，一方面是由于受国际贸易环境影响，另一方面是因为软件产业统计制度中嵌入式系统软件收入统计计算办法发生变化，深圳市嵌入式系统软件收入出现大幅缩水。

信息技术服务业收入占比持续增加，软件业务收入结构的变化趋势反映了软件产业由定制化、集成式的软件支撑方式向以云化服务为代表的信息技术服务形式演变的趋势，体现了软件产业的服务模式、商业模式变革，软件技术促进产业融合发展的能力和价值日益凸显。

（二）骨干企业群体不断壮大，创新发展能力、资本运作及国际经营能力持续增强

深圳市华为、中兴、腾讯、大疆、金蝶、迈瑞等企业已发展成为国内一流、国际领先的软件企业。2018 年，深圳市软件收入超过 1000 亿元的企业有 1 家；超过 100 亿元的企业有 5 家；超过 50 亿元的企业有 8 家；超过 1 亿元的企业新增 18 家，累计达 334 家。2018 年，深圳市软件著作权登记数达到 142695 件，同比增长率超过 70%。深圳市在海内外上市的软件企业约 200 家，共有 200 家软件企业在美国、印度、日本和俄罗斯等地投资设立分公司、研发中心等。华为在俄罗斯、瑞典、芬兰、英国、美国、印度、韩国和日本等国家设立了 40 多个海外研发中心和联合创新中心；中兴通讯在全球拥有 18 个研发中心，其中 7 个海外研发中心全部设在美国或欧洲，同时积极参与国际标准的制定，以谋求更多的国际话语权。

（三）国际环境影响软件出口，出口收入首次同比下降

2018 年，深圳市软件出口频繁遭受国际环境的影响，存在较多不确定因素，出口收入有一定波动，实现软件出口 207.3 亿美元，较 2017 年减少了 30.9 亿美元。软件出口的头部企业出口规模均不同程度减少，其中，中兴通讯受"禁售令"的影响，出口业务遭受重创，大族激光则在一定程度遭受苹果产业链不景气的影响，出口贸易下滑。此外，统计制度对嵌入式系统软件出口计算方式的调整也在一定程度上影响了深圳市软件出口的收入规模。

二、产业发展特点

（一）企业攻坚克难，积极优化拓展市场布局

面对国际贸易市场环境挑战，华为凭借强大的技术研发实力、领先的产品服务能力不

断拿下国际 5G 订单；同时华为在终端领域收获颇丰，IDC 数据显示，2018 年华为手机国内出货量继续位居国内第一，国际出货量同比大涨 33.6%，正快速触及苹果、三星的市场份额。中兴通讯于 2018 年 7 月实现禁售令解除，凭借在 5G 通信的研发投入和积累，之后接连获得国内三大运营商等产品订单，正在快速、全面地恢复其全球业务，主体经营逐步回归正轨。腾讯积极调整集团战略方向，在新一轮组织架构调整中组建六大事业群，以通信与社交、云服务等为基础的平台，将数字媒体视为 C 端业务的新增长点，将以广告、支付和云为代表的 B 端业务调整定位为腾讯的重点战略规划方向，加大对 B 端业务的投入和布局。

（二）软件产业发展细分领域持续取得新突破

1. 金融科技

科技推动的金融业技术创新驱动金融科技领域全年保持快速增长，金融垂直领域的大数据、人工智能技术商用规模增长迅速。平安科技作为平安集团科技研发支撑部门，其人工智能、区块链、大数据技术在金融业的技术研发及行业应用能力走在全国前列，取得了全球领先的研究成果，客服方面 AI 客服占比接近 80%，人脸识别、人工智能等技术也逐步落地到零售新门店，打造的 KYB（中小企业数据贷）在试行期间已经为近万家中小企业提供线上化、智能化的融资服务。金证科技全面启动 Spark、Hadoop、微服务、区块链等先进技术在证券行业应用的预研和论证，相关技术已完成在证券局部业务上的验证，并实现了性能的跨越式提升，为相关先进技术向证券市场转换提供了技术基础。此外，嘉联支付、前海大数金融、百富计算机等企业也发展迅速。

2. 工业软件

深圳市工业软件规模保持平稳增长，新兴技术正推进工业互联网加速向前发展。深圳市工业软件企业正在加强自主研发和产品销售，加速实现我国的国产替代。2018 年，受全球智能手机出货量下滑、苹果产线下调影响，全球的激光设备行业遭遇降温。在严峻的大环境下，大族激光坚持不断加强自主研发，加大对欧洲研发运营中心、大族智能制造基地等项目的投入力度，提高研发创新能力，持续扩大产能，2018 年保持业务平稳增长。富士康、TCL 等凭借在各自行业内的工业知识、行业经验推出工业互联网平台；华制智能、德富莱、华龙讯达、汇川将设备维护、产线优化、智能车间等解决方案进行云化形成平台；智物联、大数据点凭借设备连接和数据分析方面的优势形成平台产品。华龙讯达从烟草行业数字化系统解决方案中积累了丰富的经验，在工业场景数据采集、数字孪生领域技术应用领先。该公司同腾讯合作打造的腾讯木星云工业互联网平台，连接管理着 264 类近 4 万个工业设备，累积工业机理模型 88 种，已开发了 2286 个工业 App。该公司联合腾讯等承担了 2018 年国家工业互联网创新发展工程项目——工业设备接入与边缘计算工业互联网平台测试床，正将其集成方案能力拓展到机械设备、交通等领域。

（三）基础研发能力迎来重大挑战，支撑型平台技术获机遇

中兴通讯被制裁、华为被封锁事件警示深圳市政府与企业加强关键核心技术研发，实现自主可控发展势在必行。核心技术研发能力迎来重大挑战，深圳市软件产业也正抓住机遇向基础研发层下沉。深圳市软件产业是市场化驱动特色鲜明的产业，长年积累形成了以强应用为特色的产业基础。近几年，市场竞争加剧倒逼深圳市软件产业从应用开发向基础核心技术研发转变，提供技术服务、支撑软件的模块化功能的支撑型平台在市场上不断涌现，极大地促进了产业提质升级。华为云、腾讯云在提供硬件支撑能力的同时，向外输出成熟的 AI、大数据、区块链、软件开发管理服务，为广大企业的产品技术研发提供底层支撑。支撑垂直行业的行业支撑型平台正快速发展成熟，安全行业的深信服安全云，工业行业的汇川云、富士康工业互联网，金融财务行业的金蝶云等，成为垂直行业快速发展的加速器。

（四）产业发展政策体系逐渐完善

一是出台工业互联网行动计划和若干措施。以打造活跃、完善的工业互联网产业生态为主线，着力推进工业互联网网络建设改造与优化，加快培育工业互联网平台，提升产业关键支撑能力和综合集成水平，促进工业互联网融合应用，打造线上线下全面安全体系。二是出台促进新一代人工智能产业发展的行动计划和若干措施。以信息技术与制造技术深度融合为主线，推动新一代人工智能技术的产业化和集成应用，发展高端智能产品，夯实核心基础，提升智能制造水平，完善公共支撑体系，促进新一代人工智能产业发展。三是出台促进集成电路产业发展工作方案。促进集成电路产业发展，支持企业关键技术攻关、人才引进、公共服务平台提升、创新载体建设、中小初创企业培育、重大产业项目建设等。四是制定印发《深圳市战略性新兴产业发展"十三五"规划》，按照国家关于加快供给侧结构性改革、发展新经济培育新动能的总体要求，提出加快培育壮大信息经济等，持续引领产业高端发展和经济高质量发展。针对深圳市土地、人才、资本等要素资源配置有待进一步优化、新兴产业准入及监管体系建设相对滞后的问题，加强统筹规划、指明发展思路。五是出台深圳市战略性新兴产业发展专项资金扶持政策，深圳市财政部门每年安排预算，设立深圳市战略性新兴产业发展专项资金，采用直接资助、股权投资、贷款贴息、风险补偿等多元化扶持手段，支持深圳市相关单位组织实施创新能力建设、产业化、应用示范推广、产业配套服务体系建设等项目。六是制定《关于建立高成长性企业快速支持机制的工作方案（试行）》，提出进一步加大对深圳市高成长性企业的支持力度，及时掌握、解决企业发展过程中遇到的问题和困难。对深圳市认定的高成长性企业，从产业用房、科技金融服务、人才安居、外籍人才居留便利、政府服务方面给予支持，并安排专项资金扶持。

三、面临的问题

（一）软件产业收入结构两极分化现象突出，受国际贸易环境影响巨大

深圳市软件收入排名前 3 的企业分别为华为、腾讯、中兴通讯，3 家公司实现软件收入达 3880 亿元，占深圳市软件收入的比重达 65.4%；软件收入排名前 10 的企业实现收入达 4216 亿元，占深圳市软件收入的比重约为 71.0%；软件收入排名前 100 的企业实现收入达 5140 亿元，占深圳市软件收入的比重约为 86.6%。深圳市共有软件企业 2000 多家，软件企业实现收入两极分化现象突出，龙头企业对整体软件产业发展状况的影响较大。

深圳市软件产业同时也属于外向型产业，2018 年，受中美贸易摩擦影响，华为、中兴通讯、腾讯 3 家龙头骨干企业软件收入不同程度地呈现增速下滑甚至负增长情况。

（二）企业运营成本较高，产业发展空间受限

深圳市土地面积相对全国大中城市明显偏小，近年来随着城市快速发展，深圳地价、房价不断攀升，企业的运营成本上升、人才吸引力下降；另外，其他城市出台更为有力的企业发展和人才引进措施，导致深圳市软件企业和软件人才外流现象频现，软件产业环境吸引力呈下降趋势。典型如华为已将终端业务迁去东莞，顺丰也在成都双流设立物流无人机总部基地，怡化电脑在南京设立分公司等。深圳市在人、财、地等产业要素上相对优势不足，需进一步整合资源，优化产业发展环境，走出适合深圳的"科技创新+总部经济"之路。

（三）产业缺乏核心竞争力，基础、高端软件能力匮乏

自主基础软件是保证我国关键业务系统安全可控的重要力量，高端软件代表着软件技术、信息技术的发展方向和主流趋势，具有重大的产业价值和知识产权价值。深圳市软件产业结构中应用类软件占绝大多数，多为工业应用软件和智能硬件应用软件，软件产品和服务类软件的优势则集中在互联网、金融、电商、动漫娱乐等领域，整体软件产业结构以应用为主，自主研发的基础软件、高端软件、信息安全类软件较少。围绕重点制造领域的关键环节，聚焦"卡脖子"技术和具有国际竞争力的关键核心技术，增强关键环节和重点领域的创新能力，提升国产软件供给能力和安全可靠水平，构建安全可控产业体系，发挥软件和信息技术服务应用对创新驱动的引领和支撑作用，提升深圳市自主创新能力和制造业核心竞争力迫在眉睫。

四、下一步主要工作

（一）持续做好软件产业统计运行分析工作

做好软件产业统计工作，掌握整体发展情况。依托软件行业协会的力量，根据工业和信息化部运行监测协调局发布的《软件和信息技术服务业统计调查制度》，持续做好深圳市全领域软件企业年报和重点联系企业定期统计报表报送工作。

（二）积极组织落实软件产业发展优惠政策

组织实施数字经济产业发展财政专项资金扶持计划，针对基础软件、工业软件、信息安全等领域加大资金扶持力度。积极落实2018年度软件企业所得税优惠核查工作。

（三）深入调研深圳市软件自主化发展现状，研究制定推动软件产业高质量发展的扶持政策

针对深圳市软件产业发展存在的核心竞争力不强，重要信息系统、关键基础设施中的核心技术产业和关键服务严重依赖国外，软件、芯片、标准等方面的自主研发水平较低的问题，全面、深入地调研深圳市软件自主化发展现状。了解掌握深圳市基础软件、工业软件及高端应用软件领域的核心技术发展水平、产品应用情况、软件产品进出口情况、融资需求、市场竞争形势、行业短板和存在问题、中美贸易摩擦影响等，制定促进软件产业提质升级、高质量发展的扶持措施，着力培育建立应用牵引、开放兼容的核心技术自主生态体系。

2018年沈阳市软件和信息技术服务业发展概况

2018年，沈阳市软件产业按照"提升、创新、融合"的思路，以服务"两化融合、工业转型升级、智慧城市建设"为主线，强化龙头带动、聚力产业集聚、加强政策扶持，软件产业保持平稳健康发展。

一、基本运行情况

2018年，沈阳市规模以上软件企业完成软件业务收入1044亿元，约占辽宁省软件业务收入的69%。东软集团位列2018年软件收入前百家企业第19位、软件和信息技术服务综合竞争力百强企业第9位，连续4年入选"全球软件百强企业"。

（一）收入增速高于2017年，并呈较快增长态势

2018年，沈阳市软件和信息技术服务业实现软件业务收入同比增长14.7%，比2017年高8.63个百分点。

（二）嵌入式系统软件增长同比放缓，软件产品等3个行业增速回落

2018年，嵌入式系统软件收入同比增长8.1%，比2017年同期低4个百分点；软件产品、信息技术咨询服务分别同比增长7.1%和8.1%，分别低于2017年同期2.3个和2.4个百分点。数据处理和运营服务同比增长18.9%，略高于2017年同期2.9个百分点。

（三）软件业务出口增长较快

受融入"一带一路"倡议的步伐加快和自贸区快速发展影响，2018年沈阳市软件业务出口实现收入5亿美元，同比增长30%。

（四）从业人数持续增加，工资水平的涨幅保持平稳

2018年，沈阳市软件和信息技术服务业从业平均人数为11.1万人，同比增长1.63%；从业人员工资总额同比增长5.44%。

（五）研发投入占比保持在较高水平

2018年，沈阳市软件和信息技术服务业研发投入为139.4亿元，占业务收入的比重为13.6%。

二、主要发展特点

（一）加强政策引导作用明显，工业互联网加快发展

1. 出台政策，着力推进企业上云

深入贯彻国务院《关于深化"互联网+先进制造业"发展工业互联网的指导意见》，充分

借鉴国内先进地区的经验、做法，结合沈阳市实际，制定出台了《沈阳市引导企业上云实施方案》（沈政办发〔2018〕124 号），加快沈阳市企业向云端迈进。召开了《沈阳市引导企业上云实施方案》宣贯会，协助华为和清华紫光集团开展 6 期智能制造云、软件开发云、工业云功能推介活动。在沈阳铁西中德园举办了中德园互联网高峰论坛。华为在沈阳举办了云产业高峰论坛暨"数·智"沈阳创新中心上线仪式。截至 2018 年年底，已向 1000 余家企业推介了上云业务，上云备案企业 99 家，累计合同金额近 9000 万元。

2．主动服务，全力推进企业项目建设

加强与华为、清华紫光集团和相关地区的沟通协调，认真解决问题，按计划推进项目建设，华为沈阳云中心项目办公和机房等基础设施基本完成，1500 万元服务专项资金拨付到位。"紫光中德技术有限公司"完成工商注册，资本金 1 亿元，云基础平台建设完成投资 3000 万元。

3．以点带面，推进工业互联网平台建设

坚持"点上突破、面上推广"的总体思路，着力完善沈阳工业互联网生态系统基础体系，打造本地互联网应用平台。在 2019 年工业互联网峰会上，中科院沈阳自动化所的软件定义的可重构制造平台作为全国工业互联网 3 个重大成果之一发布；沈阳机床"产品全生命周期管理智能工业 App 解决方案"和沈阳鸿宇科技"鸿宇智能工厂管家 App 综合解决方案"获评工业和信息化部 2018 年工业互联网 App 优秀解决方案（东三省共 6 个，辽宁省 4 个）；中国科学院沈阳自动化所"工业软件定义网络基础标准与试验验证项目"和"工业互联网边缘计算测试床项目"获得 2018 年工业和信息化部工业互联网创新发展工程项目支持；东软集团"基于工业互联网的智能化远程运维服务平台"获批 2018 年工业和信息化部工业互联网试点示范项目。

（二）园区吸纳作用显明，产业加快集聚发展

继续完善园区基础设施建设，占地 15.6 万平方米、总建设面积 35 万平方米的园区 A 区项目开工建设，B 区五期项目全面复工。完善园区产业生态，基于"人、企业、产业"三大维度的三位一体、360 度全方位服务体系进一步完善。坚持为园区企业日常管理提供"一站式"、全方位的配套服务，产业配套和协同能力进一步提升。沈阳基金小镇在园区落户并投入运营，已经吸引超过 30 家基金企业入驻，有效缓解了园区企业融资难的问题。发挥园区创新发展服务平台的作用，科技企业孵化器累计入孵企业达 37 家，涵盖人工智能、新能源、健康、医疗产业、智能制造、互联网、新材料等新兴产业领域。协助高新技术企业落地 10 家；"双软"认定落地企业 12 家；新增科技型中小企业入库 24 家；41 家园外企业实现了迁移，新增规模以上工业和限额以上服务业企业入库 10 家。园区企业宏图创展荣获"中国地理信息百强企业"称号；美行科技成功入选"首批隐形独角兽企业（汽车）名单"。协助园区企业天眼智云获批院士专家工作站称号。目前园区已经入驻企业 1080 家，其中世界 500 强企业 43 家，中国软件收入前百家企业 22 家，上市公司及子公司 86 家，沈阳本土创业型企业占比达到 70%。园区获中国软件行业协会颁发的"2018 年中国最具活力软件园"和中国软件园区发展联盟颁发的"2018 年度软件园区杰出贡献奖"2 项大奖。

积极搭建企业交流平台，2018 年举办 SISP 讲坛（培训）、企业家业务交流会、企业主题日、政策解读、银企对接、产业论坛等各类产业交流活动 300 余场，有效地促进了园区内外企业之间的交流。

三、面临的问题和主要矛盾

（一）骨干企业数量不多

目前，沈阳市软件产业还没有培育出软件业务收入 100 亿元以上的龙头企业，2018 年东软集团软件业务收入为 70.7 亿元，同比下降 0.56%，与华为等全国龙头企业相比，差距巨大。

（二）产业集聚程度还不高

沈阳市大部分园区发展停滞不前甚至萎缩，聚集度差，一是园区内企业数量少，二是非软件企业多，三是园区管理不规范。除沈阳国际软件园外的其他区县的软件产业园区均是从科技园区衍生而来，缺乏规范的专业管理团队，园区企业构成复杂，没有形成软件产业的聚集效应，对产业的带头拉动作用不强。

（三）企业融资渠道狭窄

近年来沈阳市具有核心竞争力的高成长性软件企业逐年增多，在技术层面上具备承接一些国际、国内较大项目的实力。但在自有资金层面上，当企业签订合同后，在项目研发初期需要先期垫付大量资金，而软件企业是典型的轻资产企业，企业中最值钱的专利、软件著作权等在银行无法作为贷款抵押物，想从银行融资非常困难，同样，想直接从第三方渠道融资，也因融资成本较高而难以实现，影响了企业发展。

四、下一步工作举措

2019 年，受国家降低增值税税率等利好政策影响，沈阳市软件产业将保持平衡发展势头。沈阳市软件产业将聚焦推动沈阳经济高质量发展这一主题，继续坚持"提升、创新、融合"的工作思路，以园区为依托、以企业为主体、以创新为引领，做强优势产品，发展新兴业态，推进产业集聚，壮大产业规模。

（一）落实扶持政策，加快推进企业上云

高效落实《沈阳市引导企业上云实施方案》，进一步做好企业上云的宣传及推动工作，在沈阳市各地区和各行业、各领域组织开展政策宣贯巡回推介活动，加强云服务商和各类企业对接，加快推进企业上云进程，进一步向中小微企业上云进行倾斜，2019 年力争新增 100 家工业企业上云。

（二）突出工作重点，推进工业互联网发展

深入沈阳自动化所、东软集团、美行科技等典型企业进行调研，对沈阳市典型企业在工业互联网方面的核心能力和技术、服务能力进行梳理，掌握基本情况。建立工业互联网准入机制，开展"优秀工业互联网云服务平台"评定工作。面向不同类型工业企业重点推广中国科学院沈阳自动化所"中科云翼云服务平台"和"SIA 海云工业互联网平台"、东软集团"基于工业互联网的智能化远程运维服务平台"和"智能工厂一体化解决方案"、沈阳紫光中德"电气设备协同制造云平台"。鼓励中国科学院沈阳自动化所、东软集团等科研机构和企业突破数

据集成、平台管理、开发工具、微服务框架、建模分析等关键技术瓶颈，推进宝马、新松机器人、沈阳机床等龙头企业智能工厂建设。举办好紫光中德技术有限公司工业互联网成果展。

（三）瞄准产业高端，培育产业新增长点

贯彻落实沈阳市委、市政府三年倍增计划和新一代信息技术千亿元产业链任务，巩固原有产业优势领域，引导各行业和企业在移动互联网、云计算、大数据、数字医疗等领域的应用创新，积极培育新的经济增长点。巩固东软集团行业整体解决方案等领域的优势地位，鼓励东软集团在人工智能及汽车电子等领域进行突破。培育高成长性软件企业快速发展。重点推进美行科技与腾讯、大众、宝马强强联合，开拓智慧交通领域市场，力争在智能人工导航引擎领域市场占有量世界第一。

（四）发挥协会作用，促进企业和行业深入对接合作

搭建软件企业与企业、企业与政府之间的桥梁，发挥好纽带作用。充分发挥软件协会、联盟的作用，健全产业支撑等服务体系。促进沈阳市软件协会与其他行业协会的对接交流，积极搭建交流平台，为软件企业间及软件产业与其他产业间对接合作创造条件。

（五）完善产业政策，为软件产业发展提供支撑

积极推进制定《沈阳市人民政府关于进一步加快推进软件和信息技术服务业发展的若干政策意见》，召开企业家研讨会和专家论证会，对政策进行修改完善，争取尽快出台实施。

2018 年哈尔滨市软件和信息技术服务业发展概况

一、基本情况

2018年，哈尔滨市软件和信息技术服务业整体保持较快发展，产业结构和布局良性调整，新兴领域业务快速增长。

（一）主要指标完成情况

2018年，哈尔滨市实现软件业务收入46.8亿元，同比增长6.5%。

（二）产业运行分析

支撑指标增长的因素有3个：一是收入构成中以云计算、大数据为代表的信息服务业收入增速较快，占比进一步加大。2018年，哈尔滨市实现信息技术服务收入同比增长9.4%，占总收入的52.5%；软件产品收入同比增长6.5%，占总收入的32.7%；嵌入式系统软件收入同比增长3.7%，占总收入的14.8%。二是培育规模以上企业快速发展。2018年，哈尔滨市90家规模以上软件企业实现收入约占哈尔滨市软件业务总收入的66%。其中，收入1亿元以上的有亿阳信通、工大软件、新中新等15家企业。三是本地软件企业为哈尔滨市智慧城市建设提供了有力支撑。哈尔滨市以智慧城市建设为抓手，鼓励龙江网络、工大软件等本地企业参与建设，促进了产业快速发展。

二、存在的问题

（一）产业规模小

哈尔滨市信息服务业产业基础薄弱，规模偏小。尽管哈尔滨市有亿阳信通、工大软件等年收入在1亿元以上的规模企业，但目前还没有员工超过1000人的规模企业，员工超过500人的企业也为数不多，无论是从业人员，还是企业总体经营规模，仍然还处于起步阶段。另外，哈尔滨市没有像杭州的阿里巴巴、深圳的腾讯、北京的百度等大型企业，尚未形成龙头企业的拉动和集聚效应。

（二）产业发展起步晚

哈尔滨市信息服务业发展起步较晚，错过了20世纪90年代互联网快速发展时期，大多数企业创新意识不强，注重应用软件研发，没有核心产品，缺乏市场竞争力。

（三）高端人才匮乏

哈尔滨市虽然拥有哈工大、哈工程等信息技术相关高等院校10余所，但由于地域条件、工资待遇与发达地区和沿海开放城市的差异，造成人才大量外流；由于人才流失严重，特别是技术和管理方面的高层优秀人才的缺乏，使企业承担重大项目的开发能力严重受限，自主创新能力、产品技术水平难以提高，缺乏竞争力。为了更好地与国内外先进技术接轨，哈尔滨市多数企业都在北京、上海等城市设立分公司、研发中心等机构。

三、2019年工作任务

工作思路：紧紧围绕软件和信息技术服务业经济发展目标，以加快推进哈尔滨市智慧城市建设为抓手，以云计算、大数据产业快速发展为支撑，确保经济指标完成。主要做好以下几方面工作。

（一）推进智慧城市云平台建设

一是完成城市安防云、交通云、城管云等 10 个智慧城市云平台建设任务。二是梳理各部门应用软件开发需求，推出智慧城市重点应用，鼓励中小微科技型企业参与研发建设，培育企业发展。三是围绕农村农业、食品安全、空间地理、异地灾备等方面谋划 5 个智慧城市云平台，力争 2020 年启动建设。

（二）推进软件产业发展

根据《哈尔滨市促进大数据发展若干政策（试行）》（哈政发〔2016〕13 号），结合哈尔滨市智慧城市建设任务，围绕吸引企业落户、降低企业成本、支持大数据创新应用发展及推进大数据核心产品研发等方面制定支持方案，并组织好实施。继续跟踪推进中国移动二期、北方云等大型数据中心建设，协调解决建设中存在的问题，确保项目按计划实施，为智慧城市建设、促进产业发展夯实基础。

（三）推进通信基础设施建设

引导和鼓励电信运营商加大通信基础建设投资力度，提升光纤网络覆盖范围、出口带宽和网络性能，加强网络管理和技术保护；促进 5G 通信与城乡建设统筹推进，持续开放公共资源，推进 5G 建设共建共享，减少重复建设、资源浪费；支持企业发展面向移动互联网、物联网的 5G 创新应用。

（四）推进数据共享和开放

一是继续推进人口和法人信息共享系统应用。组织现有数据源单位定期更新数据，开展定期和不定期的核查工作。按照各部门共享需求，扩大共享系统的数据源单位，开发新的核查应用，为各部门服务。二是继续完善数据开放平台功能。密切跟踪国际、国内数据开放平台建设前沿趋势，对标权威测评标准和其他先进城市做法，在平台框架、功能等方面不断加强平台建设，努力保持哈尔滨市数据开放平台在国内城市的先进地位。

（五）推进两化深度融合

积极申报国家两化融合管理体系试点、示范企业，申报国家制造业与互联网融合发展试点示范项目，争取使更多企业获得国家政策及资金支持，引导更多企业开展两化融合管理体系贯标，提升哈尔滨市两化融合水平。开展年度区域两化融合发展水平评估工作，保证哈尔滨市参评企业应评尽评，为上级工业和信息化部门科学决策提供依据。

2018年杭州市软件和信息技术服务业发展概况

一、基本运行情况

2018年,杭州市软件和信息技术服务业实现业务收入4295.5亿元,同比增长20.3%。其中,软件产品收入827.5亿元,信息技术服务收入3346亿元,信息安全收入36.4亿元,嵌入式系统软件收入85.6亿元。上缴税金381亿元,同比下降0.5%。实现软件业务出口19.4亿美元。

二、主要发展特点

(一)行业发展政策不断完善

2018年,杭州市陆续出台了《杭州市全面推进"三化融合"打造全国数字经济第一城行动计划(2018—2022年)》《关于加快推动杭州未来产业发展的指导意见》《杭州市创建国际级软件名城工作方案》《关于印发进一步鼓励集成电路产业加快发展专项政策的通知》《加快国际级软件名城创建助推数字经济发展若干政策》等系列政策措施,明确了要着力打造"三区三中心"核心区,把杭州市建设成为具有国际一流水平的全国数字经济理念和技术策源地、企业和人才集聚地、数字产业化发展引领地、产业数字化变革示范地、城市数字治理方案输出地。

(二)企业培育卓有成效

2018年,杭州市软件和信息技术服务业业务收入超过1000亿元的企业有1家,新增1家;超过100亿元的企业有7家,新增1家;超过10亿元的企业有36家,新增2家;超过1亿元的企业有195家,新增47家。10家企业进入2018年(第17届)中国软件业务收入前百家企业名单;6家企业进入2018中国互联网企业100强排行榜;8家企业进入2018年(第三届)中国软件和信息技术服务综合竞争力百强企业名单。

(三)政企战略合作深化落实

杭州市与阿里巴巴谋划实施30个年度项目,与中电海康谋划实施17个项目,城市大脑、云栖大会、工业互联网、AI Cloud峰会、移动办事之城等项目进展顺利。入选中宣部"百城百县百企"专题宣传活动,人民日报、新华社、央视《新闻联播》等中央媒体30余篇次报道杭州数字经济,浙江日报头版头条报道杭州传统产业改造提升工作。

(四)数字经济发展水平保持领先

杭州市加快智能化、服务化发展,2018年实施"机器换人"项目490个,工厂物联网项目236个,推广工业机器人2209台,企业上云4万家;新迪数字等12家企业入选年度省级工业互联网平台创建名单。《2018 年浙江省数字经济发展综合评价报告》显示,从总指数来看,杭州市是入围第一梯队(分值 100 分以上)浙江省内唯一的城市,以 145.8 分的高分位居榜首;从分项评价指标来看,杭州市基础设施、数字产业化、产业数字化、新业态/新模式、政府和社会数字化等指标均排名第一,全方位领先。

(五)重点领域不断突破

1. 工业互联网发展势头良好

阿里云、中控、之江实验室联合打造的 SupET 是具有国际水准的跨行业、跨领域的基础性的工业互联网平台,是浙江省重点建设的 "1+N"工业互联网平台体系的核心部分。中国化工 500 强企业新安集团通过 SupET 平台的数据智能服务模块(ET 工业大脑)进行实时分析和运算,锅炉燃烧效率提高了 2%;中策橡胶引入 ET 工业大脑,炼胶合格率提升了 5%,密炼时长减少 10%,密炼温度降低 6%。

2. 云计算服务优势明显

从近四年我国的云计算市场占有率来看,阿里云高居榜首。2018 年,阿里云发展势头强劲,主营收入同比增长近 100%,仅在第三季度,阿里云就推出了 600 多种新产品和功能,涉及专有云产品开发、大数据分析和人工智能应用创新、安全及物联网服务的提高等。由浙大网新、华数及阿里云合作共建的杭州市电子政务云,是国内首个电子政务云。电子政务云的建成和投入使用,标志着云计算和大数据产业技术创新打破部门隔阂、实现数据共享,成为推动云计算和大数据产业发展的重要手段。恒生电子建立恒生 HOMS 云平台,通过该平台向全国数百家私募基金提供服务,已经拥有各类私募基金用户 1 万多家,为国内外数千家金融机构提供金融市场的数据分析服务。

3. 物联网产业应用深入

杭州的高新区(滨江)作为全国 3 个国家级物联网产业示范基地之一,已成为杭州市、浙江省乃至我国物联网产业发展的核心示范区,在产业基础、规模实力、示范应用和网络基础设施建设等方面已形成一定的领先优势,已形成涵盖感知层、网络层、应用层的较为完善的技术体系,产业竞争力位居全国前列。杭州市已集聚了海康威视、大华技术、宇视科技等一批国内知名的数字安防企业,基本形成了较为完善的产业链体系。海康威视和大华技术位列全球视频监控市场份额前 2 位,在全球网络摄像机、模拟和高清监控摄像机、DVR/NVR、视频编码器等多个细分市场排名领先,初步形成全球发展高地。

4. 数字内容发展势头强

杭州市数字内容产业占杭州市 GDP 的比重持续扩大,2018 年数字内容产业实现增加值 2098 亿元,占 GDP 的比重约为 15.5%,占比逐年升高,发展势头强劲,已跃居全国第一方阵。居音乐行业第一阵营的网易云音乐,用户数突破 4 亿人。咪咕数媒年业务收入超过 70 亿元,更将都市融媒体的产业布局延伸至近 30 个全国大城市。咪咕数媒的"数字阅读+"打造智能化、社交化数字阅读平台,且拓展了人工智能、文学阅读、专业出版、在线教育、有声阅读、媒体等细分领域。杭州市数字内容产业已经开启全球领先的人机交互应用的新尝试。

三、面临的问题和主要矛盾

（一）行业发展压力加大

一方面，传统软件领域，特别是应用软件领域发展基数不断增大，市场竞争加剧，整体处于平台期、转型发展期，部分甚至已经达到瓶颈期。另一方面，由于新一代信息技术加快发展，特别是人工智能、区块链、5G等产业兴起，不少软件企业处于加大研发投入阶段，而应用场景相对匮乏，短期内"高投入，低产出"的现象无法扭转，对企业效益产生了一定影响。

（二）基础创新能力不足

杭州市的创新更多地体现在商业模式、服务模式创新，相较于上海、南京等长三角地区的兄弟城市，缺乏高质量的高校和科研机构资源，导致在基础创新能力方面捉襟见肘，支撑不了产业高质量发展的客观需要。近年来杭州市人才流入率保持全国领先，但在全国城市"抢人大战"的背景下，企业、科研机构人才流失问题依旧普遍。

（三）产业不均衡现象越发突出

企业强者愈强，阿里巴巴、网易、海康威视、大华等龙头骨干企业这一现象尤为突出，杭州市软件和信息技术服务业前20强企业占全行业50%的收入，取得了80%以上的行业利润。不少中小微企业存在利润率低下、转型升级难的困局，削弱了企业加大研发、拓展市场的热情。此外，产业过度依靠龙头骨干企业支撑，整体抗风险能力弱。

四、2019年目标和形势展望

经过多年的高速增长，杭州市软件和信息技术服务业业务收入近5年增速分别为26.51%、25.25%、17.44%、20.64%、17.72%，呈现逐年下降的趋势，产业发展由高速增长阶段转向高质量发展阶段，新兴技术、模式还未成为主要增长动力源。

五、2019年工作措施及主要工作思路

2019年，杭州市将围绕推进三化融合、打造数字经济第一城的总目标，以国际级软件名城创建为契机，努力在软件支撑能力提升、高质量发展、增长点培育、发展环境等方面下功夫，努力保持软件和信息技术服务业在全国的领先地位。

（一）推动软件支撑能力提升

一是加快推行软件开发云，依托阿里巴巴"云效"、华为软件开发云、网易云等平台，构建灵活、开放、协同的云端工具平台及研发生态，降低中小微软件企业的研发成本，建立软件应用商店，打造经营规范、产品丰富、用户活跃的云市场，提供交易、交付、部署、运行、评价的"一站式"软件服务，提升软件在生产、生活、生态领域的支撑作用。二是大力发展平台即服务（PaaS）和软件即服务（SaaS）模式，实现软件云上销售、云上交付、云上

服务，将杭州软件优势从应用软件领域向平台软件、基础软件领域延伸。三是加速软件与硬件、内容与终端、应用与服务的一体化整合，打造"软件+硬件+应用+服务"垂直一体化的生态体系，形成具有杭州特色、国际领先的软件产业体系。

（二）推动软件产业高质量发展

一是深入贯彻实施《杭州市全面推进"三化融合"打造全国数字经济第一城行动计划》《加快国际级软件名城创建 助推数字经济发展的若干政策》，不断加大对软件自主创新的支持力度，着力突破软件领域的核心技术，支持企业做大做强。二是高质量优化营商环境。进一步优化办事流程，提高办事效率，推行多政合一。围绕创新创业资源需求、生产难点、发展痛点完善配套服务，精准发力。三是进一步推进职教大联盟建设，支持中介机构、职业院校、企业密切协作，根据产业发展的实际需求加快培育实用型、紧缺型人才。

（三）推动软件平台高质量发展

一是推进一园一业发展。以浙江省软件和信息技术服务示范基地、特色基地为依托，集聚各类软件园区、特色小镇资源优势，推动产业集聚向产业集群转型升级，打造主业鲜明、目标精准、错位发展的高质量发展平台。二是提升平台技术和服务能级。围绕产业平台主导产业需求，支持产业平台与国内外科研机构合作，招引、建设一批重点实验室、创新中心、技术中心和产业创新服务综合体，加快推动行业重大关键技术研发和产业化。三是推进国际交流合作。围绕"一带一路"倡议，建立政府、机构和企业等多层次的国际合作体系，建立和完善以专业化、市场化、商业化为导向的海外软件市场专业服务体系，不断降低软件企业开拓国际市场和配置国际资源的成本，提高软件企业、产品和服务的国际竞争力。

（四）加快培育软件产业新的增长点

一是实施以人工智能为核心的新兴产业培育计划，推进计算机视觉、智能语音处理、生物特征识别、自然语言理解、智能决策控制及新型人机交互等关键技术的研发和产业化，加快推进人工智能、虚拟现实、区块链、量子信息等经济发展新动能在各领域的渗透和发展。二是大力发展区块链等未来产业，加快构建先发优势。推动分布式账本、安全共识算法、智能合约等关键技术突破，推进区块链在商贸金融、民生服务、智能制造等领域的深度应用，加快杭州区块链产业园建设，打造全国区块链之都。三是推动虚拟现实核心软、硬件产品的研发及产业化，加快内容制造和分发平台培育，大力推进虚拟现实在动漫游戏、影视娱乐、协同设计等领域的广泛应用。

（五）打造软件高质量发展的良好环境

一是落实企业减税降负。切实加强软件和集成电路税收优惠政策的宣贯和落实，高效做好软件企业核查和软件产品核定工作，完善软件产品登记咨询服务，努力减轻企业负担。二是不断深化企业服务，坚持精准对接、精准发力、精准服务，第一时间协调解决企业发展中遇到的难点和突出问题。认真组织行业对接、推介活动，继续做好中国软件产品博览会、世界互联网大会等重大展会的参展、参会组织工作，充分展示杭州市软件产业的整体实力。三是积极营造软件发展国际化环境。瞄准国内外一流企业，加大招商引资力度，鼓励企业通过建立海外研发中心、分支机构等方式,整合境外技术人才等资源,着力引进一批技术先进、商业模式成熟、市场前景广阔的软件和信息技术服务重大项目、企业或科研机构。鼓励企业积极参与国内外重大项目招投标,支持企业开拓国际和国内两个市场。推动企业加速"一带一路"沿线国家(地区)的布局。支持企业以市场联盟、产品合作、系统集成工程整包等多种形式开拓国际市场。切实加快杭州市软件和信息技术服务业的国际化步伐,积极为打造数字经济第一城贡献力量。

2018年济南市软件和信息技术服务业发展概况

济南市软件和信息技术服务业行业以习近平新时代中国特色社会主义思想为指导，按照干在实处、走在前列的要求，聚焦数字经济引领，以中国软件名城和新型智慧城市建设为抓手，着力培育创新驱动、项目带动、政策促动三大动能，圆满完成2018年各项目标任务。

一、基本运行情况

新一代信息技术产业是山东省"十强"产业和济南市"十大千亿元级产业"之一。2018年，济南市软件和信息技术服务业实现业务收入2490亿元，占山东省总量的51%。载体布局日益优化，已形成"三核两廊多园"发展空间布局。骨干企业实力强劲，浪潮集团2018年营业收入首次突破1000亿元大关，初步形成浪潮、中创等大企业"顶天立地"，中孚、华天等中小企业"铺天盖地"的态势。创新体系不断优化，产业联盟及CMMI认证、系统集成资质认证、集成电路设计中心、省级软件工程技术中心数量均列山东省首位。信息基础设施建设取得突破，80GB国际互联网数据专用通道建成开通，4G实现深度覆盖，率先开通5G商用测试，通信铁塔统筹建设工作经验在全国推广。数字经济生态加速形成，率先启动企业上云行动计划和新型智慧城市建设行动计划，政务云、城市大数据建设和政务数据开放共享走在全国前列。国家健康医疗大数据北方中心落户济南市，济南市也成为全国首个启动国家健康医疗大数据中心建设的试点城市。

二、主要工作开展情况

（一）加紧研究和出台相关政策，不断健全完善制度保障体系

1. 牵头起草促进数字经济发展的政策措施

按照走在前列和对标先进的要求，赴深圳、广州、杭州、上海调研数字经济发展情况，以数字产业化和产业数字化为主攻方向，集中力量研究出台了《济南市促进先进制造业和数字经济发展若干政策措施》（济南市政府2019年1号文）。立足济南市的基础优势，从7个方面初步提出了24条细化措施。

2. 编制《大数据与新一代信息技术产业发展规划》

在全面分析济南市大数据与新一代信息技术产业现状和发展形势的基础上，编制《大数据与新一代信息技术产业发展规划》，明确指导思想、基本原则，提出立足"三核两廊多园"空间布局，发展"十二大领域"，实施"十五大工程"，培育"八大产业集群"，实现"全省一流、国内领先、国际知名"目标，着力将济南市建成山东省独具特色的新一代信息技术产业集聚区和数字经济的"龙头"，在全国发展方阵中走在前列，目前《大数据与新一代信息技术产业发展规划》已通过济南市政府常务会议审议通过。

3．加快推进新型智慧城市建设

以济南市委、市政府办公厅名义发布《济南市新型智慧城市建设行动计划（2018—2020年）》，明确了智慧城市建设的总体目标和架构，探索建立了"一主体两平台"的体制机制和"群众办事一站通""市民出行一路通""居民健康一卡通""和谐社区一格通""爱城市网一点通""公共安全一网通""金融服务一贷通"7个智慧应用专题。不断推进数据开放共享，目前已实现57个部门的1103个数据集面向社会开放共享；初步整合950万条人口数据、30.7万条法人数据、564万条基础地理信息数据、833万个证照数据；实现城市总规、控规、土地规划"多规合一"，并叠加30多个委办局108个图层，助推"N张图N个管理模式"到"一张图综合治理一座城"的转变。

4．加快推进工业互联网发展

深入贯彻国务院有关发展工业互联网的指导意见及工业和信息化部《工业互联网发展行动计划（2018—2020年）》部署，发布《济南市关于促进工业互联网发展的指导意见》，明确发展工业互联网的6项重点任务和4项推进措施，分2020年和2025年两个阶段提出了主要目标，为加快推动济南市工业互联网建设发展，促进互联网、大数据、人工智能和实体经济深度融合，提升制造业质量和效率奠定了基础。

（二）充分发挥优势骨干企业的引领作用，积极打造全产业链生态

1．支持浪潮打造产业链生态

不断加大浪潮安全可靠云应用的推广力度，在政务云的基础上增加安全可靠云应用，协调政府采购在各部门推广使用安全可靠终端，探索市属融资平台入股山东浪潮云科技公司，培育打造独角兽企业。支持浪潮区块链建设，协调推进浪潮参与济南市质量链、食品安全链建设，在医疗健康大数据中心建设中引入区块链，在政务数据安全中开展区块链试点应用。支持浪潮建立大数据开放开发平台，打造大数据创新中心。支持浪潮打造开放式人工智能平台，使用最先进技术，纳入各种应用场景，吸引企业和创新团队依托开发各类应用服务和产品。

2．加大对国家重点布局产业的跟踪谋划

深入推进智能网联汽车发展，在山东省率先发布《济南市智能网联汽车道路测试管理办法》，建成山东省首个智能网联汽车道路测试基地，打造了山东省首个5G测试环境，实现了测试道路5G信号全覆盖，极大地提升了测试效果。积极推进北斗卫星导航产业发展，发挥已落户济南高新区的国家北斗导航位置服务数据中心山东分中心（山东北斗数据分中心），以及落户济南大学的国家高分辨率对地观测系统山东数据与应用中心（高分数据应用中心山东分中心）的作用，加快北斗与物联网、智慧城市跨界融合，开展深层次多领域应用示范，加速培育壮大北斗产业。

3．加快推进"企业上云"工程

落实《济南市企业上云专项引导资金使用管理办法》，评选上云标杆企业76家，5家企业入选省级上云标杆企业；建立济南市"企业上云"管理系统，用云计算先进手段管理企业上云工作；面向社会公开征集120余家企业上云推荐服务商，建立了丰富的企业上云服务资源库；实行开放的企业上云政策，企业上云管理平台注册云服务商超过140家。

4．强化网络安全和信息基础设施建设

济南市是全国重要的通信枢纽城市和跨省域网络核心节点，拥有中国联通最大的互联网数据中心，出口带宽超过 10TB，与北京、上海等绝大多数省（直辖市、自治区）建有直连电路。济南市移动电话普及率居山东省第 1 位，宽带网络性价比国内一流，固定宽带速率居省会城市第 1 位，城市信息安全评价居全国第 1 位。获批建设出口带宽 80GB 国际互联网数据专用通道，为济南市外向型经济发展增添了新的动力。

（三）注重大数据产业发展环境建设，加快推进大数据产业发展

培育产业集群，济南市新一代信息技术产业集群获评山东省唯一支持的支柱产业集群；发展产业载体，济南高新区、市中区入选山东省大数据产业集聚区高新区大数据产业基地，大数据产业基地、数字经济产业园等载体入选省市重点建设项目；壮大骨干企业，国家大数据流通与交易技术国家工程实验室、教育大数据应用技术国家工程实验室落户浪潮，24家大数据企业获评山东省大数据重点骨干企业，3 款产品（或解决方案）入选工业和信息化部 100 个大数据优秀产品和应用解决方案，31 款产品获评山东省优秀大数据产品（或解决方案），40 款产品获评山东省首版次高端软件（其中 10 个产品获批山东省首版次软件保险补偿）。

（四）强化宣传和专题策划，积极营造软件和信息技术服务业发展的良好氛围

1．不断深化对数字经济工作的认识

举办了高规格的数字经济培训班、泉城干部大学堂、国研智库——新旧动能转化泉城论坛等大型专题交流活动。邀请国内知名专家和学者全面、系统地解读数字经济发展形势、国家战略、数字经济概念和具体产业发展态势等，提高了各级领导干部对发展数字经济的认识，不断增强经信系统加快发展数字经济的责任感、紧迫感，营造了浓厚的工作氛围。

2．建立高水平的交流互动机制

组织参展第二十二届中国国际软件博览会，展示济南软件和信息技术服务业的发展成果，树立"中国软件名城"品牌形象。借助济南现有新型智慧城市建设的成功经验和引领优势，成功举办了首届新型智慧城市建设国际峰会。十二届全国政协副主席、国家电子政务专家委员会主任王钦敏出席会议并作重要讲话，高度评价济南市新型智慧城市建设工作，指出济南市在建设具有中国特色的新型智慧城市方面走出了一条新路子，在顶层设计和推进机制上走在了全国前列，特别是智慧应用为群众带来了实实在在的实惠。积极打造和提升"智慧名城""软件名城"和"数字济南"城市品牌，抢占数字经济发展机遇，加快新旧动能转换，着力提高省会首位度，进一步深化了济南数字经济和智慧城市建设的影响力。

3．加大对重点领域和示范项目的宣介力度

研究制定专题宣传方案，综合运用融媒体资源加大对"新型智慧城市""企业上云""中国软件名城"的推广宣传力度，打造济南数字经济品牌，深化公众对数字经济的认识，在全市范围内营造推动数字经济发展的良好氛围。

三、存在的问题

（一）两化融合程度不够高

两化融合程度不够高主要表现在：一是两化融合发展指数不优，目前列山东省第2位；二是缺少工业互联网扶持政策，不利于快速推进；三是机构改革在一定程度上影响新型智慧城市建设。

（二）软件业产业规模和增速还不够大、不够快

软件业产业规模和增速还不够大、不够快主要表现在：一是龙头企业的带动作用不强，生态体系尚未建立；二是传统软件企业转型困难；三是出口外包服务进入瓶颈期。

四、下一步工作计划

2019年是新中国成立70周年，是深入贯彻落实党的十九大精神、决胜全面建成小康社会、推进经济高质量发展的关键一年。济南市软件和信息技术服务业将在工业和信息化部及山东省工业和信息化厅的指导下，围绕济南市委、市政府确定的"1+474"工作体系，坚持规划引领、项目支撑、政策保障，不断优化产业空间布局，推进两化深度融合，培育产业发展集群，力争早日实现"全省一流、国内领先、国际知名"的目标。

（一）加快规划政策落地

加快《济南市大数据与新一代信息技术产业规划》出台和《济南市促进中国软件名城提质升级若干政策》的制定，做好《济南市促进先进制造业和数字经济发展的若干政策》落实。同步研究济南市数字经济发展规划、高质量建设中国软件名城等工作，对济南数字经济发展的定位、发展目标、产业体系、空间布局、实施路径等超前做出谋划。

（二）推进工业互联网建设

研究制定促进《工业互联网发展的行动计划》，重点推进基础设施能力提升、工业互联网平台建设、工业互联网示范应用，积极争取国家工业互联网标识解析（山东）节点落地济南。起草济南市《工业互联网行动计划》，支持龙头骨干企业联合建设工业互联网平台，争创工业互联网领域国家新型工业化产业示范基地。

（三）加强政务数据开发应用力度

争取在山东省率先出台政务数据资源管理办法，加强和规范政府数据资源管理，推进政府数据共享开放和开发应用，提高行政效率和服务水平，促进新型智慧城市建设。

（四）推进中国软件名城提质升级

重点发展高端服务器、大数据、云计算、高端软件等14个重点产业领域，打造国际级软件名城的更高目标。积极争取上级主管部门对中国软件名城的建设进行业务指导，在数字经济、大数据产业、工业互联网等试点示范项目，国家级大数据集聚区、新型信息消费示范

城市申报中对济南市予以支持。

（五）提升智慧城市功能品牌和影响力

按照"先行示范"的要求，全面加强建设规范和数据标准工作，加快拓展智慧应用场景，增强市民的获得感、幸福感和满意度，进一步提升新型智慧城市的深度和广度。积极争取把"济南经验""济南模式"上升为国家标准，纳入国家新型智慧城市评价指标体系，让智慧城市品牌更响亮。

（六）打造人才聚集平台

积极推进中国信息通信研究院和中国电子信息产业发展研究院在济南设立分支机构或创新平台，促进济南市招商引资和招才引智，进一步提高济南市数字经济的创新发展能力和水平。

2018 年西安市软件和信息技术服务业发展概况

一、基本运行情况

西安市软件和信息技术服务业经过 20 多年的发展,凭借着西安教育之城和科技之城的优势,依靠开拓进取和自主创新,实现了软件和信息技术服务业从小到大、从弱到强的蝶变。西安软件园成为国家软件产业基地和国家软件出口基地(双基地),产业发展成果行业瞩目。在软件和信息技术服务业已经跨界融合,成为信息时代推动社会全面创新发展的支柱与灵魂的当下,西安市以行业应用软件、嵌入式软件、集成电路设计、信息技术服务、云计算、大数据、物联网、移动互联网和电子商务及数字出版和游戏动漫为代表的企业成为带动西安市软件和信息技术服务业发展的主要力量。软件技术与工业制造、现代服务业等各领域的融合渗透带动了智慧城市、电子政务、智能制造、智慧物流、电子商务等新兴产业蓬勃发展,成为推动本地产业结构优化和转型升级的新支撑。产业规模不断壮大,结构不断优化,创新能力稳步增强。软件和信息技术服务业正在产业实力、企业培育、人力保障、创新能力、应用水平、发展环境、带动效益等方面下功夫,在名品、名企、名人、名园、名展等方面强优势、补短板,扎实推进产业运行、载体建设、双招双引等工作,为西安创建"中国软件名城",建设"一带一路"的创新之都提供了新活力和新保障。

2018 年,西安市软件和信息技术服务业实现软件业务收入 1995 亿元,实现出口 12 亿美元。规模以上软件企业 654 家,从业人员 19.3 万人,世界 500 强企业 35 家,中国软件百强企业 40 家,上市企业 37 家,员工人数超过 1 万人的企业 3 家(华为、中兴、中软国际),超过 1000 人的企业 12 家,业务收入超过 1 亿元的软件企业 122 家。三星二期、比亚迪智能制造、华天科技、中兴二期等重大项目进展顺利,中兴 7 月已全面恢复生产和研发。另外,科大讯飞、海康威视、奕斯伟、京东无人机等业界巨头相继投资落户,为西安市打造千亿元级新一代信息技术产业和万亿元级高新技术产业奠定了坚实基础。

二、主要发展特点

(一)自主创新助发展

西安市作为国家全面创新改革试验区,是西部地区推进全面创新改革试验的核心城市。自主创新是西安市软件和信息技术服务业实现跨越式发展的主要源泉和不竭动力。正是由于不断创新,才使西安市软件和信息技术服务业实现从小到大、从弱到强的蝶变。西安西电捷通无线网络通信股份有限公司制定的"WAPI 标准"、西安三茗科技有限责任公司研发的数据恢复软件、西安航天华迅科技有限公司设计的导航芯片等产品享誉业界;西安盈谷科技有限公司全球首家发布医学影像云处理及分析引擎 iMAGES,被誉为医疗信息化影像应用的"CPU"。

（二）产业优化新动能

软件技术与工业制造和现代服务业各领域的融合渗透带动了智慧城市、电子政务、智能制造、智慧物流、电子商务等新兴产业蓬勃发展。西安市软件和信息技术服务业已成为行业技术进步与提高效率的重要载体和手段，成为推动本地产业结构优化和转型升级的新支撑。例如，陕鼓动力积极利用软件技术改进生产工艺和企业管理，大力探索云计算、物联网等新领域，成功实现从生产到服务、从制造到智造的转型。

（三）人才优势促薄发

西安市是中国的教育之城和科技之城，有普通高等院校93所、研发技术及创新机构3000多家、国家示范性软件学院3所、国家集成电路人才培养基地3个。层出不穷的科技成果和源源不断的人才输入使得西安市软件和信息技术服务业始终保持着强劲的增长动力，涌现出华为、中兴、中软国际、平安保险等软件和信息技术服务业的万人企业。

（四）悠久历史相得彰

西安市不仅是国家重要的科研、教育和工业基地，还是世界历史文化名城、"一带一路"的创新之都。软件和信息技术服务业作为绿色节能型产业，可以为城市环境保护、信息化基础设施建设、传统产业转型发展及特色文化的传承延续提供新活力、新保障，与西安城市发展内质非常契合。通过推进国家级文化与科技融合示范基地和国家数字出版基地的建设，打造出一条"文化和科技"的发展模式：发掘西安市优势文化资源，利用移动互联网、云计算、大数据、物联网等新一代信息技术进行升级改造和包装宣传。例如，维真视界的原创动漫形象"秦亲宝贝"、荣信教育的"乐乐趣"系列童书等优秀产品，既提升了本地文化的品质、提高了传播效率，又实现了软件和信息技术服务的落地和运用。

三、面临的问题和主要矛盾

近年来，西安市软件和信息技术服务业从纵向来看虽然有了较快发展，但横向上与国内发达城市相比还存在较大差距，主要表现在以下5个方面。

（一）产业规模和能级较低，经济总量偏小

虽然目前西安市已形成由行业应用软件、嵌入式软件、集成电路设计、信息技术服务、云计算、大数据、物联网等组成的较为完整的产业链体系，但由于市场需求规模不足、行业低端化竞争激烈、地处内陆缺乏要素成本优势等综合因素，导致产业整体发展偏慢，经济总量偏小。

（二）产业资源整合与统筹能力有待进一步优化和提高

当前，西安市软件和信息技术服务业在技术、资源和能力各方面都还处在成长性发展阶段，区域范围内产品配套与协作水平较低，入驻大企业和地方龙头企业对接合作融合度较差，地方企业在转型和寻求改变上仍然滞后，国家和地方的支持力度偏小，难以实现产业跃升。

（三）市场与应用"两头在外"

在集成电路领域，本地集成电路设计企业的产品市场集中于北京、上海、广州、深圳等城市，西安市本地几乎没有市场；在智能终端领域，表现为软件企业多，硬件企业少，整机生产及其配套企业更少，其中触控面板和摄像头产业目前仍然处在空白状态，现有终端企业与本地上下游企业间没有形成良好的配套机制，带动作用尚未显现。

（四）产业投资和技术研发投入尚未实现平衡驱动

西安市企业的品牌战略意识不够，企业技术研发投入严重不足，软件商品化和产业化程度低，核心竞争能力不强。企业在产品开发、生产过程中缺乏标准化管理和规范化开发，质量保证体系尚不健全，知识产权保护有待加强。

（五）本地传统软件企业转型升级步伐不快

外来资本和龙头企业的进驻，加剧了市场竞争，尤其是对西安市传统软件企业的冲击较大。传统软件企业在转型升级、配套合作、研发投入、提高产品核心竞争力等方面提升不够，没有充分适应当前云计算、大数据、数字经济、互联网经济融合发展的趋势。

四、2019年目标和形势展望

（一）产业发展目标

2019年，西安市软件和信息技术服务业将重点扶持一批工业互联网平台项目，积极推进西安工业云平台发展应用，鼓励企业上云。

（二）面临的形势

西安市电子信息产业特别是软件和信息技术服务业，作为经济社会发展的重要引擎，在应对经济下行压力、拉动内需、改造和提升传统产业、推进新型工业化进程中将起到重要作用。中兴、比亚迪等智能终端项目的建成投产，激活了通信产业的基础优势，将进一步壮大西安智能终端产业。三星半导体闪存芯片及封装项目的建成投产，美光、华天、紫光国芯等企业产业规模不断壮大，将带动西安集成电路设计、制造、封装、测试及设备和材料等产业集群的发展。西安市将围绕工业云、工业大数据、工业电子商务等"互联网+"制造业试点示范，以工业互联网和自主可控软、硬件产品为重点，推进产业结构转型升级，打造西安电子信息产业新优势。

五、2019年工作措施及主要工作

（一）主要工作

围绕西安市电子信息优势产业，打造"13111"工程（1城、3集群、1网、1融合、1载体）。

1．推进中国软件名城创建（1城：软件名城）

2017年11月西安市正式迈入中国软件名城创建试点城市；2019年，西安市将争取建成中国软件名城，形成"软件龙头+行业特色+创新领先"的格局；到2021年，西安市软件和信息技术服务业产值预计将突破3000亿元，西安市信息技术产业综合竞争力将全面提升，产业规模进入中心城市第一梯队，产业创新能力全面增强，新一代信息技术产业比重显著提升。

2．打造3个千亿元级产业集群（3集群：集成电路、智能终端、软件服务产业）

1）打造集成电路产业集群

布局关键新器件、新工艺和新材料，推动集成电路设计业、芯片制造业、封装测试和支撑业快速发展。用好用活陕西省集成电路产业投资基金，引导投向西安集成电路产业的骨干企业、优质企业、高成长性企业、拟上市及挂牌后备企业。围绕三星电子存储芯片和封装测试项目抓好配套跟进，加快三星二期项目建设，扩大美光、华天、紫光国芯、力成等企业的设计制造和封装测试规模，推动北斗导航、网络通信、3D图像处理、人工智能和工控芯片等关键领域的设计、制造和应用，带动西安市集成电路产业集群的发展。

2）打造智能终端产业集群

以中兴、比亚迪智能终端为企业龙头，构建研发、设计、生产、应用、服务的智能终端产业链。以比亚迪手机金属壳为基础，引进配套供应产业，加速产能扩张，重点发展芯片、屏幕、机壳、电源、耳机等产品和配件。以华为、易朴、文泰、乾润、龙旗等企业为核心，提升手机及其App研发设计能力。加快移动互联网、电子商务、数字内容等终端应用软件的研发和应用。加快中兴智能终端二期和比亚迪智能终端项目建设，加速产能释放。

3）打造软件服务产业集群

以工业软件、嵌入式软件和行业应用软件为重点，以提高工业自动化、智能化和管理现代化能力为目标，大力推进软件和信息技术产业发展。突破关键核心技术，研发公众平台中间件技术、面向制造业的大数据解决方案、面向工业行业的工业互联网，推动形成行业解决方案并实现规模化应用。加快西安软件新城和重点软件园区建设，培育信息系统集成骨干企业，建立安全可靠软、硬件技术产品体系，提高安全可靠信息系统支撑能力。发挥华为、中兴、中软国际、阿里巴巴等龙头企业的聚集带动效应，探讨大企业与地方传统企业的对接与合作。推进阿里巴巴丝路总部、海康威视西安研发中心、京东无人机系统产业中心等重大新建项目尽快落地实施。

3．推进工业互联网发展（1网：工业互联网）

深化"西安工业云平台"应用，推进工业互联网发展。围绕工业互联网"网络、平台、安全"三大体系建设，从"供给侧"和"需求侧"两端发力，聚焦融合重点，突出平台体系，注重夯实发展基础，着力提升平台运营能力，进一步完善西安工业云平台功能。以提升制造业重点领域的智能化水平为目标，重点提供装备制造、智能终端、汽车电子、家用电器、工业控制等智能服务支撑。发挥西安行业应用软件优势，加快推进云化工业App培育和部署接入。鼓励重点工业企业通过互联网与产业链各环节紧密协同，促进设计生产、质量控制和运营管理系统逐步互联，提升网络化协同制造水平。利用互联网实现与用户个性化需求的良性互动，推进关键环节的柔性化改造，开展基于个性化产品的服务模式和商业模式创新。鼓励互联网企业构建网络化协同制造公共服务平台，面向细分行业和中小微企业提供云制造服务，提高产业链资源整合能力，加快发展面向制造业的信息技术服务和生产性服务业。

依托西安工业云平台和华为、阿里云平台等,大力推进企业上云工程,开展工业互联网的典型示范应用,争取列入工业和信息化部工业互联网平台试点示范项目。筹备召开西安工业互联网大会,组建西安市工业互联网产业联盟,为加快西安工业互联网发展,推进工业互联网产、学、研、用协同发展,在工业互联网顶层设计、技术研发、标准研制、产业实践、产业合作等各方面开展工作,加强政府决策和产业发展支撑。筹备办好2019(西安)工业互联网高峰论坛。

4. 促进云计算、大数据、物联网、人工智能等新兴技术融合发展(1融合:新技术融合)

充分利用云计算、大数据、物联网、人工智能等新一代信息技术,引导产业向"平台+共享"和"产品+服务"转型升级。大力发展 IaaS、PaaS、SaaS 等云技术和服务,提升公有云服务能力,扩展专有云应用范畴,围绕工业、金融、交通、环保等重点行业和领域应用需求,建设区域性混合云服务平台。加快自主创新,强化工业生产监控、仓储物流管理及安全生产监测等领域的应用示范,推进智能交通、智能电网、智能医疗、智能社区、精准农业等领域的物联网应用。以华为、京东、美林、华迅等典型企业为核心,发挥西安交大、电子科大、西工大、西安光机所等科研院所的技术和人才优势,重点发展云计算、大数据、物联网、人工智能等领域,做大做强西安新兴技术产业。

5. 加快专业化特色园区建设(1载体:特色园区)

按照整合、提升、转型、拓展的思路,加快专业化园区建设,形成特色鲜明、功能完善的专业基地和应用示范园区。一是加快西安三星电子存储芯片产业园建设,推动半导体和集成电路产业实现跨越式发展;二是加快中国电科(西安)产业园建设,推动云计算与大数据等产业聚集发展;三是推动长安通信产业园建设,加快智能手机、移动终端、移动通信设备和数据传输技术快速发展;四是加快西安测绘导航卫星应用产业基地建设,重点推进卫星导航应用综合服务平台、卫星遥感应用综合服务平台、宽带卫星通信骨干网三大支撑体系建设;五是推动西安软件新城二期及园中园、经开区软件服务外包产业园建设,培育壮大物联网、云计算与大数据等新兴产业,打造国内知名的软件研发和信息服务基地。六是鼓励大数据小镇、智能终端小镇等新兴模式发展。

(二)工作措施

西安市软件和信息技术服务业将以提高发展质量和效益为中心,以提高自主创新能力为核心,以促进产业融合发展和模式创新为突破口,不断探索形成市场自动挖掘机制,加快发展以智能终端设计及软件、集成电路设计为核心的战略性优势重点产业,培育以龙头企业为引领的产业集群,推动产业集聚发展,培育创新文化,努力建设国家新技术创造中心、新产业生成中心、新制度创新中心和新文化培育中心。2019年,西安市将从以下几个方面不断发力:

提升营商环境,加大园区空间承载,将软件新城扩区至20平方千米,同时,对软件新城控规进行修编,绘就软件新城蓝图;不断提升配套设施和环境建设;积极服务于华为、海康威视、圆通、苏宁、中电科太极、阿里巴巴等一批重点项目建设;打造软件新城特色小镇;营造创新创业氛围;加大智慧化园区应用和行政效能提升。

优化产业发展环境,建立多层次的投融资体系;建立软件企业服务实体经济的渠道,做好市场推广;举办全球程序员节活动;力争中国软件名城授牌;推动软件开发云、云上软件园平台服务于企业；研究产业发展的政策体系。

创新人才服务模式，为招商客户和园区企业提供精准人才匹配；搭建校企合作平台；加大人才培训力度；建立人才服务于招商项目的渠道和模式，精细化、精准化人才服务。

继续加大招商引资和企业培育力度，围绕人工智能、区块链、AR/VR、无人机、无人车等新兴产业引进一批高、精、尖企业和产品，围绕本土自主创新企业——易点天下、诺瓦电子、美林大数据等企业，加大扶持和培育，不断壮大产业规模。

未来 5 年，西安市将在"云管端"和"互联网+"两大战略的引导下，在大力招商、拓展产业承载空间、积极引进和培育人才等措施的保障之下，致力于发展以智能终端设计及软件、集成电路设计为核心的优势领域，以行业应用软件、物联网和移动互联网为代表的重点领域，以云计算、大数据、电子商务为代表的战略新兴领域，同时，大力发展以"数字内容"为重点的数字出版和游戏动漫产业。

II 综合统计

2018年软件和信息技术服务业

	企业数量（家）	软件业务收入合计	其中：
			（一）软件产品收入
软件企业合计	36331	619087338	173785598
一、按登记注册类型分列			
内资企业	34039	493490312	147980516
国有企业	624	33985301	8235256
集体企业	30	5434565	580524
股份合作企业	184	1496820	634526
联营企业	69	884709	234936
国有联营企业	22	271248	52890
集体联营企业	9	128013	32200
国有与集体联营企业	11	235915	65311
其他联营企业	27	249533	84536
有限责任公司	13260	222888502	64244875
国有独资公司	148	4747037	1447348
其他有限责任公司	13112	218141465	62797527
股份有限公司	3752	87145143	31633986
私营企业	15632	137407168	40729808
私营独资	1594	13435448	3634711
私营合伙	439	2516627	1054453
私营有限责任公司	12491	109894799	31624456
私营股份有限公司	1108	11560294	4416188
其他内资企业	488	4248105	1686604
中国港、澳、台商投资企业	854	72294281	13019328
合资经营企业（中国港、澳、台资）	186	5351704	716440
合作经营企业（中国港、澳、台资）	9	1910736	54039
中国港、澳、台商独资经营企业	619	60275343	9919292
中国港、澳、台商投资股份有限公司	29	2901257	2316458
其他中国港、澳、台商投资企业	11	1855242	13099
外商投资企业	1438	53302745	12785755

主要指标汇总表（一）

单位：万元

（二）信息技术服务收入	（三）信息安全收入	（四）嵌入式系统软件收入	其中： 软件外包服务收入
375630760	11629203	58041777	21542190
286259363	10693997	48556437	14109845
21433268	1214323	3102453	1216169
1877447	315695	2660898	51866
571442	7322	283529	36834
635273	14500		51689
204602	13756		31021
95814			15461
170604			
164252	744		5207
136954753	4913243	16775630	6181653
3039744	125674	134271	78812
133915009	4787570	16641360	6102840
43435962	1593463	10481733	3682433
79271925	2471523	14933912	2738084
8368867	211815	1220054	214110
1268402	126529	67243	163014
64153439	1719890	12397014	1924344
5481216	413290	1249600	436616
2079293	163926	318282	151117
56396953	437105	2440895	2059552
3819276	264354	551633	148485
1824280		32417	
48591055	172751	1592245	1246498
321251		263549	663668
1841091		1051	902
32974444	498101	7044445	5372794

2018年软件和信息技术服务业

	企业数量（家）	软件业务收入合计	其中：（一）软件产品收入
中外合资经营企业	392	12409517	3388189
中外合作经营企业	12	202853	41197
外资企业	973	36361050	9175752
外商投资股份有限公司	34	2612227	143163
其他外商投资企业	27	1717097	37454
二、按控股经济分列			
国有控股	2297	94999587	28061466
集体控股	2100	48123682	16821688
私人控股	24895	282182660	84546881
中国港、澳、台商控股	705	65095831	9219522
外商投资	1188	55236739	13189836
其他	5146	73448840	21946205
三、按企业规模分列			
大型	3006	362986611	88330154
中型	11580	169472399	54876154
小型	19299	72258875	27065358
微型	2446	14369452	3513932
四、按行业分列			
软件产品行业	16393	183001443	152152922
信息技术服务行业	16345	355376337	16953200
信息安全行业	625	8866115	1120590
嵌入式系统软件行业	2968	71843443	3558885
五、按跨国经营分列			
有并购境外企业	141	14088753	2715766
在境外设有分公司（含有研发中心及销售网点）	210	44269380	7909675
在境外有研发中心（含有销售网点）	210	12992169	2599641
在境外仅有分支机构（或销售网点）	762	28916786	10611396

主要指标汇总表（一）

单位：万元

（二）信息技术服务收入	（三）信息安全收入	（四）嵌入式系统软件收入	其中：软件外包服务收入
7771146	176277	1073906	646333
148194	801	12661	7698
21381056	321022	5483220	4389170
2066265		402798	268246
1607784		71859	61347
58799982	2706284	5431855	3917384
25383432	976177	4942384	1113060
165942977	6205244	25487559	5712130
53677562	200581	1998166	1110560
34770261	447319	6829323	5996548
37056546	1093599	13352490	3692508
224878901	6496346	43281210	13928949
103495318	3431628	7669298	5886617
37710018	1464853	6018645	1484291
9546522	236375	1072624	242333
27351116	2345701	1151703	11222329
334304911	1680715	2437511	9874196
537447	7181210	26868	284692
13437285	421577	54425696	160973
6204994	351870	4816123	692551
19768643	165308	16425754	2157309
8237203	399355	1755970	1079284
14868297	637922	2799171	2001884

2018年软件和信息技术服务业

	企业数量（家）	软件业务收入合计	其中：
			（一）软件产品收入
未从事跨国经营活动	35008	518820249	149949121
六、按东中西部分列			
东部地区	24974	492843673	130681473
中部地区	3777	32581854	13588584
西部地区	4895	71411851	20303544
东北地区	2685	22249960	9211998

主要指标汇总表（一）

单位：万元

（二）信息技术服务收入	（三）信息安全收入	（四）嵌入式系统软件收入	其中：软件外包服务收入
326551623	10074747	32244758	15611161
304359151	7634726	50168322	14718705
15926750	1037536	2028985	754548
45332784	1256331	4519192	3726885
10012074	1700610	1325278	2342052

2018年软件和信息技术服务业主要指标汇总表（二）

单位：万美元

	软件业务出口收入	软件外包服务出口收入	嵌入式系统软件出口收入	其他软件业务出口收入
软件企业合计	5106629	1224648	1529686	2352295
一、按登记注册类型分列				
内资企业	3464228	519637	1481155	1463437
国有企业	41241	35638	603	5000
集体企业	2659	2588	71	
股份合作企业	389	298	40	51
联营企业	650	650		
国有联营企业	650	650		
集体联营企业				
国有与集体联营企业				
其他联营企业				
有限责任公司	2064452	210982	785198	1068272
国有独资公司	8222	7192		1030
其他有限责任公司	2056230	203790	785198	1067242
股份有限公司	673246	189321	268632	215293
私营企业	668913	73448	426601	168864
私营独资	82668	2644	11444	68580
私营合伙	2078	191	44	1843
私营有限责任公司	548936	59800	409050	80085
私营股份有限公司	35232	10813	6063	18356
其他内资企业	12678	6711	10	5957
中国港、澳、台商投资企业	465226	95638	3737	365851
合资经营企业（中国港、澳、台资）	101384	3843	2153	95388
合作经营企业（中国港、澳、台资）	2682			2682
中国港、澳、台商独资经营企业	259447	88248	1355	169844
中国港、澳、台商投资股份有限公司	101562	3408	217	97938
其他中国港、澳、台商投资企业	151	139	12	
外商投资企业	1177175	609374	44794	523007
中外合资经营企业	103189	31447	2281	69461
中外合作经营企业	1140	950		190
外资企业	1049578	573121	35797	440661

2018年软件和信息技术服务业主要指标汇总表（二）

单位：万美元

	软件业务出口收入	软件外包服务出口收入	嵌入式系统软件出口收入	其他软件业务出口收入
外商投资股份有限公司	17760	2174	3045	12541
其他外商投资企业	5507	1682	3671	154
二、按控股经济分列				
国有控股	357640	115396	2877	239367
集体控股	59468	52017	1257	6194
私人控股	2480061	245805	866575	1367681
中国港、澳、台商控股	238932	101410	20192	117331
外商投资	1207303	638403	49742	519158
其他	763226	71618	589043	102564
三、按企业规模分列				
大型	4420677	925979	1473395	2021304
中型	484742	210069	38236	236436
小型	150865	73369	17586	59910
微型	50345	15232	468	34645
四、按行业分列				
软件产品行业	1016895	538079	987	477829
信息技术服务行业	1592992	673102	1538	918352
信息安全行业	22941	9479		13463
嵌入式系统软件行业	2473800	3989	1527161	942650
五、按跨国经营分列				
有并购境外企业	192346	63644	48672	80030
在境外设有分公司（含有研发中心及销售网点）	2171256	108658	1018360	1044238
在境外有研发中心（含有销售网点）	152052	76564	22945	52543
在境外仅有分支机构(或销售网点)	399755	70530	12774	316452
未从事跨国经营活动	2191220	905253	426935	859031
六、按东中西部分列				
东部地区	4493254	815707	1513589	2163958
中部地区	55897	36974	4023	14900
西部地区	292936	160521	11180	121236
东北地区	264541	211447	894	52200

2018年软件和信息技术服务业主要指标汇总表（三）

单位：万元

	利润总额	流动资产合计	资产总计	负债合计	固定资产投资额
软件企业合计	89615917	677517417	1104045207	593335581	27946596
一、按登记注册类型分列					
内资企业	58381374	537523601	836513125	488836590	19142156
国有企业	3399640	40649064	63063138	32982211	1531365
集体企业	370399	2973104	9673085	3371472	27597
股份合作企业	200078	1464722	2711584	1044169	207056
联营企业	136112	307492	1195925	419483	23367
国有联营企业	44313	165528	292625	137254	18711
集体联营企业	13714	55802	113006	87682	
国有与集体联营企业	37872	16977	593964	97296	1343
其他联营企业	40213	69185	196331	97250	3313
有限责任公司	24432788	263566496	353271549	240486417	6922391
国有独资公司	362365	7384059	11034706	6511321	166490
其他有限责任公司	24070423	256182438	342236843	233975096	6755900
股份有限公司	12781461	118880365	221009573	101472187	2974524
私营企业	16520782	105544249	177784824	104562984	7376743
私营独资	1470705	4921485	11862255	5337662	343874
私营合伙	302868	771674	2048161	1082686	24691
私营有限责任公司	13380255	87139226	141761507	89104154	6591999
私营股份有限公司	1366955	12711863	22112901	9038483	416179
其他内资企业	540112	4138108	7803447	4497667	79113
中国港、澳、台商投资企业	24032661	95642609	136106596	57091354	3262766
合资经营企业（中国港、澳、台资）	272666	6843588	16068106	7772079	93860
合作经营企业（中国港、澳、台资）	347606	1174887	2128363	604172	107593
中国港、澳、台商独资经营企业	21724627	79910027	108639057	45013439	2935059
中国港、澳、台商投资股份有限公司	1324039	6437457	7934035	3089540	124855
其他中国港、澳、台商投资企业	363723	1276651	1337034	612124	1398
外商投资企业	7201882	44351207	131425486	47407637	5541675
中外合资经营企业	1216463	9213148	40721829	6801904	3141179

2018年软件和信息技术服务业主要指标汇总表（三）

单位：万元

	利润总额	流动资产合计	资产总计	负债合计	固定资产投资额
中外合作经营企业	10313	73533	327926	33806	958
外资企业	4796632	29416750	70431587	36868305	608180
外商投资股份有限公司	251441	2435310	12131488	1682828	133412
其他外商投资企业	927033	3212466	7812656	2020795	1657946
二、按控股经济分列					
国有控股	12560254	137211412	227794476	122630785	4531257
集体控股	5997006	110567730	152835619	120770016	1443490
私人控股	33565579	250120591	411731905	220602995	11243502
中国港、澳、台商控股	20819014	83278136	119205906	49398158	2935059
外商投资	9056063	46304584	80619712	31673483	2865389
其他	7618000	50034966	111857589	48260145	4927899
三、按企业规模分列					
大型	58468960	463195165	731874776	399069220	21631336
中型	18203164	141869160	252078438	136867233	4560533
小型	11907938	59943760	100060441	47351112	1537800
微型	1035854	12509332	20031552	10048016	216926
四、按行业分列					
软件产品行业	37224003	195021240	341853073	157921197	9891368
信息技术服务行业	44994924	422738742	662369864	386826063	15994394
信息安全行业	1330903	10314949	18959015	8501592	270134
嵌入式系统软件行业	6066086	49442487	80863255	40086729	1790701
五、按跨国经营分列					
有并购境外企业	1021729	12100125	28227076	11150489	687214
在境外设有分公司（含有研发中心及销售网点）	4239383	42487239	62799286	34656945	5196315
在境外有研发中心（含销售网点）	1537473	8312095	51233196	10740049	3292807
在境外仅有分支机构（或销售网点）	5518027	44417789	71645241	30342635	1283274
未从事跨国经营活动	77299304	570200170	890140408	506445462	17486987
六、按东中西部分列					
东部地区	76143563	557331715	915633478	506941973	21271139
中部地区	4152687	43090122	65825774	32588985	2658236
西部地区	7179300	66391947	98345097	45748472	3724190
东北地区	2140366	10703633	24240858	8056150	293031

2018年软件和信息技术服务业主要指标汇总表（四）

单位：万元

	主营业务税金及附加	所有者权益年末余额	所有者权益年初余额	应交增值税
软件企业合计	7467851	510483421	394348039	17453129
一、按登记注册类型分列				
内资企业	6267548	347451093	296904398	13961072
国有企业	345881	30080924	25294341	836820
集体企业	40244	6301612	3663092	30898
股份合作企业	94911	1667415	1205970	42391
联营企业	12188	776442	326320	15443
国有联营企业	1637	155371	126511	3583
集体联营企业	1588	25324	26332	1067
国有与集体联营企业	5652	496667	80092	5380
其他联营企业	3310	99081	93385	5413
有限责任公司	2106298	112778898	99345355	6329120
国有独资公司	30373	4523385	3717247	103232
其他有限责任公司	2075925	108255512	95628108	6225888
股份有限公司	1086301	119485906	105253843	2640673
私营企业	2474636	73054117	60137424	3903414
私营独资	278451	6527588	4993956	440599
私营合伙	58651	965476	564458	51987
私营有限责任公司	1965059	52486635	44035146	3037377
私营股份有限公司	172475	13074418	10543863	373452
其他内资企业	107088	3305780	1678053	162313
中国港、澳、台商投资企业	626242	79015242	61809158	2572763
合资经营企业（中国港、澳、台资）	47606	8296027	5295738	193900
合作经营企业（中国港、澳、台资）	11149	1524191	1168858	67448
中国港、澳、台商独资经营企业	512704	63625619	50859617	2012977
中国港、澳、台商投资股份有限公司	47235	4844496	4073926	253763
其他中国港、澳、台商投资企业	7548	724910	411019	44675
外商投资企业	574062	84017086	35634483	919294
中外合资经营企业	104421	33919925	7944790	257996
中外合作经营企业	8877	294120	41264	1807

2018年软件和信息技术服务业主要指标汇总表（四）

单位：万元

	主营业务税金及附加	所有者权益年末余额	所有者权益年初余额	应交增值税
外资企业	421678	33562520	20249065	605992
外商投资股份有限公司	10360	10448660	1685561	21623
其他外商投资企业	28726	5791861	5713803	31876
二、按控股经济分列				
国有控股	930460	105163689	90132601	2726668
集体控股	469811	32056124	25607503	866684
私人控股	4047720	190956150	166406733	8990982
中国港、澳、台商控股	550735	69807747	52047869	1958278
外商投资	548234	48945468	32664259	1082407
其他	920891	63554243	27489073	1828110
三、按企业规模分列				
大型	3544442	332628749	249188719	9791274
中型	2373787	115201719	94143422	5007632
小型	1417049	52669416	44038203	2351480
微型	132573	9983537	6977696	302743
四、按行业分列				
软件产品行业	2602091	183934822	154467498	6945992
信息技术服务行业	4004549	275436838	192603063	8172747
信息安全行业	174419	10460674	9180564	334814
嵌入式系统软件行业	686791	40651087	38096914	1999576
五、按跨国经营分列				
有并购境外企业	290172	17076587	12520114	263465
在境外设有分公司（含有研发中心及销售网点）	352153	28141580	33178802	1533749
在境外有研发中心（含有销售网点）	138726	40493147	7110473	267802
在境外仅有分支机构(或销售网点)	382905	41293128	29946477	1248408
未从事跨国经营活动	6303895	383478980	311592173	14139705
六、按东中西部分列				
东部地区	5905780	408465316	314509729	14516083
中部地区	309073	33236772	26098835	1030295
西部地区	601427	52596625	42944706	1701612
东北地区	651571	16184708	10794770	205139

2018年软件和信息技术服务业主要指标汇总表（五）

单位：万元

	所得税费用	出口已退税额	研发经费	主营业务成本
软件企业合计	11544210	2446073	62672685	522380914
一、按登记注册类型分列				
内资企业	8044626	1622114	47993635	437930674
国有企业	448727	92812	2538580	40069281
集体企业	52358	2506	182924	3787634
股份合作企业	34849	533	127081	2109124
联营企业	13787		95074	835120
国有联营企业	4807		21008	199317
集体联营企业	1121		14130	116190
国有与集体联营企业	4032		23378	190591
其他联营企业	3828		36558	329022
有限责任公司	3017606	251493	22595193	188587680
国有独资公司	66581	4264	491728	4507363
其他有限责任公司	2951024	247230	22103465	184080317
股份有限公司	1780483	614454	9644411	80674570
私营企业	2599309	624633	12368822	118527879
私营独资	378423	17175	1062207	11297487
私营合伙	47848	5402	291274	1981924
私营有限责任公司	1980682	518884	9862713	95921164
私营股份有限公司	192355	83172	1152628	9327304
其他内资企业	97507	35683	441550	3339387
中国港、澳、台商投资企业	2761307	293205	9451558	29357632
合资经营企业（中国港、澳、台资）	12152	106202	967653	3546014
合作经营企业（中国港、澳、台资）	51710	3057	216062	822612
中国港、澳、台商独资经营企业	2526087	177092	7751037	20551909
中国港、澳、台商投资股份有限公司	120416	6853	457956	3294400
其他中国港、澳、台商投资企业	50942		58850	1142697
外商投资企业	738278	530754	5227491	55092608
中外合资经营企业	122722	112510	1098127	10788312
中外合作经营企业	3012	195	14345	157994
外资企业	593101	358862	3490825	37777752

2018年软件和信息技术服务业主要指标汇总表（五）

单位：万元

	所得税费用	出口已退税额	研发经费	主营业务成本
外商投资股份有限公司	24374	55123	402653	3585947
其他外商投资企业	-4930	4063	221542	2782602
二、按控股经济分列				
国有控股	1719992	337073	9155477	97620709
集体控股	440393	92944	6417728	40804919
私人控股	4759759	896658	27453108	239270534
中国港、澳、台商控股	2681666	139336	7935323	25704945
外商投资	1056298	403971	4539471	51851432
其他	886102	576091	7171578	67128374
三、按企业规模分列				
大型	7109265	1911671	38496666	302722726
中型	2317087	353341	15675210	157746965
小型	1966582	149468	7735954	51098294
微型	151277	31593	764854	10812928
四、按行业分列				
软件产品行业	4108791	870399	24276320	146979441
信息技术服务行业	6032684	970531	31656691	323116027
信息安全行业	173931	31770	1207585	5782527
嵌入式系统软件行业	1228804	573374	5532089	46502918
五、按跨国经营分列				
有并购境外企业	174182	65563	968010	13413139
在境外设有分公司（含有研发中心及销售网点）	920069	514018	4639072	45474035
在境外有研发中心（含有销售网点）	447995	123940	1332157	14455863
在境外仅有分支机构(或销售网点)	627704	430201	3301498	33084586
未从事跨国经营活动	9374261	1312350	52431949	415953291
六、按东中西部分列				
东部地区	9676450	2163349	51279975	405090292
中部地区	449071	159158	3156971	31369443
西部地区	943105	90171	6361196	68479857
东北地区	475584	33395	1874542	17441321

2018年软件和信息技术服务业主要指标汇总表（六）

单位：万元

	应收账款	应付账款	本年折旧	本年应付职工薪酬
软件企业合计	167698220	132537468	18726314	94779838
一、按登记注册类型分列				
内资企业	135673269	106967161	9200398	69433168
国有企业	13742631	11274910	811086	4924187
集体企业	483618	837336	62983	73961
股份合作企业	1205013	322790	57480	205683
联营企业	171684	85185	14736	175032
国有联营企业	83322	44841	5556	76292
集体联营企业	45793	14960	3011	40833
国有与集体联营企业	3917	3904	2779	12743
其他联营企业	38652	21481	3390	45164
有限责任公司	52619196	43195058	3996457	31647353
国有独资公司	2379157	2381184	94965	881255
其他有限责任公司	50240039	40813874	3901492	30766099
股份有限公司	33483853	22253430	2196782	14986276
私营企业	33084291	28132814	2014663	16877964
私营独资	1909896	1464324	629243	1268641
私营合伙	439981	229749	29141	223914
私营有限责任公司	26130711	24594927	1212118	13290859
私营股份有限公司	4603702	1843813	144161	2094550
其他内资企业	882984	865637	46212	542712
中国港、澳、台商投资企业	14505981	9021324	5587862	13470148
合资经营企业（中国港、澳、台资）	1669317	1204832	122696	1701840
合作经营企业（中国港、澳、台资）	722881	180453	24745	413493
中国港、澳、台商独资经营企业	10053808	6429770	5392204	10717079
中国港、澳、台商投资股份有限公司	2044781	1090463	38736	552303
其他中国港、澳、台商投资企业	15194	115806	9481	85433
外商投资企业	17518970	16548984	3938054	11876523
中外合资经营企业	2914545	1599513	251014	3136547
中外合作经营企业	16422	5200	1601	16902
外资企业	13519069	13792892	2299638	8118749

2018年软件和信息技术服务业主要指标汇总表（六）

单位：万元

	应收账款	应付账款	本年折旧	本年应付职工薪酬
外商投资股份有限公司	842849	1024374	62003	397115
其他外商投资企业	226085	127004	1323798	207210
二、按控股经济分列				
国有控股	39197479	37173219	2147561	16271041
集体控股	11187411	13330692	726932	5914662
私人控股	75842408	54798701	5383974	39527349
中国港、澳、台商控股	11540044	7270375	5447969	11963199
外商投资	12796713	8480362	4009671	10603356
其他	17134165	11484119	1010207	10500231
三、按企业规模分列				
大型	98708798	85231240	13906099	60207510
中型	48350249	35790800	2843284	22442177
小型	17184928	9240450	1817591	10807669
微型	3454245	2274978	159339	1322483
四、按行业分列				
软件产品行业	67084017	41455710	3827183	37432365
信息技术服务行业	81492265	78613375	13613480	50459783
信息安全行业	4010644	1728581	147706	1950192
嵌入式系统软件行业	15111293	10739802	1137944	4937499
五、按跨国经营分列				
有并购境外企业	3125607	2433754	250193	1441649
在境外设有分公司（含有研发中心及销售网点）	11625661	8689770	648631	4505288
在境外有研发中心（含有销售网点）	3858673	2252167	298661	3140155
在境外仅有分支机构(或销售网点)	14128685	9459700	637215	5281268
未从事跨国经营活动	134959594	109702078	16891614	80411478
六、按东中西部分列				
东部地区	134027524	111730500	14875103	77034135
中部地区	16003875	9824693	1031582	6026621
西部地区	14916019	9323102	2615705	8946723
东北地区	2750802	1659173	203924	2772361

2018年软件和信息技术

	从业人员年末数	其中： （一）软件研发人员
软件企业合计	**6445258**	**2737711**
一、按登记注册类型分列		
内资企业	5401741	2306950
国有企业	403194	128385
集体企业	15509	11919
股份合作企业	20356	8216
联营企业	16839	7327
国有联营企业	7839	3339
集体联营企业	2394	639
国有与集体联营企业	2051	674
其他联营企业	4555	2675
有限责任公司	2212548	1008024
国有独资公司	76420	30724
其他有限责任公司	2136128	977300
股份有限公司	1150436	457595
私营企业	1529261	660724
私营独资	133575	61092
私营合伙	29933	12691
私营有限责任公司	1187668	505182
私营股份有限公司	178085	81759
其他内资企业	53598	24760
中国港、澳、台商投资企业	428693	192819
合资经营企业（中国港、澳、台资）	71097	28568
合作经营企业（中国港、澳、台资）	7741	2797
中国港、澳、台商独资经营企业	315989	146257
中国港、澳、台商投资股份有限公司	27911	13293
其他中国港、澳、台商投资企业	5955	1904
外商投资企业	614824	237942
中外合资经营企业	173488	77873
中外合作经营企业	1382	810
外资企业	400012	142495

服务业主要指标汇总表（七）

单位：人

（二）其他软件技术人员	其中： （一）硕士及以上	（二）大专及大本	从业人员年平均人数
1051797	667520	4067530	6524469
793672	542622	3429046	5499637
43775	50119	189040	401352
12624	4634	8751	25984
4626	2153	9898	20213
1908	1648	11439	16098
496	858	5101	7521
1025	218	1788	1965
54	170	965	2024
333	402	3585	4588
297231	251923	1439808	2242065
10184	10008	52569	73758
287047	241915	1387239	2168307
176393	96441	766634	1264561
249597	129258	971171	1478290
22001	10840	78808	127223
5282	3451	14393	29325
193921	102367	751988	1143394
28393	12600	125982	178348
7518	6446	32305	51074
82068	60666	247088	415014
15586	6243	39093	69711
4275	2929	4471	7393
59715	46043	193254	305704
1380	5119	7301	26123
1112	332	2969	6083
176057	64232	391396	609818
30375	11287	108857	166853
212	135	931	1383
138630	49928	261020	405349

2018年软件和信息技术

	从业人员年末数	其中： （一）软件研发人员
外商投资股份有限公司	31115	12802
其他外商投资企业	8827	3962
二、按控股经济分列		
国有控股	1093818	396184
集体控股	457070	216162
私人控股	3169727	1381749
中国港、澳、台商控股	352904	154044
外商投资	542168	213774
其他	829571	375798
三、按企业规模分列		
大型	3503886	1444201
中型	1779989	738731
小型	1046483	511666
微型	114900	43113
四、按行业分列		
软件产品行业	2508867	1115744
信息技术服务行业	3419363	1240361
信息安全行业	132072	61007
嵌入式系统软件行业	384956	320599
五、按跨国经营分列		
有并购境外企业	145533	63808
在境外设有分公司（含有研发中心及销售网点）	262296	153415
在境外有研发中心（含有销售网点）	202812	94782
在境外仅有分支机构（或销售网点）	408657	155062
未从事跨国经营活动	5425960	2270644
六、按东中西部分列		
东部地区	4667441	1988869
中部地区	673831	277640
西部地区	808549	314874
东北地区	295437	156328

服务业主要指标汇总表（七）

单位：人

	其中：		从业人员年平均人数
（二）其他软件技术人员	（一）硕士及以上	（二）大专及大本	
5455	1910	14552	28098
1385	972	6036	8135
149548	157513	644277	1079788
70268	47459	333495	466446
509291	276682	2056184	3310145
65767	48863	212181	340996
162440	63712	355983	541635
94483	73291	465410	785459
627745	407292	2143275	3446024
221560	152271	1077781	1742757
184128	98478	765092	1221276
18364	9479	81382	114412
330934	265625	1648983	2514309
557095	336301	2141021	3488632
16384	16121	89961	130659
147384	49473	187565	390869
32609	19357	81326	170729
52882	40195	142330	259154
11112	16641	112822	193875
52534	32310	224084	398404
902660	559017	3506968	5502307
783489	474681	2915534	4779436
90505	80379	444410	648445
123965	76516	505549	803490
53838	35944	202037	293098

2018年软件和信息技术服务业分产品完成情况

项目	企业数量（家）	本年收入（万元）
软件业务收入明细合计	36331	619087338
软件产品行业（E6501）		
1.软件产品行业合计	22858	173785598
1.1 基础软件	4046	25269649
1.1.1 操作系统	1168	7566147
1.1.2 数据库管理系统	696	2942631
1.1.3 中间件	339	2265434
1.1.4 办公软件	742	2652635
1.1.5 其他	1101	9842802
1.2 支撑软件	653	2516901
1.2.1 开发工具	230	857277
1.2.2 测试工具软件	193	609615
1.2.3 其他支撑软件	230	1050009
1.3 平台软件	1425	9844865
1.4 应用软件	11813	96122287
1.4.1 通用应用软件	3999	26783640
1.4.2 行业应用软件	7814	69338647
1.4.2.1 通信行业软件	934	19405854
1.4.2.2 金融财税软件	446	5144306
1.4.2.3 教育软件	619	2518339
1.4.2.4 交通运输行业软件	588	5336217
1.4.2.5 能源控制软件	455	4651863
1.4.2.6 动漫游戏软件	562	8575830
1.4.2.7 物流管理软件	205	975914
1.4.2.8 医疗卫生领域软件	700	2899706
1.4.2.9 其他行业应用软件	3305	19830619
1.5 工业软件	1559	9966699
1.5.1 产品研发设计类软件	462	1798931
1.5.2 生产控制类软件	795	6554241
1.5.3 业务管理类软件	302	1613527
1.6 嵌入式应用软件	1795	16164872

2018年软件和信息技术服务业分产品完成情况

项目	企业数量（家）	本年收入（万元）
1.7 移动应用软件（App）	546	8741076
1.8 定制软件	1021	5159248
信息技术服务行业（E6502）		
2. 信息技术服务行业合计	**23805**	**375630760**
2.1 信息技术咨询设计服务	6391	57528880
2.1.1 信息化规划	565	5033862
2.1.2 信息系统设计	1787	15808540
2.1.3 信息技术管理咨询	2968	29974946
2.1.4 信息系统工程监理	349	3182490
2.1.5 测试评估	216	1090064
2.1.6 信息技术培训	506	2438977
2.2 信息系统集成实施服务	5080	60107272
2.2.1 智能制造系统集成实施服务	1139	11125112
2.2.2 其他集成实施服务	3941	48982160
2.3 运行维护服务	3965	37700312
2.4 数据服务	2293	25237188
2.4.1 大数据服务	857	5122080
2.4.1.1 大数据采集服务	214	798434
2.4.1.2 大数据分析挖掘服务	196	1015816
2.4.1.3 大数据可视化服务	78	75238
2.4.1.4 大数据应用综合解决方案	369	3232593
2.4.2 数据加工处理服务（非海量）	614	8411689
2.4.3 数字内容处理服务	822	11703419
2.4.3.1 地理遥感信息服务	158	878788
2.4.3.2 动漫、游戏数字内容服务	231	5411256
2.4.3.3 其他数字内容处理服务	433	5413375
2.5 云服务	1583	16795643
2.5.1 基础设施即服务（IaaS）	508	7558336
2.5.2 平台即服务（PaaS）	327	3583450
2.5.3 软件即服务（SaaS）	748	5653857
2.6 平台运营服务	2435	82930298

2018年软件和信息技术服务业分产品完成情况

项目	企业数量（家）	本年收入（万元）
2.6.1 物流管理服务平台	185	3867124
2.6.2 在线信息平台	523	26717885
2.6.3 在线娱乐平台	414	20847464
2.6.4 在线教育平台	218	1563468
2.6.5 在线生活服务平台	131	9770801
2.6.6 其他在线服务平台	884	19733371
2.6.7 客户交互服务	80	430185
2.7 电子商务平台技术服务	1093	62511266
2.7.1 在线交易平台服务	833	55333795
2.7.2 在线交易支撑服务	260	7177471
2.8 集成电路设计	965	32819901
2.8.1 微控器件	97	2233242
2.8.2 逻辑电路	47	967643
2.8.3 存储器	48	11048136
2.8.4 模拟电路	59	1138585
2.8.5 其他电路	68	533705
2.8.6 智能卡芯片及电子标签芯片	68	4501799
2.8.7 微波单片集成电路	18	1210073
2.8.8 物联网模组	64	387188
2.8.9 其他集成电路产品	496	10799531
信息安全行业（E6503）		
3.信息安全行业合计	**1984**	**11629203**
3.1 信息安全产品	813	6631379
3.1.1 基础类安全产品	198	861328
3.1.2 终端与数字内容安全产品	107	629414
3.1.3 网络与边界安全产品	190	2428126
3.1.4 专用安全产品	155	1244279
3.1.5 安全测试评估与服务产品	61	471688
3.1.6 安全管理产品	102	996545
3.2 云计算安全产品	74	149539
3.3 工控安全产品	48	607398

2018年软件和信息技术服务业分产品完成情况

项目	企业数量（家）	本年收入（万元）
3.4 移动安全	282	825674
3.5 安全云服务	54	103309
3.6 安全咨询	48	96982
3.7 安全集成实施服务	315	1532703
3.8 安全运维服务	313	1659101
3.9 安全培训	37	23118
嵌入式系统软件行业（E6504）		
4.嵌入式系统软件行业合计	**4138**	**58041777**

2018年软件和信息技术服务业

出口国家和地区	1.软件产品行业合计	1.1 基础软件	1.2 支撑软件	1.3 平台软件
中国香港	61253	9764	524	140
中国台湾	18599	1162	29	
韩国	20331	305	10	7
美国	321088	24291	51	25613
日本	183376	25776	1317	5645
德国	37213	596		600
法国	10947	3		4394
英国	22452	413	350	60
印度	25299	5108		1123
墨西哥	999	256		126
巴西	1783	61		
俄罗斯	10409			
南美洲其他国家	5233	209		
大洋州	10440	10		
亚洲其他国家	79698	879		14
西欧其他国家	23134	3		2155
东欧其他国家	14827			
非洲	8266			3

出口国家和地区表（一）

单位：万美元

1.4 应用软件	1.5 工业软件	1.6 嵌入式应用软件	1.7 移动应用软件（App）	1.8 定制软件
29770	1022	7695	9668	2671
5428	219	9234	2525	1
15752	65	3555	637	
166392	6534	42104	34632	21470
100047	999	18440	383	30768
26587	328	6274		2829
1021		5465		65
16962		3892	366	409
10076	646	940	1823	5582
10	2	605		
1030		692		
4320	1073	5016		
	122	4903		
105		10325		
34205	6420	34783	3110	286
7498	256	10253	256	2713
14553	91	183		
6451	378	723		711

2018年软件和信息技术服务业

出口国家和地区	2. 信息技术服务行业合计	2.1 信息技术咨询设计服务	2.2 信息系统集成实施服务	2.3 运行维护服务
中国香港	339291	15211	18797	10647
中国台湾	242057	3316	54	6
韩国	28557	1475	5320	
美国	367176	98353	19799	4059
日本	76975	28946	16147	2632
德国	2515	147		13
法国	6331	95		144
英国	42259	1141		273
印度	10024	6998	48	1832
墨西哥	1261	28	425	
巴西	959			
俄罗斯	8	6		
南美洲其他国家	2060			25
大洋州	153	7		
亚洲其他国家	146406	42591	20227	8650
西欧其他国家	13297	8930	1461	561
东欧其他国家	1111	1052		
非洲	15893	3646		12224

出口国家和地区表（二）

单位：万美元

2.4 数据服务	2.5 云服务	2.6 平台运营服务	2.7 电子商务平台技术服务	2.8 集成电路设计
9310	11	20559	12133	252624
501		121		238059
224	661	7929	1776	11172
28048	8264	41238	14809	152606
14661	4372	521	1918	7777
10	206			2139
2441	12			3639
39013	153	443	19	1217
			62	1085
				808
			590	369
2				
		993		1042
116			30	
3841	1605	2794	78	66620
734	227	607		777
1		13		45
				23

2018年各省市软件和信息技术服务业

	企业数量（家）	软件业务收入合计	其中： （一）软件产品收入
软件企业合计	36331	619087338	173785598
（一）按省市分列			
北京市	3384	97289178	30650174
天津市	369	16405911	3740463
河北省	218	2641619	392005
山西省	99	286992	140868
内蒙古自治区	44	116699	36651
辽宁省	1633	15096287	6998526
吉林省	941	6671132	2022633
黑龙江省	111	482541	190838
上海市	1677	48368600	12126226
江苏省	5956	88331851	21732300
浙江省	1600	52006148	12039185
安徽省	336	4560507	1925038
福建省	2825	28900454	9752277
江西省	149	1529391	821975
山东省	4124	49493473	16897184
河南省	177	3364309	897031
湖北省	2447	17914892	8005682
湖南省	569	4925764	1797990
广东省	4584	106873738	22820425
广西壮族自治区	141	1524850	121029
海南省	237	2532701	531235
重庆市	1495	13929501	3222232
四川省	1818	31726385	11402522
贵州省	240	1767339	299588
云南省	176	911126	216782
陕西省	654	19948948	4660556
甘肃省	128	522835	192557

主要指标汇总表（一）

单位：万元

（二）信息技术服务收入	（三）信息安全收入	（四）嵌入式系统软件收入	其中：软件外包服务收入
375630760	11629203	58041777	21542190
62800499	3516788	321717	2241228
12355652	27755	282042	176756
2176541	5597	67475	9221
120871	2323	22930	1200
70501	311	9237	6142
6439155	1497153	161453	2239366
3411101	129853	1107545	64277
161818	73604	56280	38410
36106661	133610	2104	1555359
53442385	1178135	11979031	2255257
36900871	433666	2632426	2284297
1816223	147560	671686	53278
15170855	476183	3501140	310025
670849	27768	8798	27725
21152555	1485105	9958629	3017453
2338232	46230	82817	8426
9063547	791595	54068	515225
1917028	22059	1188686	148694
62255566	374447	21423301	2861305
1341663	17866	44292	1480
1997567	3441	458	7805
8783399	293896	1629975	1064574
17728544	825449	1769870	674363
1439490	8656	19605	15412
668010	22063	4271	20
14208275	45505	1034612	1958366
320829	7748	1701	

2018年各省市软件和信息技术服务业

	企业数量（家）	软件业务收入合计	其中： （一）软件产品收入
青海省	13	14106	3456
宁夏回族自治区	57	185752	63158
新疆维吾尔自治区	129	764310	85013
（二）按副省级城市分列			
宁波市	480	6732051	3060259
厦门市	1439	14692942	3896830
青岛市	1722	21567065	4563939
深圳市	2005	59347081	8854491
沈阳市	1153	10435499	5150528
长春市	625	4531817	1473256
哈尔滨市	100	468485	183055
南京市	3773	45915246	15518211
杭州市	676	42951508	8275180
济南市	1867	24874742	11058573
武汉市	2403	17752527	7908333
广州市	2086	36053345	11922779
成都市	1770	30471202	11029223
西安市	654	19948948	4660556
（三）其他省会城市分列			
石家庄市	90	558961	141750
太原市	86	269348	131767
呼和浩特市	29	83426	31466
合肥市	276	3697918	1515328
福州市	1306	13387881	5655103
南昌市	114	1048139	422530
郑州市	139	1513149	312258
长沙市	496	3889670	960273
南宁市	105	802869	73590
海口市	163	1610601	161546

主要指标汇总表（一）

单位：万元

（二）信息技术服务收入	（三）信息安全收入	（四）嵌入式系统软件收入	其中：软件外包服务收入
9684		966	40
118836	950	2808	3506
643553	33888	1857	2984
2332425	29416	1309950	890315
8869515	382833	1543764	206474
7478161	316795	9208169	175878
36227350	260913	14004327	1092736
3816969	1396410	71592	655832
2014089	122626	921846	47365
156992	72158	56280	38124
27766829	1106542	1523665	1335760
33456086	363881	856360	1357797
12178738	1115957	521474	2756100
9013996	786778	43420	515225
23425264	72537	632764	1560605
16869989	824409	1747580	669590
14208275	45505	1034612	1958366
393915	3582	19714	
116051	1421	20108	1200
42412	311	9237	21
1478069	144940	559581	30511
5685298	92594	1954887	102887
596477	25808	3323	27725
1095592	44830	60468	8050
1770735	16676	1141986	146997
708528	16900	3852	1255
1445155	3441	458	4654

2018年各省市软件和信息技术服务业

	企业数量（家）	软件业务收入合计	其中：
			（一）软件产品收入
贵阳市	196	1565336	265327
昆明市	175	909667	216625
兰州市	112	445400	167560
西宁市	13	14106	3456
银川市	54	144214	63013
乌鲁木齐市	118	724922	74271

主要指标汇总表（一）

单位：万元

（二）信息技术服务收入	（三）信息安全收入	（四）嵌入式系统软件收入	其中：软件外包服务收入
1276766	8487	14756	14301
666707	22063	4271	20
270501	6013	1326	
9684		966	40
77444	950	2808	3506
620578	28217	1857	2984

2018年各省市软件和信息技术服务业主要指标汇总表（二）

单位：万美元

	软件业务出口收入	软件外包服务出口收入	嵌入式系统软件出口收入	其他软件业务出口收入
软件企业合计	5106629	1224648	1529686	2352295
（一）按省市分列				
北京市	382497	311944	2898	67656
天津市	26415	7271	1205	17939
河北省	3800	361		3439
山西省				
内蒙古自治区				
辽宁省	259863	207752	490	51620
吉林省	4609	3695	404	510
黑龙江省	70			70
上海市	390859	154004		236855
江苏省	583171	75105	62236	445830
浙江省	314115	65632	4818	243666
安徽省	8442	1331	1803	5308
福建省	47175	26475	763	19936
江西省	7384	8		7376
山东省	70953	24887	34467	11599
河南省	487	75	43	368
湖北省	25115	23300	299	1516
湖南省	14470	12259	1879	332
广东省	2673335	150028	1407201	1116106
广西壮族自治区	2502	141	2361	
海南省	933	1		933
重庆市	15828	6506	3954	5368
四川省	152418	36445	2161	113812
贵州省	1739	415		1324
云南省				
陕西省	120449	117013	2705	731
甘肃省				
青海省				
宁夏回族自治区				
新疆维吾尔自治区				

2018年各省市软件和信息技术服务业主要指标汇总表（二）

单位：万美元

	软件业务出口收入	软件外包服务出口收入	嵌入式系统软件出口收入	其他软件业务出口收入
（二）**按副省级城市分列**				
宁波市	111270	42290	1613	67367
厦门市	27649	20144	602	6903
青岛市	27725	2588	25137	
深圳市	2072976	12507	1053581	1006888
沈阳市	49964	46904	5	3055
长春市	2969	2055	404	510
哈尔滨市	70			70
南京市	642	320	323	
杭州市	194031	22831	1662	169537
济南市	37649	21971	7647	8031
武汉市	24816	23300		1516
广州市	124633	122620	215	1798
成都市	152229	36260	2160	113808
西安市	120449	117013	2705	731
（三）**其他省会城市分列**				
石家庄市				
太原市				
呼和浩特市				
合肥市	7498	516	1695	5287
福州市	11922	6232	161	5529
南昌市	7384	8		7376
郑州市	445	75	1	368
长沙市	14134	12259	1597	277
南宁市	108	108		
海口市	335	1		334
贵阳市	1739	415		1324
昆明市				
兰州市				
西宁市				
银川市				
乌鲁木齐市				

2018年各省市软件和信息技术服务业主要指标汇总表（三）

单位：万元

	利润总额	流动资产合计	资产总计	负债合计	固定资产投资额
软件企业合计	89615917	677517417	1104045207	593335581	27946596
（一）按省市分列					
北京市	10632633	125121571	203105344	105943234	2673529
天津市	1524656	14204868	19040051	12089354	415317
河北省	292378	3250705	4296133	2844630	193799
山西省	49752	734347	808403	376928	16355
内蒙古自治区	10959	183858	230537	100939	1180
辽宁省	1519598	8429257	20385958	6445206	183233
吉林省	590009	1529285	2767728	1012609	90452
黑龙江省	30759	745091	1087172	598335	19346
上海市	5919280	64003500	97080165	55755181	1040279
江苏省	12746150	70294870	146832943	55204260	8958474
浙江省	14967801	61739931	88689983	39049949	2420614
安徽省	631003	5229810	7691425	3748062	241274
福建省	3012331	3217064	55572695	39754364	1275330
江西省	190699	1658318	2489321	1341098	49437
山东省	6877515	17711337	54955757	30646676	1316790
河南省	295009	4172295	6007581	3213076	36107
湖北省	2101863	21872528	35262969	18441403	2010310
湖南省	884362	9422824	13566075	5468419	304753
广东省	19923020	195051090	242439284	163616698	2808442
广西壮族自治区	15785	2200173	2446323	1653415	34561
海南省	247799	2736779	3621122	2037628	168566
重庆市	1165865	14359020	20144342	7386817	427328
四川省	3829256	26182712	40505962	18756305	869034
贵州省	82453	2015728	3111941	2104111	83489
云南省	48370	1043028	1297107	674757	40347
陕西省	1861923	17156395	27109245	12951379	2154807
甘肃省	54221	969284	1305879	705402	39316
青海省	1545	29882	32525	18344	186
宁夏回族自治区	7725	859238	503804	226564	59160
新疆维吾尔自治区	101200	1392630	1657431	1170439	14782

2018年各省市软件和信息技术服务业主要指标汇总表（三）

单位：万元

	利润总额	流动资产合计	资产总计	负债合计	固定资产投资额
（二）按副省级城市分列					
宁波市	785967	7140241	11249050	6684645	385369
厦门市	1665670		34165448	26647594	214734
青岛市	1479150	5147178	19447098	8259034	217534
深圳市	11614083	151660817	179615555	134676155	1582479
沈阳市	1004535	1946087	11037059	1405463	92568
长春市	399433	1258473	2376802	863648	33270
哈尔滨市	29822	723787	1060100	590007	18965
南京市	7953791	30075455	44665962	27315539	558168
杭州市	13862615	51965640	73770080	30979622	1946911
济南市	5010342	9299039	29877177	19560329	995750
武汉市	2091431	21680474	35011878	18331048	2001079
广州市	6467068	35143318	49249919	22763548	1121207
成都市	3724709	24189372	37818748	17055119	853098
西安市	1861923	17156395	27109245	12951379	2154807
（三）其他省会城市分列					
石家庄市	70302	1030804	1171530	578811	11337
太原市	46447	706314	767362	368146	15969
呼和浩特市	8155	132166	170283	68166	809
合肥市	495646	4426339	6699592	3343257	228844
福州市	1302879	2574655	20349802	12573877	1036909
南昌市	137566	1422744	2177025	1133477	41020
郑州市	203887	1575515	2234957	780235	31770
长沙市	538015	6775139	10293882	4414209	238356
南宁市	65521	1067733	1181072	624401	16310
海口市	107402	1975086	2584848	1457241	119916
贵阳市	74032	1598507	2420228	1504988	58853
昆明市	48345	1041524	1295321	673353	40345
兰州市	41332	687836	894449	514252	37024
西宁市	1545	29882	32525	18344	186
银川市	16943	178463	260951	108605	11329
乌鲁木齐市	93052	1261649	1494875	1074457	13141

2018年各省市软件和信息技术服务业主要指标汇总表（四）

单位：万元

	主营业务税金及附加	所有者权益年末余额	所有者权益年初余额	应交增值税
软件企业合计	7467851	510483421	394348039	17453129
（一）按省市分列				
北京市	622133	97162110	84173724	2463481
天津市	139538	6953692	5938679	869286
河北省	19949	1451503	1230044	93824
山西省	3077	431476	388693	21443
内蒙古自治区	921	129598	133865	4867
辽宁省	553847	13940752	8856796	158387
吉林省	93767	1755119	1436460	28956
黑龙江省	3958	488837	501514	17796
上海市	166981	41324985	31102326	1102792
江苏省	1732835	91493822	43419391	2624577
浙江省	387104	49640033	43278686	1883411
安徽省	33142	3943363	3397899	157641
福建省	729429	15775168	13500275	590225
江西省	8341	1148223	968612	30868
山东省	1093311	24260909	18641999	1176234
河南省	20182	2794505	2627455	86604
湖北省	197852	16821549	12217791	529591
湖南省	46478	8097656	6498384	204148
广东省	1005759	78819601	71954239	3661624
广西壮族自治区	8668	792907	657282	57242
海南省	8743	1583494	1270367	50629
重庆市	234935	12757525	11170970	541261
四川省	230016	21749657	15548046	732152
贵州省	10581	1007830	1039867	42267
云南省	5205	622350	526114	23263
陕西省	98475	14157866	12574949	251551
甘肃省	4683	600478	563589	16457
青海省	104	14180	14982	390
宁夏回族自治区	1243	277240	266388	4559
新疆维吾尔自治区	6595	486992	448655	27604

2018年各省市软件和信息技术服务业主要指标汇总表（四）

单位：万元

	主营业务税金及附加	所有者权益年末余额	所有者权益年初余额	应交增值税
（二）按副省级城市分列				
宁波市	48032	4564405	3938025	164533
厦门市	192582	7517855	7167030	72656
青岛市	457860	11188063	7583075	313573
深圳市	467653	44939400	41776429	2152557
沈阳市	503148	9631595	4348960	37748
长春市	54284	1513154	1264858	22445
哈尔滨市	3846	470093	483799	17148
南京市	1182106	17350422	14863329	1809960
杭州市	323477	42790458	37478687	1637067
济南市	583086	10320097	8759994	769574
武汉市	196491	16680813	12081876	518362
广州市	412489	26486371	23364442	1254414
成都市	223861	20763629	14593994	710355
西安市	98475	14157866	12574949	251551
（三）其他省会城市分列				
石家庄市	4657	592719	493544	15663
太原市	2883	399216	358155	20423
呼和浩特市	684	102117	106329	3591
合肥市	27584	3356335	2967818	139633
福州市	530006	7775925	5990457	471246
南昌市	7122	1043548	843140	23240
郑州市	8248	1454722	1309960	49123
长沙市	31444	5879674	4514599	131011
南宁市	4046	556671	362198	26709
海口市	3566	1127608	955725	22472
贵阳市	8938	915240	969676	36013
昆明市	5194	621968	525717	23188
兰州市	1721	380197	356897	10775
西宁市	104	14180	14982	390
银川市	990	152346	135246	3263
乌鲁木齐市	5925	420419	388361	24168

2018年各省市软件和信息技术服务业主要指标汇总表（五）

单位：万元

	所得税费用	出口已退税额	研发经费	主营业务成本
软件企业合计	11544210	2446073	62672685	522380914
（一）按省市分列				
北京市	1585246		11829982	55045940
天津市	201956	8168	699911	22644910
河北省	36426	2159	270705	2827980
山西省	5818		42443	273894
内蒙古自治区	1575		10930	107419
辽宁省	441901	28105	1666983	12340286
吉林省	26627	4784	159754	4663780
黑龙江省	7055	507	47806	437255
上海市	831763	207015	4940543	34559743
江苏省	1952704	723277	4695812	104706195
浙江省	1514942	445526	6010109	30737764
安徽省	65784	17217	532429	4117594
福建省	118153	77997	3860891	25276923
江西省	14154	80	103394	1368022
山东省	934452	38754	5205052	48609132
河南省	24876	29	120621	3086104
湖北省	246363	135659	1880891	14700628
湖南省	92078	6172	477193	7823202
广东省	2480500	660444	13655198	78580340
广西壮族自治区	5147	672	46105	1105565
海南省	20307	10	111773	2101364
重庆市	294440	37725	2495033	13507766
四川省	444479	50619	2073769	27457889
贵州省	33950	1	79174	1728218
云南省	11179		72597	861601
陕西省	127329	786	1497475	21927962
甘肃省	8760		36191	638281
青海省	306		847	14039
宁夏回族自治区	2225		12625	166444
新疆维吾尔自治区	13716	368	36451	964673

2018年各省市软件和信息技术服务业主要指标汇总表（五）

单位：万元

	所得税费用	出口已退税额	研发经费	主营业务成本
（二）按副省级城市分列				
宁波市	126344	295365	645746	7974967
厦门市	49219	49350	2348431	15310004
青岛市	336132	24409	1416061	14670884
深圳市	1607784	270350	7381868	39686182
沈阳市	331063	34	1394099	6869041
长春市	21863	619	118463	3211918
哈尔滨市	6842	507	45575	416042
南京市	1422439	93417	2170568	47760224
杭州市	1347065	124163	5188701	20872484
济南市	556523	9383	3612728	29946153
武汉市	245291	135659	1867760	14532103
广州市	639346	49364	4982280	28150150
成都市	434264	50452	1983175	24356157
西安市	127329	786	1497475	21927962
（三）其他省会城市分列				
石家庄市	11035	86	33369	865526
太原市	5458		39726	259180
呼和浩特市	1302		8666	73829
合肥市	56262	17076	466555	3434915
福州市	59079	23594	1466847	8800003
南昌市	12620	80	81183	1185181
郑州市	22805	26	103065	1289657
长沙市	37487	6005	321773	6558006
南宁市	9044		31721	840509
海口市	5637	10	31852	1552417
贵阳市	32721	1	69834	1466423
昆明市	11171		72367	857742
兰州市	6531		32268	498284
西宁市	306		847	14039
银川市	1954		11402	139101
乌鲁木齐市	12602	368	31231	864969

2018年各省市软件和信息技术服务业主要指标汇总表（六）

单位：万元

	应收账款	应付账款	本年折旧	本年应付职工薪酬
软件企业合计	167698220	132537468	18726314	94779838
（一）按省市分列				
北京市	27800878	19766519	2473939	22144632
天津市	3018932	2845869	144188	1287335
河北省	944180	883503	47528	620562
山西省	289573	148452	8717	63826
内蒙古自治区	53735	32877	3943	24660
辽宁省	2031391	1213237	122836	2334896
吉林省	465409	283900	62702	319875
黑龙江省	254002	162036	18386	117590
上海市	14217574	13441724	1290962	8065840
江苏省	25689720	17838870	3222371	11091173
浙江省	11081703	8356512	1167243	8810089
安徽省	1989905	1402737	128870	765777
福建省	11302069	15359029	238627	3963284
江西省	546982	477939	23640	191672
山东省	9292318	6965669	1521416	4722147
河南省	2112428	1659332	227988	327325
湖北省	8028529	5037755	584165	4043323
湖南省	3036459	1098479	58200	634697
广东省	30012375	25609352	4701315	16084326
广西壮族自治区	948495	291217	59093	155687
海南省	667775	663452	67514	244748
重庆市	2380911	1771530	204554	1245158
四川省	8993263	5226895	554742	4196433
贵州省	557129	419118	37548	184980
云南省	321148	288221	17390	175643
陕西省	588304	409181	1696295	2766214
甘肃省	317902	244158	12712	73614
青海省	5561	8852	330	1558
宁夏回族自治区	66350	43252	19023	43574
新疆维吾尔自治区	683220	587803	10073	79201

2018年各省市软件和信息技术服务业主要指标汇总表（六）

单位：万元

	应收账款	应付账款	本年折旧	本年应付职工薪酬
（二）按副省级城市分列				
大连市	1226131	775259	105856	1444171
宁波市	2021599	1764414	163982	981541
厦门市	8441115	11491705	1016	2023410
青岛市	1579440	1877826	70500	1373705
深圳市	17422810	16732873	4170908	7712796
沈阳市	610627	356294	11052	859661
长春市	354160	241581	40743	241523
哈尔滨市	240411	158097	17997	115381
南京市	10889133	7866663	404116	4794123
杭州市	8318858	6085516	965921	7519921
济南市	6741729	4347531	863104	2986032
武汉市	7966905	5006066	580609	4025943
广州市	9873834	6632913	448283	6984002
成都市	8528504	4729678	537258	4056002
西安市	588304	409181	1696295	2766214
（三）其他省会城市分列				
石家庄市	350334	253569	7812	81731
太原市	277274	145153	8077	60407
呼和浩特市	29662	20384	2612	15446
合肥市	1667815	1158144	119685	681338
福州市	2596056	3716399	215903	1691881
南昌市	487850	376525	22232	170175
郑州市	523094	265676	193086	192706
长沙市	2230488	699920	47050	463625
南宁市	446143	219579	8714	96226
海口市	326901	435340	52275	125913
贵阳市	495751	383589	26665	161170
昆明市	320844	287911	17378	175378
兰州市	246428	208617	10190	55309
西宁市	5561	8852	330	1558
银川市	56916	32098	5324	27688
乌鲁木齐市	621680	551847	7934	59672

2018年各省市软件和信息技术服务业

	从业人员年末数	其中： （一）软件研发人员
软件企业合计	6445258	2737711
（一）按省市分列		
北京市	851395	383239
天津市	61969	21525
河北省	31668	8611
山西省	8464	3558
内蒙古自治区	2909	1226
辽宁省	231892	123289
吉林省	52527	28054
黑龙江省	11018	4985
上海市	378128	180322
江苏省	1011417	350170
浙江省	371256	136745
安徽省	65930	27125
福建省	347211	150184
江西省	25569	6339
山东省	607863	276414
河南省	35611	12282
湖北省	465684	204974
湖南省	72573	23362
广东省	987456	477505
广西壮族自治区	22045	4064
海南省	19078	4154
重庆市	175583	80826
四川省	338198	80454
贵州省	27975	5761
云南省	19133	4439
陕西省	193286	130939
甘肃省	11769	3565

主要指标汇总表（七）

单位：人

	其中：		从业人员年平均人数
（二）其他软件技术人员	（一）硕士及以上	（二）大专及大本	
1051797	667520	4067530	6524469
165658	124252	668467	838626
7827	4684	34483	60317
4578	2352	23219	31372
1584	478	6244	8469
772	124	2189	2839
46307	28942	160309	230436
2328	6045	34083	52054
5203	957	7645	10608
37209	58105	215241	370136
304198	67290	508060	1023204
52095	32857	189958	362384
14112	6997	47097	63075
39205	19530	272579	337178
4374	1141	18800	25734
97564	70127	313759	777545
6336	3294	25738	35170
50246	62008	305933	448458
13853	6461	40598	67539
73730	94730	680374	962074
6331	382	12267	22587
1425	754	9394	16600
14307	15878	106851	168740
52857	31949	220980	344519
10362	725	13922	28299
6538	596	14175	19583
23721	26085	118131	188455
2773	349	6960	11935

2018年各省市软件和信息技术服务业

	从业人员年末数	其中: (一)软件研发人员
青海省	455	124
宁夏回族自治区	4822	1147
新疆维吾尔自治区	12374	2329
(二)按副省级城市分列		
宁波市	93077	22846
厦门市	170966	72609
青岛市	222947	152617
深圳市	394590	266651
沈阳市	110845	74623
长春市	36929	20859
哈尔滨市	10441	4713
南京市	462672	172387
杭州市	241531	102803
济南市	328781	108506
武汉市	463139	204141
广州市	503627	175274
成都市	328372	77634
西安市	193286	130939
(三)其他省会城市分列		
石家庄市	11239	4105
太原市	7842	3306
呼和浩特市	2087	962
合肥市	58398	23621
福州市	138213	75739
南昌市	23143	5491
郑州市	23620	7877
长沙市	57174	18590
南宁市	18481	2969
海口市	14781	2214

主要指标汇总表（七）

单位：人

（二）其他软件技术人员	其中：（一）硕士及以上	（二）大专及大本	从业人员年平均人数
45	11	260	439
2303	170	3219	4380
3956	247	6595	11714
18514	2042	29305	91894
28670	10729	158828	177197
62221	30046	185466	234127
13586	56573	298980	385038
9502	22188	84593	109331
1956	3928	24197	36616
5072	910	7258	10131
71462	52444	218419	483476
26142	29797	140189	234221
21540	36725	101723	370073
49547	61949	304452	446019
50638	32038	316557	487808
51217	30841	215427	334746
23721	26085	118131	188455
2278	441	8508	10914
1420	448	5796	7821
442	69	1611	2014
12858	6649	42272	55690
9634	8335	110224	151709
3795	1037	17070	23183
5670	1466	18682	23284
11468	3552	32787	52931
6031	341	10851	18841
1080	396	6202	12268

2018年各省市软件和信息技术服务业

	从业人员年末数	其中：
		（一）软件研发人员
贵阳市	23383	4796
昆明市	19077	4423
兰州市	9053	3222
西宁市	455	124
银川市	4218	1098
乌鲁木齐市	10382	2146

主要指标汇总表（七）

单位：人

（二）其他软件技术人员	其中： （一）硕士及以上	（二）大专及大本	从业人员年平均人数
8154	670	12752	23785
6498	596	14137	19528
1861	279	5433	8830
45	11	260	439
2040	102	2786	3866
2896	198	5634	9934

2018年各省市软件和信息技术服务业

	1.软件产品行业合计	1.1 基础软件	1.2 支撑软件	1.3 平台软件
合计	173785598	25269649	2516901	9844865
北京市	30650174	2482586	35940	1671364
天津市	3740463	565487		311185
河北省	392005	8496		8768
山西省	140868	10088	93	7623
内蒙古自治区	36651	440	1824	271
辽宁省	6998526	2767741	370716	141440
吉林省	2022633	459067	35964	31587
黑龙江省	190838	13354		6732
上海市	12126226	776496	54316	2102763
江苏省	21732300	2756621	561331	609266
浙江省	12039185	3355741	22810	508516
安徽省	1925038	60339	375	258601
福建省	9752277	2112596	42218	510425
江西省	821975	56880	47	15171
山东省	16897184	4366036	603324	602281
河南省	897031	8484		22066
湖北省	8005682	435377	324587	636577
湖南省	1797990	43574	4003	750459
广东省	22820425	3085753	172459	948090
广西壮族自治区	121029	13268	6051	9168
海南省	531235	105152	34	24903
重庆市	3222232	757645	112836	71345
四川省	11402522	853460	106848	453362
贵州省	299588	33759		66015
云南省	216782	19471	46422	45298
西藏自治区				
陕西省	4660556	58525	14575	6637
甘肃省	192557	15712	124	7040
青海省	3456	3456		
宁夏回族自治区	63158	28296	6	3965
新疆维吾尔自治区	85013	15750		13943

分产品收入汇总表（一）

单位：万元

1.4 应用软件	1.5 工业软件	1.6 嵌入式应用软件	1.7 移动应用软件（App）	1.8 定制软件
96122287	**9966699**	**16164872**	**8741076**	**5159248**
17595035	1501919	281205	4772462	2309663
1379784	69372	344861	1028402	41372
198205	18633	125116	2067	30720
106441	2353	3782	6503	3983
23575	12	7604	180	2744
3085549	249384	341652	2191	39854
1353236	130305	128	985	11361
112443	3425	52454	173	2257
7208955	359481	798584	285137	540494
13082854	1798552	2353352	246595	323728
3047745	659647	3935324	328770	180631
1158588	78692	269047	74007	25388
5831328	476979	233018	301365	244347
588702	7421	97423	44	56287
6734742	1945314	1436358	444586	764543
589747	3173	240627	6257	26676
3874125	276317	2254782	84946	118969
487752	68383	286820	134652	22349
14064452	1299899	2168943	914278	166551
76439		6753	228	9123
379039	17753	635	176	3542
1448905	355156	380146	42317	53881
9126385	270923	409170	45177	137197
91032	15701	74000	6059	13021
85919	3292	7301	109	8969
4204145	345053	23619	573	7430
129561	6638	10202	12601	10679
14621	583	13518	234	1934
42982	2336	8448		1555

2018年各省市软件和信息技术服务业

	2. 信息技术服务行业合计	2.1 信息技术咨询设计服务	2.2 信息系统集成实施服务	2.3 运行维护服务
合计	375630760	57528880	60107272	37700312
北京市	62800499	4698181	10430120	1897755
天津市	12355652	374650	872164	262944
河北省	2176541	67860	1782512	143856
山西省	120871	13805	38753	36308
内蒙古自治区	70501	938	32597	34215
辽宁省	6439155	3886876	1451277	53151
吉林省	3411101	806459	1752505	
黑龙江省	161818	6510	95494	28615
上海市	36106661	4043751	6134429	2573107
江苏省	53442385	14467955	6884060	3512470
浙江省	36900871	2967478	2206218	2657808
安徽省	1816223	235967	499287	376716
福建省	15170855	502842	3925829	839676
江西省	670849	165468	308520	85087
山东省	21152555	5026453	2941288	3850398
河南省	2338232	338630	1359410	170107
湖北省	9063547	2637677	2034644	1137209
湖南省	1917028	261591	189759	126801
广东省	62255566	9841227	6554244	15154471
广西壮族自治区	1341663	540268	438259	222923
海南省	1997567	475860	66617	125737
重庆市	8783399	1946008	2709545	1647398
四川省	17728544	2289128	4271595	2281861
贵州省	1439490	124644	94750	141650
云南省	668010	31606	314137	126748
西藏自治区				
陕西省	14208275	1705959	2029114	
甘肃省	320829	3329	216492	69681
青海省	9684	8371	1063	210
宁夏回族自治区	118836	19786	17825	34887
新疆维吾尔自治区	643553	39605	454764	108524

分产品收入汇总表（二）

单位：万元

2.4 数据服务	2.5 云服务	2.6 平台运营服务	2.7 电子商务平台技术服务	2.8 集成电路设计
25237188	16795643	82930298	62511266	32819901
5542682	2960824	30351444	5701839	1217654
253413	1237272	6082736	3200444	72030
116831	19741	42597	2430	713
7426	13346	5110	190	5933
531	20	2200		
526287	358696	115568	18549	28749
330435	12837	499793	6235	2836
12029	12080	3266	3825	
2757434	720589	11921911	4975488	2979953
1093059	475695	4659196	7488642	14861307
3082446	1289175	1611706	22846402	239637
314912	16710	282362	37229	53039
2442818	3468934	2347214	1079277	564266
31089	28466	28382	19009	4828
1802270	2679974	2154454	2148290	549428
66751	7131	18415	367699	10088
816665	381747	1347831	166371	541402
208971	229043	149051	705618	46195
2995038	2186517	17367048	6624134	1532887
4561	1933	122421	4233	7066
525761	114652	463190	225750	
389736	172186	732536	932646	253344
1688958	157609	1390091	4888096	761207
37803	190358	108076	727923	14287
70701	4803	15638	10846	93531
113983	17375	1080657	315959	8945229
512	13300	2336	10385	4795
			40	
1741	17553	21608	3661	1775
2347	7077	3458	56	27722

2018年各省市软件和信息技术服务业

	3.信息安全行业合计	3.1 信息安全产品	3.2 云计算安全产品	3.3 工控安全产品
合计	11629203	6631379	149539	607398
北京市	3516788	3216890	31301	3226
天津市	27755	17146		1252
河北省	5597	4234		
山西省	2323	752	109	821
内蒙古自治区	311	137	20	
辽宁省	1497153	93239		558
吉林省	129853	119296	975	
黑龙江省	73604	1484		93
上海市	133610	81956	12798	18980
江苏省	1178135	599925	20028	439858
浙江省	433666	319427	15568	1543
安徽省	147560	2955	574	
福建省	476183	269828		
江西省	27768	6832		2800
山东省	1485105	760195	29270	126476
河南省	46230	20700	131	
湖北省	791595	24298	4912	1608
湖南省	22059	6255	2504	2064
广东省	374447	333244		
广西壮族自治区	17866	6827	1321	
海南省	3441	1014		
重庆市	293896	137415	13376	5998
四川省	825449	577126	16141	886
贵州省	8656	4858	95	
云南省	22063	931	400	
西藏自治区				
陕西省	45505	17766		
甘肃省	7748	1520	16	36
青海省				
宁夏回族自治区	950	364		
新疆维吾尔自治区	33888	4765		1200

分产品收入汇总表（三）

单位：万元

3.4 移动安全	3.5 安全云服务	3.6 安全咨询	3.7 安全集成实施服务	3.8 安全运维服务	3.9 安全培训
825674	**103309**	**96982**	**1532703**	**1659101**	**23118**
30016	30233	6036	171466	21762	5858
1546	684	317	3193	3553	65
			730	633	
		14	46	581	
	43		37	74	
2169		722	559016	841449	
		510	8369	693	10
2555	221		68247	1004	
		486	19389		
14542	7268	16660	6481	73373	1
1675	24527	120	18484	51149	1173
	346	369	137064	6250	2
			49926	156429	
			18067	69	
22	108	54981	253655	260135	263
4882		18	2192	18307	
733080	1431	453	6219	19594	
	1419	204	6420	3195	
10000	1706	156	18431	10782	128
	65	608	5589	3437	18
			1675	752	
13019	12708	12370	47713	36140	15158
7081	22024	3373	85785	112747	285
			139	3564	
5086			11672	3975	
			5340	22399	
1	40	72	5009	915	140
				586	
			22349	5556	18

III 三资企业统计

2018年三资企业

	企业数量（家）	软件业务收入合计	其中：（一）软件产品收入
软件企业合计	2292	125597026	25805083
一、按登记注册类型分列			
中国港、澳、台商投资企业	854	72294281	13019328
合资经营企业（中国港、澳、台资）	186	5351704	716440
合作经营企业（中国港、澳、台资）	9	1910736	54039
中国港、澳、台商独资经营企业	619	60275343	9919292
中国港、澳、台商投资股份有限公司	29	2901257	2316458
其他中国港、澳、台商投资企业	11	1855242	13099
外商投资企业	1438	53302745	12785755
中外合资经营企业	392	12409517	3388189
中外合作经营企业	12	202853	41197
外资企业	973	36361050	9175752
外商投资股份有限公司	34	2612227	143163
其他外商投资企业	27	1717097	37454
二、按控股经济分列			
国有控股	81	5683934	2945846
集体控股	121	3387715	808480
私人控股	214	4403664	1331980
中国港、澳、台商控股	648	60569195	8416985
外商投资	1069	43518350	11382815
其他	159	8034167	918977
三、按企业规模分列			
大型	591	105139807	20199636
中型	787	13878632	3465159
小型	813	4979698	1637474
微型	101	1598889	502813
四、按行业分列			
软件产品行业	876	32490076	24514487
信息技术服务行业	1078	82830881	881416
信息安全行业	33	1172639	284395

主要指标汇总表（一）

单位：万元

			其中：
（二）信息技术服务收入	（三）信息安全收入	（四）嵌入式系统软件收入	软件外包服务收入
89371397	935206	9485340	7432346
56396953	437105	2440895	2059552
3819276	264354	551633	148485
1824280		32417	
48591055	172751	1592245	1246498
321251		263549	663668
1841091		1051	902
32974444	498101	7044445	5372794
7771146	176277	1073906	646333
148194	801	12661	7698
21381056	321022	5483220	4389170
2066265		402798	268246
1607784		71859	61347
2431817	135758	170513	956464
1362481	178052	1038702	98893
2467552	259662	344470	137594
50640753	182156	1329301	1009845
26121480	165950	5848105	4831140
6347314	13628	754248	398410
77038535	595144	7306492	5782129
9236430	98334	1078708	1198580
2258898	226746	856580	344767
837533	14981	243561	106869
7876781	40816	57992	3543609
81217260	12164	720042	3722731
26877	861367		107014

2018年三资企业

	企业数量（家）	软件业务收入合计	其中：（一）软件产品收入
嵌入式系统软件行业	305	9103429	124785
五、按东中西部分列			
东部地区	1842	113582408	22290811
中部地区	100	1359213	815395
西部地区	192	6721208	2149134
东北地区	158	3934196	549743
六、按省市分列			
北京市	500	28736431	9837411
天津市	22	2733279	534756
河北省	2	90025	75708
山西省	1	20915	6392
内蒙古自治区	1	1558	1558
辽宁省	129	3016570	501080
吉林省	28	916622	47659
黑龙江省	1	1004	1004
上海市	217	12066934	2298498
江苏省	517	22103808	1675857
浙江省	108	27835383	4712954
安徽省	9	49183	19798
福建省	119	4262911	649898
江西省	4	106114	92145
山东省	96	1199869	423585
河南省			
湖北省	79	984360	544341
湖南省	7	198641	152719
广东省	257	14542091.26	2076811.83
广西壮族自治区	2	14285	528
海南省	4	11676.35	5333.47
重庆市	27	481392.85	105096.54
四川省	97	3438800.21	1779460.24

主要指标汇总表（一）

单位：万元

（二）信息技术服务收入	（三）信息安全收入	（四）嵌入式系统软件收入	其中：软件外包服务收入
250480	20859	8707306	58991
82036120	751570	8503907	5304514
455755	63383	24680	21445
4209503	6438	356133	782820
2670019	113815	600619	1323567
18605952	281574	11494	1576511
2131438		67085	50806
		14317	2358
14523			
2394223	111879	9388	1312741
275795	1936	591231	10826
9732944	35492		996360
14762277	38179	5627495	704278
22987588	4132	130709	913457
16278		13107	
1325680	169417	2117917	81627
13969			
639736	47551	88998	120392
373641	63383	2995	21445
37344		8578	
11844161.36	175225.9	445892.16	853958.05
13757			225
6342.88			4767.27
203567.29	6437.86	166291.16	92492.77
1475897.83		183442.14	399760.06

2018年三资企业

	企业数量（家）	软件业务收入合计	其中：（一）软件产品收入
贵州省			
云南省	2	3902	2931
西藏自治区			
陕西省	62	2780781.35	259560.14
甘肃省	1	489	
青海省			
宁夏回族自治区			
新疆维吾尔自治区			
七、按副省级城市分列			
大连市	118	2254203.36	397887.44
宁波市	49	865728.63	771167.72
厦门市	90	3133284.93	279717.98
青岛市	43	388811.39	96585.18
深圳市	115	9781357.35	1336619.53
沈阳市	10	761136.85	103192.92
长春市	15	841009.79	25290.16
哈尔滨市			
南京市	133	1650766.93	728263.63
杭州市	42	26774344.48	3842797.93
济南市	49	799681.42	325775.46
武汉市	79	984360.2	544341
广州市	108	4150924.97	575353.6
成都市	97	3438800.21	1779460.24
西安市	62	2780781.35	259560.14

主要指标汇总表（一）

单位：万元

（二）信息技术服务收入	（三）信息安全收入	（四）嵌入式系统软件收入	其中：软件外包服务收入
971			
2514821.22		6399.99	290342.27
489			
1846928.02		9387.9	1214223.4
27127.1	4132	63301.81	35553.43
1283083.7	169416.5	1401066.75	72129.06
187860.05	16654.54	87711.62	628.42
8110018.22	166883	167836.59	179440.74
546065.4	111878.53		98517.87
224306.83	181.34	591231.46	8856.77
553134.61	38179	331189.69	434059.97
22903415.47		28131.08	868865.09
441723.47	30896.39	1286.1	118226
373641	63383	2995.2	21445
3528311.66	56.6	47203.11	559607.01
1475897.83		183442.14	399760.06
2514821.22		6399.99	290342.27

2018年三资企业主要指标汇总表（二）

单位：万美元

	软件业务出口收入	软件外包服务出口收入	嵌入式系统软件出口收入	其他软件业务出口收入
软件企业合计	1642401	705012	48531	888858
一、按登记注册类型分列				
中国港、澳、台商投资企业	465226	95638	3737	365851
合资经营企业（中国港、澳、台资）	101384	3843	2153	95388
合作经营企业（中国港、澳、台资）	2682			2682
中国港、澳、台商独资经营企业	259447	88248	1355	169844
中国港、澳、台商投资股份有限公司	101562	3408	217	97938
其他中国港、澳、台商投资企业	151	139	12	
外商投资企业	1177175	609374	44794	523007
中外合资经营企业	103189	31447	2281	69461
中外合作经营企业	1140	950		190
外资企业	1049578	573121	35797	440661
外商投资股份有限公司	17760	2174	3045	12541
其他外商投资企业	5507	1682	3671	154
二、按控股经济分列				
国有控股	184658	3750	5	180903
集体控股	6101	4126	602	1373
私人控股	70690	7023	680	62988
中国港、澳、台商控股	204599	88404	2730	113465
外商投资	1118402	556599	43099	518704
其他	57949	45109	1415	11425
三、按企业规模分列				
大型	1351400	534830	37776	778794
中型	217250	120291	9415	87544
小型	59785	41203	1051	17530
微型	13966	8687	289	4990
四、按行业分列				

2018年三资企业主要指标汇总表（二）

单位：万美元

	软件业务出口收入	软件外包服务出口收入	嵌入式系统软件出口收入	其他软件业务出口收入
软件产品行业	516064	285559	4	230501
信息技术服务行业	1059552	413532	607	645413
信息安全行业	17084	4950		12134
嵌入式系统软件行业	49701	971	47920	810
五、按东中西部分列				
东部地区	1315189	502099	42662	770428
中部地区	13501	3994	111	9396
西部地区	148353	63981	5444	78928
东北地区	165358	134938	314	30106
六、按省市分列				
北京市	252182	208082	176	43924
天津市	8975	6333		2642
河北省	354	354		
山西省				
内蒙古自治区				
辽宁省	164710	134290	314	30106
吉林省	648	648		
黑龙江省				
上海市	303406	114981		188425
江苏省	424405	28971	37543	357891
浙江省	174013	25648	654	147711
安徽省	1834		70	1764
福建省	18249	11091	602	6556
江西省	7376			7376
山东省	8571	6107	539	1925
河南省				
湖北省	4250	3994		256

2018年三资企业主要指标汇总表（二）

单位：万美元

	软件业务出口收入	软件外包服务出口收入	嵌入式系统软件出口收入	其他软件业务出口收入
湖南省	41		41	
广东省	124795	100532	3148	21116
广西壮族自治区	33	33		
海南省	237			237
重庆市	4469		3598	871
四川省	104032	24860	1845	77326
贵州省				
云南省				
西藏自治区				
陕西省	39819	39088		731
甘肃省				
青海省				
宁夏回族自治区				
新疆维吾尔自治区				
七、按副省级城市分列				
大连市	157422	127563	314	29545
宁波市	42097	4961	567	36568
厦门市	13486	9624	602	3260
青岛市	539		539	
深圳市	32284	10360	983	20941
沈阳市	7288	6727		561
长春市	383	383		
哈尔滨市				
南京市				
杭州市	131288	20686		110602
济南市	7793	5868		1925
武汉市	4250	3994		256

2018年三资企业主要指标汇总表（二）

单位：万美元

	软件业务出口收入	软件外包服务出口收入	嵌入式系统软件出口收入	其他软件业务出口收入
广州市	77656	77499	62	94
成都市	104032	24860	1845	77326
西安市	39819	39088		731

2018年三资企业主要指标汇总表（三）

单位：万元

	利润总额	流动资产合计	资产总计	负债合计	固定资产投资额
软件企业合计	31234543	139993816	267532082	104498991	8804440
一、按登记注册类型分列					
中国港、澳、台商投资企业	24032661	95642609	136106596	57091354	3262766
合资经营企业（中国港、澳、台资）	272666	6843588	16068106	7772079	93860
合作经营企业（中国港、澳、台资）	347606	1174887	2128363	604172	107593
中国港、澳、台商独资经营企业	21724627	79910027	108639057	45013439	2935059
中国港、澳、台商投资股份有限公司	1324039	6437457	7934035	3089540	124855
其他中国港、澳、台商投资企业	363723	1276651	1337034	612124	1398
外商投资企业	7201882	44351207	131425486	47407637	5541675
中外合资经营企业	1216463	9213148	40721829	6801904	3141179
中外合作经营企业	10313	73533	327926	33806	958
外资企业	4796632	29416750	70431587	36868305	608180
外商投资股份有限公司	251441	2435310	12131488	1682828	133412
其他外商投资企业	927033	3212466	7812656	2020795	1657946
二、按控股经济分列					
国有控股	1583043	11070948	18023109	7881462	124032
集体控股	470736	1651413	22359863	17141517	76073
私人控股	705893	5168994	8604534	4094890	114938
中国港、澳、台商控股	19706032	79372293	113495273	47259514	2915338
外商投资	8339877	40247807	70723809	26205607	2596154
其他	428962	2482360	34325494	1916001	2977905
三、按企业规模分列					
大型	29446541	114804277	226669961	83877502	8284379
中型	1113605	17830817	25979983	13835806	430266
小型	486283	5153241	10431819	5398067	77323
微型	188113	2205482	4450319	1387616	12473
四、按行业分列					
软件产品行业	10963406	44078275	71727327	26567365	936307
信息技术服务行业	19456087	90224756	181675189	71992481	7662714
信息安全行业	124529	1859754	3901604	2756634	16372

2018年三资企业主要指标汇总表（三）

单位：万元

	利润总额	流动资产合计	资产总计	负债合计	固定资产投资额
嵌入式系统软件行业	690520	3831032	10227961	3182511	189047
五、按东中西部分列					
东部地区	28040275	127032605	246494101	97517664	6900428
中部地区	312847	2201957	3100137	1366108	96288
西部地区	2626006	9007723	14484992	3739791	1780230
东北地区	255416	1751532	3452852	1875428	27494
六、按省市分列					
北京市	4233143	38495378	53919213	24310704	1153489
天津市	511847	3311105	3738405	1570637	33414
河北省	60671	287104	306800	74980	1062
山西省	4021	50428	93120	61642	4028
内蒙古自治区	129	707	2044	467	
辽宁省	190164	1704554	3125210	1717043	23824
吉林省	65309	44691	325198	156715	3670
黑龙江省	-57	2287	2443	1670	
上海市	2457868	13290711	24426029	10001630	325078
江苏省	2525705	14852495	59876499	9371958	3515353
浙江省	12710566	34763427	49558629	18453393	1535801
安徽省	5710	54325	70258	21706	1409
福建省	363252	483844	20593661	17045469	40477
江西省	12084	148057	170716	121671	4838
山东省	190169	144819	1092586	782404	25821
河南省					
湖北省	250218	1248281	1896118	793897	76484
湖南省	40814	700866	869925	367192	9529
广东省	4986428	21390278	32962976	15897490	269057
广西壮族自治区	-7269	3764	4687	11927	77
海南省	624	13444	19301	8998	876
重庆市	25309	353137	541543	143086	8097
四川省	1579402	5049162	6367139	1794363	108082

2018年三资企业主要指标汇总表（三）

单位：万元

	利润总额	流动资产合计	资产总计	负债合计	固定资产投资额
贵州省					
云南省	799	10417	10465	3388	8
西藏自治区					
陕西省	1027539	3589177	7557692	1786135	1663966
甘肃省	97	1359	1421	425	
青海省					
宁夏回族自治区					
新疆维吾尔自治区					
七、按副省级城市分列					
大连市	150233	1700581	2671064	1715718	23695
宁波市	113293	1194600	1685627	851559	81513
厦门市	332547		19194255	16353078	19561
青岛市	29281	3	205325	96679	2650
深圳市	4382619	17189451	27788127	13479678	129873
沈阳市	39771	3973	453497	876	129
长春市	57945	38390	311994	150633	1492
哈尔滨市					
南京市	273212	1789493	2281572	1289495	30647
杭州市	12557988	33284067	47540402	17479198	1449974
济南市	159564	140840	875747	677455	22012
武汉市	250218	1248281	1896118	793897	76484
广州市	510889	3378462	3909969	2028860	131890
成都市	1579402	5049162	6367139	1794363	108082
西安市	1027539	3589177	7557692	1786135	1663966

2018年三资企业主要指标汇总表（四）

单位：万元

	主营业务税金及附加	所有者权益年末余额	所有者权益年初余额	应交增值税
软件企业合计	1200303	163032328	97443641	3492057
一、按登记注册类型分列				
中国港、澳、台商投资企业	626242	79015242	61809158	2572763
合资经营企业（中国港、澳、台资）	47606	8296027	5295738	193900
合作经营企业（中国港、澳、台资）	11149	1524191	1168858	67448
中国港、澳、台商独资经营企业	512704	63625619	50859617	2012977
中国港、澳、台商投资股份有限公司	47235	4844496	4073926	253763
其他中国港、澳、台商投资企业	7548	724910	411019	44675
外商投资企业	574062	84017086	35634483	919294
中外合资经营企业	104421	33919925	7944790	257996
中外合作经营企业	8877	294120	41264	1807
外资企业	421678	33562520	20249065	605992
外商投资股份有限公司	10360	10448660	1685561	21623
其他外商投资企业	28726	5791861	5713803	31876
二、按控股经济分列				
国有控股	72445	10141647	8503302	321536
集体控股	34557	5218346	4337434	63297
私人控股	49403	4509644	3636838	137491
中国港、澳、台商控股	494178	66235758	50648734	1910395
外商投资	493942	44517440	29109725	988846
其他	55778	32409493	1207608	70491
三、按企业规模分列				
大型	995244	142791697	82111464	2966858
中型	114981	12144177	9487818	362999
小型	71325	5033751	3670264	121470
微型	18754	3062703	2174095	40729
四、按行业分列				
软件产品行业	342805	45159961	32601189	1451981
信息技术服务行业	775118	109682709	60498745	1850160
信息安全行业	22254	1144970	866647	57179

2018年三资企业主要指标汇总表（四）

单位：万元

	主营业务税金及附加	所有者权益年末余额	所有者权益年初余额	应交增值税
嵌入式系统软件行业	60126	7044688	3477060	132738
五、按东中西部分列				
东部地区	1076012	148975675	85954639	3123538
中部地区	12032	1734028	1389699	46636
西部地区	72044	10745201	8817593	297690
东北地区	40216	1577423	1281710	24193
六、按省市分列				
北京市	188910	29608510	23874705	738941
天津市	14696	2167768	2403915	83239
河北省	1876	231821	198062	3101
山西省	134	31478	28078	440
内蒙古自治区	12	1577	1499	88
辽宁省	26665	1408167	1258889	22154
吉林省	13545	168483	22191	1989
黑龙江省	6	773	630	50
上海市	41229	14424399	9440412	326950
江苏省	357432	50503779	9180139	219543
浙江省	227779	31105236	27012458	1126891
安徽省	310	48553	42952	768
福建省	41555	3548192	3879805	44761
江西省	1265	49045	47324	1069
山东省	34970	310182	264847	34921
河南省				
湖北省	8344	1102220	797864	33093
湖南省	1979	502733	473481	11266
广东省	167114	17065486	9691377	545044
广西壮族自治区	11	-7240	102	-96
海南省	450	10303	8920	147
重庆市	10041	398458	376089	30943
四川省	38822	4572776	2703911	246873

2018年三资企业主要指标汇总表（四）

单位：万元

	主营业务税金及附加	所有者权益年末余额	所有者权益年初余额	应交增值税
贵州省				
云南省	50	7078	6406	306
西藏自治区				
陕西省	23106	5771557	5729585	19577
甘肃省	3	996		
青海省				
宁夏回族自治区				
新疆维吾尔自治区				
七、按副省级城市分列				
大连市	8225	955346	860989	22110
宁波市	8160	834068	634853	11383
厦门市	30642	2841177	3204647	7801
青岛市	13472	108646	80066	6533
深圳市	58907	14308449	6702768	395074
沈阳市	18369	452621	397699	29
长春市	12877	161361	14975	892
哈尔滨市				
南京市	16656	992077	905530	47382
杭州市	218405	30061204	26196821	1108890
济南市	21493	198292	182418	28108
武汉市	8344	1102220	797864	33093
广州市	101771	1881109	2193456	130580
成都市	38822	4572776	2703911	246873
西安市	23106	5771557	5729585	19577

2018年三资企业主要指标汇总表（五）

单位：万元

	所得税费用	出口已退税额	研发经费	主营业务成本
软件企业合计	3499585	823959	14679049	84450240
一、按登记注册类型分列				
中国港、澳、台商投资企业	2761307	293205	9451558	29357632
合资经营企业（中国港、澳、台资）	12152	106202	967653	3546014
合作经营企业（中国港、澳、台资）	51710	3057	216062	822612
中国港、澳、台商独资经营企业	2526087	177092	7751037	20551909
中国港、澳、台商投资股份有限公司	120416	6853	457956	3294400
其他中国港、澳、台商投资企业	50942		58850	1142697
外商投资企业	738278	530754	5227491	55092608
中外合资经营企业	122722	112510	1098127	10788312
中外合作经营企业	3012	195	14345	157994
外资企业	593101	358862	3490825	37777752
外商投资股份有限公司	24374	55123	402653	3585947
其他外商投资企业	-4930	4063	221542	2782602
二、按控股经济分列				
国有控股	154702	146062	1153203	6170557
集体控股	22723	17511	541583	3681308
私人控股	52502	94214	530584	3738473
中国港、澳、台商控股	2266648	137315	7704006	21257059
外商投资	966232	403382	4212492	41037456
其他	36778	25475	537182	8565387
三、按企业规模分列				
大型	3136100	690944	12200185	70070209
中型	242751	96661	1839796	9999810
小型	82778	29106	554269	3453520
微型	37956	7246	84798	926701
四、按行业分列				
软件产品行业	1217127	175881	4822897	19290252
信息技术服务行业	2167641	581281	9313193	58429377
信息安全行业	14568	18347	179883	689323
嵌入式系统软件行业	100248	48450	363076	6041287

2018年三资企业主要指标汇总表（五）

单位：万元

	所得税费用	出口已退税额	研发经费	主营业务成本
五、按东中西部分列				
东部地区	3155710	785088	13713340	72400188
中部地区	58681	5653	126585	911704
西部地区	237454	11335	726431	7091698
东北地区	47740	21883	112693	4046650
六、按省市分列				
北京市	828751		3979108	12324729
天津市	69102	62	257795	1731866
河北省	26960	358	4283	99550
山西省	512		1257	24277
内蒙古自治区	32			1229
辽宁省	45278	21883	104922	3429066
吉林省	2463		7722	616981
黑龙江省			49	603
上海市	292006	180875	1587496	8612012
江苏省	246651	467514	1057098	28264841
浙江省	1227574	54152	3721256	9378370
安徽省	468	1596	8777	40429
福建省	12926	19008	756721	4219150
江西省	1712		6424	166234
山东省	22547	1023	160383	1353111
河南省				
湖北省	52226	4051	88395	458707
湖南省	3763	6	21732	222057
广东省	429148	62088	2186667	6407469
广西壮族自治区	1			20183
海南省	46	10	2533	9089
重庆市	8148	2044	137833	524143
四川省	214100	9291	317054	1454531
贵州省				
云南省	79		289	5219

2018年三资企业主要指标汇总表（五）

单位：万元

	所得税费用	出口已退税额	研发经费	主营业务成本
西藏自治区				
陕西省	15094		271255	5084901
甘肃省				1493
青海省				
宁夏回族自治区				
新疆维吾尔自治区				
七、按副省级城市分列				
大连市	22317	21883	30834	2778500
宁波市	20806	49644	86265	1119642
厦门市	4424	17165	551883	3606709
青岛市	7320	342	35635	316725
深圳市	369711	35407	1383554	3004041
沈阳市	22941		74088	649716
长春市	2461		7123	570883
哈尔滨市				
南京市	43054	49504	106769	1320076
杭州市	1201359	2832	3623192	8097385
济南市	15041	627	124360	1028940
武汉市	52226	4051	88395	458707
广州市	46109	23774	692767	2684808
成都市	214100	9291	317054	1454531
西安市	15094		271255	5084901

2018年三资企业主要指标汇总表（六）

单位：万元

	应收账款	应付账款	其中：本年折旧	本年应付职工薪酬
软件企业合计	32024951	25570308	9525915	25346670
一、按登记注册类型分列				
中国港、澳、台商投资企业	14505981	9021324	5587862	13470148
合资经营企业（中国港、澳、台资）	1669317	1204832	122696	1701840
合作经营企业（中国港、澳、台资）	722881	180453	24745	413493
中国港、澳、台商独资经营企业	10053808	6429770	5392204	10717079
中国港、澳、台商投资股份有限公司	2044781	1090463	38736	552303
其他中国港、澳、台商投资企业	15194	115806	9481	85433
外商投资企业	17518970	16548984	3938054	11876523
中外合资经营企业	2914545	1599513	251014	3136547
中外合作经营企业	16422	5200	1601	16902
外资企业	13519069	13792892	2299638	8118749
外商投资股份有限公司	842849	1024374	62003	397115
其他外商投资企业	226085	127004	1323798	207210
二、按控股经济分列				
国有控股	3247005	2717222	137728	1088009
集体控股	4725887	6579983	17927	466349
私人控股	1729336	848789	110341	891259
中国港、澳、台商控股	10237516	6713319	5404135	11446520
外商投资	10844635	8257646	3825277	9691430
其他	1240573	453350	30508	1763103
三、按企业规模分列				
大型	25922152	22517796	8732780	20362807
中型	3866426	2102034	689703	3703347
小型	1981951	848981	80040	1027077
微型	254423	101497	23391	253439
四、按行业分列				
软件产品行业	11885861	5525569	673413	8789314
信息技术服务行业	17584908	18723662	8647394	15389429
信息安全行业	580230	62976	18677	441706

2018年三资企业主要指标汇总表（六）

单位：万元

	应收账款	应付账款	其中：本年折旧	本年应付职工薪酬
嵌入式系统软件行业	1973952	1258100	186431	726221
五、按东中西部分列				
东部地区	29733832	24589824	8028828	23580334
中部地区	692206	412650	56907	237913
西部地区	1278107	412352	1389611	797905
东北地区	320806	155482	50569	730519
六、按省市分列				
北京市	7088235	4080440	1209124	8617852
天津市	43211	183864	41503	519454
河北省	51612	30648	1829	9428
山西省	28019	28214	1588	1863
内蒙古自治区			87	832
辽宁省	311285	152252	45932	713925
吉林省	8383	2638	4633	15957
黑龙江省	1138	593	4	637
上海市	3661948	3146612	209794	2221854
江苏省	6049202	3777026	2048749	3575656
浙江省	3526801	3447812	808832	4801087
安徽省	15840	10341	4921	9965
福建省	5337440	7511409	24447	586767
江西省	27583	44853	3768	19689
山东省	207366	117316	16483	132146
河南省				
湖北省	320489	168332	43896	169887
湖南省	300275	160909	2733	36508
广东省	3760592	2288497	3667994	3112322
广西壮族自治区	800	1313	81	601
海南省	7426	6199	74	3769
重庆市	39093	12625	11085	39062
四川省	1206818	376699	27112	438614

2018年三资企业主要指标汇总表（六）

单位：万元

	应收账款	应付账款	其中：本年折旧	本年应付职工薪酬
贵州省				
云南省	5810	2673	14	238
西藏自治区				
陕西省	25402	19042	1351232	318493
甘肃省	185			65
青海省				
宁夏回族自治区				
新疆维吾尔自治区				
七、按副省级城市分列				
大连市	310668	151832	45837	666157
宁波市	536004	414181	25377	167147
厦门市	5041448	7377598		287890
青岛市	9115	8955		35324
深圳市	2784457	1482980	3590668	1766850
沈阳市	618	420	95	47677
长春市	7767	1496	3130	11846
哈尔滨市				
南京市	858055	217063	16414	349407
杭州市	2917155	2999896	779235	4612724
济南市	197587	107765	15696	95758
武汉市	320489	168332	43896	169887
广州市	718199	637233	52237	1152307
成都市	1206818	376699	27112	438614
西安市	25402	19042	1351232	318493

2018年三资企业

	从业人员年末数	其中： （一）软件研发人员
软件企业合计	1043517	430761
一、按登记注册类型分列		
中国港、澳、台商投资企业	428693	192819
合资经营企业（中国港、澳、台资）	71097	28568
合作经营企业（中国港、澳、台资）	7741	2797
中国港、澳、台商独资经营企业	315989	146257
中国港、澳、台商投资股份有限公司	27911	13293
其他中国港、澳、台商投资企业	5955	1904
外商投资企业	614824	237942
中外合资经营企业	173488	77873
中外合作经营企业	1382	810
外资企业	400012	142495
外商投资股份有限公司	31115	12802
其他外商投资企业	8827	3962
二、按控股经济分列		
国有控股	54490	27982
集体控股	35661	15186
私人控股	67890	24522
中国港、澳、台商控股	321083	145935
外商投资	476194	174766
其他	88199	42370
三、按企业规模分列		
大型	801836	328590
中型	167418	69836
小型	58051	27990
微型	16212	4345
四、按行业分列		
软件产品行业	308401	135383
信息技术服务行业	649739	245795
信息安全行业	19505	9715

主要指标汇总表（七）

单位：人

	其中：		从业人员年平均人数
（二）其他软件技术人员	（一）硕士及以上	（二）大专及大本	
258125	**124898**	**638484**	**1024832**
82068	60666	247088	415014
15586	6243	39093	69711
4275	2929	4471	7393
59715	46043	193254	305704
1380	5119	7301	26123
1112	332	2969	6083
176057	64232	391396	609818
30375	11287	108857	166853
212	135	931	1383
138630	49928	261020	405349
5455	1910	14552	28098
1385	972	6036	8135
4852	11597	24844	51887
4935	2440	26518	36233
19636	4418	48529	63512
62918	46644	193264	311889
155567	57029	306355	479714
10217	2770	38974	81597
207733	100306	479520	780037
32241	17816	104126	169225
12195	5273	42349	60176
5956	1503	12489	15394
42575	45328	185682	301395
167853	75071	414781	637793
1403	2890	13122	19187

2018年三资企业

	从业人员年末数	其中: (一)软件研发人员
嵌入式系统软件行业	65872	39868
五、按东中西部分列		
东部地区	897626	362870
中部地区	29069	11876
西部地区	49001	23524
东北地区	67821	32491
六、按省市分列		
北京市	243442	104896
天津市	11224	4253
河北省	3053	165
山西省	216	64
内蒙古自治区	117	111
辽宁省	64141	29279
吉林省	3630	3182
黑龙江省	50	30
上海市	92200	50155
江苏省	292009	90141
浙江省	95220	37018
安徽省	1033	486
福建省	29029	16594
江西省	1746	197
山东省	16949	8562
河南省		
湖北省	23224	10247
湖南省	2850	882
广东省	114092	51000
广西壮族自治区	108	70
海南省	408	86
重庆市	6348	2372
四川省	23917	10054

主要指标汇总表（七）

单位：人

（二）其他软件技术人员	其中：（一）硕士及以上	（二）大专及大本	从业人员年平均人数
46294	1609	24899	66457
233189	111407	543967	880709
3934	3251	18893	29354
6214	6472	33637	47136
14788	3768	41987	67633
52481	49050	179823	236448
451	1063	7018	11405
43	62	2956	3038
10	4	144	263
	3	114	114
14731	3554	40700	63951
53	214	1251	3622
4		36	60
9588	21125	46004	91479
144047	6034	158187	287385
11549	14732	35162	91102
611	165	691	999
4925	2135	25231	31164
392	103	876	1696
2698	1900	9407	16767
2801	2873	16566	23560
120	106	616	2836
7370	15278	79976	111551
		45	114
37	28	203	370
653	563	4354	5796
3359	3340	15888	23328

2018年三资企业

	从业人员年末数	其中： （一）软件研发人员
贵州省		
云南省	105	50
西藏自治区		
陕西省	18384	10857
甘肃省	22	10
青海省		
宁夏回族自治区		
新疆维吾尔自治区		
七、按副省级城市分列		
大连市	58669	24946
宁波市	15868	3006
厦门市	17630	9007
青岛市	6178	4115
深圳市	54961	29298
沈阳市	5440	4326
长春市	2815	2810
哈尔滨市		
南京市	25816	11293
杭州市	77227	33317
济南市	10477	4387
武汉市	23224	10247
广州市	45560	18704
成都市	23917	10054
西安市	18384	10857

主要指标汇总表（七）

单位：人

（二）其他软件技术人员	其中：（一）硕士及以上	（二）大专及大本	从业人员年平均人数
20	9	96	105
2181	2556	13130	17659
1	1	10	20
14416	2911	36165	58526
3812	248	3659	16474
3354	1397	16234	19387
1557	811	5368	6178
324	10397	41198	54707
305	643	4514	5393
	107	710	2807
4207	2079	10461	25081
7434	14452	30605	72529
1036	1045	3834	10305
2801	2873	16566	23560
6386	4451	28910	43307
3359	3340	15888	23328
2181	2556	13130	17659

2018年三资企业软件和信息技术服务业分产品完成情况

项目	企业数量（家）	本年收入（万元）
软件业务收入明细合计	2292	125597026
软件产品行业（E6501）		
1.软件产品行业合计	1093	25805083
1.1 基础软件	151	6747201
1.1.1 操作系统	27	1940207
1.1.2 数据库管理系统	27	966010
1.1.3 中间件	16	121063
1.1.4 办公软件	19	300254
1.1.5 其他	62	3419667
1.2 支撑软件	18	118906
1.2.1 开发工具	5	41455
1.2.2 测试工具软件	6	22408
1.2.3 其他支撑软件	7	55042
1.3 平台软件	48	1241793
1.4 应用软件	578	10774266
1.4.1 通用应用软件	183	2872849
1.4.2 行业应用软件	395	7901417
1.4.2.1 通信行业软件	66	2556211
1.4.2.2 金融财税软件	35	588161
1.4.2.3 教育软件	21	523550
1.4.2.4 交通运输行业软件	22	658410
1.4.2.5 能源控制软件	25	502678
1.4.2.6 动漫游戏软件	30	1659331
1.4.2.7 物流管理软件	7	33356
1.4.2.8 医疗卫生领域软件	32	141806
1.4.2.9 其他行业应用软件	157	1237915
1.5 工业软件	70	670230
1.5.1 产品研发设计类软件	18	100413
1.5.2 生产控制类软件	43	505657
1.5.3 业务管理类软件	9	64160
1.6 嵌入式应用软件	120	2826324
1.7 移动应用软件（App）	25	2008132

2018年三资企业软件和信息技术服务业分产品完成情况

项目	企业数量（家）	本年收入（万元）
1.8 定制软件	83	1418231
信息技术服务行业（E6502）		
2. 信息技术服务行业合计	1339	89371397
2.1 信息技术咨询设计服务	376	9480712
2.1.1 信息化规划	33	955769
2.1.2 信息系统设计	84	2287320
2.1.3 信息技术管理咨询	212	5315241
2.1.4 信息系统工程监理	13	188438
2.1.5 测试评估	16	136692
2.1.6 信息技术培训	18	597253
2.2 信息系统集成实施服务	186	5302404
2.2.1 智能制造系统集成实施服务	31	1290921
2.2.2 其他集成实施服务	155	4011483
2.3 运行维护服务	144	2133670
2.4 数据服务	116	6130656
2.4.1 大数据服务	25	188222
2.4.1.1 大数据采集服务	4	8374
2.4.1.2 大数据分析挖掘服务	8	49760
2.4.1.3 大数据可视化服务		
2.4.1.4 大数据应用综合解决方案	13	130088
2.4.2 数据加工处理服务（非海量）	54	2190080
2.4.3 数字内容处理服务	37	3752354
2.4.3.1 地理遥感信息服务	5	46411
2.4.3.2 动漫、游戏数字内容服务	11	2606852
2.4.3.3 其他数字内容处理服务	21	1099091
2.5 云服务	63	1207653
2.5.1 基础设施即服务（IaaS）	22	799507
2.5.2 平台即服务（PaaS）	14	141494
2.5.3 软件即服务（SaaS）	27	266652
2.6 平台运营服务	152	23231797
2.6.1 物流管理服务平台	6	206810
2.6.2 在线信息平台	40	10800552

2018年三资企业软件和信息技术服务业分产品完成情况

项目	企业数量（家）	本年收入（万元）
2.6.3 在线娱乐平台	34	8270191
2.6.4 在线教育平台	13	299558
2.6.5 在线生活服务平台	11	1841944
2.6.6 其他在线服务平台	47	1812621
2.6.7 客户交互服务	1	121
2.7 电子商务平台技术服务	63	23700860
2.7.1 在线交易平台服务	48	23509660
2.7.2 在线交易支撑服务	15	191200
2.8 集成电路设计	239	18183646
2.8.1 微控器件	25	1625161
2.8.2 逻辑电路	9	182074
2.8.3 存储器	18	4254776
2.8.4 模拟电路	14	745517
2.8.5 其他电路	8	138484
2.8.6 智能卡芯片及电子标签芯片	20	3692472
2.8.7 微波单片集成电路	2	1092703
2.8.8 物联网模组	5	15291
2.8.9 其他集成电路产品	138	6437167
信息安全行业（E6503）		
3.信息安全行业合计	61	935206
3.1 信息安全产品	26	603116
3.1.1 基础类安全产品	6	87872
3.1.2 终端与数字内容安全产品	6	29680
3.1.3 网络与边界安全产品	8	208723
3.1.4 专用安全产品		
3.1.5 安全测试评估与服务产品	4	256195
3.1.6 安全管理产品	2	20646
3.2 云计算安全产品	1	16655
3.3 工控安全产品	1	126
3.4 移动安全	21	84464
3.5 安全云服务	1	373
3.6 安全咨询	1	453

2018年三资企业软件和信息技术服务业分产品完成情况

项目	企业数量(家)	本年收入(万元)
3.7 安全集成实施服务	4	207572
3.8 安全运维服务	6	22448
3.9 安全培训		
嵌入式系统软件行业(E6504)		
4.嵌入式系统软件合计	359	9485340

Ⅳ 内资企业统计

2018年内资企业

	企业数量（家）	软件业务收入合计	其中：软件产品收入
软件企业合计	34039	493490312	147980516
一、按登记注册类型分列			
内资企业	34039	493490312	147980516
国有企业	624	33985301	8235256
集体企业	30	5434565	580524
股份合作企业	184	1496820	634526
联营企业	69	884709	234936
国有联营企业	22	271248	52890
集体联营企业	9	128013	32200
国有与集体联营企业	11	235915	65311
其他联营企业	27	249533	84536
有限责任公司	13260	222888502	64244875
国有独资公司	148	4747037	1447348
其他有限责任公司	13112	218141465	62797527
股份有限公司	3752	87145143	31633986
私营企业	15632	137407168	40729808
私营独资	1594	13435448	3634711
私营合伙	439	2516627	1054453
私营有限责任公司	12491	109894799	31624456
私营股份有限公司	1108	11560294	4416188
其他内资企业	488	4248105	1686604
二、按控股经济分列			
国有控股	2216	89315653	25115620
集体控股	1979	44735967	16013208
私人控股	24681	277778996	83214901
中国港、澳、台商控股	57	4526635	802537
外商投资	119	11718389	1807021
其他	4987	65414672	21027228
三、按企业规模分列			
大型	2415	257846804	68130518

主要指标汇总表（一）

单位：万元

		其中：	
信息技术服务收入	信息安全收入	嵌入式系统软件收入	软件外包服务收入
286259363	**10693997**	**48556437**	**14109845**
286259363	10693997	48556437	14109845
21433268	1214323	3102453	1216169
1877447	315695	2660898	51866
571442	7322	283529	36834
635273	14500		51689
204602	13756		31021
95814			15461
170604			
164252	744		5207
136954753	4913243	16775630	6181653
3039744	125674	134271	78812
133915009	4787570	16641360	6102840
43435962	1593463	10481733	3682433
79271925	2471523	14933912	2738084
8368867	211815	1220054	214110
1268402	126529	67243	163014
64153439	1719890	12397014	1924344
5481216	413290	1249600	436616
2079293	163926	318282	151117
56368165	2570525	5261342	2960921
24020951	798126	3903682	1014167
163475424	5945582	25143088	5574536
3036809	18425	668865	100714
8648782	281368	981217	1165409
30709232	1079970	12598242	3294098
147840366	5901202	35974719	8146820

2018年内资企业

	企业数量（家）	软件业务收入合计	其中：软件产品收入
中型	10793	155593768	51410995
小型	18486	67279177	25427884
微型	2345	12770563	3011118
四、按行业分列			
软件产品行业	15517	150511366	127638435
信息技术服务行业	15267	272545456	16071784
信息安全行业	592	7693476	836195
嵌入式系统软件行业	2663	62740014	3434101
五、按东中西部分列			
东部地区	23132	379261265	108390662
中部地区	3677	31222641	12773189
西部地区	4703	64690643	18154410
东北地区	2527	18315764	8662255
六、按省市分列			
北京市	2884	68552747	20812763
天津市	347	13672632	3205707
河北省	216	2551594	316298
山西省	98	266077	134476
内蒙古自治区	43	115141	35093
辽宁省	1504	12079717	6497446
吉林省	913	5754510	1974974
黑龙江省	110	481537	189834
上海市	1460	36301667	9827728
江苏省	5439	66228042	20056443
浙江省	1492	24170765	7326231
安徽省	327	4511324	1905240
福建省	2706	24637543	9102379
江西省	145	1423277	729830
山东省	4028	48293604	16473599
河南省	177	3364309	897031

主要指标汇总表（一）

单位：万元

信息技术服务收入	信息安全收入	嵌入式系统软件收入	其中：软件外包服务收入
94258888	3333294	6590590	4688037
35451120	1238107	5162065	1139524
8708989	221394	829063	135463
19474336	2304884	1093711	7678719
253087651	1668551	1717469	6151465
510570	6319843	26868	177678
13186805	400718	45718389	101982
222323031	6883156	41664415	9414191
15470994	974153	2004305	733103
41123281	1249893	4163059	2944065
7342056	1586795	724659	1018485
44194547	3235214	310223	664717
10224214	27755	214957	125950
2176541	5597	53158	6863
106348	2323	22930	1200
70501	311	9237	6142
4044931	1385275	152065	926624
3135306	127916	516314	53451
161818	73604	56280	38410
26373717	98118	2104	558999
38680108	1139956	6351535	1550979
13913283	429534	2501717	1370841
1799945	147560	658579	53278
13845175	306766	1383223	228398
656880	27768	8798	27725
20512819	1437554	9869631	2897061
2338232	46230	82817	8426

2018年内资企业

	企业数量（家）	软件业务收入合计	其中：软件产品收入
湖北省	2368	16930531	7461341
湖南省	562	4727123	1645271
广东省	4327	92331647	20743613
广西壮族自治区	139	1510565	120501
海南省	233	2521025	525901
重庆市	1468	13448109	3117135
四川省	1721	28287584	9623061
贵州省	240	1767339	299588
云南省	174	907224	213851
西藏自治区			
陕西省	592	17168167	4400996
甘肃省	127	522346	192557
青海省	13	14106	3456
宁夏回族自治区	57	185752	63158
新疆维吾尔自治区	129	764310	85013
七、按副省级城市分列			
大连市	288	2190163	1367608
宁波市	431	5866322	2289091
厦门市	1349	11559657	3617112
青岛市	1679	21178253	4467354
深圳市	1890	49565724	7517872
沈阳市	1143	9674362	5047335
长春市	610	3690807	1447966
哈尔滨市	100	468485	183055
南京市	3640	44264479	14789947
杭州市	634	16177164	4432382
济南市	1818	24075060	10732797
武汉市	2324	16768166	7363992
广州市	1978	31902420	11347425
成都市	1673	27032401	9249763
西安市	592	17168167	4400996

主要指标汇总表（一）

单位：万元

		其中：	
信息技术服务收入	信息安全收入	嵌入式系统软件收入	软件外包服务收入
8689906	728212	51073	493780
1879684	22059	1180108	148694
50411404	199221	20977409	2007347
1327906	17866	44292	1255
1991224	3441	458	3037
8579831	287458	1463684	972081
16252646	825449	1586428	274603
1439490	8656	19605	15412
667039	22063	4271	20
11693454	45505	1028212	1668023
320340	7748	1701	
9684		966	40
118836	950	2808	3506
643553	33888	1857	2984
694248	95833	32473	369310
2305298	25284	1246649	854761
7586431	213417	142697	134345
7290301	300141	9120458	175250
28117332	94030	13836490	913296
3270904	1284531	71592	557314
1789783	122445	330614	38509
156992	72158	56280	38124
27213694	1068363	1192475	901700
10552671	363881	828229	488932
11737015	1085061	520187	2637874
8640355	723395	40424	493780
19896953	72481	585561	1000998
15394091	824409	1564138	269829
11693454	45505	1028212	1668023

2018年内资企业主要指标汇总表（二）

单位：万美元

	软件业务出口收入	软件外包服务出口收入	嵌入式系统软件出口收入	其他软件业务出口收入
软件企业合计	3464228	519637	1481155	1463437
一、按登记注册类型分列				
内资企业	3464228	519637	1481155	1463437
国有企业	41241	35638	603	5000
集体企业	2659	2588	71	
股份合作企业	389	298	40	51
联营企业	650	650		
国有联营企业	650	650		
集体联营企业				
国有与集体联营企业				
其他联营企业				
有限责任公司	2064452	210982	785198	1068272
国有独资公司	8222	7192		1030
其他有限责任公司	2056230	203790	785198	1067242
股份有限公司	673246	189321	268632	215293
私营企业	668913	73448	426601	168864
私营独资	82668	2644	11444	68580
私营合伙	2078	191	44	1843
私营有限责任公司	548936	59800	409050	80085
私营股份有限公司	35232	10813	6063	18356
其他内资企业	12678	6711	10	5957
二、按控股经济分列				
国有控股	172982	111646	2872	58465
集体控股	53367	47890	656	4821
私人控股	2409370	238782	865896	1304693
中国港、澳、台商控股	34333	13006	17462	3865
外商投资	88900	81804	6643	454
其他	705276	26509	587628	91139
三、按企业规模分列				
大型	3069277	391149	1435619	1242509

2018年内资企业主要指标汇总表（二）

单位：万美元

	软件业务出口收入	软件外包服务出口收入	嵌入式系统软件出口收入	其他软件业务出口收入
中型	267492	89778	28822	148892
小型	91080	32166	16535	42380
微型	36379	6545	179	29655
四、按行业分列				
软件产品行业	500831	252519	984	247328
信息技术服务行业	533440	259571	931	272939
信息安全行业	5858	4529		1329
嵌入式系统软件行业	2424099	3018	1479241	941840
五、按东中西部分列				
东部地区	3178065	313608	1470927	1393531
中部地区	42396	32980	3912	5504
西部地区	144584	96540	5736	42308
东北地区	99183	76509	580	22094
六、按省市分列				
北京市	130315	103862	2721	23732
天津市	17440	938	1205	15297
河北省	3446	7		3439
山西省				
内蒙古自治区				
辽宁省	95153	73462	176	21514
吉林省	3960	3046	404	510
黑龙江省	70			70
上海市	87453	39023		48430
江苏省	158767	46135	24693	87939
浙江省	140102	39984	4164	95954
安徽省	6608	1331	1733	3544
福建省	28925	15384	161	13380
江西省	8	8		
山东省	62381	18780	33928	9673
河南省	487	75	43	368

2018年内资企业主要指标汇总表（二）

单位：万美元

	软件业务出口收入	软件外包服务出口收入	嵌入式系统软件出口收入	其他软件业务出口收入
湖北省	20865	19306	299	1260
湖南省	14429	12259	1837	332
广东省	2548540	49496	1404053	1094991
广西壮族自治区	2469	108	2361	
海南省	696	1		696
重庆市	11359	6506	355	4497
四川省	48386	11585	315	36486
贵州省	1739	415		1324
云南省				
西藏自治区				
陕西省	80630	77926	2705	
甘肃省				
青海省				
宁夏回族自治区				
新疆维吾尔自治区				
七、按副省级城市分列				
大连市	52072	33286	24	18763
宁波市	69173	37328	1046	30799
厦门市	14163	10520		3643
青岛市	27186	2588	24598	
深圳市	2040691	2146	1052598	985946
沈阳市	42676	40177	5	2493
长春市	2586	1672	404	510
哈尔滨市	70			70
南京市	642	320	323	
杭州市	62743	2145	1662	58935
济南市	29855	16103	7647	6106
武汉市	20566	19306		1260
广州市	46978	45121	153	1704
成都市	48197	11400	315	36482
西安市	80630	77926	2705	

2018年内资企业主要指标汇总表（三）

单位：万元

	利润总额	流动资产合计	资产总计	负债合计	固定资产投资额
软件企业合计	58381374	537523601	836513125	488836590	19142156
一、按登记注册类型分列					
内资企业	58381374	537523601	836513125	488836590	19142156
国有企业	3399640	40649064	63063138	32982211	1531365
集体企业	370399	2973104	9673085	3371472	27597
股份合作企业	200078	1464722	2711584	1044169	207056
联营企业	136112	307492	1195925	419483	23367
国有联营企业	44313	165528	292625	137254	18711
集体联营企业	13714	55802	113006	87682	
国有与集体联营企业	37872	16977	593964	97296	1343
其他联营企业	40213	69185	196331	97250	3313
有限责任公司	24432788	263566496	353271549	240486417	6922391
国有独资公司	362365	7384059	11034706	6511321	166490
其他有限责任公司	24070423	256182438	342236843	233975096	6755900
股份有限公司	12781461	118880365	221009573	101472187	2974524
私营企业	16520782	105544249	177784824	104562984	7376743
私营独资	1470705	4921485	11862255	5337662	343874
私营合伙	302868	771674	2048161	1082686	24691
私营有限责任公司	13380255	87139226	141761507	89104154	6591999
私营股份有限公司	1366955	12711863	22112901	9038483	416179
其他内资企业	540112	4138108	7803447	4497667	79113
二、按控股经济分列					
国有控股	10977212	126140463	209771367	114749323	4407224
集体控股	5526271	108916316	130475757	103628499	1367417
私人控股	32859686	244951597	403127371	216508105	11128564
中国港、澳、台商控股	1112982	3905842	5710632	2138643	19722
外商投资	716186	6056777	9895903	5467875	269235
其他	7189038	47552606	77532095	46344144	1949994
三、按企业规模分列					
大型	29022419	348390889	505204815	315191718	13346958

· 317 ·

2018年内资企业主要指标汇总表（三）

单位：万元

	利润总额	流动资产合计	资产总计	负债合计	固定资产投资额
中型	17089559	124038343	226098455	123031427	4130268
小型	11421655	54790520	89628621	41953045	1460477
微型	847741	10303850	15581234	8660400	204454
四、按行业分列					
软件产品行业	26260597	150942965	270125746	131353832	8955061
信息技术服务行业	25538837	332513986	480694674	314833582	8331680
信息安全行业	1206374	8455195	15057411	5744958	253762
嵌入式系统软件行业	5375566	45611455	70635294	36904218	1601654
五、按东中西部分列					
东部地区	48103289	430299110	669139377	409424310	14370711
中部地区	3839840	40888165	62725637	31222877	2561948
西部地区	4553295	57384224	83860105	42008681	1943960
东北地区	1884950	8952102	20788006	6180722	265536
六、按省市分列					
北京市	6399489	86626193	149186130	81632530	1520039
天津市	1012809	10893764	15301645	10518717	381903
河北省	231707	2963601	3989333	2769650	192737
山西省	45731	683919	715283	315285	12327
内蒙古自治区	10830	183151	228493	100472	1180
辽宁省	1329435	6724704	17260747	4728162	159409
吉林省	524700	1484594	2442530	855894	86781
黑龙江省	30816	742804	1084729	596665	19346
上海市	3461412	50712789	72654136	45753551	715201
江苏省	10220445	55442375	86956444	45832302	5443121
浙江省	2257234	26976503	39131354	20596556	884813
安徽省	625293	5175485	7621167	3726356	239865
福建省	2649079	2733220	34979034	22708894	1234853
江西省	178615	1510261	2318605	1219427	44599
山东省	6687345	17566518	53863171	29864271	1290969
河南省	295009	4172295	6007581	3213076	36107

2018年内资企业主要指标汇总表（三）

单位：万元

	利润总额	流动资产合计	资产总计	负债合计	固定资产投资额
湖北省	1851645	20624247	33366851	17647506	1933826
湖南省	843548	8721958	12696150	5101226	295224
广东省	14936592	173660812	209476308	147719207	2539384
广西壮族自治区	23054	2196409	2441636	1641488	34484
海南省	247175	2723335	3601821	2028630	167690
重庆市	1140556	14005882	19602799	7243731	419231
四川省	2249854	21133551	34138823	16961942	760953
贵州省	82453	2015728	3111941	2104111	83489
云南省	47571	1032611	1286642	671370	40339
西藏自治区					
陕西省	834384	13567218	19551553	11165243	490841
甘肃省	54124	967925	1304458	704977	39316
青海省	1545	29882	32525	18344	186
宁夏回族自治区	7725	859238	503804	226564	59160
新疆维吾尔自治区	101200	1392630	1657431	1170439	14782
七、按副省级城市分列					
大连市	331060	4282347	6010618	3069299	55898
宁波市	672674	5945641	9563423	5833087	303856
厦门市	1333123		14971193	10294516	195174
青岛市	1449869	5147175	19241773	8162355	214884
深圳市	7231465	134471366	151827428	121196477	1452606
沈阳市	964764	1942114	10583562	1404587	92439
长春市	341488	1220083	2064808	713015	31778
哈尔滨市	29822	723787	1060100	590007	18965
南京市	7680579	28285962	42384390	26026045	527522
杭州市	1304627	18681573	26229678	13500423	496937
济南市	4850778	9158199	29001430	18882875	973738
武汉市	1841213	20432194	33115759	17537151	1924595
广州市	5956180	31764856	45339950	20734688	989317
成都市	2145307	19140210	31451609	15260756	745016
西安市	834384	13567218	19551553	11165243	490841

2018年内资企业主要指标汇总表（四）

单位：万元

	主营业务税金及附加	所有者权益年末余额	所有者权益年初余额	应交增值税
软件企业合计	6267548	347451093	296904398	13961072
一、按登记注册类型分列				
内资企业	6267548	347451093	296904398	13961072
国有企业	345881	30080924	25294341	836820
集体企业	40244	6301612	3663092	30898
股份合作企业	94911	1667415	1205970	42391
联营企业	12188	776442	326320	15443
国有联营企业	1637	155371	126511	3583
集体联营企业	1588	25324	26332	1067
国有与集体联营企业	5652	496667	80092	5380
其他联营企业	3310	99081	93385	5413
有限责任公司	2106298	112778898	99345355	6329120
国有独资公司	30373	4523385	3717247	103232
其他有限责任公司	2075925	108255512	95628108	6225888
股份有限公司	1086301	119485906	105253843	2640673
私营企业	2474636	73054117	60137424	3903414
私营独资	278451	6527588	4993956	440599
私营合伙	58651	965476	564458	51987
私营有限责任公司	1965059	52486635	44035146	3037377
私营股份有限公司	172475	13074418	10543863	373452
其他内资企业	107088	3305780	1678053	162313
二、按控股经济分列				
国有控股	858015	95022042	81629299	2405132
集体控股	435253	26837777	21270069	803387
私人控股	3998317	186446506	162769895	8853491
中国港、澳、台商控股	56556	3571989	1399135	47883
外商投资	54292	4428028	3554535	93561
其他	865113	31144750	26281465	1757619
三、按企业规模分列				
大型	2549198	189837052	167077255	6824416

2018年内资企业主要指标汇总表（四）

单位：万元

	主营业务税金及附加	所有者权益年末余额	所有者权益年初余额	应交增值税
中型	2258806	103057543	84655604	4644633
小型	1345725	47635665	40367939	2230010
微型	113819	6920834	4803601	262013
四、按行业分列				
软件产品行业	2259286	138774861	121866310	5494011
信息技术服务行业	3229432	165754129	132104318	6322587
信息安全行业	152165	9315704	8313917	277635
嵌入式系统软件行业	626665	33606398	34619854	1866839
五、按东中西部分列				
东部地区	4829769	259489641	228555090	11392545
中部地区	297041	31502744	24709136	983659
西部地区	529382	41851424	34127113	1403922
东北地区	611355	14607285	9513060	180946
六、按省市分列				
北京市	433223	67553600	60299019	1724540
天津市	124842	4785923	3534764	786047
河北省	18072	1219682	1031982	90723
山西省	2943	399998	360615	21004
内蒙古自治区	909	128021	132366	4779
辽宁省	527182	12532585	7597907	136233
吉林省	80222	1586636	1414269	26967
黑龙江省	3952	488064	500884	17746
上海市	125752	26900586	21661914	775842
江苏省	1375402	40990043	34239251	2405034
浙江省	159325	18534797	16266229	756519
安徽省	32832	3894811	3354947	156873
福建省	687874	12226976	9620470	545464
江西省	7077	1099178	921288	29800
山东省	1058340	23950727	18377152	1141314
河南省	20182	2794505	2627455	86604

2018年内资企业主要指标汇总表（四）

单位：万元

	主营业务税金及附加	所有者权益年末余额	所有者权益年初余额	应交增值税
湖北省	189508	15719329	11419927	496498
湖南省	44499	7594924	6024904	192881
广东省	838644	61754115	62262862	3116579
广西壮族自治区	8657	800147	657180	57338
海南省	8293	1573191	1261446	50482
重庆市	224894	12359068	10794880	510318
四川省	191195	17176881	12844135	485279
贵州省	10581	1007830	1039867	42267
云南省	5155	615272	519708	22957
西藏自治区				
陕西省	75369	8386309	6845363	231974
甘肃省	4680	599482	563589	16457
青海省	104	14180	14982	390
宁夏回族自治区	1243	277240	266388	4559
新疆维吾尔自治区	6595	486992	448655	27604
七、按副省级城市分列				
大连市	38137	2941318	3242887	86250
宁波市	39872	3730337	3303172	153151
厦门市	161940	4676677	3962382	64854
青岛市	444388	11079418	7503009	307040
深圳市	408746	30630951	35073662	1757483
沈阳市	484779	9178974	3951261	37719
长春市	41406	1351793	1249882	21553
哈尔滨市	3846	470093	483799	17148
南京市	1165450	16358345	13957800	1762578
杭州市	105072	12729255	11281866	528177
济南市	561593	10121805	8577576	741465
武汉市	188148	15578592	11284012	485269
广州市	310718	24605262	21170986	1123833
成都市	185040	16190853	11890082	463482
西安市	75369	8386309	6845363	231974

2018年内资企业主要指标汇总表（五）

单位：万元

	所得税费用	出口已退税额	研发经费	主营业务成本
软件企业合计	8044626	1622114	47993635	437930674
一、按登记注册类型分列				
内资企业	8044626	1622114	47993635	437930674
国有企业	448727	92812	2538580	40069281
集体企业	52358	2506	182924	3787634
股份合作企业	34849	533	127081	2109124
联营企业	13787		95074	835120
国有联营企业	4807		21008	199317
集体联营企业	1121		14130	116190
国有与集体联营企业	4032		23378	190591
其他联营企业	3828		36558	329022
有限责任公司	3017606	251493	22595193	188587680
国有独资公司	66581	4264	491728	4507363
其他有限责任公司	2951024	247230	22103465	184080317
股份有限公司	1780483	614454	9644411	80674570
私营企业	2599309	624633	12368822	118527879
私营独资	378423	17175	1062207	11297487
私营合伙	47848	5402	291274	1981924
私营有限责任公司	1980682	518884	9862713	95921164
私营股份有限公司	192355	83172	1152628	9327304
其他内资企业	97507	35683	441550	3339387
二、按控股经济分列				
国有控股	1565290	191011	8002275	91450152
集体控股	417670	75433	5876145	37123611
私人控股	4707257	802444	26922524	235532061
中国港、澳、台商控股	415018	2021	231318	4447886
外商投资	90066	589	326978	10813976
其他	849325	550617	6634396	58562987
三、按企业规模分列				
大型	3973165	1220727	26296481	232652518
中型	2074337	256679	13835414	147747155
小型	1883804	120362	7181684	47644774

2018年内资企业主要指标汇总表（五）

单位：万元

	所得税费用	出口已退税额	研发经费	主营业务成本
微型	113320	24347	680056	9886227
四、按行业分列				
软件产品行业	2891665	694518	19453422	127689188
信息技术服务行业	3865043	389250	22343498	264686650
信息安全行业	159363	13423	1027702	5093204
嵌入式系统软件行业	1128555	524924	5169013	40461632
五、按东中西部分列				
东部地区	6520740	1378261	37566635	332690104
中部地区	390391	153505	3030386	30457739
西部地区	705652	78836	5634765	61388159
东北地区	427843	11513	1761850	13394671
六、按省市分列				
北京市	756496		7850874	42721211
天津市	132854	8106	442116	20913045
河北省	9467	1802	266422	2728430
山西省	5305		41186	249617
内蒙古自治区	1543		10930	106190
辽宁省	396623	6222	1562061	8911220
吉林省	24165	4784	152032	4046799
黑龙江省	7055	507	47757	436652
上海市	539757	26140	3353047	25947731
江苏省	1706054	255763	3638713	76441354
浙江省	287367	391374	2288853	21359395
安徽省	65316	15622	523652	4077164
福建省	105227	58989	3104171	21057773
江西省	12442	80	96970	1201788
山东省	911905	37731	5044669	47256020
河南省	24876	29	120621	3086104
湖北省	194137	131608	1792496	14241921
湖南省	88314	6166	455461	7601145
广东省	2051352	598356	11468531	72172871
广西壮族自治区	5146	672	46105	1085382

2018年内资企业主要指标汇总表（五）

单位：万元

	所得税费用	出口已退税额	研发经费	主营业务成本
海南省	20261		109240	2092275
重庆市	286292	35681	2357200	12983623
四川省	230379	41328	1756715	26003358
贵州省	33950	1	79174	1728218
云南省	11100		72308	856382
西藏自治区				
陕西省	112236	786	1226220	16843062
甘肃省	8760		36191	636788
青海省	306		847	14039
宁夏回族自治区	2225		12625	166444
新疆维吾尔自治区	13716	368	36451	964673
七、按副省级城市分列				
大连市	84328	5575	224722	2489450
宁波市	105539	245720	559482	6855325
厦门市	44795	32186	1796548	11703295
青岛市	328812	24067	1380425	14354159
深圳市	1238073	234944	5998314	36682140
沈阳市	308122	34	1320011	6219325
长春市	19402	619	111339	2641036
哈尔滨市	6842	507	45575	416042
南京市	1379385	43913	2063799	46440148
杭州市	145705	121330	1565509	12775098
济南市	541482	8756	3488368	28917213
武汉市	193065	131608	1779365	14073396
广州市	593237	25590	4289512	25465342
成都市	220164	41161	1666121	22901625
西安市	112236	786	1226220	16843062

2018年内资企业主要指标汇总表（六）

单位：万元

	应收账款	应付账款	其中：本年折旧	本年应付职工薪酬
软件企业合计	135673269	106967161	9200398	69433168
一、按登记注册类型分列				
内资企业	135673269	106967161	9200398	69433168
国有企业	13742631	11274910	811086	4924187
集体企业	483618	837336	62983	73961
股份合作企业	1205013	322790	57480	205683
联营企业	171684	85185	14736	175032
国有联营企业	83322	44841	5556	76292
集体联营企业	45793	14960	3011	40833
国有与集体联营企业	3917	3904	2779	12743
其他联营企业	38652	21481	3390	45164
有限责任公司	52619196	43195058	3996457	31647353
国有独资公司	2379157	2381184	94965	881255
其他有限责任公司	50240039	40813874	3901492	30766099
股份有限公司	33483853	22253430	2196782	14986276
私营企业	33084291	28132814	2014663	16877964
私营独资	1909896	1464324	629243	1268641
私营合伙	439981	229749	29141	223914
私营有限责任公司	26130711	24594927	1212118	13290859
私营股份有限公司	4603702	1843813	144161	2094550
其他内资企业	882984	865637	46212	542712
二、按控股经济分列				
国有控股	35950474	34455997	2009833	15183032
集体控股	6461524	6750709	709006	5448313
私人控股	74113072	53949912	5273633	38636090
中国港、澳、台商控股	1302529	557056	43833	516680
外商投资	1952078	222716	184394	911926
其他	15893592	11030769	979699	8737127
三、按企业规模分列				
大型	72786646	62713444	5173319	39844702
中型	44483823	33688766	2153581	18738830
小型	15202978	8391469	1737551	9780592

2018年内资企业主要指标汇总表（六）

单位：万元

	应收账款	应付账款	其中：本年折旧	本年应付职工薪酬
微型	3199822	2173481	135947	1069044
四、按行业分列				
软件产品行业	55198156	35930140	3153771	28643050
信息技术服务行业	63907356	59889713	4966086	35070354
信息安全行业	3430415	1665605	129029	1508486
嵌入式系统软件行业	13137342	9481702	951513	4211278
五、按东中西部分列				
东部地区	104293693	87140676	6846275	53453800
中部地区	15311670	9412043	974675	5788708
西部地区	13637912	8910751	1226094	8148818
东北地区	2429995	1503691	153354	2041842
六、按省市分列				
北京市	20712643	15686079	1264815	13526780
天津市	2975721	2662005	102685	767880
河北省	892569	852855	45699	611134
山西省	261553	120238	7129	61963
内蒙古自治区	53735	32877	3856	23828
辽宁省	1720106	1060986	76903	1620971
吉林省	457026	281262	58069	303918
黑龙江省	252864	161443	18382	116953
上海市	10555626	10295112	1081167	5843986
江苏省	19640518	14061844	1173622	7515517
浙江省	7554903	4908700	358412	4009002
安徽省	1974065	1392396	123949	755812
福建省	5964629	7847620	214180	3376517
江西省	519400	433085	19872	171983
山东省	9084953	6848352	1504933	4590000
河南省	2112428	1659332	227988	327325
湖北省	7708040	4869423	540269	3873437
湖南省	2736184	937569	55467	598189
广东省	26251783	23320855	1033321	12972004
广西壮族自治区	947695	289904	59012	155086

2018年内资企业主要指标汇总表（六）

单位：万元

	应收账款	应付账款	其中：本年折旧	本年应付职工薪酬
海南省	660349	657253	67441	240979
重庆市	2341818	1758904	193469	1206096
四川省	7786446	4850195	527631	3757820
贵州省	557129	419118	37548	184980
云南省	315339	285548	17376	175404
西藏自治区				
陕西省	562903	390139	345063	2447721
甘肃省	317717	244158	12712	73549
青海省	5561	8852	330	1558
宁夏回族自治区	66350	43252	19023	43574
新疆维吾尔自治区	683220	587803	10073	79201
七、按副省级城市分列				
大连市	915463	623427	60019	778014
宁波市	1485595	1350233	138605	814393
厦门市	3399667	4114108	1016	1735520
青岛市	1570325	1868872	70500	1338381
深圳市	14638353	15249892	580240	5945946
沈阳市	610010	355874	10957	811984
长春市	346393	240085	37613	229676
哈尔滨市	240411	158097	17997	115381
南京市	10031078	7649600	387702	4444716
杭州市	5401703	3085620	186686	2907197
济南市	6544142	4239767	847407	2890274
武汉市	7646416	4837734	536713	3856056
广州市	9155636	5995680	396046	5831694
成都市	7321687	4352979	510146	3617389
西安市	562903	390139	345063	2447721

2018年内资企业主要指标汇总表（七）

单位：人

	从业人员年末数	软件研发人员	其他软件技术人员	硕士及以上	大专及大本	从业人员年平均人数
软件企业合计	5401741	2306950	793672	542622	3429046	5499637
一、按登记注册类型分列						
内资企业	5401741	2306950	793672	542622	3429046	5499637
国有企业	403194	128385	43775	50119	189040	401352
集体企业	15509	11919	12624	4634	8751	25984
股份合作企业	20356	8216	4626	2153	9898	20213
联营企业	16839	7327	1908	1648	11439	16098
国有联营企业	7839	3339	496	858	5101	7521
集体联营企业	2394	639	1025	218	1788	1965
国有与集体联营企业	2051	674	54	170	965	2024
其他联营企业	4555	2675	333	402	3585	4588
有限责任公司	2212548	1008024	297231	251923	1439808	2242065
国有独资公司	76420	30724	10184	10008	52569	73758
其他有限责任公司	2136128	977300	287047	241915	1387239	2168307
股份有限公司	1150436	457595	176393	96441	766634	1264561
私营企业	1529261	660724	249597	129258	971171	1478290
私营独资	133575	61092	22001	10840	78808	127223
私营合伙	29933	12691	5282	3451	14393	29325
私营有限责任公司	1187668	505182	193921	102367	751988	1143394
私营股份有限公司	178085	81759	28393	12600	125982	178348
其他内资企业	53598	24760	7518	6446	32305	51074
二、按控股经济分列						
国有控股	1039328	368202	144696	145916	619433	1027901
集体控股	421409	200976	65333	45019	306977	430213
私人控股	3101837	1357227	489655	272264	2007655	3246633
中国港、澳、台商控股	31821	8109	2849	2219	18917	29107
外商投资	65974	39008	6873	6683	49628	61921
其他	741372	333428	84266	70521	426436	703862
三、按企业规模分列						
大型	2702050	1115611	420012	306986	1663755	2665987
中型	1612571	668895	189319	134455	973655	1573532

2018年内资企业主要指标汇总表（七）

单位：人

	从业人员年末数	软件研发人员	其他软件技术人员	硕士及以上	大专及大本	从业人员年平均人数
小型	988432	483676	171933	93205	722743	1161100
微型	98688	38768	12408	7976	68893	99018
四、按行业分列						
软件产品行业	2200466	980361	288359	220297	1463301	2212914
信息技术服务行业	2769624	994566	389242	261230	1726240	2850839
信息安全行业	112567	51292	14981	13231	76839	111472
嵌入式系统软件行业	319084	280731	101090	47864	162666	324412
五、按东中西部分列						
东部地区	3769815	1625999	550300	363274	2371567	3898727
中部地区	644762	265764	86571	77128	425517	619091
西部地区	759548	291350	117751	70044	471912	756354
东北地区	227616	123837	39050	32176	160050	225465
六、按省市分列						
北京市	607953	278343	113177	75202	488644	602178
天津市	50745	17272	7376	3621	27465	48912
河北省	28615	8446	4535	2290	20263	28334
山西省	8248	3494	1574	474	6100	8206
内蒙古自治区	2792	1115	772	121	2075	2725
辽宁省	167751	94010	31576	25388	119609	166485
吉林省	48897	24872	2275	5831	32832	48432
黑龙江省	10968	4955	5199	957	7609	10548
上海市	285928	130167	27621	36980	169237	278657
江苏省	719408	260029	160151	61256	349873	735819
浙江省	276036	99727	40546	18125	154796	271282
安徽省	64897	26639	13501	6832	46406	62076
福建省	318182	133590	34280	17395	247348	306014
江西省	23823	6142	3982	1038	17924	24038
山东省	590914	267852	94866	68227	304352	760778
河南省	35611	12282	6336	3294	25738	35170
湖北省	442460	194727	47445	59135	289367	424898
湖南省	69723	22480	13733	6355	39982	64703

2018年内资企业主要指标汇总表（七）

单位：人

	从业人员年末数	软件研发人员	其他软件技术人员	硕士及以上	大专及大本	从业人员年平均人数
广东省	873364	426505	66360	79452	600398	850523
广西壮族自治区	21937	3994	6331	382	12222	22473
海南省	18670	4068	1388	726	9191	16230
重庆市	169235	78454	13654	15315	102497	162944
四川省	314281	70400	49498	28609	205092	321191
贵州省	27975	5761	10362	725	13922	28299
云南省	19028	4389	6518	587	14079	19478
西藏自治区						
陕西省	174902	120082	21540	23529	105001	170796
甘肃省	11747	3555	2772	348	6950	11915
青海省	455	124	45	11	260	439
宁夏回族自治区	4822	1147	2303	170	3219	4380
新疆维吾尔自治区	12374	2329	3956	247	6595	11714
七、按副省级城市分列						
大连市	56721	21627	21500	3622	36026	56675
宁波市	77209	19840	14702	1794	25646	75420
厦门市	153336	63602	25316	9332	142594	157810
青岛市	216769	148502	60664	29235	180098	227949
深圳市	339629	237353	13262	46176	257782	330331
沈阳市	105405	70297	9197	21545	80079	103938
长春市	34114	18049	1956	3821	23487	33809
哈尔滨市	10441	4713	5072	910	7258	10131
南京市	436856	161094	67255	50365	207958	458395
杭州市	164304	69486	18708	15345	109584	161692
济南市	318304	104119	20504	35680	97889	359768
武汉市	439915	193894	46746	59076	287886	422459
广州市	458067	156570	44252	27587	287647	444501
成都市	304455	67580	47858	27501	199539	311418
西安市	174902	120082	21540	23529	105001	170796

2018年内资企业软件和信息技术服务业分产品完成情况

项目	企业数量（家）	本年收入（万元）
软件业务收入明细合计	34039	493490312
软件产品行业（E6501）		
1.软件产品行业合计	21765	147980516
1.1 基础软件	3895	18522449
1.1.1 操作系统	1141	5625940
1.1.2 数据库管理系统	669	1976621
1.1.3 中间件	323	2144372
1.1.4 办公软件	723	2352381
1.1.5 其他	1039	6423135
1.2 支撑软件	635	2397996
1.2.1 开发工具	225	815822
1.2.2 测试工具软件	187	587207
1.2.3 其他支撑软件	223	994967
1.3 平台软件	1377	8603072
1.4 应用软件	11235	85348021
1.4.1 通用应用软件	3816	23910791
1.4.2 行业应用软件	7419	61437229
1.4.2.1 通信行业软件	868	16849643
1.4.2.2 金融财税软件	411	4556145
1.4.2.3 教育软件	598	1994789
1.4.2.4 交通运输行业软件	566	4677807
1.4.2.5 能源控制软件	430	4149185
1.4.2.6 动漫游戏软件	532	6916499
1.4.2.7 物流管理软件	198	942558
1.4.2.8 医疗卫生领域软件	668	2757900
1.4.2.9 其他行业应用软件	3148	18592704
1.5 工业软件	1489	9296469
1.5.1 产品研发设计类软件	444	1698519
1.5.2 生产控制类软件	752	6048583
1.5.3 业务管理类软件	293	1549367
1.6 嵌入式应用软件	1675	13338548
1.7 移动应用软件（App）	521	6732945

2018年内资企业软件和信息技术服务业分产品完成情况

项目	企业数量（家）	本年收入（万元）
1.8 定制软件	938	3741017
信息技术服务行业（E6502）		
2. 信息技术服务行业合计	22466	286259363
2.1 信息技术咨询设计服务	6015	48048168
2.1.1 信息化规划	532	4078093
2.1.2 信息系统设计	1703	13521221
2.1.3 信息技术管理咨询	2756	24659705
2.1.4 信息系统工程监理	336	2994053
2.1.5 测试评估	200	953372
2.1.6 信息技术培训	488	1841724
2.2 信息系统集成实施服务	4894	54804868
2.2.1 智能制造系统集成实施服务	1108	9834191
2.2.2 其他集成实施服务	3786	44970677
2.3 运行维护服务	3821	35566642
2.4 数据服务	2177	19106532
2.4.1 大数据服务	832	4933858
2.4.1.1 大数据采集服务	210	790059
2.4.1.2 大数据分析挖掘服务	188	966056
2.4.1.3 大数据可视化服务	78	75238
2.4.1.4 大数据应用综合解决方案	356	3102505
2.4.2 数据加工处理服务（非海量）	560	6221609
2.4.3 数字内容处理服务	785	7951064
2.4.3.1 地理遥感信息服务	153	832376
2.4.3.2 动漫、游戏数字内容服务	220	2804404
2.4.3.3 其他数字内容处理服务	412	4314284
2.5 云服务	1520	15587990
2.5.1 基础设施即服务（IaaS）	486	6758829
2.5.2 平台即服务（PaaS）	313	3441956
2.5.3 软件即服务（SaaS）	721	5387205
2.6 平台运营服务	2283	59698501
2.6.1 物流管理服务平台	179	3660314
2.6.2 在线信息平台	483	15917333

2018年内资企业软件和信息技术服务业分产品完成情况

项目	企业数量（家）	本年收入（万元）
2.6.3 在线娱乐平台	380	12577273
2.6.4 在线教育平台	205	1263910
2.6.5 在线生活服务平台	120	7928856
2.6.6 其他在线服务平台	837	17920750
2.6.7 客户交互服务	79	430064
2.7 电子商务平台技术服务	1030	38810406
2.7.1 在线交易平台服务	785	31824135
2.7.2 在线交易支撑服务	245	6986271
2.8 集成电路设计	726	14636255
2.8.1 微控器件	72	608081
2.8.2 逻辑电路	38	785569
2.8.3 存储器	30	6793360
2.8.4 模拟电路	45	393067
2.8.5 其他电路	60	395221
2.8.6 智能卡芯片及电子标签芯片	48	809327
2.8.7 微波单片集成电路	16	117370
2.8.8 物联网模组	59	371896
2.8.9 其他集成电路产品	358	4362363
信息安全行业（E6503）		
3.信息安全行业合计	1923	10693997
3.1 信息安全产品	787	6028263
3.1.1 基础类安全产品	192	773455
3.1.2 终端与数字内容安全产品	101	599734
3.1.3 网络与边界安全产品	182	2219403
3.1.4 专用安全产品	155	1244279
3.1.5 安全测试评估与服务产品	57	215492
3.1.6 安全管理产品	100	975900
3.2 云计算安全产品	73	132884
3.3 工控安全产品	47	607272
3.4 移动安全	261	741210
3.5 安全云服务	53	102936
3.6 安全咨询	47	96529

2018年内资企业软件和信息技术服务业分产品完成情况

项目	企业数量（家）	本年收入（万元）
3.7 安全集成实施服务	311	1325131
3.8 安全运维服务	307	1636654
3.9 安全培训	37	23118
嵌入式系统软件行业（E6504）		
4.嵌入式系统软件合计	3779	48556437

反侵权盗版声明

电子工业出版社依法对本作品享有专有出版权。任何未经权利人书面许可,复制、销售或通过信息网络传播本作品的行为;歪曲、篡改、剽窃本作品的行为,均违反《中华人民共和国著作权法》,其行为人应承担相应的民事责任和行政责任,构成犯罪的,将被依法追究刑事责任。

为了维护市场秩序,保护权利人的合法权益,我社将依法查处和打击侵权盗版的单位和个人。欢迎社会各界人士积极举报侵权盗版行为,本社将奖励举报有功人员,并保证举报人的信息不被泄露。

举报电话:(010)88254396;(010)88258888
传　　真:(010)88254397
E-mail:　 dbqq@phei.com.cn
通信地址:北京市万寿路173信箱
　　　　　电子工业出版社总编办公室
邮　　编:100036